北京市哲学社会科学规划项目优秀成果选编

Beijingshi Zhexue Shehui Kexue Guihua Xiangmu Youxiu Chengguo Xuanbian

第三辑

北京市哲学社会科学规划办公室 编

首都师范大学出版社
CAPITAL NORMAL UNIVERSITY PRESS

图书在版编目(CIP)数据

北京市哲学社会科学规划项目优秀成果选编．第3辑／北京市哲学社会科学规划办公室编．—北京：首都师范大学出版社，2014.1

ISBN 978-7-5656-1805-5

Ⅰ.①北…　Ⅱ.①北…　Ⅲ.①哲学社会科学－科技成果－汇编－北京市
Ⅳ.①C121

中国版本图书馆CIP数据核字(2014)第018883号

BEIJINGSHI ZHEXUE SHEHUI KEXUE GUIHUA XIANGMU YOUXIU CHENGGUO XUANBIAN (DISANJI)

北京市哲学社会科学规划项目优秀成果选编(第三辑)

北京市哲学社会科学规划办公室　编

责任编辑　张成水
首都师范大学出版社出版发行
地　址　北京西三环北路105号
邮　编　100048
电　话　68418523(总编室)　68982468(发行部)
网　址　www.cnupn.com.cn
北京集惠印刷有限责任公司印刷
全国新华书店发行
版　次　2014年7月第1版
印　次　2014年7月第1次印刷
开　本　787mm×1092mm　1/16
印　张　24.25
字　数　455千
定　价　50.00元

目 录

哲学学科

项目名称：马克思的"新哲学"：原型与流变
项目编号：06AgZX001
项目负责人：聂锦芳
项目信誉保证单位：北京大学

马克思的"新哲学""新"在何处？

内容提要："哲学形态"是就哲学家或哲学派别理论思维的特征、哲学理念形成、演变、表述和论证过程而言的。《马克思的"新哲学"——原型与流变》一书与同类著述的不同之处在于，它尽量避免先验地对经典作家的哲学思想进行抽象的定性和体系性概述，而是根据其不同时期的著述，梳理其观照世界、理解现实、把握时代以及阐发其思想的方式和内容的演变，再从总体上分析其哲学的独特性和逻辑一贯性。奠基于全面而系统的文本基础之上，最终呈现出一个与以往很不相同的马克思形象，形成对马克思哲学新的理解，把其关乎理解世界的"哲学方式"的超越、新的"世界观"的阐释、社会历史的全新把握、社会认识论和"历史阐释学"的探究和鲜明的哲学归旨与思想特征等方面充分揭示出来。

长期以来，由于各种复杂的原因，广大干部、群众甚至不少研究者大都是通过教科书来了解、学习马克思主义哲学原理的。而我们知道，教科书是由后人根据自己的理解来撰写的，很大程度上还承担着把深邃而充满个性的思想通俗化、普及化的任务，那么这里就存在一些需要甄别清楚的问题：教科书所表述的观点、体系及其叙述和论证方式是不是符合经典作家理论的"原型"呢？如果二者是有差异的，那么这些差异何在、它们又是怎样形成的？更进一步深究，经典作家理论的"原型"是否存在？如果存在，它们到底是什么样的？这样一来，情况就日益复杂起来了。"熟知并非真知"，可以说，言说了一个半世纪的马克思主义"哲学形态"，迄今为止并没有获得人们明确的认知，反而愈益陷入了这种聚讼纷纭的境地。最近我出版了《马克思的"新哲学"——原型与流变》一书(中国社会科学出版社，2013 年版)，试图解决的就是这样一些问题。

按照我的理解，"哲学形态"是就哲学家或哲学派别理论思维的特征、哲学理念形成、演变、表述和论证过程而言的。本书与同类著述的不同之处在于，它尽量避免先验地对经典作家的哲学思想进行抽象的定性和体系性概述，而是根据其不同时期的著述，梳理其观照世界、理解现实、把握时代以及阐发其思想的方式和内容的演变，再从总体上分析其哲学的独特性和逻辑一贯性。奠基于全面而系统的文本基础之上，最终呈现出一个与以往很不相同的马克思形象，形成对马克思哲学新的理解，把其关乎理解世界的“哲学方式”的超越，新的“世界观”的阐释，社会、历史的全新把握，社会认识论和“历史阐释学”的探究和鲜明的哲学归旨与思想特征等方面充分揭示出来。以我之见，谨对其概括如下：

一、理解世界的“哲学方式”的超越

按照传统的理解，马克思早期哲学思想的发展经历了一个由唯心主义向唯物主义的转变过程。其实，仔细研究马克思的著述就会发现，唯物主义和唯心主义都不是其出发点。他确实是痛斥过唯心主义的荒诞和虚妄，但不也喊出过“唯心主义不是幻想，而是真理”①这样振聋发聩的话吗？他真心感受到，在绝对观念论浸润下，唯物主义所带来的“解放”的欢欣，但对现实中流行的那些“粗陋的唯物主义”“消极服从的唯物主义”“信仰权威的唯物主义”和“某种例行公事、成规、成见和传统的机械论的唯物主义”②却不屑一顾。这些看法是彼此矛盾的吗？不！综合起来看，马克思在其一系列著述中，对这两种理解世界的“哲学方式”所进行的分析和批判是公正而深刻的，逻辑上也是一致的。他对其不同的形态从“类型”的角度进行了归纳和划分，切中肯綮地指出其症结：唯物主义体系中的“纯粹唯物主义”坚持客体至上原则，特点是“敌视人”；“直观唯物主义”坚持自然至上原则，关注的只是人的自然性、生物性，因而只能是一种“抽象的人”；唯心主义体系中的客观唯心主义坚持观念至上原则，追求绝对化了的“理念”或“自在之物”；主观唯心主义则坚持自我至上原则，追求的是个体的“自我意识”。

与此不同，马克思既不是从观念、精神、自我出发，也不是单纯从客体、自然、物质出发，而是从它们之间关系的现实表现和变化发展出发，从实践出发的。因为实践不是凝固的点，不是僵化的实体，而是一种关系、一种过程、一种活动。实践是人的世界或现存世界存在的根据和基础；同时人又通过自己的实践活动使世界成为一个更大规模、更多层次的开放体系。这是对僵持于本原问题上抽象的还原论思维方式的根本转换。

---

① 马克思：《德谟克利特的自然哲学和伊壁鸠鲁的自然哲学的差别》，《马克思恩格斯全集》第1卷，北京：人民出版社，1995年版，第9页。

② 马克思：《黑格尔法哲学批判》，《马克思恩格斯全集》第3卷，北京：人民出版社，2002年版，第60页。

二、一种新的“世界观”的阐释

在一般唯物主义的通常理解中，世界更多地被视为一种实体性的存在，甚至等同于“物质”或“自然”，并且认定“物质、自然界或存在，是意识以外、不依赖于意识而存在的客观现实”。这种观点意味着，这一“世界”是人之外的一种存在，是人观照和讨论的对象，而不是人参与、人创造、人构建、人占有和人赋予其价值和意义的过程和图景。很显然，这样的“世界”体系淡化了“人”的主体地位和人对自然、社会的实践改造，是一个失落了人的主体性和实践能动性的体系。然而，存在相对于主体而言是先在的、外在可感的物理世界，也存在内在于主体、不可直观的精神世界，还有由人类精神财富及其载体所构成的客观的精神世界；而且人是以“自我”为视角、为中心来观察和思考世界的。人类生活的现实世界不仅是人类自身创造性劳动不断展开、不断凝结和不断巩固的生生不息的历史过程，而且是一个多层次、多向度和多样态的统一体。

这一点上，马克思的世界观绝对不同于一般唯物主义的世界观，而是一种“新世界观”，它的逻辑基石是对象化劳动、是实践，即在《1844年经济学哲学手稿》中论述过的异化劳动，在《关于费尔巴哈提纲》中提出的要将环境的改变和人的活动合理地理解为革命的实践，在《德意志意识形态》中认定的作为“整个现存感性世界的非常深刻的基础”的感性劳动和生产。所以，这一世界观不以抽象的哲学“物质”或“自然”范畴为逻辑基础，也不以抽象的“主体”、“自我”和精神为逻辑基础，而是以现实的具体的“劳动”概念为逻辑基础，并视劳动、实践是解开自然之谜、社会历史之谜、人之谜的钥匙。这样，马克思便把哲学的聚焦点从整个世界转向现存世界，从宇宙本体和观念本体转向人类世界，从而使哲学探究的对象和主题发生了根本的转换。

三、社会、历史的全新把握

社会和历史是马克思倾力研究的最重要的两个领域。马克思所理解的社会和历史既不是充满神秘色彩无可把握的存在，也不是可以任意幻想和虚构的王国。“我们开始要谈的前提不是任意提出的，不是教条，而是一些只有在臆想中才能撇开的现实前提。这是一些现实的个人，是他们的活动和他们的物质生活条件，包括他们已有的和由他们自己的活动创造出来的物质生活条件。因此，这些前提可以用纯粹经验的方法来确认。”①

社会的情况是这样，那么由不同形态的社会更替而构成的历史呢？在马

① 马克思、恩格斯：《德意志意识形态》，《马克思恩格斯选集》第1卷，北京：人民出版社，2012年版，第146页。

克思看来，历史也是可以确证和理解的，它也是有前提、有过程、有结局的，可以为后来者所把握的。对历史的分解可以看出，它的构成要素："全部人类历史的第一个前提无疑是有生命的个人的存在。因此，第一个需要确认的事实就是这些个人的肉体组织以及由此产生的个人对其他自然的关系。"[①]前提确定后，就可以进一步探究推进人的本质和社会变化的动力和机制。"一当人开始生产自己的生活资料，即迈出由他们的肉体组织所决定的这一步的时候，人本身就开始把自己和动物区别开来。人们生产自己的生活资料，同时间接地生产着自己的物质生活本身。"[②]个人是社会的细胞，个人生产范围的扩大和不同的人生产了联结，构成了社会的结构和运动，"而生产本身又是以个人彼此之间的交往(Verkehr)为前提的。这种交往的形式又是由生产决定的。"[③]那么不同社会形态之间的更迭，即历史的演进是什么推动的？是盲目的或由人之外的力量主宰的吗？历史的可理解性取决于对构成历史前进的动力要素和过程机理的分析。长期以来，历史被蒙上了一层神秘的面纱，在这里马克思给予了非常清晰的解析。

历史究竟是什么？它纯粹只是自然年代的更迭和过去事件的罗列，还是后人以自己的观念和方式对既往历程的一种梳理和解释？古代与近代以什么作为分界线？只是缘于某一个特定的历史时刻和偶然事件，还是后人对于时代"进步"的一种价值评判？"近代人"何以异于"古代人"？只是由于他们分别生活在距今不同的岁月和国度，还是在"人之所以为人"的内涵、层次和境界等方面两者之间有着质的差别？质言之，在对"历史"进行观照和理解时，是不是存在实证历史学与哲学方式之间的分野？哲学视域中的古代与近代、"古代人"与"近代人"有没有特殊含义？有什么样的含义？

那么观念与历史、现实是什么关系呢？马克思指出，人们的观念和思想是关于自己和关于人们的各种关系的观念和思想，是人们关于自身的意识，关于一般人们的意识(因为这不是仅仅单个人的意识，而是同整个社会联系着的单个人的意识)，关于人们生活于其中的整个社会的意识。人们在其中生产自己生活的并且不以他们的意识为转移的条件，与这些条件相联系的必然的交往形式以及由这一切所决定的个人的关系和社会的关系，当它们以思想表现出来的时候，就不能不采取观念条件和必然关系的形式，即在意识中表现为从一般人的概念中、从人的本质中、从人的本性中、从人自身中产生的规

---

① 马克思、恩格斯：《德意志意识形态》，《马克思恩格斯选集》第1卷，北京：人民出版社，2012年版，第146页。

② 马克思、恩格斯：《德意志意识形态》，《马克思恩格斯选集》第1卷，北京：人民出版社，2012年版，第147页。

③ 马克思、恩格斯：《德意志意识形态》，《马克思恩格斯选集》第1卷，北京：人民出版社，2012年版，第147页。

定。人们是什么，人们的关系是什么，这种情况反映在意识中就是关于人自身、关于人的生存方式或关于人的最切近的逻辑规定的观念。

"世界历史"不是观念史、思想史和哲学史，而是真实存在的社会运动；也不是以往所有事件的记录、罗列和展示，而是经过"过滤"的世界发展重大趋向的表征和体现；"世界历史"的推进力量不是纯粹的"自我意识"、宇宙精神和自然秩序，而是"现实的人"所进行的生产活动与人们之间的交往关系；"世界历史"的当代发展打破了国家和民族的界限，资本开辟了"世界历史"的新时代，而共产主义是一项"世界历史性"的事业。

四、社会认识论和"历史阐释学"的探究

马克思的著述特别是《资本论》所要研究的，"是资本主义生产方式以及和它相适应的生产关系和交换关系"，而为了达到这一目的，马克思可以说处心积虑、煞费苦心！他尝试并最终概括、提炼出可以上升到"历史哲学"高度的诸多社会认识方式、方法，诸如"普照光方法"、"从后思索方法"、"人体解剖方法"、"抽象—具体方法"，等等。马克思注意到，"在一切社会形式中都有一种一定的生产决定其他一切生产的地位和影响，因而它的关系也决定其他一切关系的地位和影响。这是一种普照的光，它掩盖了一切其他色彩，改变着它们的特点。这是一种特殊的以太，它决定着它里面显露出来的一切存在的比重。"①更进一步说，"对人类生活形式的思索，从而对这些形式的科学分析，总是采取同实际发展相反的道路。这种思索是从事后开始的，就是说，是从发展过程的完成的结果开始的。"②他还指出，"人体解剖对于猴体解剖是一把钥匙。反过来说，低等动物身上表露的高等动物的征兆，只有在高等动物本身已被认识之后才能理解。因此，资产阶级经济为古代经济等等提供了钥匙。"③特别是由于"资产阶级社会是最发达的和最多样性的历史的生产组织。因此，那些表现它的各种关系的范畴以及对于它的结构的理解，同时也能使我们透视一切已经覆灭的社会形式的结构和生产关系。"④为此，他认为，"分析经济形式，既不能用显微镜，也不能用化学试剂。二者都必须用抽象力来

---

① 马克思：《〈政治经济学批判〉导言》，《马克思恩格斯选集》第2卷，北京：人民出版社，2012年版，第707页。

② 马克思：《资本论》第1卷，《马克思恩格斯文集》第5卷，北京：人民出版社，2009年版，第93页。

③ 马克思：《〈政治经济学批判〉导言》，《马克思恩格斯选集》第2卷，北京：人民出版社，2012年版，第705页。

④ 马克思：《〈政治经济学批判〉导言》，《马克思恩格斯选集》第2卷，北京：人民出版社，2012年版，第705页。

代替。”[1]可以说，这些方式、方法是马克思哲学认识论中最重要的内容。

更为超前的是马克思的“历史阐释学”思想。检视马克思不同文本的创作历程，我们还会发现一个相当普遍的现象，就是他善于把对某一问题的思考、论证和阐发与关乎这一问题的学说史的梳理和评析紧密地结合起来。像《剩余价值学说史》这样为了配合《资本论》的原创性理论建构而进行理论史梳理，把理论与理论史的密切结合的做法，几乎成为马克思的理论生涯中自觉而一贯的研究方式和著述方式。长期以来马克思的这样一种研究方式和叙述方式并未受到我们的关注和理解。传统的马克思主义哲学原理体系中，历史哲学(唯物史观)是非常重要的一个部分，然而根据一般唯物主义而不是按照马克思自谓的“现代唯物主义”原则所进行的阐释，把“历史”简单化为一种可以自动呈现的“社会存在”，又认为“社会意识”的内容全部来自这种“社会存在”，并且二者之间是一种反映与被反映的一一对应的关系。现在看来，这种解释把人们的意识(精神、观念)领域的独特性、复杂性和丰富性做了简单化的处理。如果一切意识(精神、观念)只是一种对外在的异质性存在的反映，怎么解释人类创作的那些浩瀚的艺术作品、精神伟构所构筑的独特的审美空间和智慧高峰？又如何到位地勾勒和透视人类复杂的思想史、观念史、心灵嬗变史？研读马克思留下来的文本，我们发现他真正完成了的、成型的作品远远少于未完成的著述，绝大多数是笔记、手稿以及计划写作的著述的准备稿、过程稿、修正稿和补充稿。马克思为什么要对自己的文稿反复斟酌、再三修改？这里不只是关乎他当时是否建立了独特的理论、思想的问题，很大程度上他更多地考虑到的是理论如何表达和思想怎样阐释的问题。马克思当然坚持历史存在的客观性和规律性，但历史以怎样的方式显示自己的存在？对历史如何叙述才能显现出其当代意义？源于时代境遇和社会实践的理论又如何表达才能显示其真正的意旨？所有这些都关乎“历史阐释学”的重要议题。20 世纪历史哲学把研究重点转向了诸如此类的历史表现、历史想象、历史隐喻、历史理解、历史叙述、历史方法、历史写作等领域，从而大大超越了 19 世纪的思维；马克思以其丰富的文本写作实践触及当代“历史阐释学”的这些问题，并且在其阐释中蕴含着大量有价值的创见，这些本属于马克思历史哲学题中应有之意，需要我们进一步探究、挖掘和提炼。

五、鲜明的“人学”归旨与思想特征

马克思思想的变革更鲜明地体现在其哲学的归旨与特征中。马克思剖析资本及资本的逻辑，论证共产主义的必要性和可能性，其根本宗旨仍在于人，

---

① 马克思：《资本论》第 1 卷，《马克思恩格斯文集》第 5 卷，北京：人民出版社，2009 年版，第 9 页。

在于“人的全面发展”。表面看来，《资本论》探讨的是商品生产、商品流通和总过程的各种形式，探讨的是物质、利益、财富、阶级和所有制等问题，但贯穿这些方面的价值归旨是“现实的个人”的处境及其未来，是“实践的人和人的实践”，是“人与人的关系”。即如“时间”，我们一直把它看作是世界的存在方式，是一种可以度量的、匀速流逝的、物理状态的间隔，然而在《资本论》看来，哲学意义上的“时间”与自然时间是有区别的，它离不开人、人的活动和人的感受，衡量这一层面的时间的不是物理的尺度，而是社会的尺度、资本的尺度、人的尺度，时间成为人类发展的空间。用马克思的话说，就是“时间实际上是人的积极存在，它不仅是人的生命的尺度，而且是人的发展的空间。”①

古往今来，存在形形色色的哲学形态，有讲求个人道德践履的哲学，有叩问生命体验的哲学，有寻求救赎之途的哲学，有追求“绝对真理”的哲学，有安妥失意灵魂的哲学，有遁世隐逸的哲学，还有苦闷消遣的哲学，等等；而且，从社会方面来说，由于哲学家的言说和陈述与社会对其的理解之间往往会出现程度不同的错位和反差，哲学更被蒙上了异常神秘和迷蒙的面纱，在哲学与社会的关系、哲学的社会定位和社会功能、哲学家的社会角色及其社会评价等方面，出现了常常是各不相同甚至相去甚远的评论，有时被说成是无用之学、抽象之学、“庙堂”之学、贵族之学、悠闲之学，有时被等同于诡辩之术、谶纬之学、箴言戒语、玄思遐想；对哲学家的评论更是五花八门，要么令人忍俊不禁，要么使人啼笑皆非，诸如“古怪之人的古怪之论”、“味同嚼蜡的人与学问”、“思想的巨人生活的侏儒”，等等，不一而足。这是哲学的本来面目吗？如果不是，到底是哲学本身出了问题，还是社会的症结？

我们当然并不全盘否定上述哲学形态存在的价值及其合理性，也姑且宽容地接受或谅解社会对哲学哪怕是严重歪曲和非常错误的评论。但马克思主义哲学与此绝不相同，比较而言，它更是一种现实的哲学、时代的哲学、社会的哲学、人民群众的哲学和“改变世界”的哲学。

在马克思看来，哲学不是世界之外的遐想，而“是自己的时代、自己的人民的产物，人民的最美好、最珍贵、最隐蔽的精髓都汇集在哲学思想里。正是那种用工人的双手建筑起铁路的精神，在哲学家的头脑中建立哲学体系。”“任何真正的哲学都是自己时代的精神上的精华……不仅在内部通过自己的内容，而且在外部通过自己的表现，同自己时代的现实世界接触并相互作用”②。

---

① 马克思：《1861—1863年经济学手稿》，《马克思恩格斯全集》第47卷，北京：人民出版社，1979年版，第532页。

② 马克思：《〈科隆日报〉第179号的社论》，《马克思恩格斯全集》第1卷，北京：人民出版社，1995年版，第219—220页。

哲学虽然是从总体上研究人与世界的关系的，但人与世界的关系最深切的基础是现实、是实践、是时代。因此，真正的哲学无疑应该以实践为基础来研究人与世界的关系，而这种研究的目的归根到底也在于为人实践地处理自己同外部世界的关系服务。哲学的繁荣固然表现为人的精神或人的理性与智慧的开放性的自由运动，而这种自由运动往往具有对现实的超越性，但又不能完全脱离自己时代的现实的人本身和现实的世界，不能完全脱离把现实的人和现实的世界关联起来的现实的实践。

自古以来哲学还被称为“智慧之学”，但在马克思主义哲学看来，哲学追求“智慧”，并不是为了内心的自我满足、自我陶醉；哲学作为智慧之学，其根本任务和主要功能，正在于教人善于处理和驾驭自己同外部世界的关系，不仅包括对世界的理论解释，更包括对世界的实践改造。因此马克思主义哲学不仅把实践作为自己整个哲学理论的基础，使自己的哲学具有与其时代的实践相适应的内容和形式，而且还特别指出，“哲学家们只是用不同的方式解释世界，而问题在于改变世界”①。“全部问题都在于使现存世界革命化，实际地反对并改变现存的事物。”②

马克思哲学所主张的这种对现实、对世界的改变不是抽象的，而是与无产阶级革命、与对资本主义的批判、与社会主义实践联系在一起的，它是革命的无产阶级的世界观和方法论。它不讳言自己的阶级属性，它不是超越哲学，不是适应一切时代、适应于所有人的哲学。它本身是 19 世纪欧洲政治、经济发展的产物，是近代自然科学影响下的产儿。它的全部主旨“归结为这样的绝对命令：必须推翻那些使人成为被侮辱、被奴役、被遗弃和被蔑视的东西的一切关系”③。无产阶级是随着工业发展而成长起来的，它被彻底的锁链束缚着，由于自己所受的普遍痛苦而具有普遍性质，它若不解放整个社会就不能解放自己，它本身表现了人的完全丧失，只有通过人的完全恢复才能恢复自己，它否定私有制体现了社会发展的要求。为了实现人类解放，途径就是哲学与无产阶级的结合，无产阶级在哲学的统帅下对现实进行武器的批判，“哲学把无产阶级当作自己的物质武器，同样，无产阶级也把哲学当作自己的精神武器”④。人类解放没有物质力量、没有无产阶级不行，因为革命需要被

---

① 马克思：《关于费尔巴哈的提纲》，《马克思恩格斯选集》第 1 卷，北京：人民出版社，2012 年版，第 140 页。

② 马克思、恩格斯：《德意志意识形态》，《马克思恩格斯选集》第 1 卷，北京：人民出版社，2012 年版，第 155 页。

③ 马克思：《〈黑格尔法哲学批判〉导言》，《马克思恩格斯选集》第 1 卷，北京：人民出版社，2012 年版，第 10 页。

④ 马克思：《〈黑格尔法哲学批判〉导言》，《马克思恩格斯选集》第 1 卷，北京：人民出版社，2012 年版，第 16 页。

动因素，需要物质基础。批判的武器不能代替武器的批判，物质力量只能用物质力量来摧毁。人类解放更不能没有理论，没有哲学。革命是从哲学家的头脑中开始的。理论和哲学的意义就在于理论是能动的，物质是被动的，哲学是头脑，无产阶级是心脏，物质力量依赖于精神去把握，理论一旦掌握群众就会变成物质力量，思想的闪电一旦真正射入无产阶级这块没有触动过的人民园地，人就会解放成为人。

需要指出的是，马克思虽然零星地用“新哲学”“新唯物主义”“现代唯物主义”等称谓过自己的哲学形态，但他并没有非常明确、系统地将其表述出来，以上只是根据我的理解对这种哲学“新”和“现代”之所在所做的一些阐释，自然属于一孔之见，希望大家批评。从中我们也可以看出，由于各种复杂的原因，长期以来我们对马克思哲学的理解，很多情况下实际上并没有达到马克思的水准或处于“前马克思”的阶段。目前我们在大力倡导马克思主义哲学创新，但应当明确，创新必须是在正确理解马克思哲学、在其哲学革命的基础之上展开的。我觉得，这是文本研究最重要的收获和给予我们最大的启示。

参考文献

[1]马克思：《德谟克利特的自然哲学和伊壁鸠鲁的自然哲学的差别》，《马克思恩格斯全集》第 1 卷，北京：人民出版社，1995 年。

[2]马克思：《黑格尔法哲学批判》，《马克思恩格斯全集》第 3 卷，北京：人民出版社，2002 年。

[3]马克思、恩格斯：《德意志意识形态》，《马克思恩格斯选集》第 1 卷，北京：人民出版社，2012 年。

[4]马克思：《〈政治经济学批判〉导言》，《马克思恩格斯选集》第 2 卷，北京：人民出版社，2012 年。

[5]马克思：《资本论》第 1 卷，《马克思恩格斯文集》第 5 卷，北京：人民出版社，2009 年。

[6]马克思：《1861—1863 年经济学手稿》，《马克思恩格斯全集》第 47 卷，北京：人民出版社，1979 年。

[7]马克思：《〈科隆日报〉第 179 号的社论》，《马克思恩格斯全集》第 1 卷，北京：人民出版社，1995 年。

[8]马克思：《关于费尔巴哈的提纲》，《马克思恩格斯选集》第 1 卷，北京：人民出版社，2012 年。

[9]马克思：《〈黑格尔法哲学批判〉导言》，《马克思恩格斯选集》第 1 卷，北京：人民出版社，2012 年。

（作者：聂锦芳　北京大学教授）

项目名称：世纪之交的西方哲学价值观研究
项目编号：07BeZX030
项目负责人：文　兵
项目信誉保证单位：中国政法大学

世纪之交的西方哲学价值观研究

内容提要： 在一些学者看来，西方哲学自19世纪末20世纪初，开始出现了价值论的转向。对于“转向”一词，或许有不同的理解，但明显地，“价值”研究进入了哲学的视野，不仅价值理论进入了哲学探讨之中，而且价值追求在哲学理论之中也得以明确的宣示。从20世纪后半期开始，西方哲学所呈现的价值观念和所探讨的价值理论，又出现了一些新的面貌，值得我们去探究。本课题结合哲学家自身的时代背景、社会活动来解读其哲学文本，充分揭示其理论立场与价值追求，并且，要在这种价值追求之中提取其中蕴含的价值理论问题，在准确把握其理论的同时给予批判的分析。

本课题的研究，力图把握西方哲学的价值理论与价值倾向，亦是从一个方面来把握现代西方哲学的最新发展和总体趋向。因此，它对于价值哲学的研究，对于现代西方哲学理论的研究，具有一定的参考价值。课题在研究内容上，除了研究的对象较为前沿或者研究的角度较为独特之外，皆能以由现实折射到理论上的问题为中心，在介绍的同时进行批判的分析，就理论中的问题提出我们的解决方案，无疑也是对于理论背后的现实问题的一种回应，因而亦具有了一定的现实意义。

一、价值哲学基本理论研究

在价值理论之中，价值与事实的问题，一直就是一个最为根本的问题。可以说，价值与事实的区分，是价值哲学得以存在的依据。但是，这种区分实为在思维中考察问题的方便，而在现实之中，两者并不能截然区分开来。20世纪以来，实证主义一直拒斥价值问题，认为有关价值的问题是无法加以经验验证的。希拉里·普特南(H. Hilary Putnam)对此则进行了批驳。他的《事实与价值二分法的崩溃》(The Collapse of the Fact/Value Dichotomy)一书承袭了他早在《理性、真理与历史》(Reason, Truth and History)中对事实与价值之分离的批判。在他看来，这一分离是建立在经验主义对“事实”的狭隘理解之上的，事实上，在很多词语中有着“事实”与“价值”的缠结。他坚持价值判断是可以辩护，是有理由的。而对于如何辩护的问题，普特南采取了实用主义的解决方案。无论如何，普特南的解决方案是很有启发意义的。普特南的这一探讨，也不能仅视为对休谟以来的传统的问题的纯粹的理论探讨。这一探讨后面，是有现实的问题的。正如他所说，在这个时代，对于“事实”与“价值”之间的差别是什么的问题并不是一个象牙塔里的问题，而“简直可以说是一个生死攸关的问题”。因为在价值是否能够理性地讨论问题上，在经济学领域热烈地讨论了几十年，而经济学本身却是一门政策科学，是直接地向政府和非政府组织提出建议的。经济学中的主流观点则是认为一旦涉及价值问题，就没有论证的用武之地，而著名经济学家阿马蒂亚·森(Amartya Sen)多年以来一直在倡导和捍卫一种强有力的论证，他所辩护的是关于福利经济学中的伦理问题的理性论证的必要性和可能性。对阿马蒂亚·森观点的探讨，也是普特南在《事实与价值二分法的崩溃》的一个重要方面。

约瑟夫·拉兹(Joseph Raz)是当代实践哲学的代表性人物，其研究领域涉及实践哲学的诸多方面，其中价值理论在拉兹的实践哲学框架中占有重要地位。在《实践理性与规范》(Practical Reason and Norms)中，拉兹称如果我们按照问题划分实践哲学，那么“实践哲学最为重要的分支是价值理论、规范性理论以及归属(Ascriptive)理论。价值理论主要关注于比较各种现实的或可能的情况，以确定孰优孰劣，并确认它们的为好或为坏(Good-or Bad-Making)的特征”。由此可见价值理论在实践哲学中的基础地位。概言之，“价值”可以看作是为行为的理由(Reasons for Action)提供实质性的根据，而行为的理由则直接关涉规范(Norm)的合理性证成。这样看来，价值理论对于一切涉及规范性的实践哲学领域(依据拉兹的划分，包括道德哲学、政治哲学以及法哲学)都具有核心地位。因此，围绕价值的一系列论题的深入探讨对于实践哲学的意义是不言而喻的。可以说，对价值理论的关注贯穿于拉兹学术生涯的始终，并在晚近的著作(《探究理性》(Engaging Reason)、《价值的实践》(The Practice of Value)以及《价值、敬重与依着》(Value, Respect, Attachment))中逐渐成为中心议题。在拉兹的价值理论中，社会依赖性(The Social Dependence of Value)是最具特色的一个论题。以“价值的社会依赖性”为根据，拉兹探讨了价值的客观性、社会相对主义以及价值多元论等诸多论题。在《价值、敬重与依着》中，拉兹又深入分析了价值的社会依赖性与价值普遍性的关系。如拉兹所言，“本书的核心论题……是调和价值的普遍性与价值的社会依赖性以及偏倚性(Partiality)”。我们将就拉兹的这一表述做深入探讨。首先，我们要说明何为价值的社会依赖性。其次，说明拉兹所理解的“价值的普遍性”的含义。在此基础上说明为什么通常我们会认为两者之间存在着冲突，并进而阐明拉兹调和两者的方式。但我们也并不止于简单陈列拉兹的理论。如果承认价值的普遍性问题的重要性，并正视由价值的普遍性产生的种种颇为激烈的争论，那么我们的问题首先是如何把握这种争论的实质。这就要求我们重新审视“价值的普遍性”的概念内涵，通过对于围绕着价值的普遍性的争论的分析，我们会发现通常围绕价值的普遍性的争论与拉兹的规定存有一定的差异，拉兹的规定在一定程度上错失了“价值的普遍性”这一概念所蕴含的最为焦灼的问题。于是，这就引出了另一个问题。如果拉兹所理解的价值的普遍性有所偏失的话，那么拉兹在“价值的社会依赖性”和“价值的普遍性”之间调和的努力是否仍然有效。对此，拉兹的价值的社会依赖性论题并不能被认为是对于解决有关价值的普遍性的争论的意义也随之丧失，它仍然可以为解决关于价值的普遍性问题的争论提供一条出路，虽然在这条道路上仍然有许多问题要解决。

自以赛亚·伯林(Isaiah Berlin)的“两种自由概念”以来，价值多元论一直是当代西方政治哲学热议的一个话题。在伯林那里，价值多元论首先是针对现实政治的反思，它抗拒以单一价值凌驾于其他价值之上的价值一元论主张，进而捍卫自由主义的政治制度。在伯林为我们提供的价值多元论版本中，价值的不可通约性(Incommensurability)是它的一个核心主题，即不同价值之间不存在一个可通约的标准，不同的价值无法也不能划归为一种单一的价值。正是依据这个主张，柏林捍卫一种多元的善的观念，进而将其与自由主义互为支撑。这一不可通约性的观念也为后来围绕着价值多元论的各种观点所共享。支持价值多元论的观点自不必多说，他们将不可通约性的观点作为抗拒价值一元论的基础性论题，而对于价值多元论持有异议的论者也恰是针对不可通约性来试图维护一种单一性的价值的基础地位。但是我们在对伯林以及其他一些价值多元论者的论述中也遇到了另一个特征，即将各种不同的价值不仅描述为不相同的、无法为单一的价值所划归的，而且认为在它们之间存在本质性的冲突，不同的价值构成了相关排斥的关系。价值多元的这一特征可以被表述为不可相容性(Incompatibility)或是价值的冲突。正是通过这种价值冲突的论题，一些多元论者强调价值的不可兼得，进而为选择以及相应的舍弃提供理论上的支持。于是，我们关于价值多元论就获得了两种不同的特征描述。问题也随之而来，对于价值的多元论的理解应当以哪一个特征为其核心？进而我们应当坚持哪一种价值多元论？我们力图要说明的是，价值多元论就其本质来说，只能蕴含价值的不可通约性特征，价值冲突不能成为它的一个必要的构成要素。其次，就价值的不可相容性来看，价值的冲突只能看作是外在的情景因素的结果，而不能看作是基于价值本身的内在属性。最后，我们将提出一种区别于目的论的或目标设定的进步观念，通过它来证明那种以不可通约性为本质的价值多元论，同时拒斥那种以价值的不可相容性为核心的价值多元论。

在某种意义上，我们可以把20世纪后半叶以来的世界思想的时代称之为价值哲学的时代。价值概念成为哲学思想的一个核心概念当然并不是从20世纪后半叶才开始，但是却是从那时才真正成为思想中的思想，成为有意无意地支配一切思想的思想。价值哲学首先并不意味着一个以价值为研究对象的哲学学科，如我们通常所理解的那样，而首先意味着一个特殊的时代、一个怀疑主义的时代、一个思想开明的时代，但也是一个思想混乱的时代、一个缺乏判断力的时代，弄不好也是一个虚无主义的时代。谁在今天还不了解“价值”的价值，那他还是未受到教育的。价值成为我们这个时代的标志，但为什么成为我们时代的标志，为什么仅仅成为我们时代的标志，为什么没有成为其他时代的标志，对于这一问题我们还很少思索。我们用价值概念来怀疑一切，唯独没有怀疑过价值概念本身，因为我们把它看作我们进步的标志，看作我们自己。而任何对一个对象的思都需要和所思的对象保持一定的距离，距离是获得真理的必要条件。今天我们尝试着和价值保持这样的距离，也就是和我们自己保持距离，对价值的审视就是对我们自己的审视。我们要思考的不是价值概念的内涵，也不是价值哲学的体系，而是价值概念的可能性条件、界限和危险。首先思考价值概念在什么样的条件下才从其隐藏的某个黑暗处走向思想舞台的中心，目的是要表明，价值概念并不是一个无前提、无限制的概念，它只有在一定的条件下才能产生。其次要思考价值哲学及其价值概念从其内在逻辑出发会遇到何种危险，以及价值哲学会如何自我解构。最后要思考价值概念的效用界限，思考它建立在何种根据上才能够具有合法性。通过这些思考，我们希望能确定价值的合法效用，以便它不再被滥用。滥用与个人无关，而是时代本身的泛滥成灾。

与此相关，就有必要引入元伦理学问题，作为价值论的一种可能前提，因为价值问题说到底并不是一个纯理论问题，而是人和他人的社会关系问题。探讨“感谢的伦理学”，则是企图把价值问题建立在原初的伦理关系之上来加以思考，以克服价值多元论的内在理论困难。这不失为一种新的理论尝试。

二、价值观念总体趋向研究

学界对后现代主义价值观的理解，大体有这样两种观点：一种认为后现代主义是要颠覆一切价值追求，以至可以归入价值观上的虚无主义；另一种认为后现代主义代表了对多元价值的诉求，从而走向费耶阿本德(Paul Feyerabend)式“什么都行”的无政府主义、相对主义。前一种观点显然过于笼统，而后一种观点则流于表面。因为，“后现代主义”本身也是一个缺乏统一规定的概念，被称为“后现代主义者”的那些思想家之间观点的差异非常大。后现代主义哲学之所以被理解为是一种虚无主义，就在于它本身并没有设定一个具体的价值目标。而在后现代主义者看来，设定一个具体的价值追求，就有把它加以"中心化"的危险，往往会把其他的价值追求淹没掉。事实上，在一些后现代主义者那里是有一定价值追求的，否则就难以理解诸如德里达(Jacques Derrida)、利奥塔(Jean-Francois Lyotard)这样的后现代主义者对"正义"和"公正"的寻求。哈贝马斯(Jürgen Habermas)虽然声称现代性尚未完成，启蒙理性的潜能还没有得到发挥，因而对后现代主义提出了诸多批评，但他在价值观上与利奥塔和德里达等人并没有根本的区别。哈贝马斯把他的价值观称之为"后传统的"，实际也是要表明他与传统的价值观念的不同。后一种观点没有看到后现代主义并不是一般地强调价值多元，而是要为一种尚未到来的新价值观预留空间。总之，我们可以在后现代主义价值观中看到一种张力——价值设定上的批判与探求之间的张力。利奥塔、德里达、哈贝马斯等所展现出来的一种新的价值观，无疑是当今社会重建和谐与秩序的一种重要的思想资源。

后现代主义并不设定任何具体的、特殊的价值目标，因此，把马克思主义与后现代主义嫁接起来的"后马克思主义"也从中吸取了灵感，对于拉克劳(Ernesto Laclau)、墨菲(Chantal Mouffe)所提倡的激进"民主"，亦少有规定，虽然把自由与平等作为民主的基本原则，要求把自由主义与民主结合起来，要求对"自由"、"平等"等概念进行重释，但是，我们并没有看到他们是如何重释的。无论如何评价拉克劳、墨菲的后马克思主义思想，但他们的思想之中存在诸多困境是不争的事实，这些困境使其理论的严谨性受到质疑。在我们看来，这种理论策略毫无"激进"可言。

有一个值得注意的现象，就是当代西方马克思主义，不再是陷于一种文化批判，而是转向政治哲学的领域。而政治哲学，作为一门学科，其实就是要关注或研究政治的规范与价值，其中最为重要的则是公平、正义、自由、平等、民主，甚至是"承认(尊重)"等。这些问题，既是政治哲学的问题，当然亦是价值哲学之中关于价值观念的问题。只是这些问题纳入到政治哲学之中时，就涉及这些价值将如何实现的问题。就此而言，价值的观念与价值的实现又不是一个可以割裂开来的问题。

而左翼学者艾伦·梅克森斯·伍德(Ellen Meiksins Wood)力图从价值诉求上来思考历史唯物主义的重构和未来社会主义的构想，她把民主视为超越资本主义的一种力量。她虽然肯定在资本主义条件下，政治民主有所发展，但更为根本的是经济并不是民主的，而是充满压迫与强制的。因此，民主的发展，必然要超出资本主义社会。为此，她对历史唯物主义的一些基本范畴进行了重新思考，包括经济基础与上层建筑的关系。她不同意把经济与政治视为截然分离的两个领域，而是把资本主义社会所特有的这种分离视为资本主义本身政治功能的分化。伍德的民主理论，是力图从马克思主义理论角度来回应当代资本主义的民主理论，与所谓的后马克思主义有着重大的差别。

西方马克思主义的重要流派法兰克福学派第三代主要理论家阿克塞尔·霍耐特(Axel Honneth)，以其“承认理论”著称。他力图在主体间性理论的基础上重构一种新的政治理论和社会学说。就法律理论来说，霍耐特超出了近代以来的自然法理论，要重新为法律奠定一个道德的基础。在他看来，在马基雅维利所开启的西方现代法律理论与政治学说那里，人类活动被看成是按照自然法则行事的自然现象，社会生活被描述为权力而进行的斗争关系，主体之间则是永远处于一种相互为敌的状态，法律也是一种自我持存的手段，“法律并不超越于人的本性”。故此，法律不再具有道德的意义和内涵。霍耐特把法律视为承认的三个领域之一。这里的“承认”也就是一种价值追求。霍耐特的这一观点，对于当代法学理论与政治理论中实证主义大行其道的景况，呈现了一个别样的理念面貌。

弗雷德里克·詹姆逊(Fredric Jameson)是美国新马克思主义领军人物之一，长期致力于从经典马克思主义的“基础—上层建筑”模式出发，运用他所谓的马克思主义诠释学，批判解读全球范围内迅猛发展的后现代主义文化。一方面，他通过揭示文化文本中意识形态与乌托邦的辩证法，对晚期资本主义文化进行解神秘化、去合法化，再现文本背后作为缺场原因的阶级关系和生产方式；另一方面，他又认为在后工业社会，文化生产与经济生产场域交叠，使文化从根本上干预和改造经济成为可能，试图借助他所谓的认知测绘美学，全面揭示各种弱势、边缘群体所遭受的种种“束缚”机制，发展一种可以同时处理阶级、性别、种族等不同社会问题的联盟政治。然而，现实中的各种弱势、边缘群体往往各自为政，甚至相互攻讦，使联盟政治还主要停留在理论层面。于是，詹姆逊转而寄希望于全球化造就新的资产阶级掘墓人。詹姆逊的文化批判理论总体上坚持了马克思主义的立场、观点和方法，在文化分期和后现代主义研究等问题上对马克思主义文化批判理论有所发展，但同时他又对生产方式和全球化等关键概念做了过于狭隘的理解，尤其是未能把握到实践唯物主义的主体性意蕴，使其文化批判理论最终陷入了悲观主义迷局。我们试从“为总体性正名”、“马克思主义诠释学”、“认知测绘美学”、“全球化及其抵抗策略”四个方面，全面展开对詹姆逊重建总体性的文化批判理论的批判解读。

在西方左翼学者内部，早在20世纪60年代末，就有学者如罗伯特·C·塔克(Robert C. Tucker)提出这样的观点：马克思并不认为资本主义是不正义，或者，马克思并没有谴责资本主义的不正义。但真正把这个问题引入广泛争论的，则是艾伦·伍德(Allen W. Wood)于1972年在《哲学与公共事务》中发表的《马克思对正义的批判》一文。伍德对马克思的“正义”观进行详细的阐述，论证了马克思并没有建立自己的正义理论的观点，支持了塔克的观点。此后，不少学者对其观点发表了自己的观点，引起了较为热烈的争论。这一争论，21世纪后也延展到了的中国的理论界。这个争论的实质，就是围绕塔克提出的一个问题：马克思是否认为资本主义是不正义的？这些争论，对于如何把握马克思主义思想的实质，具有重要的意义。但这些争论，不少是关乎“正义”概念的词语上的争论。如果超出这种词语上的不同理解，可以把这场争论引向另一问题，从另一个侧面来加以考察：“基于批判的正义”还是“基于正义的批判”？前一种理论路向，是基于对资本主义的科学分析而后阐明无产阶级的价值选择；而后一种理论路向，则是基于某种永恒的价值观念而后展开对资本主义的道义谴责。如果把“批判”视为从“正义”的概念出发，那这种“批判”就是一种道义的批判；而如果这种“正义”是从“批判”建立起来的，那这种批判就是一种科学的分析。如果把问题进一步地展开，它就牵涉马克思主义理论的科学维度与价值维度是否统一以及如何统一的问题。在西方马克思主义的发展进程中，阿尔都塞（Louis Pierre Althusser）与伯恩施坦（Eduard Bernstein）在马克思主义理论的科学性与价值性的关系上，首先把两者割裂开来并偏执一端，但又无法全然否定另外一端，故而在理论上必然就会出现含混。这也从另一方面说明，这两个方面在马克思主义理论中本身就是不能分割的。

（作者：文　兵　中国政法大学教授）

项目名称：和谐社会视野下人与自然协调发展研究
项目编号：06BaZH037
项目负责人：路日亮
项目信誉保证单位：北京交通大学

天人和谐是生态文明建设的理想境界

——《天人和谐论》简介

内容提要：《天人和谐论》是在全球性生态危机日益严重、人与自然关系极度紧张的背景下完成的，其目的是为了系统地研究马克思主义人与自然关系理论，并在此基础上，结合当今社会发展中人与自然关系出现的新情况、新学说提出自己的新观点和新思想，为构建和谐社会、达到人与自然协调发展寻找理论依据。本书基于马克思主义人与自然关系理论基础，将中国传统的天人和谐思想、西方的人与自然关系思想以及当代西方生态马克思主义中关于人与自然关系思想的精华高度概括为“天人和谐论”，并对天人和谐做了很好的当代诠释，既有理论上的归纳和阐述，又有对现实问题的分析和批判，并在此基础上提出了许多新观点和新思想。

《天人和谐论》是北京市哲学社会科学“十一五”规划项目——“和谐社会视野下人与自然协调发展研究”课题的最终成果。全书除序言外共分六章，其各章的主要内容和观点如下：

在序言中，作者集中概括了自20世纪以来，随着现代工业和科技的蓬勃发展，人类对生态环境的破坏及其生态危机的状况，并简要地梳理了国内外学者对人与自然协调发展研究的情况，特别是中国共产党和中国政府把马克思主义基本原理与中国具体实践相结合，在现代化建设过程中提出的一系列理论和举措，以及构建“天人和谐论”的必要性。为应对全球生态环境的恶化，在理论上寻找支撑。

第一章，天人和谐论是人与自然关系的新探索。该章第一节对“天人和谐”的含义进行了界定，指出“其实质是指人与自然的关系，亦即人在宇宙中、在自然中的地位。”“天人和谐”实际上是将中国哲学所讲的天、地、人三者的关系归纳为天人关系，将天和地并称为自然界。在此基础上，第二节对天人和谐论的基本内容进行了较系统的阐述，从七个方面论述了天人和谐论的内涵。即(1)天人和谐论是一种新的生态观；(2)天人和谐论是一种新的价值观；

(3)天人和谐论是一种新的发展观；(4)天人和谐论是一种新的文明观；(5)天人和谐论是一种新的消费观；(6)天人和谐论是一种新的道德观；(7)天人和谐论是一种新的自然观。第三节对中国传统文化与天人和谐论进行了阐述，归纳了远古时代朦胧的天人和谐思想，“天人合一”的整体自然观，“三才”、“四大”的有机自然观，“和实生物”的普通联系观，“物无贵贱”、“民胞物与”的生态平等论和生态价值观，“道法自然”、“与天地参”的天人和谐论。这些归纳和论述很好地将中国古典哲学思想加以提升，极大地拓展了马克思主义哲学思想，为以后各章节的研究奠定了基础。

第二章，人与自然关系的解读。本章的第一节对人与自然和谐发展的必要性和意义进行了阐述，分析了研究人与自然和谐发展的背景，实现人与自然和谐相处的当代诉求，统筹人与自然和谐发展的重要意义等问题。第二节对自然与自然界等概念进行了界定，分别梳理了自然的含义：古代哲学对“自然”的理解、近现代哲学对“自然”的理解、马克思主义对“自然”的理解；在梳理之后，对人与自然和人与自然界的关系进行了阐述。第三节对人与自然关系的历史演进阶段性做了归纳，论述了原始文明、农业文明、工业文明和生态文明不同文明形态人与自然关系的状况及发展。第四节阐述了人与自然关系的科学把握的思想原则，分析了人与自然关系的逻辑展开、人与自然关系的含义、人与自然关系的本质、人与自然的关系同人与人的关系的互动转换等问题。

第三章，马克思关于人与自然关系的思想。本章作为该书的重要章节，第一节分析了马克思、恩格斯人与自然关系思想产生的社会背景和理论渊源，分别从马克思人与自然关系思想产生的社会背景和马克思人与自然关系思想的主要理论渊源两个方面论述了这一问题。在介绍背景的基础上，第二节较系统地梳理了马克思、恩格斯人与自然关系思想，从自然界是人类生存与发展的物质前提、自然界是人类生存与发展的物质基础、劳动是人的自然性与社会性统一的机制、人与自然的关系和人与社会的关系、人与自然对立的根源等五个方面梳理了马克思人与自然关系思想的内容，并对马克思、恩格斯有关理论进行了新的诠释，对一些有争议的理论问题阐述了自己的见解。

第四章，人与自然和谐是和谐社会的基础。本章深入地分析了人与自然和谐与和谐社会的关系，指出人与自然的和谐是和谐社会的基础。第一节论述了人与自然和谐相处，分别从人与自然和谐相处的内涵和价值取向两个问题说明了这一问题。第二节论述了人与自然和谐共生的基本思想，分别阐述了人与自然和谐共生理念的内涵、人与自然和谐共生的价值、人与自然和谐共生的基本特征等问题。第三节论述了人与自然和谐发展问题，分别从遵循自然规律是人与自然和谐发展的必要条件、人与自然和谐发展根源于人与人之间的社会关系两个方面做了阐释。第四节论述了天人和谐与和谐社会构建，阐述了和谐社会与天人和谐的关系问题，构建社会主义和谐社会对生态的要求等问题。既有理论探索，又有对现实问题的分析，对构建社会主义和谐社会具有现实意义。

第五章，生态马克思主义对人与自然关系的新诠释。该章对当代西方生态马克思主义进行了较详细的剖析，阐述了生态马克思主义产生的背景、历史演变、主要理论观点，最后对生态马克思主义进行了评析。第一节对生态马克思主义做了总体概述，梳理了生态马克思主义的称谓，分析了生态马克思主义与马克思主义的关系。第二节挖掘了生态马克思主义产生的背景，分别阐述了其社会背景和理论来源。第三节分析了生态马克思主义的历史演变，阐述了生态马克思主义的萌芽形态和成熟形态不同阶段的主要学者的基本思想。第四节梳理了生态马克思主义的主要理论观点，主要介绍了生态危机理论、资本主义双重危机理论，然后对生态马克思主义进行了评析，既肯定了其理论成就和现实意义，又指出了其理论局限性。这对国内研究人与自然关系、建设生态文明具有重要参考价值，同时也对正确认识和研究西方马克思主义提供了丰富的资料，具有较大的启迪作用。

第六章，生态文明对天人关系的新发展。建设生态文明，是中国共产党人应对全球性生态危机的理论创新和现实举措，该章既是全书的重点，也是全书的落脚点，分别用六节的内容进行了阐述。第一节梳理了人类文明的演进与环境衍化，分别论述了古文明的起源与自然环境、古文明的消亡与自然环境、文明延续的生态因素。第二节对生态与生态文明进行了深入阐述，分别论述了生态与生态学、文明和文化的内涵、生态文明的内涵等问题。第三节深入论述了生态文明的基本内容，分别阐述了生态文明的结构要素、主要内容和基本特征。第四节阐述了生态文明的基础，分别论述了生态文明的实践基础和思想基础。第五节阐述了生态文明与其他文明的关系，论述了生态文明与工业文明的关系，生态文明与物质文明、政治文明、精神文明的关系。第六节阐述了生态文明的构建，分别从生态文明构建的经济层面、政治层面、文化层面、社会生活层面等角度阐述了作者对生态文明构建的思想。这些内容基本上从全方位对生态文明进行了阐释，其中贯穿了“天人和谐”这一主线，既归纳了近年来学术界的研究成果，也是作者对生态文明的解读，在许多方面具有创新。

本书基于辩证唯物主义与历史唯物主义的分析方法基础上，运用理论与实践相结合、历史与现实相对照、国内与国际相对比等方法，深入地分析了生态危机的根源，系统地阐述了生态文明的基本理论和构建生态文明的思路。在内容上，全书以马克思主义人与自然关系理论为主导，对中国传统文化的天人和谐思想、西方的人与自然关系思想以及当代西方生态马克思主义关于人与自然关系的思想进行了很好的剖析和解读，其立论正确、观点鲜明，是近年来诠释人与自然关系的一部力作。

本书突出的理论创新有：

1. 将中国古代“天人合一”思想加以马克思主义的改造，提出了“天人和谐论”思想，并较系统地构建了其理论体系；

2. 提出了人与自然和谐是和谐社会的基础，为和谐社会建设奠定了理论基础；

3. 提出了人与自然关系的本质是人与人的关系，为解决当今生态危机、实现人与自然协调发展找到了根本途径；

4. 将构建和谐社会中人与自然和谐、建设生态文明、环境保护等众多内容简单明了地概括为“天人和谐”，既是一次理论创新，又在实践上具有重要意义。

该书具有重要的理论和实践价值。首先在理论上，该书将中国古代“天人合一”思想与马克思主义人与自然关系相结合，能够用马克思主义理论对中外传统文化精华加以提炼，对现代文明成果给予恰当的吸收，创建了自己独特的“天人和谐论”的理论体系，并以《天人和谐论》为书名出版，这是国内第一本以此命名的学术专著，填补了学术空白。在实践上，目前我们正在构建社会主义和谐社会，人与自然和谐、生态文明建设作为和谐社会的重要内容急需理论指导，如何将马克思主义理论与中国的实际相结合，并吸取中国哲学和西方哲学的精华既是一种理论创新，也是实践需要，该书在这方面很好地处理了这几方面的关系，对协调人与自然关系，构建社会主义和谐社会，促进中国现代化进程具有重要的价值。

（作者：路日亮　北京交通大学教授）

科社·党建·政治学学科

项目名称：关于滞京大学毕业生群体的现状调查与治理对策研究
项目编号：09BeKD067
项目负责人：张润枝
项目信誉保证单位：北京师范大学

滞京高校毕业生群体现状与治理对策

内容提要：滞京高校毕业生是指毕业于北京地区高校、非北京生源，毕业后未能获得北京市正式户口，以各种方式滞留北京工作和学习的人员。随着就业压力的日益增大，高校毕业生滞留北京的现象越来越普遍，成为一个新的城市流动群体。目前，该群体的现状主要表现为：生活满意度不高但整体心态比较积极；人际网络较好但社会认同度较低；社会保障相对乐观但存在隐忧；组织归属感弱且流动趋向不稳定；硕士研究生滞京群体职业发展面临更多困境等。应采取有针对性的措施，统筹高校和政府两方面的力量，优化人才培养结构，解决相关制度障碍，提升该群体的社会认同感，帮助滞京毕业生有效融入北京社会，以实现提高人才培养质量和完善社会治理的双重目的。

近些年来，高校毕业生的就业压力不断增大，就业困难引发的一系列问题越来越受到各方面的高度重视。就北京市而言，毕业生数量快速增长，但平均就业率总体呈现下降趋势，非京籍生源毕业生以各种方式滞留北京的现象越来越普遍，成为继外来农民工之后一个新的城市流动人口群体。本课题研究中所说的滞京高校毕业生主要是指毕业于北京地区高校、非北京生源、毕业后未能获得北京市正式户口，以各种方式滞留北京工作和学习的人员。由于社会体系对其制度性容纳的程度和能力有限，在对这一群体的管理上，无论是政府还是其毕业院校，都存在政策滞后、制度缺失和方法单一等情况。

一、现状分析

课题组采用自编调查问卷《滞京毕业生发展状况调查问卷》，以分段抽样和随机抽样相结合的方法，根据京外生源比例情况，选择了北方工业大学、北京理工大学、北京师范大学、北京邮电大学、北京外国语大学、首都经济贸易大学和首都师范大学共 7 所高校进行调查。在每所高校中，又根据专业分布，采用随机抽样的方式发放问卷。此外，考虑到性别和学历可能对调查结果产生的影响，在随机抽样的同时，也尽可能控制了男女比例和本科生、硕士生比例。为确保时效的一致性，所有问卷集中在2009年11月至2010年12月间发放，共发放问卷585份，回收有效问卷为520份，使用SPSS进行数据分析。通过分析，对滞京毕业生现状得出如下印象：

(一)生活满意度不高但整体心态比较积极

北京市统计局公布的2010年北京市职工月平均工资为4201元，然而我们在调查中发现，仍有一半左右的滞京毕业生达不到这一水平。与此同时，这一群体需要负担北京高昂的生活成本。在每月主要支出项目中，住宿、饮食和日常生活用品占去绝大部分比重。尤其对于住宿，出于上下班方便，生活设施便利以及卫生、治安、环境良好等主要因素的考虑，滞京毕业生目前每月用于租房的花销大多在1000—2000元之间，成为一项不小的负担。而在保障基本生活质量之余，滞京毕业生用于个人发展(学习培训)的投资比重则非常低。

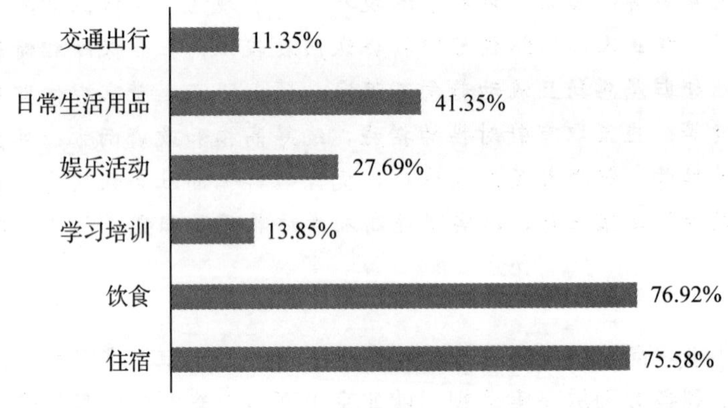

图1　主要生活支出项目

因此，经济压力成为他们最主要的压力来源，这必然影响到他们对生活状态的认可度。在关于生活满意度的调查中，滞京毕业生对于所得薪酬的满意度和生活质量的满意度都比较低，并有超过半数的被调查者表示，如果对生活状况持续不满意可能会选择去其他城市发展。

虽然对生活状态并不十分满意，但滞京毕业生的整体心态比较积极。一方面，尽管有劳累、压抑和无奈，但被调查者呈现出的主要情绪状态仍然是愉快、满足和乐观；单纯选择“压抑、烦闷、无奈”等负面情绪的比重较少。这种情况符合这些年龄层次的青年，他们有朝气，对自己有充分的信心，对未来有热切的理想，相信通过自己的努力能够获得更好的发展。在他们的预期中，超过一半的人认为未来两年自己的薪金会有较大幅度的增长，接近80%的人相信自己未来5年的生活会变得更好。滞京毕业生普遍对自身职业发展前景抱有较大的期望，并愿意积极努力采取行动，这一点从相当一部分

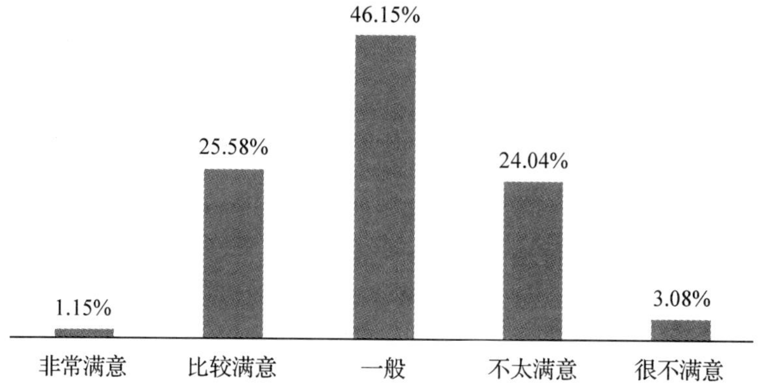

图 2　对所得薪酬的满意度

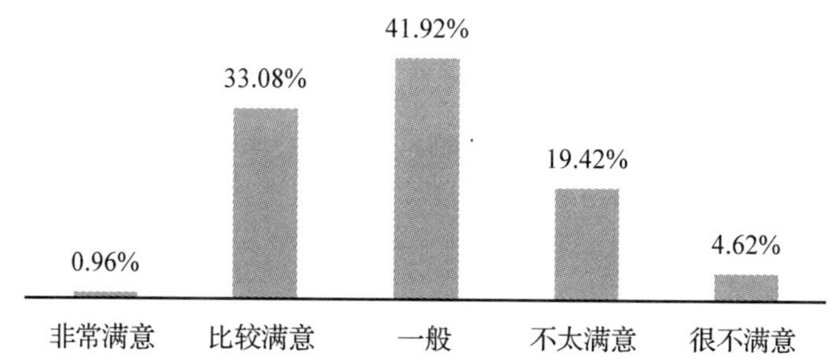

图 3　对生活质量的满意度

被调查者期待在未来能够自主创业可以明显反映出来。

(二)人际网络较好但城市融入程度比较低

相比于其他从外地高校毕业后来北京寻找机会的学生来说，滞京毕业生一个比较明显的优势在于他们经过几年的学习，已经在这所城市建立了以同学、老师为核心的人际关系网络，这也是他们选择留在北京发展的一个重要因素。在调查中，接近50%的人认为“与其他外地高校毕业后来京工作的人”相比，自己有明显的优势。这种优势在很多方面都能表现出来，比如，更多的人际支持系统，滞京毕业生面临困难时，同学、朋友、老师能够给他们提供相应的帮助；再比如，更多的职业发展机会，我们在接触滞京毕业生时，很多人提到他们的某个工作机会与就读时教师的推荐、同学的信息共享有密切关系。而且，良好的人际网络也是他们自我保护(个人维权)的重要手段。调查显示，绝大多数滞京毕业生对自己在北京的人际交往状态感到满意，对于他们来说，人际关系压力远远小于经济压力和工作压力。

然而，调查也发现，滞京毕业生所看重的人际交往和社会关系存在一定的局限性。一方面，尽管滞京毕业生并不缺少朋友，但其朋友的类型主要是曾经的同学，工作之后结识的人，包括同事和在各种社会活动中认识的朋友比较少；尤其对于邻居，在此次调查所得到的所有有效数据中，没有一人将亲密朋友的类型定义为“邻居”。而且在我们的调查中，一些滞京毕业生表现出对北京城市市民相当的距离感。这也从一个侧面反映出这一群体在社会融入方面还存在一定的问题，还无法真正融入自己所在的社区或工作环境。

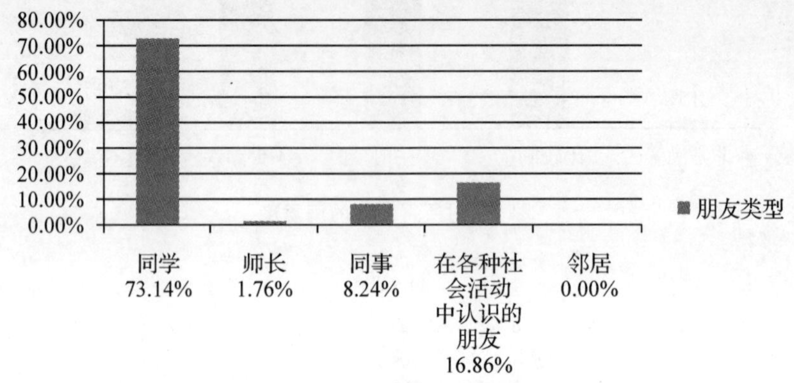

图 4　朋友类型

与此相对应的是，61.73%的滞京毕业生认为自己只是漂在北京的外地人，他们对于家乡的记忆、认同要明显高于对北京的关注，对于北京城市发展的重大事件或举措、目标等，只要不是直接涉及自身利益的，关注度明显不够。在我们的访谈中，滞京毕业生对北京的城市传统、文化等了解并不多，而且相当一部分人没有从历史传统等城市独特属性方面深入了解北京的愿望，这一方面与他们工作、生活压力比较大，无暇顾及之外，也反映出这一群体对北京城市的疏离感。

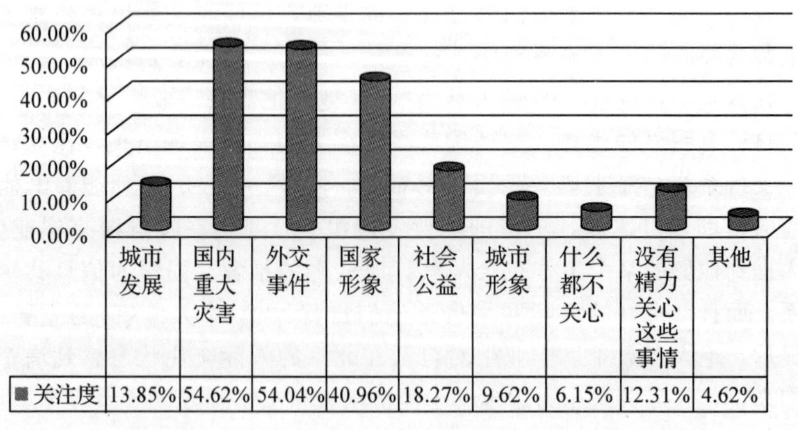

	城市发展	国内重大灾害	外交事件	国家形象	社会公益	城市形象	什么都不关心	没有精力关心这些事情	其他
关注度	13.85%	54.62%	54.04%	40.96%	18.27%	9.62%	6.15%	12.31%	4.62%

图 5　时事关注度

(三)社会保障相对乐观但存在隐忧

在社会劳动保障方面，滞京毕业生群体的状况比较乐观，绝大多数人与工作单位签订了正式劳动合同，单位按时缴纳社会保险的比例也很高，反映出这部分毕业生的就业状况良好的一个侧面。但是与之形成反差的是，调查显示，对于在京工作的社会保障和福利状况，41.92%的人表示“一般”，18.65%的人则表示“不太满意”或者“很不满意”。之所以会出现这样的反差，主要还是他们无法享受与北京市民同等的附着在户籍政策上的相关医疗、养老、住房、未来子女教育等相关社会保障权益，使他们对于未来的生活有担忧甚至焦虑。对于这一问题，我们将在下文中详细加以阐述。

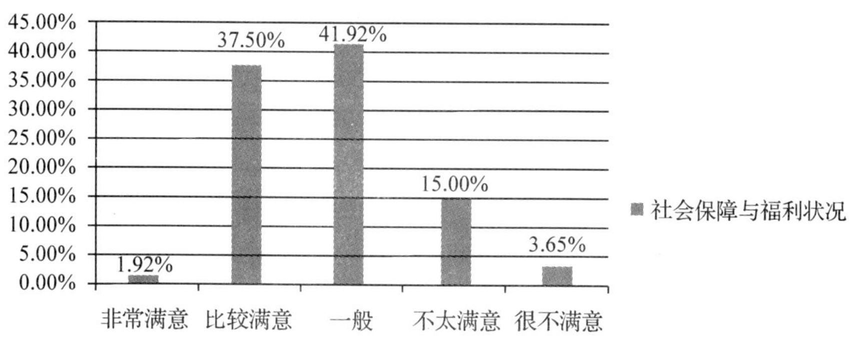

图 6　社会保障与福利状况

(四)组织归属感弱且流动趋向不稳定

滞京毕业生群体在组织归属上处于极为松散的状态，这是一个值得关注的问题。在我们的调查对象中，共青团员占 40.58%，中共党员占 48.08%，这与目前高校党团组织发展状况大体相当。也就是说，滞京毕业生中绝大多数应当有其政治组织的归属。但是事实却是，他们中 72.88%的人从不参加党、团组织的活动，相当一部分人的组织关系放在遥远的家乡，从不参加各

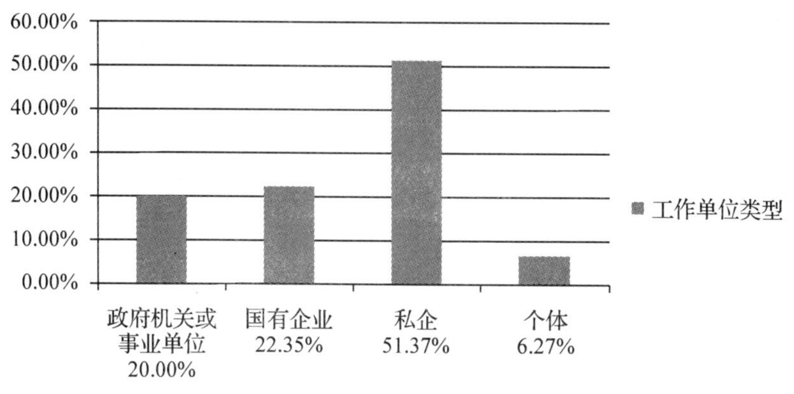

图 7　工作单位类型

种组织生活，甚至有一些毕业生将组织关系随身携带，一旦将来考研、考博，或者进入体制内单位工作，组织关系的接转就可能无法实现。这样的情况在毕业生中并不少见。从他们的社会支持网络来看，党团组织也基本不在他们求助的范围之内。此外，在调查中我们也看到，这一群体的毕业生忙于工作和生活的奋斗，也很少参与其他社会自组织活动。而从他们的工作单位来看，一半的人在私营企业，即使在政府事业单位和国有企业的毕业生，由于他们没有户口，没有编制，一些单位也不接纳他们的组织关系。

与此同时，这批毕业生在自身的未来发展方向上也存在一定的矛盾心理。对于是否在北京长期生活，倾向于“留下”和倾向于“不会留下”的比例比较接近。此外，当被问及“您认为自己如果去二、三线城市发展，是否会比在北京发展得更好”时，一半以上的被调查者认为“可能会更好”或“一定会更好”，另有一部分被调查者表示“说不清”，只有一小部分明确表示“不会更好”。这与滞京理由中最主要的一项——“北京就业和发展机会多”形成鲜明反差，反映出被调查者在这一问题上存在矛盾心理。

（五）硕士研究生群体职业发展面临较多困境

硕士研究生在择业中更注重稳定性。这首先体现在对工作单位和职业的选择上，在选择理想的工作单位时，大多数的硕士毕业生倾向于在国家机关和国有大中型企业就业，这两项的比例均比本科毕业生高，而倾向于在外企工作的硕士毕业生比例比本科毕业生少，在自主创业的倾向上，二者的差异则更加明显——硕士毕业生对自主创业的兴趣远低于本科生。

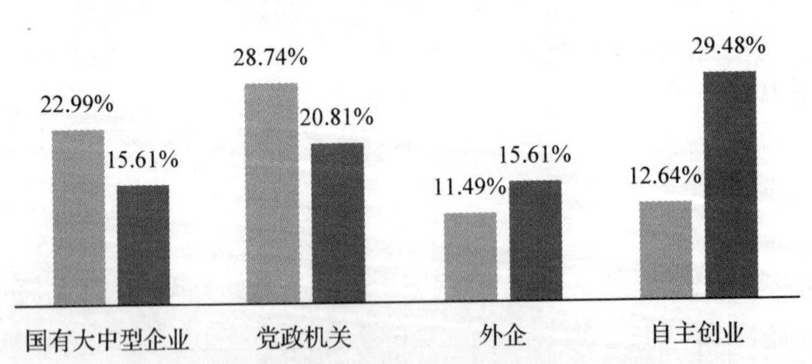

图 8　本科毕业生与硕士毕业生择业倾向对比

在职业选择上，硕士毕业生目前从事的职业类型以专业技术类、教育培训类和管理类为主，从事自由职业或自主创业者的比率均低于本科生。在行业选择上，硕士毕业生从事教育培训、编辑出版相关职业的人数比率高于本科生，而从事销售职业的比率明显低于本科生，可见，硕士毕业生更倾向于长期、稳定的职业发展道路，但同时存在灵活性较差、就业渠道相对狭窄的问题。

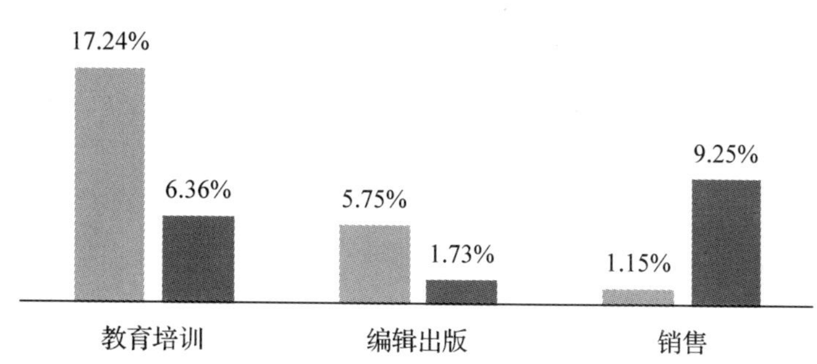

图 9　硕士毕业生与本科毕业生职业类型差异

41.38%的硕士毕业生认为自己所学的专业阻碍了自己获得理想的就业，这一因素在本科毕业生中表现的并不明显，这反映出目前高校的硕士研究生专业设置与社会需求之间需要合理的平衡。另外，女性硕士毕业生面临着更多的职业发展瓶颈，体现在24.10%的硕士毕业生认为是性别因素阻碍了自身获得理想的工作，而她们全部是女性。

二、对策建议

滞京毕业生群体凸显的现实状况和基本问题，实则反映出我国目前人才培养机制的不完善和高等教育结构的错位，以及国家在改革进程中新旧体制交替和磨合中的各种矛盾，事关国家人才发展和社会和谐稳定，应采取有针对性的措施，满足该群体的基本需求，以实现提高人才培养水平和完善社会治理的双重目的。

（一）解决滞京大学生问题的基本思路

人力资源特别是高层人才流动的一个基本规律就是“趋高性”，选择满足需求较好的地方、条件和环境。高校毕业生滞京是这一规律的具体体现，符合经济发展过程中市场重新配置人力资源的趋势，具有其合理性。与传统意义上的流动人口不同，这一新的流动人口群体以其高学历、高智商、高素质形成了首都未来发展中的一支不可忽视的力量。

1. 帮助滞京毕业生有效融入北京社会是治理该群体的基本出发点

对于滞京毕业生群体，是帮助其尽快积极有效地融入社会，还是排斥该群体远离北京，是受到普遍关注也存在诸多争议的问题。我们认为，一方面，滞京毕业生毕业于北京高校，他们已经在这个城市学习生活了4年甚至更长的时间，而这恰恰是他们走向独立、走向社会、走向成熟的时期。他们对这个城市的了解、熟悉、亲近是其他城市包括生源地也无法相比的。不论政府部门是否愿意，其中的大多数人更愿意留在北京发展，形成一个以同学关系为核心的新型流动人口群体。另一方面，他们受到过专业且系统的高等教育，具备健全的知识储备、良好的道德品质和相对完善的人格素养，他们的存在，将成为北京市实现人才资源密集、专业结构合理、市场开放有序、产业规模宏大的“人才之都”建设目标的重要力量。因此，帮助该群体尽快融入北京城市生活，在北京找到自己事业发展的平台，是当前有效的且可操作的政策落点。

2. 解决相关制度缺失是滞京毕业生群体治理的核心环节

对于滞京毕业生来说，相关制度的缺失是导致他们生活压力较大的主要原因。以户籍制度及其相关的劳动保障、社保、住房等制度为例，北京目前城市人口的吸纳能力已经超出限制，人口压力与环境承载力和城市设施容量的矛盾积累严重，故而现行户籍制度仍对外来人口进京落户实行严格控制。在这种情况下，缺少北京户口的滞京毕业生们无法享受与北京户口相连的社会功能，无法享受与北京市民同等的参政议政、公共服务等权利；他们在人才市场上处于劣势，容易导致某些用人单位擅自延长试用期、不签订劳动合同等问题的出现；相关的生育保险、养老保险、保障性住房等也无法有效解决。在我们的调查中，有23.85％的毕业生认为没有北京户口是他们找不到理想工作的最重要的原因，另有一些毕业生表示只要解决北京户口，什么单位都可以去。这反映了很多滞京毕业生对获得相关制度保障的迫切心态。

3. 提高滞京毕业生群体的社会认同感是不容忽视的问题

滞京毕业生群体对北京市的社会认同直接影响其作为社会成员的使命感和责任感，制约其对城市建设和发展的情感态度和智力贡献。从调查看出，滞京毕业生群体在社会融入过程中，其角色转换和身份转型出现了一定程度的错位和分离，导致他们在北京这一新的城市场域空间产生出身份不明的矛盾情况。如在关于“您认为自己是北京人么?”的问题回答中，61.73％的人选择了自己是“漂在北京的外地人”。这表明，他们将自身标定为外地人；他们的社会交往圈主要集中在上学期间形成的同学圈，社交范围非常有限，对于北京城市建设和发展情况的关注度也比较低。可以说，当滞京毕业生怀揣着对北京城市文明和生活的向往与追求留京发展，却因各种社会原因无法融入该城市的制度和生活体系，他们中相当一部分人又不愿或者无法回归生源地，于是在两难和困惑中形成了“双重边缘人”的自我矛盾，缺少归属感，漂泊感较强。

4. 统筹高校和政府两方面的力量是解决滞京毕业生问题的必然途径

滞京毕业生群体出现的基本问题，既涉及高校人才培养层面，又涉及社会管理、政策调整、文化管理等社会治理层面。因此，滞京毕业生问题的研究和治理需坚持当前和长远相结合、方向性和操作性相统一的基本思路和原则。所谓立足当前，即要求我们要研究实际问题，立足实际情况，审时度势，围绕高校人才培养以及国家社会治理等方面，采取有计划性、有针对性、可操作的方法路径；关于着眼长远，即要求我们深入研讨该群体问题出现的根本性障碍，寻找体制性和制度性根源，并立足于此，提出根除该群体问题的指导性思路。

(二)立足高等教育的改进设想

高等教育对于学生视野的拓展、人际网络的构建、修养的提升、专业技能的培训以及实践能力的提高等有至关重要的影响，对于滞京毕业生今后的发展以及该群体问题的解决发挥着基础性的作用。

1. 人才培养方面，优化专业结构，重视能力提升

高校人才培养的结构性失衡，是影响学生就业选择的重要因素。人才培养与社会需求的不平衡严重阻碍了毕业生的职业发展。调查显示，相当一部分滞京毕业生认为自己所学的专业阻碍自己获得理想的职业岗位，尤其是硕士研究生群体；多数受访者认为高校缺乏对其实践能力和社交能力的培养。因此，从高校人才培养模式上看，要积极优化专业结构，以市场和社会需求为导向，紧密结合国家经济结构调整和产业升级的需要，紧密结合国家科技创新和社会进步的需要，增强高校人才培养结构的适应性；同时加强学生社会实践锻炼，提高其应对社会需求的能力。

2. 就业服务方面，加强相关指导，鼓励自主创业

调查显示，当被问及“您认为高校对学生缺乏哪些方面的就业指导”时，“职业生涯规划指导”比重最为突出，达到54.42%；选择“就业心理指导”和“就业程序与技巧指导”也占有一定比重。可见，就业指导关乎学生日后的发展，是高校职能的重要组成部分。

高校应完善就业服务体系，从就业信息的提供到职业咨询，从就业政策的宣讲到职业技能的培训等方面形成一系列完整的服务体系；应鼓励和指导学生自主创业。高校还应特别注重对劳动制度、户籍制度、档案托管制度等的宣讲。在我们的调查中，52.69%的毕业生不了解户口、档案、组织关系托管的相关规定，其中有相当一部分人把档案、组织关系等重要文件自己携带，甚至“口袋户口”现象也不少见，一旦用时会造成很多麻烦。高校就业指导部门应强化对上述政策的宣讲，保证每个毕业生了解政策规定，及时办理相关手续。

3. 基层组织方面，发挥党团优势，适当延伸高校对毕业生的管理范围

滞京毕业生不同于其他流动人口，他们与毕业院校有着不可割裂的联系。因此，在现行户籍管理制度无法保证将每一个滞京毕业生纳入社会管理范围的情况下，可以考虑更多地发挥其所毕业院校的作用，由他们加强对户籍、档案留在学校的学生的联系和管理。对其中的共产党员和共青团员，以流动党员的性质纳入高校党团组织，吸引他们参与党团组织的活动，提升他们对北京市的归属感和认同感。

(三)立足社会治理的应对策略

1. 管理理念方面，坚持服务，强化扶持

近些年来我国在流动人口管理上，呈现出更加重视服务，重视和谐、公平的发展趋势。政府在帮助流动人口实现生活的基本需求、保障其公共利益方面发挥着越来越重要的作用。在对滞京毕业生的管理上，也应遵循这一趋势，转变管理模式，提高服务意识。一方面，努力推动以公共服务为核心，流动人口与流入地户籍居民权利平等的社会治理模式的建立，既要重视对滞京毕业生群体的管理和控制，更要保护该群体的合法权益，在医疗卫生、劳动保障等基本公共服务方面给他们以平等的机会，促进社会和谐；另一方面，结合滞京毕业生群体服务和管理工作的实际情况，不断研究、探索改进该群体服务管理工作的新途径、新方法。比如，政府应当设立专门的调查机构，保证对这一群体的实时了解，掌握他们的群体特征和生存现状，及时进行政策的改进和调整，让他们看到在奋斗的过程中逐步向理想靠近的希望。

2. 政策支持方面，坚持基本需求优先的原则

政府部门进行相关政策调整需坚持基本需求优先的原则，有选择、有步骤地实现政策支持。从调查看来，滞京毕业生群体最希望得到改善的问题主要集中在获得平等的就业政策、完善的医疗和养老保险以及比较优惠的住房(租房)政策。这就为政府部门进行相应的政策调整提供了基本的优先次序。也就是说，应当首先适度推进户籍改革，放宽户籍限制，剥离附着在户口背后的种种社会功能，进而取消户口迁移制度中设置的人为障碍；完善社会劳动保障体系，避免就业中的地域歧视，建立更加合理的社保制度，并加强制度监管力度；在住房服务上逐步实现滞京人员与本地人口同等对待，为滞京毕业生提供廉租房和经济适用房等，帮助他们尽快融入社会。

3. 文化管理方面，弘扬北京精神，提升城市社会认同

文化管理是社会治理的核心组成部分，提升滞京毕业生群体的社会认同是解决其问题的重要路径之一。应建立“个人(家庭)—工作单位—社区—政府”相结合的社会支持网络，引导滞京毕业生积极参与单位、社区活动、党团组织活动，加强与北京市民的良性互动，提高社会参与积极性，增强社会认同的心理意愿；另一方面，滞京毕业生承受着较重的社会压力，又缺少相应的关怀关注，因此应关注其个体心理健康，提供相应的心理帮扶。此外，北京精神作为北京城市文化的集中反映，应大力弘扬北京精神，提高滞京毕业生群体对北京城市历史、时代新貌以及城市形象和城市精神的认知程度，在此基础上，形成对北京的情感归属和意识认同，以此提升他们的社会认同感和城市归属感。

(作者：张润枝　北京师范大学教授)

项目名称：经济外交与外交官对中国经济发展的贡献研究
项目编号：10BaKD094
项目负责人：江瑞平
项目信誉保证单位：外交学院

经济外交与外交官对中国经济发展的贡献

内容提要：打开市场，主动融入经济全球化，中国经济表现出了明显的外向型特征，而外向型经济的发展离不开经济外交的配合。正是在这样的背景下，中国经济外交从20世纪70年代末开始发展，并日益兴盛至今。在国际贸易、国际投资、国际金融领域的成功经济外交，为国内经济发展做出了显著的贡献。作为经济外交的执行人，外交官在各个领域的卓有成效的工作践行了中国经济外交的政策，维护了国家的利益，维护了海外企业、华人华侨的利益。经济服务外交，外交服务经济，经济与外交形成了良性的互动关系。

冷战结束后，世界各国的外交重点由政治外交转向经济外交，中国也不例外。20世纪70年代末以来，为实现经济发展，中国实施改革开放政策，主动融入经济全球化，由此外交的重点开始向经济外交转变。此后，“走出去”国家战略的提出与循序推进，使得外交为经济服务的目标渐趋明朗。2005年3月，温家宝总理在十届全国人大第三次会议上的《政府工作报告》中，强调“随着经济全球化的深入发展和中国经济实力的增强，经济外交越来越成为中国总体外交的重要组成部分。”这是中国第一次正式在政府文件中使用经济外交术语，凸显了经济外交对中国发展的重要意义。实际上，在为国内赢得发展的外部环境，服务国内经济发展方面，中国外交官一直致力于经济外交活动的开展。在经济外交开展三十多年后，梳理经济外交以及外交官对我国经济发展的贡献，不仅对于过去，更对未来经济外交工作的开展有着显而易见的意义。

本文共分五个部分。第一部分经济全球化与中国经济发展，意在分析我国开展经济外交的背景；第二部分研究中国经济外交的内在需求，即中国经济发展的外向型特征要求经济外交的配合；第三、四部分重在分析经济外交及外交官对中国经济发展的贡献；第五部分剖析经济与外交的良性互动关系。

一、经济全球化与中国经济发展

冷战结束后，世界经济一体化向纵深方向发展，主要国家的外交重心向经济外交转移。20世纪70年代末期以来，中国以经济建设为中心，推行改革和对外开放政策，主动参与经济全球化，通过发展对外贸易、吸引外商直接投资的方式，实现了经济总量的持续和高速增长。随着自身竞争力的增强，又开始推行以“走出去”为标志的对外投资合作。

中国参与全球化需要制度保障，经济外交的作用不可替代。在全球层面，中国于2001年正式加入世界贸易组织(WTO)，标志着中国经济外交政策的极大成功，意味着中国将与占世界经济贸易额90%以上的国家和地区发展经济贸易关系，对中国的经济发展甚至全球经济的发展有着极其重要的意义。这也标志着中国顺应经济全球化的潮流，与世界以一种前所未有的方式紧密联系在一起。十多年来，中国认真遵守了世界贸易组织规则，切实履行了各项义务和承诺，在健全市场经济体系、发展经济社会、全面融入世界经济体系等方面取得了巨大进展。在区域层面，开展区域合作，如推动“10＋1”、“10＋3”、“中日韩”、上海合作组织、东亚峰会、亚太经合组织领导人非正式会议等各种合作机制深入发展。当然，当前的国际经济环境对中国的经济增长也有一些挑战，如各种形式的贸易保护主义、日趋激烈的国际能源资源的争夺。显然，中国经济的可持续发展离不开经济外交的参与。

二、中国经济发展的外向型特征

在主动参与全球化的过程中，中国的经济表现出了明显的外向型特征。

(一)贸易领域

贸易体制的不断改革，促进了中国对外贸易的发展，贸易总额不断增长，贸易产品结构得到改善。货物贸易长期处于顺差，而服务贸易则处于逆差。中国与某些大国或区域的贸易摩擦是经济外交中一个长期的话题。

(二)投资领域

从20世纪70年代末开始至今的中国改革开放可以分为两个时期。以21世纪为分水岭，前期以引进外商直接投资为主，此后是吸引外商投资与对外直接投资并重，鼓励企业“走出去”。但两者都产生了一些问题，如外商直接投资带来的环境污染、无产业发展等。对外投资虽然增长很快，但规模依然很少，且面临巨大的政治、汇率等各方面的风险。

(三)金融领域

银行、证券、保险等各金融领域都向外资开放，履行或提前履行了加入世界贸易组织时的承诺。从另一角度看，中国金融业要走向世界，需要经济外交的保驾护航，范围包括金融资产的保护、区域和全球金融合作的参与等。

三、经济外交与中国经济发展

政府在经济发展中的作用可以归纳为“内政”和“外交”两个层面，二者是相互联系的整体。当“内政”决策涉及一国对外经济关系时，就成了经济外交。国际经济关系中的决策与谈判构成了经济外交的主要内容。

(一)国际贸易领域的经济外交与中国经济发展

在一般情况下，政府最好不要过多插手国内的贸易，应充分发挥市场机制的作用。但是，在国际贸易中，政府起着举足轻重的作用，政府的对外贸易政策直接关系到国家的贸易利益。也就是说，政府在国际贸易领域的经济外交事关国家贸易利益的大局。从“进口替代”战略到“出口导向”，是中国发挥比较优势的战略选择，恢复关税及贸易总协定(GATT)缔约国的地位以及加入世界贸易组织是使中国走向世界的必然。中国在国际贸易领域的经济外交发挥了中国的比较优势，有力地推动了中国复关和入世的历史进程，为中国的经济发展做出了重要贡献。

在区域层面，中国—东盟自由贸易区(CAFTA)的建成使双方受益良多。2001 年 11 月，在第五次中国—东盟领导人会议上，中国正式提出了组建中国—东盟自由贸易区的构想。2002 年 5 月，中国与东盟双方成立了贸易谈判委员会，开始就建立自由贸易区进行磋商。双方签署了《中国与东盟全面经济合作框架协议》，2010 年中国—东盟自由贸易区启动。目前，东盟不仅是中国第四大贸易伙伴，也成为中国在发展中国家里最大的贸易伙伴。而在投资领域，尽管中国和东盟还存在一定的竞争，但随着双方相互投资的加强，双方互补共赢的局面越来越明显。

(二)国际投资领域的经济外交与中国经济发展

中国在国际投资领域的经济外交涵盖引进外资和对外投资两个方面，引进外资使中国解决了搞经济建设所需的外汇储备严重不足的问题，给普通民众提供了就业机会，充分利用了劳动力比较优势，从根本上改变了中国的贫穷面貌。中国的对外投资为中国调整产业结构、绕开市场障碍提供了条件，促进了本国经济又好又快发展，同时对世界经济的发展也有很强的拉动作用。

(三)国际金融领域的经济外交与中国经济发展

中国在国际金融领域的经济外交主要包括中国在汇率体制和资本市场开放方面的决策和谈判。中国根据本国的贸易、金融、经济状况以及预期达到的目标采取有管理的浮动汇率制度，顶住来自外部世界的压力尤其是中国加入世界贸易组织时要求开放资本市场的压力，为国际贸易和外国直接投资提供了稳定的金融环境，为经济发展做出了重要贡献。

四、外交官对中国经济发展的贡献

外交官是实现经济外交目标和战略的执行人，其使命是利用个人和集体的智慧和资源为国家利益而战斗。伴随中国对外开放程度的不断加深，中外经济交往的日益密切，中国与其他国家的合作领域及规模日益广泛和扩大，中国与外部世界的经济矛盾和利益冲突时有发生。开展有效的经济外交自然成为外交官的必然使命。中国目前有二百五十多个驻外使领馆分布在世界各地，有外交部派出的两千五百余人和商务部、教育部、科技部、中联部、文化部等国家有关部委派出的数千人在驻外使领馆从事外交工作。他们广泛参与了多个领域的经济外交活动，包括为协助和推动与驻在国达成双边经贸合作协议，向世界宣介中国对国际经济问题的立场和主张，协助推进中国对外金融合作，协助确定和实施对发展中国家的经济援助等。在此，我们主要分析外交官为推动与驻在国经贸关系顺利发展所做的贡献。

(一)协助和推动中国与驻在国政府达成各类双边经贸合作协议

中国与世界各国签署了许多保障各自国民在对方国家享受自由贸易、投资安全、避免重复征税的双边贸易投资自由化便利化协议，还签订了许多政府间经济技术合作协定。这些协议无一不是在我国驻外使领馆的大力协助和具体安排下签订的，有些甚至是我国政府委托驻外使馆高级外交官直接与对方国家相关政府部门的高级官员签署的。

(二)协助中外领导人或政府高级代表团互访推动经济合作

中国国家领导人每年都有多次旨在加强双边经济关系的出访活动，每年也有多起外国领导人访华活动，此外商务部等国家相关部委也不定期组织政府高级经济代表团出访。以上活动都是由我国驻外使馆外交官全程参与并协助完成的。出访前，外交官们要与两国相关部门进行多次联系和磋商，确定行程和访问期间的具体安排，做出周密的访问和接待计划；访问期间，外交官们陪同领导人出席各种重要官方会谈和签字仪式、访问中方或外方企业与当地商界领袖见面晤谈、出席新闻发布会等，力争使领导人访问取得重大成果。

(三)推动双方商界人士在对方国家寻找商贸机会，增加经贸往来

通过深入调研工作与驻在国商界人士广泛接触，发现商机，为中外企业家成功建立商业伙伴关系穿针引线，是中国外交官工作的重要内容。

(四)推动两国企业家在对方国家寻找投资合作机会，增加相互投资

20世纪70年代末中国改革开放以后，中国国际投资开始起步，前期主要以吸引外国企业进入中国投资为主，而中国企业对外投资很少，但进入21世纪以来，中国企业“走出去”蔚然成风，有许多国有企业和民营企业都具备了较高的技术水平和较强的融资投资能力，希望到海外拓展业务。中国外交官为中外企业相互投资合作发展穿针引线、提供法律和政策咨询，争取获得驻在国官方的支持与保护，为引资、投资做出了应有的贡献。

(五)推动两国金融机构提供贸易融资和投资信贷

有很多中国企业具有强烈的对外投资愿望，也有足够的技术和管理能力，但由于企业自身自有资金能力有限，束缚了企业“走出去”的步伐，因此，获得贸易融资和投资信贷往往成为部分企业“走出去”的关键。中国外交官积极协助“走出去”的企业与金融机构磋商合作，获得“走出去”所需要的资金支持。

(六)为中国企业家提供帮助，保障华人华侨利益与人身安全

有些国家和地区社会秩序混乱，安全状况不佳，在此经营的中国企业和个人经济利益和人身安全遭受严重威胁。中国驻这些国家的使领馆非常关注当地局势的发展变化，及时提醒中国企业和公民应注意的事项，对中国驻外企业提出工作指导和要求，以防范风险。一旦出现恶性事件，使领馆将全力以赴，与当地政府交涉，妥善处理和解决问题。

此外，外交官还利用各种机会向驻在国商界人士推介中国，增强对华经贸信心。

五、经济与外交的良性互动

政治关系即传统意义上的外交与经济是相互依存、相互促进的。近年来，经济外交已经走上外交工作的中心舞台，而且其范围远超过商务外交。除对外贸易外，经济外交还包括对外投资，资本流动、援助，双边及多边经济谈判，技术交流等，它们都铭刻着国家的印记，有益于国家形象的构建与宣传。经济与外交的关系归纳为经济服务外交，外交服务经济，两者在中国外交实践中展现出了良性互动的关系。当然，这里的外交多指政治外交，而经济的含义则是多重的。有的时候，它指的是经济总量，有的时候，它强调的是经济发展，是一个过程。

(一)经济服务外交

经济服务外交体现在以下几个方面：

1. 经济是外交的基础

中国近三十多年来持续、高速的经济增长，为开展外交提供了强劲的财力支持，外交支出持续增长，对国际组织的财政贡献也不断增加。实际上，强大的经济实力使外交手段多元化，包括贸易、投资、援助、技术转移，对外援助更是经济外交中的重要手段。中国早在20世纪50年代就开始对其他发展中国家提供援助，随着国力的增强，援助力度不断加大。此外，国家经济实力的增强，必然带动一国在外交领域的影响力。在2008年开始的全球金融危机中，中国外交上的成就不能不归功于稳定的经济增长与强大的经济实力。正因如此，中国不再是一个规则的接受者，而正在战略性地推行自己的价值观和规范。

2. 经济是外交的主题

各国积极开展外交活动，往往意在配合本国的对外经济活动。外交的主要作用之一，便是可以直接服务于本国的对外经济活动，并为之创造便利条件。在全球金融危机和经济衰退的背景下，经济更成为了外交最重要的议题，例如随领导人出访的经贸代表团规模增大，领导人出访往往伴随着大量经贸合同和协议的签订等。

3. 经济是外交的先导

在国与国之间正式进行某种外交接触或者开展某项外交活动之前，两国在经济方面大都早已存在着一定的联系。正是这种国与国之间频繁而紧密的经济联系，又反过来要求双方进行密切的外交方面的交往与合作。

(二)外交服务经济

冷战结束以后，为国内经济发展服务成为了外交的主要、有时是首位的目标。就中国而言，随着国家将工作重心向经济发展转移，尤其是2000年开始推行“走出去”的国家战略以来，外交对经济的服务功能得到全方位发展。驻外使领馆积极为国内企业“走出去”牵线搭桥，参与和促成了一批大项目，为国内妥善应对国际金融危机发挥了重要作用。具体表现为：

1. 为国内经济发展创造和平稳定的外部环境，即不因周边、国际的事件影响国内“全心全意搞建设”的中心。

2. 外交关系促进经贸关系发展，保障国内经济增长。

3. 推动能源、资源合作。中国持续高速的经济增长需要大量的资源进口，中国与非洲、拉美的经济外交合作就是典型。

4. 促进地区合作与多边合作。通过外交，参与区域、多边经贸关系。中国参加世界贸易组织就是促进多边经贸合作的典型。关于区域合作，从中国1996年3月明确提出希望成为东盟全面对话国，到2010年1月1日中国—东盟自由贸易区正式建成，不能不说是经济外交促进区域合作的典范。此外，通过发展与区域性、全球性机构的合作，可以参与国际规则的制定或修改。随着中国等一批新兴经济体的经济实力的壮大，在包括世界银行和国际货币基金组织在内的国际多边机构中，要求与经济总量相匹配的份额和投票权，从而有机会影响国际金融体系的改革。

5. 对中国海外利益的保护。随着国际经贸往来的不断增加，尤其是2000年以后“走出去”战略的推行，中国的对外投资以及在海外投资置业乃至长期居住的中国人数量也会呈迅猛的上升趋势。海外中国人以及海外华侨华人对中国政府的“保护”期待与要求也在提高。而保护我国在海外的公民和法人的合法权益，是驻外使领馆的一项重要工作职责，2011年2—3月从利比亚的撤侨就是最好的注解。

开放市场，吸引外资，发展对外贸易，主动参与全球化进程，是中国经济发展成就的主要原因之一。经过近三十多年的改革开放，我国形成了全方位、多层次、宽领域的对外开放格局，同国际社会形成了前所未有的密切联系。中国的经济发展模式表现出了明显的外向型特征，主要体现为对外贸易、投资、金融等领域的双向开放或国际化。在此过程中，我们不仅大量引进外商直接投资，也在积极开展对外投资。我们不仅对外资开放包括银行、证券、保险等在内的金融行业，同时中国的金融企业也在不断拓展海外市场。正是经济的国际化使得经济外交变得日益重要，成为中国外交的主旋律。在国际贸易领域，2001 年中国正式加入世界贸易组织，是十年谈判的巨大成就，也是促进中国对外贸易发展的重要里程碑，是中国经济外交的典型成就。与此同时，随着中国对外开放程度不断加深，中外经济交往越来越密切，中国与其他国家的合作领域及规模愈益广泛和扩大，经济矛盾和利益冲突也在增多。因此，中国对经济外交的运用已经成为外交常态。中国外交官广泛参与了不断扩大着的多个领域的经济外交活动。经济服务外交，外交服务经济，两者相辅相成，形成了良性的互动关系。

（作者：江瑞平　外交学院教授）

项目名称：社会主义核心价值体系问题研究
项目编号：10AbKD099
项目负责人：韩振峰
项目信誉保证单位：北京交通大学

中国特色社会主义理论体系的内在逻辑结构

内容提要：中国特色社会主义理论体系是马克思主义中国化的最新成果，是科学社会主义基本原理同当代中国实际有机结合的必然产物。中国特色社会主义理论体系包括三大基本问题：什么是社会主义、怎样建设社会主义，建设什么样的党、怎样建设党，实现什么样的发展、怎样发展；三大理论形态：邓小平理论、“三个代表”重要思想和科学发展观；四大支柱理论：社会主义本质理论、社会主义精髓理论、社会主义初级阶段理论、社会主义改革开放理论；十二个基本观点：中国特色社会主义发展道路理论、根本任务理论、发展战略理论、经济建设理论、政治建设理论、文化建设理论、社会建设理论、依靠力量理论、军队和国防建设理论、祖国统一理论、和平发展理论、执政党建设理论。

中国特色社会主义理论体系是马克思主义中国化的最新成果，是马克思主义科学社会主义基本原理同当代中国实际有机结合的必然产物。我们党经过长期奋斗，在坚持和发展中国特色社会主义方面取得了重大理论和实践成果，最重要的就是开辟了中国特色社会主义道路，形成了中国特色社会主义理论体系，确立了中国特色社会主义制度。这是党和人民九十多年奋斗、创造、积累的根本成就，对此我们必须倍加珍惜、始终坚持、不断发展。[①] 认真学习并掌握中国特色社会主义理论体系，对于巩固全党全国各族人民团结奋斗的共同思想基础、发展中国特色社会主义伟大事业，具有十分重要的现实意义和深远的历史意义。

一、中国特色社会主义理论体系的三大基本问题

中国特色社会主义理论体系，是马克思主义科学社会主义基本原理同当

① 胡锦涛：《坚定不移沿着中国特色社会主义道路前进 为全面建成小康社会而奋斗》，《人民日报》，2012年11月9日，第2版。

代中国实际有机结合的必然产物。在当代中国，坚持中国特色社会主义理论体系，就是真正坚持马克思主义。中国特色社会主义是当代中国发展进步的根本方向，只有中国特色社会主义才能发展中国。①

党的十一届三中全会以来，我们党始终坚持解放思想、实事求是这一马克思主义思想路线，紧紧抓住建设与发展中国特色社会主义这个主题，围绕"什么是社会主义、怎样建设社会主义；建设什么样的党、怎样建设党；实现什么样的发展、怎样发展"这三个基本问题进行了积极的实践和理论探索，逐步形成了包括邓小平理论、"三个代表"重要思想和科学发展观在内的中国特色社会主义理论体系。

中国特色社会主义理论体系是通过不断探索和回答"什么是社会主义、怎样建设社会主义；建设什么样的党、怎样建设党；实现什么样的发展、怎样发展"这三个基本问题而逐步形成和发展起来的。

(一)中国特色社会主义理论体系对"什么是社会主义、怎样建设社会主义"这一基本问题的探索和回答

党的十一届三中全会以后，以邓小平同志为核心的党的第二代中央领导集体，深刻总结我国社会主义建设的经验教训、借鉴其他社会主义国家兴衰成败的历史经验，紧紧围绕"什么是社会主义、怎样建设社会主义"这一基本问题，深刻揭示了社会主义的本质，指出贫穷不是社会主义，发展太慢也不是社会主义；平均主义不是社会主义，两极分化也不是社会主义；没有民主就没有社会主义，没有法制也没有社会主义；物质文明不发展不叫社会主义，精神文明搞不上去也不叫社会主义。邓小平还从时代特征和我国基本国情出发，全面、系统地回答了我国社会主义初级阶段的发展道路、发展阶段、根本任务、发展动力、战略目标、战略步骤、战略布局、战略重点等重大问题，第一次比较系统地初步回答了在中国这样经济文化比较落后的国家如何建设社会主义、如何巩固和发展社会主义的一系列基本问题。之后，以江泽民为核心的党的第三代中央领导集体和以胡锦涛为总书记的党中央又结合中国特色社会主义建设新的实际，继续深入探索并回答了"什么是社会主义、怎样建设社会主义"这一基本问题，使我们党对社会主义建设规律的认识达到了一个新的境界。

(二)中国特色社会主义理论体系对"建设什么样的党、怎样建设党"这一基本问题的探索和回答

新中国成立后，中国共产党成为在全国执政的政党。党执政以后如何进一步加强自身建设，如何认识和把握共产党执政规律，这是摆在全党面前亟

---

① 胡锦涛：《坚定不移沿着中国特色社会主义道路前进 为全面建成小康社会而奋斗》，《人民日报》，2012年11月9日，第2版。

待下功夫解决的一个重大问题。尤其是在改革开放之后，面对新的形势和任务，我们究竟要建设一个什么样的党、怎样建设？这个问题成为当代中国共产党人必须明确回答的一个基本问题。围绕这个问题，党的历代领导集体做了积极探索和回答。邓小平在改革开放之初就提出了“执政党应该是一个什么样的党，执政党的党员应该怎样才合格”的问题，强调要把党建设成为有战斗力的马克思主义政党，成为领导人民进行社会主义物质文明建设和精神文明建设的坚强核心。江泽民深刻分析世纪之交国内外形势的新变化，明确提出了“三个代表”重要思想，强调中国共产党必须始终代表中国先进生产力的发展要求，代表中国先进文化的前进方向，代表中国最广大人民的根本利益。进入 21 世纪之后，以胡锦涛为总书记的党中央把党的执政能力建设和先进性建设作为主线，以改革创新精神全面推进党的建设新的伟大工程，对新世纪新阶段如何进一步加强和改进党的建设提出了一系列重要新思想。

(三)中国特色社会主义理论体系对“实现什么样的发展、怎样发展”这一基本问题的探索和回答

发展是当今时代的主题，更是当代中国的主题。我国作为世界上最大的发展中国家，尤其要重点解决好发展问题。改革开放之后，作为我国改革开放总设计师的邓小平高度关注发展问题，明确提出了“发展才是硬道理”“抓住时机，发展自己”“发展太慢也不是社会主义”等著名论断。以江泽民为核心的党的第三代中央领导集体把发展问题同党的性质、党的执政理念联系起来，明确提出发展是我们党执政兴国的第一要务，必须发展先进生产力、发展先进文化、实现最广大人民的根本利益，推动社会全面进步，促进人的全面发展。党的十六大以来，以胡锦涛为总书记的党中央结合新的实际，明确提出了科学发展观，强调坚持以人为本、全面协调可持续发展。

总而言之，中国特色社会主义理论体系对三个基本问题的科学探索和回答，进一步深化和丰富了我们党对社会主义建设规律、共产党执政规律和人类社会发展规律的认识，标志着我们党对发展问题的认识达到了一个新的更高的境界。①

二、中国特色社会主义理论体系的三大理论形态

党的十八大报告明确指出：“中国特色社会主义理论体系，就是包括邓小平理论、‘三个代表’重要思想、科学发展观在内的科学理论体系，是对马克

① 习近平：《关于中国特色社会主义理论体系的几点学习体会和认识》，《求是》，2008 年第 7 期。

思列宁主义、毛泽东思想的坚持和发展。”[①]十八大报告中的这段话是对中国特色社会主义理论体系逻辑外延的明确阐述，它告诉我们，中国特色社会主义理论体系的基本理论形态包括邓小平理论、“三个代表”重要思想和科学发展观等重大战略思想。

(一)中国特色社会主义理论体系的基础形态——邓小平理论

邓小平理论是以邓小平为核心的党的第二代中央领导集体结合我国改革开放伟大实践创立的建设有中国特色社会主义理论，它是在和平与发展成为时代主题的历史条件下，在我国改革开放和社会主义现代化建设的实践中，在总结我国社会主义胜利和挫折的历史经验并借鉴其他社会主义国家兴衰成败历史经验的基础上，逐步形成和发展起来的科学体系。邓小平理论开始时曾被概括为“邓小平同志建设有中国特色社会主义理论”，后来党的十五大报告将其简称为“邓小平理论”。邓小平理论是对马克思主义、毛泽东思想的继承和发展，是中国共产党人推进改革开放和建设中国特色社会主义的行动指南。

邓小平理论是继毛泽东思想之后马克思主义中国化的又一重要理论成果。作为中国特色社会主义理论体系重要组成部分的邓小平理论，第一次比较系统地初步回答了“什么是社会主义、怎样建设社会主义”等一系列基本问题，它继承并丰富和发展了马克思主义、毛泽东思想，是当代中国的马克思主义。邓小平理论主题鲜明、内容丰富，其理论体系贯通哲学、政治经济学、科学社会主义等领域，涵盖中国特色社会主义经济、政治、文化、科技、教育、民族、军事、外交、统一战线、党的建设等各个方面，是中国特色社会主义理论体系的基础形态。

(二)中国特色社会主义理论体系的重要发展——“三个代表”重要思想

继邓小平之后，以江泽民为核心的党的第三代中央领导集体，适应世纪之交世界和中国发展变化对党和国家工作的新要求，科学判断党所处的历史方位，紧紧围绕建设和发展中国特色社会主义这一主题，在进一步深刻回答“什么是社会主义、怎样建设社会主义”基本问题的同时，还创造性地探索并回答了“建设什么样的党、怎样建设党”这一重大理论和实践问题，明确提出了“三个代表”重要思想，进一步丰富和发展了中国特色社会主义理论体系。

“三个代表”重要思想的核心内容是：中国共产党必须始终代表中国先进生产力的发展要求，代表中国先进文化的前进方向，代表中国最广大人民的根本利益。“三个代表”重要思想作为马克思主义中国化的又一重要理论成果，在改革发展稳定、内政外交国防、治党治国治军各个方面，提出了一系列紧

---

① 胡锦涛：《坚定不移沿着中国特色社会主义道路前进　为全面建成小康社会而奋斗》，《人民日报》，2012年11月9日，第2版。

密联系、相互贯通的新理论、新观点和新论断，极大地丰富和发展了中国特色社会主义理论体系。

(三)中国特色社会主义理论体系的最新成果——科学发展观

党的十六大之后，如何进一步“聚精会神搞建设，一心一意谋发展”成为摆在当代中国共产党人面前的一项重要任务和历史责任。以胡锦涛为总书记的党中央紧密结合我国改革开放和现代化建设的实践，适应时代特征和我国社会发展新要求，继承和发展党的三代中央领导集体关于发展的重要思想，明确提出了科学发展观这一重大战略思想。“科学发展观，第一要义是发展，核心是以人为本，基本要求是全面协调可持续，根本方法是统筹兼顾。”[①]科学发展观是中国特色社会主义理论体系的又一重要理论创新成果，它深刻反映了当今世界经济政治文化发展的新情况和我国经济社会发展进入关键时期的新要求，体现了我们党对中国特色社会主义建设规律的新认识。科学发展观与马克思列宁主义、毛泽东思想、邓小平理论和“三个代表”重要思想是既一脉相承又与时俱进的科学理论。党的十七大报告强调，作为中国特色社会主义理论体系最新成果的科学发展观是我国经济社会发展的重要指导方针，是发展中国特色社会主义必须坚持和贯彻的重大战略思想。

由此可见，邓小平理论、“三个代表”重要思想和科学发展观等重大战略思想，共同构成了中国特色社会主义理论体系的三大基本理论形态。

三、中国特色社会主义理论体系的四大理论支柱

中国特色社会主义理论体系是当代中国共产党人紧紧围绕建设与发展中国特色社会主义这一主题，通过探索和回答三大基本问题而形成的系统化的科学理论体系。在中国特色社会主义理论体系中，有四个支柱性、核心性的理论，即社会主义本质理论、社会主义精髓理论、社会主义初级阶段理论、社会主义改革开放理论。

(一)中国特色社会主义本质理论

我们党对社会主义本质的认识，经历了一个逐步深化和完善的过程。1992年年初，邓小平指出：“社会主义的本质，是解放生产力，发展生产力，消灭剥削，消除两极分化，最终达到共同富裕。”[②]这一重要论述既坚持了科学社会主义基本原则，又切合中国社会主义初级阶段的实际情况，是对马克思主义关于社会主义本质理论的新发展。随着我国改革开放和现代化建设的不断深入，我们党对社会主义本质的认识也不断深化，先后提出了促进社会全

---

① 胡锦涛：《高举中国特色社会主义伟大旗帜—为夺取全面建设小康社会新胜利而奋斗》，《人民日报》，2007年10月25日，第1版。

② 邓小平：《邓小平文选》(第三卷)，北京：人民出版社，1993年版，第373页。

面进步是“社会主义的本质要求”，人的全面发展是“社会主义新社会的本质要求”，社会公平和正义是“社会主义制度的本质要求”，社会和谐是“中国特色社会主义的本质属性”等重要论断。党的十七大、十八大报告关于中国特色社会主义道路的论述，关于“社会主义核心价值体系是社会主义意识形态的本质体现”的论断，都是对中国特色社会主义本质内容的新揭示，标志着我们党对社会主义本质的认识达到了一个新境界。

（二）中国特色社会主义精髓理论

中国特色社会主义理论体系强调解放思想、实事求是、与时俱进是马克思主义的精髓、毛泽东思想的精髓，同时也是中国特色社会主义理论体系的精髓。以毛泽东为核心的党的第一代中央领导集体，在领导中国革命的过程中，克服了党内曾经盛行的把马克思主义教条化、把共产国际决议和苏联经验神圣化的错误倾向，在全党确立了实事求是的思想路线，开创了一条前人没有走过的中国特色的新民主主义革命道路。粉碎“四人帮”以后，以邓小平为核心的党的第二代中央领导集体，以巨大的政治勇气和理论勇气，重新确立了解放思想、实事求是这一马克思主义的思想路线，开辟了我国改革开放和现代化建设的新局面。从十三届四中全会到十六大，以江泽民为核心的党的第三代中央领导集体，高举邓小平理论伟大旗帜，坚持党的解放思想、实事求是、与时俱进的思想路线，创立了“三个代表”重要思想，进一步开创了我国改革开放和现代化建设的新局面。党的十六大以来，以胡锦涛为总书记的党中央继续坚持解放思想、实事求是、与时俱进、求真务实，提出了科学发展观等重大战略思想，进一步丰富和发展了马克思主义思想路线。

（三）中国特色社会主义基石理论

中国特色社会主义理论体系的立论基础是社会主义初级阶段理论。社会主义初级阶段，就是特指我国在生产力落后、商品经济不发达条件下建设社会主义必然要经历的特定阶段，即从我国进入社会主义到基本实现社会主义现代化的整个历史阶段。党的十三大明确提出了社会主义初级阶段理论，并以此为依据全面概括和阐发了党在社会主义初级阶段的基本路线和基本纲领。在新的历史条件下，党中央以社会主义初级阶段理论为依据，紧密结合我国新的实际，深刻认识和把握我国社会的阶段性特征，明确指出了我国仍处于并将长期处于社会主义初级阶段的基本国情没有变、人民日益增长的物质文化需要同落后的社会生产之间的矛盾这一社会主要矛盾没有变的科学结论。社会主义初级阶段理论对当前和今后深化改革开放和发展中国特色社会主义具有全局性和长期性指导意义。

（四）中国特色社会主义改革开放理论

中国特色社会主义理论体系强调，改革开放是党在新的时代条件下带领人民进行的新的伟大革命，目的就是要解放和发展社会生产力，推动我国社会主义制度自我完善和发展。改革开放是推进党和人民事业发展的强大动力，是发展中国特色社会主义、实现中华民族伟大复兴的必由之路；只有改革开放才能发展中国、发展社会主义、发展马克思主义。在三十多年的改革开放进程中，我们党始终把坚持马克思主义基本原理同推进马克思主义中国化结合起来，把坚持四项基本原则同坚持改革开放结合起来，把尊重人民首创精神同加强和改善党的领导结合起来，把坚持社会主义基本制度同发展市场经济结合起来，把推动经济基础变革同推动上层建筑改革结合起来，把发展社会生产力同提高全民族文明素质结合起来，把提高效率同促进社会公平结合起来，把坚持独立自主同参与经济全球化结合起来，把促进改革发展同保持社会稳定结合起来，把推进中国特色社会主义伟大事业同推进党的建设新的伟大工程结合起来，从而有效保证了改革开放的顺利进行。

四、中国特色社会主义理论体系的具体内容结构

中国特色社会主义理论体系内容丰富、博大精深。它除了包括上述“三大基本问题”“三大理论形态”和“四大支柱理论”之外，还包括由一系列紧密联系的科学理论观点所构成的具体理论体系。

中国特色社会主义理论体系的具体内容结构包括以下十二个方面的主要内容：

(一)中国特色社会主义发展道路理论

中国特色社会主义理论体系的形成和确立是以我们党在现实中找到了一条中国特色社会主义道路为起点的。从严格意义上讲，中国特色社会主义理论体系是对中国特色社会主义道路和中国特色社会主义制度的正确反映，其历史起点就是 1982 年 9 月召开的党的十二大，邓小平在党的十二大开幕词中明确提出：“把马克思主义的普遍真理同我国的具体实际结合起来，走自己的道路，建设有中国特色的社会主义。”[①]党的十八大对中国特色社会主义道路的基本内涵进行了科学界定，强调：“中国特色社会主义道路，就是在中国共产党领导下，立足基本国情，以经济建设为中心，坚持四项基本原则，坚持改革开放，解放和发展社会生产力，建设社会主义市场经济、社会主义民主政治、社会主义先进文化、社会主义和谐社会、社会主义生态文明，促进人的全面发展，逐步实现全体人民共同富裕，建设富强民主文明和谐的社会主义现代化国家。”[②]

(二)中国特色社会主义根本任务理论

中国特色社会主义理论体系根据马克思主义唯物史观的基本观点，强调

① 邓小平：《邓小平文选》(第三卷)，北京：人民出版社，1993 年版，第 3 页。

② 胡锦涛：《坚定不移沿着中国特色社会主义道路前进 为全面建成小康社会而奋斗》，《人民日报》，2012 年 11 月 9 日，第 2 版。

生产力是社会发展最根本的决定性因素，社会主义的根本任务是发展生产力，党和国家的工作重点是经济建设。处于社会主义初级阶段的当代中国，发展生产力的任务尤为突出，尤为重要。贫穷不是社会主义，社会主义要消灭贫穷。我们要建设的中国特色社会主义，是不断促进生产力又好又快发展的社会主义。改革开放三十多年来，我们党正因为始终把握解放和发展生产力这个根本任务，始终坚持党的一个中心、两个基本点的基本路线，所以才取得了今天这样举世瞩目的伟大成绩。

(三)中国特色社会主义发展战略理论

在落后的生产力基础上建设社会主义现代化是一项十分艰巨的事业。改革开放后邓小平为我们设计了分“三步走”基本实现现代化的宏伟蓝图。目前，“三步走”发展战略的第一步、第二步目标已经实现。当前，我们正处于全面建设小康社会、实现社会主义现代化目标第三步发展阶段。从21世纪初期到2020年，我们首先要实现全面建设小康社会的奋斗目标，使经济更加发展，民主更加健全，科教更加进步，文化更加繁荣，社会更加和谐，人民生活更加殷实。然后在此基础上继续向着到2050年基本实现社会主义现代化的目标前进。

(四)中国特色社会主义经济建设理论

中国特色社会主义理论体系提出了社会主义市场经济思想，强调我国经济体制改革的目标是建立社会主义市场经济体制，丰富和发展了马克思主义政治经济学理论。党的十四大根据我国改革开放的新要求确定了建立社会主义市场经济体制的改革目标，这是我国经济体制改革在实践和理论上的一个重大突破。社会主义市场经济体制是同社会主义基本制度结合在一起的。在所有制结构上，我们党提出要始终坚持以公有制为主体、多种所有制经济共同发展的基本经济制度，强调要毫不动摇地巩固和发展公有制经济，毫不动摇地鼓励、支持、引导非公有制经济发展；在分配制度上，始终坚持以按劳分配为主体、多种分配方式并存的分配制度；在宏观调控上，始终坚持把人民的当前利益与长远利益、局部利益与整体利益结合起来，更好地发挥计划和市场两种手段的长处。

(五)中国特色社会主义政治建设理论

中国特色社会主义理论体系强调要坚持中国特色社会主义政治发展道路，发展社会主义民主政治，建设社会主义法治国家。人民民主是社会主义的生命，发展社会主义民主政治是我们党始终不渝的奋斗目标。为了推进社会主义民主政治建设，必须坚持中国特色社会主义政治发展道路，坚持党的领导、人民当家做主和依法治国有机统一，坚持和完善人民代表大会制度、中国共产党领导的多党合作和政治协商制度、民族区域自治制度以及基层群众自治制度，不断推进社会主义政治制度自我完善和发展。发展社会主义民主必须积极推进政治体制改革，必须全面落实依法治国基本方略，加快建设社会主义法治国家。

(六)中国特色社会主义文化建设理论

中国特色社会主义理论体系认为，在当今时代，文化越来越成为民族凝聚力和创造力的重要源泉、越来越成为综合国力竞争的重要因素；社会主义精神文明是中国特色社会主义的重要特征，建设社会主义文化强国是我们党做出的重大战略决策；要坚定不移走中国特色社会主义文化发展道路，建设社会主义核心价值体系，增强社会主义意识形态的吸引力和凝聚力；大力弘扬中华文化，建设中华民族共有精神家园；要树立高度的文化自觉和文化自信，推动社会主义精神文明和物质文明全面发展，建设面向现代化、面向世界、面向未来的，民族的、科学的、大众的社会主义文化。

(七)中国特色社会主义社会建设理论

社会和谐是中国特色社会主义的本质属性。在发展中国特色社会主义过程中，科学发展与社会和谐是内在统一的。没有科学发展就没有社会和谐，没有社会和谐也难以实现科学发展。在推进社会科学发展的过程中，必须按照民主法治、公平正义、诚信友爱、充满活力、安定有序、人与自然和谐相处的总要求和共同建设、共同享有的原则，多谋民生之利，多解民生之忧，解决好人民最关心、最直接、最现实的利益问题，在学有所教、劳有所得、病有所医、老有所养、住有所居上持续取得新进展，努力形成全体人民各尽其能、各得其所而又和谐相处的崭新局面。

(八)中国特色社会主义生态文明建设理论

生态文明是人类文明发展的重要形态，党的十八大第一次把生态文明建设提到与经济建设、政治建设、文化建设、社会建设“五位一体”的高度，强调要“努力建设美丽中国，实现中华民族永续发展”。这不仅表明党中央对生态文明建设重要性的认识已经达到了一个新的境界，开辟了中国特色社会主义现代化建设战略布局的新视野，而且也标志着我国生态文明建设将进入一个全新的发展阶段。

(九)中国特色社会主义军队和国防建设理论

中国特色社会主义理论体系强调军队和国防建设关系国家安危，在中国特色社会主义事业总体布局中占有重要地位。要求必须全面加强、协调推进军队革命化、现代化和正规化建设，始终坚持党对军队绝对领导的根本原则，按照政治合格、军事过硬、作风优良、纪律严明、保障有力的总要求，在全面建设小康社会进程中实现富国和强军的统一。要适应世界军事发展新趋势和我国发展新要求，不断推进军事理论、军事技术、军事组织、军事管理创新。增强全民国防观念，增强全民国防观念，完善国防动员体系，加强国防动员建设。

(十)中国特色社会主义祖国统一理论

中国特色社会主义理论体系强调实现祖国统一必须实行“一个国家，两种制度”。“一国两制”是从中国的实际出发，解决台湾、香港和澳门问题，实现祖国和平统一的伟大构想。香港、澳门回归祖国以来，“一国两制”实践日益丰富。我们将继续坚定不移地贯彻“一国两制”、“港人治港”、“澳人治澳”、高度自治的方针，加强内地与香港、澳门的交流合作，实现优势互补、共同发展。解决台湾问题、实现祖国完全统一，这是全体中华儿女的共同心愿。我们将遵循“和平统一、一国两制”的方针和现阶段发展两岸关系、推进祖国和平统一进程的八项主张，牢牢把握两岸关系和平发展的主题，真诚为两岸同胞谋福祉、为台海地区谋和平，维护国家主权和领土完整，维护中华民族根本利益。

(十一)中国特色社会主义和平发展理论

中国特色社会主义理论体系强调奉行独立自主的和平外交政策、坚持互利共赢的开放战略，既通过争取和平的国际环境来发展自己，又通过自己的发展来促进世界和平。在当前新的历史条件下，和平与发展仍然是时代主题，求和平、谋发展、促合作已经成为不可阻挡的时代潮流。中国的发展离不开世界，世界的繁荣稳定也离不开中国。为此，我们必须坚持独立自主的和平外交政策，坚持在互相尊重主权和领土完整、互不侵犯、互不干涉内政、平等互利、和平共处等五项原则的基础上，同所有国家发展友好合作关系。

(十二)中国特色社会主义执政党建设理论

中国特色社会主义理论体系强调中国共产党是中国工人阶级的先锋队，是中华民族和全体中国人民的先锋队，是中国特色社会主义事业的领导核心。在中国这样一个大国，如果没有共产党的领导，必然四分五裂、一事无成。中国特色社会主义事业是改革创新的事业，党必须以改革创新精神加强自身建设，始终成为中国特色社会主义事业的坚强领导核心。加强党的建设，必须把党的执政能力建设和先进性建设作为主线，坚持党要管党、从严治党，贯彻为民、务实、清廉的要求，以改革创新精神全面推进党的建设新的伟大工程，使党始终成为立党为公、执政为民，求真务实、改革创新，艰苦奋斗、清正廉洁，富有活力、团结和谐的马克思主义执政党。

当然，社会实践永无止境，理论创新同样永无止境。中国特色社会主义理论体系是一个开放的理论体系。随着中国特色社会主义实践的不断发展和深化，中国特色社会主义理论体系也将不断继续丰富和完善。

（作者：韩振峰　北京交通大学教授）

经济·管理学科

项目名称：医患关系的经济学研究
项目编号：07BaJG142
项目负责人：张　琪
项目信誉保证单位：首都经济贸易大学

医患关系的经济学研究

内容提要： 医患关系是当前社会关注的热点问题，它作为社会关系的一部分，随社会的经济、政治、科技、文化、道德意识和医学模式的发展而变化，并通过医患之间的交往而构成。卫生部原党组书记、副部长高强曾在政协医疗卫生联组会议上，将医患关系的核心归纳为经济问题。① 从经济学角度分析医患关系，有利于从政府、医疗机构、患者三个层面把握医患关系是否平等、是否均衡、资源利用是否实现最优化等内容，并寻求通过经济方式加以调节的途径。本文运用规范与实证相结合的研究方法，主要从经济学的研究视角对医患关系这种特殊关系进行研究。

一、医患关系的复杂性与理性经济人假设

(一)医患关系构成复杂

基于我们对医方和患方的界定，“医患关系”存在狭义和广义两个层面：

1. 狭义的医患关系是医生与患者之间的一种社会关系

狭义医患关系是指医生与患者之间为维护和促进健康而建立起来的一种关系，它是社会关系的一种特殊表现形式。在具体的诊疗过程中，通常包括医患之间针对病情的沟通、医生对病症做出判断及确定治疗方案等一系列内容。

狭义医患关系的良性发展与有效的医患沟通、精准的医生职业技能以及高新辅助检查手段的合理运用密不可分，其中有效的沟通是医患之间建立信任合作关系的前提，医生的专业知识与经验是患者恢复健康的关键，医疗技术的合理使用是医生诊断的科学依据。

① 李惠子、吴晶晶：《高强详解中医发展、医患关系等医改相关问题》，新华网，http：//news.xinhuanet.com/misc/2008－03/09/content _ 7749932.htm.

2. 广义的医患关系是整个医疗系统与社会之间的一种互动关系

广义的医患关系是制度性因素、管理体制因素、社会环境等诸多因素共同作用的结果，是整个医疗系统与整个社会的一种互动关系。医方行为对医患关系的和谐发展承担主要责任，医疗机构运行管理机制影响医患行为的选择，医疗卫生体制、医疗保障制度、药品供应体制三项制度是影响医患关系发展的重要方面，信任、人文等社会因素潜移默化中引导医患关系发展走向。

(二)医患双方的经济人假设

理性经济人假设(即X理论)是西方经济学模型的基本假设之一。医患关系中的两大主体“医方”和“患方”也可以借鉴“理性经济人假设”进行行为分析。

1. 医方的理性经济人假设分析

医生、医疗机构乃至背后的政府行为决策都存在着“理性经济人”的行为特征。

从医生来看，一方面满足患者需求以证明自己已对患者做了充分的医疗服务，另一方面医生在治疗方案的选择上，更倾向于选择很少发生纠纷、患者易接受和理解的治疗方案，一些可能对病人更有利但是有较大风险的方案则不被采纳。而且，作为理性经济人，医生具有凭借职业特征上的优势，在医患关系的处理上“一切向钱看”，实现自身利益最大化的可能性。

从医疗机构来看，随着我国医疗卫生事业改革的不断进行，医疗机构越来越多地突显出其经济性的一面。虽然目前我国多数医院的定位是非营利性医院，但是管理体制的内在驱动使他们以追求利润最大化为目标[①]，他们所提供的各种医疗保健服务早已不仅是济世的手段，同时也是谋利的工具。医院经营者，药品、保健品生产和推销商，医疗器械生产厂家同样将目光聚集到医疗服务这个有利可图的行业上来。

从政府行为来看，建立医疗保障制度目标在于通过费用分担方式化解患者的经济负担，通过费用支付方式的改革和完善，剔除医患合谋对医疗保障资金的侵蚀，使有限的资金充分发挥作用，用在真正需要的地方。此外，政府对各级医疗机构发展所需的资金支持力度、发展规划也要考虑到经济性原则，促进各级医疗机构各司其职，各种医疗资源充分发挥作用。

2. 患方的理性经济人假设分析

对于患方而言，其最大的经济利益莫过于用最短的时间、最少的支出解除病痛的侵扰。在其实现这一目标的过程中，表现出两个比较明显的特征。

一方面，在患者治病就医的过程中，他们由于信息上的劣势，只能通过医疗机构的等级、医生的职称等来判断其所具备的医疗资质，因此更倾向于

---

① 李忠民、尹海员：《非完全信息下医患关系的贝叶斯博弈分析》，《生产力研究》，2007年第4期，第58页。

进大医院、挂专家号，在经济收入能够满足的前提下，做尽可能全面的检查，得到权威医生的认可才放心。其对健康的渴望促使其本能地寻找质量和数量上都能得到保障的医疗资源，为自己的健康负责。

另一方面，患者希望自己的就医行为以最小的成本支出(医疗费用)获得尽可能高质量的医疗服务，有限的经济实力也决定了其不能无所限制的为诊疗投资。此外，为了扭转医疗市场上信息不对称造成的劣势，患者会考虑采取经济利益诱导医生诊疗行为的方式，换取更好的医疗服务，或者通过熟人介绍等人际关系拉进和医生群体的距离，获得更多的照顾，这些都是其经济性行为的表现。

二、医疗卫生服务市场主体的经济学特性

医疗卫生服务市场与其他商品及服务市场具有相同点，都是由需求方和供给方所构成的，医疗卫生服务市场的形成也需要不同主体的参与，即需求方(患者)、供给方(医疗机构)和政府。但是，医疗卫生服务市场因其三方主体行为的特殊性而具有了自己的特点。

(一)患者行为的特殊性

在医疗服务市场中，医疗服务的需求方(患者)，在就医过程中，不同于普通商品或服务的消费主要体现在以下几个方面：医疗服务的交易成本、信息的不对称以及外部性。

1. 医疗服务的交易成本

患者的交易成本包括搜寻、排队等待和歧视性服务。由于疾病显著的个体差异、医疗知识的匮乏、附近医疗资源的限制，患者可能需要付出很大的搜寻成本。排队等待是当前就诊过程中普遍存在的现象。歧视性服务是较前两类而言更加隐蔽的一种成本。歧视性服务是指服务的提供者(医生)在相同的条件下，对不同的患者提供质量或数量不同的服务，医生提供的服务也会有所差别。

2. 医疗服务市场中的信息不对称

信息不对称在医疗卫生服务市场中显得尤为突出。原因在于医疗服务这一特殊商品的信息由于其专业性及灵活性而很难被人们所掌握。(特殊情况除外，如慢性疾病患者、医生自身患病等)医疗信息的不对称会直接影响诊疗效果，是影响医患双方满意的关键性因素。

3. 医疗服务市场中的外部性

医疗市场中存在着诸如流行性和传染性疾病之类可以产生外部性的病例，在医疗机构外部，流行病和传染病的发生概率很大，患者一旦感染，就要付出更大的治疗成本。为了防止这种情况的发生，只能依靠政府来提供一个公共卫生防御体系，在更大的范围内保证公众的卫生安全。

（二）医方行为的特殊性

在医疗市场中，最为活跃、重要的参与者是医疗机构及其内部的医务工作者。作为医疗服务的提供者，医疗机构和医生的关系是比较微妙的。从道德伦理角度出发，医生是患者利益的维护者，以救治患者为己任；从经济利益角度出发，医生又和医疗机构处在同一个利益集团内，医生往往要通过医疗机构实现自己利益的最大化。

1. 医术作为专业知识和技能具有稀缺性

虽然现代化的医疗器械设备越来越多地介入到诊疗过程，成为医生诊断的重要工具，使得许多疾病的诊疗变得更加容易和精确，但它们始终无法取代医生的医术。由于医疗资源分布不均，医生培养周期长、成本高，专家的培养周期更长、成本更高，再加上我国人口基数大和老年社会化问题，医术作为专业知识和技能就具有稀缺性。

2. 医疗机构所提供的服务具有不可替代性

医疗机构所提供的服务往往不像一般消费品那样具有较强的替代性，有时因为治疗的需要，再昂贵的药品也要使用，患者为了治好病往往别无选择，只能听从医生的安排。由以上的分析不难看出，医生在专业知识上的优势、医疗机构在医疗资源掌握上的优势决定了在医疗卫生服务市场中，医生或医疗机构对患者的主导地位。

因为医疗体系的特殊性以及医学技能、知识的“垄断性”，医疗服务市场中的信息不对称就更为严重、更难以消弱和避免。信息不对称很可能会引发逆向选择和道德风险，导致资源配置效率降低，最终会导致市场失灵。在这种情况下，就需要政府介入进行必要的干预，以弱化交易双方信息不对称的程度，为资源的优化配置创造条件。

（三）政府行为的特殊性

从政府的角度来看，在医疗卫生服务市场中，由于信息不对称所造成的特殊后果、医生和医疗机构的主导地位以及医疗卫生事业的特殊意义等，决定了政府对这一市场不能采取“优胜劣汰”的态度，而应采取一定措施纠正市场失灵带来的弊端。奥普索和摩尔凯总结的政府管制医疗市场的六个关键目标是：(1)控制市场准入和退出；(2)管理竞争性价格；(3)管理市场组织；(4)管理薪酬；(5)管理标准或数量；(6)保证安全。[①] 其中，控制市场准入和退出、管理市场组织、管理标准或数量和保证安全，是以保证医生和医疗机构行医的资质为目标，达到保护患者就医利益的作用。管理竞争性价格和管理薪酬则是控制医疗费用上涨的有效手段。

① 李绍光：《深化社会保障改革的经济学分析》，北京：中国人民大学出版社，2006年版，第139页。

三、医患双方对医患关系的性质和影响因素的实证分析

医患双方的行为对医患关系有很大影响，而行为又受到认知的左右，为建立和维护和谐的医患关系，有必要对医患双方进行调查，以准确了解医患关系的现状。我们针对医生和患者进行各 800 份共计 1 600 份的问卷调查研究，客观反映各自心目中的医患关系认知、影响因子以及根源所在。

（一）医患双方对医患关系性质的认知

理想与现实、传统观念与市场观念的矛盾交织，使各方对医患关系认识发生偏差。医患之间到底什么关系？理论界比较热议的有三个观点：共同对付疾病的亲密合作关系、委托—代理关系和有偿买卖服务关系。

调查显示，医生和患者对医患关系性质的认识存在很大分歧，如图 1 所示。医生认为医患双方属于相互合作、互相信任、共同对待疾病的亲密合作关系居多；患者对医患关系的性质判断则大不相同，较多患者选择了医方向患方有偿提供医疗服务的买卖服务关系。

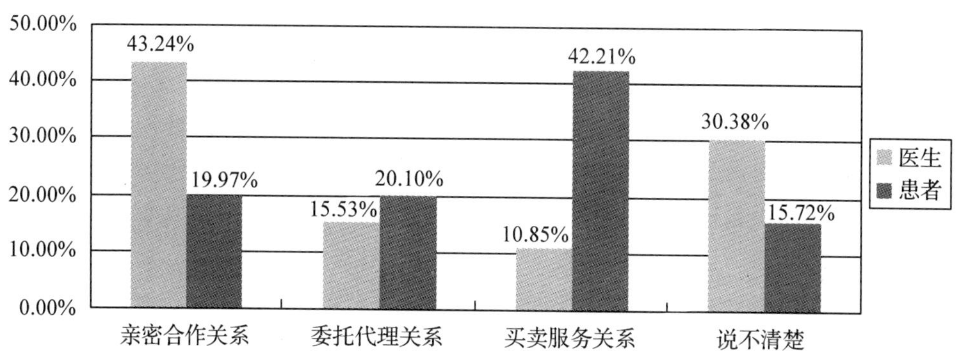

图 1　医患双方对医患关系性质的不同认识

调查数据表明，医方既不认为医患之间的关系是完全意义上的商业行为，也无法否认目前的医疗活动和医疗行为带有一定的商业色彩，既不愿否认医患之间的亲密合作关系，也无法面对目前医患之间紧张互不信任的局面。随着改革的不断深入，我国逐渐确定了医疗机构市场化的改革方向，这一基调的确立使得医院的盈利动机增强，加上医疗保障制度未能有效分担患者的医疗费用负担，因此医生心目中的相互合作、相互信任、共同对付疾病的亲密合作关系，在患者眼中已经转变为基于治疗疾病为目的的特殊的消费关系。如何通过良好的制度和机制设计，密切医患之间的关系，协调两者利益的差距，促使医患关系向和谐方向发展，非常重要。

（二）医患双方对医患关系影响因素的认知

医患关系作为一种社会关系的集合，影响医患关系的因素远不止医务人员一个群体，医务人员的行为所代表的含义也远不止其群体本身的利益。到

底是什么因素影响医患关系？本次调查中，我们将医患关系影响因素分为七类：医生诊疗行为、患者就医行为、政府管理行为、医院经营管理、药品流通体制、医疗保障制度和媒体报道，调查对象可以根据自己的判断选择三项，调查结果如图 2 所示。

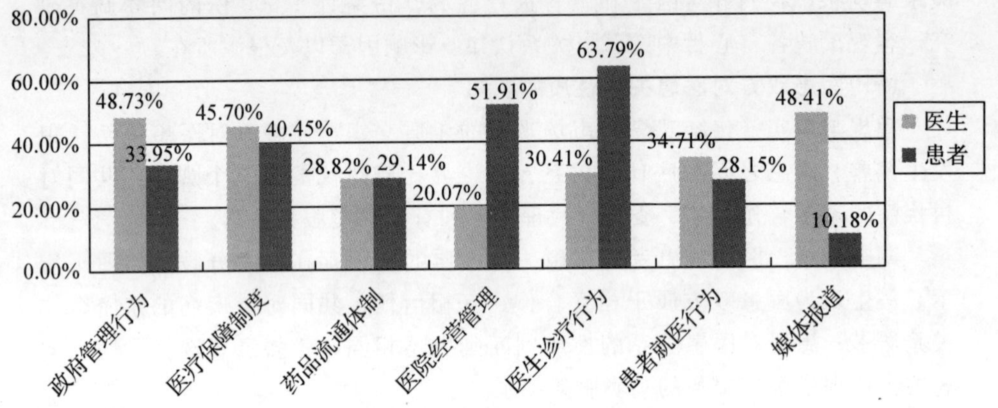

图 2　医患双方对影响医患关系主要因素的认识

（注：本题为限选题，限选三项，其百分比之和大于 100%）

调查数据显示，在影响医患关系因素的前三位选项中，医患双方都没有选择自己行为对医患关系的影响，而倾向于将更多的关注放在追究除自身因素以外的其他因素的影响上，忽视了对自身行为的检查，符合理性经济人假设。医生将其归因为政府管理行为、媒体报道和医疗保障制度，患者则归因为医生诊疗行为、医院的经营管理和医疗保障制度。医患双方在医保制度影响作用的排位上看法一致，权重也比较接近，进一步体现出医保制度的完善作为创建和谐医患关系突破口的重要性和必要性。此外，现代社会的发展使患者的维权意识、对医疗过程参与意识在增强，医生稍有不慎就会引发纠纷，媒体报道和医生诊疗行为也对医患关系产生了很大的影响。

四、医患关系的治理与重塑

由于医疗服务的强专业性和医疗服务需求的不确定性决定了医疗服务市场相比其他普通商品和服务市场而言，存在着更为严重的信息不对称。如果不加干预，那么医患双方的严重信息不对称很容易导致医方产生较严重的逆向选择和道德风险。因此，医患关系的重塑与改善重点在于逆向选择和道德风险的治理。此外，既然在现代市场经济体制下医患关系是一种经济利益关系，调整医患之间的利益分配格局也非常重要。

(一)医方逆向选择的治理

逆向选择是医方通过成本收益比较，在具有信息优势的情况下做出的自利性选择，是医疗服务市场高度专业技术化带来的结果。根据信息经济学理论，治理医方的逆向选择可以从弱化医方的信息优势入手。虽然对医生加强医德教育是必要的，但是我们不能幻想主要依靠道德教育的手段来要求医院和医生不计较单位、部门和个人利益，全心全意为人民服务。医院也要谋求自身生存和发展，医生也是普通的社会成员，也需要挣钱养家。这就使他们有动力和动机将自己所拥有的信息优势转化为经济利益。因此，更重要的是在加强医德建设的基础上强化法律制度建设：一方面采取适当的强制措施要求其披露信息，并强化其违规的成本；另一方面借助市场机制使高质量的医疗服务能够获取更高的回报以"激励"医方主动披露信息。而且，实际情况是在医疗服务市场上，竞争的存在使得医疗服务质量高的医院和医生也愿意通过向患者传递相关信息以将自己与低质量的竞争者区分开来。这些信息主要有：医院的医疗服务专长、等级、规模、各项医疗服务的价格、医生的学历、职称等。监管部门为了有效治理医方的逆向选择，监管的主要任务应该是制定相关信息披露制度，保证披露信息的真实性，也就是通过监管保证区分医院医疗服务质量好坏的"分离条件"得到满足。

（二）医方道德风险的治理

在医疗服务市场上，由于医患双方信息不对称，医生可以创造需求，于是就出现这样一种现象：随着医疗供给的增加，医疗需求也呈上升的趋势。而且，现行医疗卫生体制下还很容易诱发"医药共谋"，严重损害患者的利益。治理医方的道德风险，仍然需要在加强医德建设的同时，加强法律制度建设，发挥市场机制的作用。首先，医疗卫生监管部门的首要职能就是制定市场规则并贯彻执行，对市场进行必要的干预，维护医患双方的权益，保证市场交易的公平与公正。至于医疗机构出资人的角色应该由其他机构和组织来担当，避免出现"裁判员当运动员"的现象。其次，经济学理论表明，医疗服务存在替代性越强，患者的"威胁战略"越有效，医方的道德风险越小。因此，在医疗服务市场上引入竞争机制，在对公立医院进行产权制度改革的同时，鼓励社会资本进入医疗服务市场，通过经济激励机制引导和规范医方的行为。不过，市场中只有信誉好的医院数量不断增加才能真正使"威胁战略"发挥作用，因此监管部门在市场准入上要"高标准、严要求"。另外，多数患者缺乏对医疗服务数量与质量进行事先判断的知识和能力，使其在同医方博弈的过程中受到诸多限制。这个时候就需要强制医方披露自己在过去的诊疗行为中所形成的相关信息，以便后来的患者能够充分地利用这些信息对医院的信誉好坏的概率做出判断，提高"威胁战略"的效果。

（三）促进医患长期合作，构建连续博弈条件

通过信誉模型分析，在信息不完全的情况下，重复博弈时，患者会根据医方的行为调整自己对医院信誉好坏的概率判断，决定自己的就医行为；不规范的医院也可能不诱导患者。因此构建连续博弈条件，发挥信誉机制的作用显得非常重要。这一方面激励医方主动塑造自己“规范经营”的正面形象，最终达到贝叶斯-纳什均衡状态(Bayesian-Nash equilibrium)；另一方面“破坏”“医药合谋”的条件，最终让患者的净收益(效用)最大化。而且，构建连续博弈条件还有助于减少患者搜寻医疗信息的成本，这显然也是治理医方逆向选择的需要。但是，建立医患长期合作制度需要一定的外部条件。首先，完善的社区医疗卫生制度主要包括完善的全科医生制度和双向转诊制度，形成患者与医生是一一对应的关系，医患之间的合作变成长期的，患者可以通过对医生诊疗行为的多次观察来判断医疗服务的质量及其努力程度，这可以在很大程度上降低医生道德风险的产生。其次，推行“病人选医生”，充分地肯定并保障患者的知情权和医疗自主选择权，患者可以通过“用脚投票”的方式来选择医生，这也会使医生在竞争机制下珍惜自己的来之不易的职业信誉。再次，适当延长公立医院院长的任期也能在这方面发挥作用。

(四)调整医患利益分配机制，引导规范医生职业行为

在市场经济体制下，医患双方作为理性经济人都有着各自的利益诉求，医患冲突背后的深层次原因中双方利益冲突有着重要影响。因此缓和医患矛盾，重塑和改善医患关系还应该重视医患利益分配机制的调整，降低双方在利益上的对立，并在此基础上引导和规范医生的职业行为。首先，适度的医保水平是缓解百姓“看病贵”难题，减轻双方利益冲突的有效手段之一。当前需要进一步完善全民医保制度，实现各项医疗保障制度对北京市城乡居民的全覆盖；充分考虑医疗费自付部分在不同收入群体间所占比例的差异，对低收入群体研究制定补充医保政策，完善其费用分担渠道。其次，在监管不到位的情况下，医生可能通过诱导患者的需求或者收受“红包”来增加自己的收入。为了解决这一问题，需要同时提高医生的合法收入水平和违规成本，引导其自觉地约束自己的行为。再次，医方在诊疗服务过程中面临的医疗责任风险会使医方的收益面临不确定性，因此有必要建立强制医疗责任保险制度。同时，完善医院自身的管理制度，规范医务人员工作流程，确定统一标准，加强服务质量监督，进行服务意识教育等，有效地降低医院和医生对医疗责任风险的忧虑，使医方在法定合理的范围内开展诊疗活动。最后，医患之间要进行良好的沟通，医生应该尊重患者的知情权，这是医生医德的基本要求。因此，医疗卫生监管部门应该就患者知情权制定规则强制推行，并将其作为对医院和医生考评的重要依据之一，以有效遏制医方的道德风险，保证逐步建立良性互动的医患关系。

参考文献

[1][美]埃莉诺·奥斯特罗姆、[美]拉里·施罗德、[美]苏珊·温：《制度激励与可持续发展》，毛寿龙译，上海：上海三联书店，2000年。

[2]杜乐勋：《医院产权制度改革的若干理论问题》，《中国卫生经济》，2003年第6期。

[3]弓宪文、王勇、李廷玉：《信息不对称下医患关系博弈分析》，《重庆大学学报(自然科学版)》，2004年第4期。

[4]黄丞、张录法：《"医药合谋"内在机理的数理分析》，《武汉理工大学学报》，2005年第5期。

[5]李绍光：《深化社会保障改革的经济学分析》，北京：中国人民大学出版社，2006年。

[6]吴海波：《新时期构建和谐医患关系的法律思考》，《中国卫生经济》，2006年第2期。

[7]王勇、弓宪文、王红卫：《再论医患关系博弈模型》，《重庆大学学报(自然科学版)》，2006年第6期。

[8]汪丁丁：《医疗服务的经济学分析》，《新华文摘》，2005年第24期。

[9]严小洋、张展、周子彭：《细看市场的力量——宿迁医疗改革之路》，新浪网，http://news.sina.com.cn/c/2007－10－20/143914129906.shtml.

[10][匈]雅诺什·科尔奈、[美]翁笙和：《转轨中的福利、选择和一致性——东欧国家卫生部门改革》，罗淑锦译，北京：中信出版社，2003年。

[11]张维迎：《博弈论与信息经济学》，上海：格致出版社、上海三联书店、上海人民出版社，2004年。

[12]张朋柱、叶红心、薛耀文等：《合作博弈理论与应用——非完全共同利益群体合作管理》，上海：上海交通大学出版社，2006年。

[13]张琪：《中国医疗保障理论、制度与运行》，北京：中国劳动社会保障出版社，2004年。

[14]赵曼、吕国营：《社会医疗保险中的道德风险》，北京：中国劳动社会保障出版社，2007年。

[15]Kenneth J. Arrow. Uncertainty and the Welfare Economics of Medical Care. The American Economic Review. 1963，53(5).

[16]Nicholas. Barr. Economics of the Welfare State. Oxford：Oxford University Press，2004.

[17]World Health Organization. The World Health Report 2000：Health Systems：Improving Performance，2000.

（作者：张　琪　首都经济贸易大学教授
李文中　首都经济贸易大学副教授
马艳珍　首都经济贸易大学硕士研究生）

项目名称：北京市农产品流通体系与协调机制研究
项目编号：08BaJG200
项目负责人：冯中越
项目信誉保证单位：北京工商大学

北京农产品流通体系与协调机制研究

内容提要：本文在分析现状和问题的基础上，结合国内外的经验，从流通模式、批发市场、零售终端、协调机制等方面，研究了北京农产品流通体系与协调机制，探究了最后一公里、农产品流通的公益性、政府对农产品流通的调控等热点和难点问题，得到六点发现和八点结论，并提出了八点政策建议。

一、研究背景和意义

农产品[①]是重要基础流通产品，是保障经济社会平稳运行和发展的重要物资。农产品流通体系是农产品的商流、物流、信息流的组织系统和流通主体、运行结构及渠道、模式的总和。北京农产品流通体系，既是北京城市基础流通体系，也是北京国际商贸中心的重要组成部分。农产品流通协调机制是农产品流通中的主体、客体、组织、运行、渠道和方式等关系协调机制的总称。在加快北京国际商贸中心建设和新农村建设的进程中，对农产品流通提出了更加有序、规范、安全、高效的新要求。

近年来，北京农产品流通体系建设取得了长足的进展。表现在：农产品流通体系基本满足流通需要和消费需求，农产品批发市场体系多层次、多方位格局已经确立，农产品批发市场体系基础设施水平和功能明显提升，多元化流通模式有效连接农产品生产和消费，多样化的零售末端满足了居民多层次的消费需求。

---

① 在《中国统计年鉴》的分类中，主要农产品产量包括：粮食、棉花、油料、麻类、糖料、烟叶、蚕茧、茶叶、水果9类农产品；农村居民出售的主要农产品、畜产品和水产品包括：粮食、棉花、油料、麻类、烟叶、蔬菜、水果、猪牛羊肉、禽蛋、牛羊奶、蚕茧、水产品12类农产品；居民消费支出中的食品类包括：粮食、肉禽、蛋类、水产品、奶及奶制品5类农产品；本文在此基础上，参考《北京统计年鉴》中居民消费支出的食品类别，将本文的农产品界定为包括：粮食、油料、肉禽(蛋)、水产品、鲜菜、鲜果6类产品。

目前，存在的主要问题是：农产品供应对外依存度大，农产品批发市场空间布局与城市发展矛盾凸显，批发市场公益性不明确、发展现状与现代农产品流通要求存在差距，市场交易主体组织化程度、集中度偏低，管理体制和市场治理结构不完善，管理水平亟待提高，零售终端建设发展受到一定制约。

北京的农产品生产流通具有大城市、小郊区的特点。北京在建设世界城市和国际商贸中心的过程中，农产品流通体系的建设和运行面临着机遇和挑战。一方面，世界城市和国际商贸中心的建设和发展农产品流通提出新标准，都市农业（高档产品）和观光农业（新鲜产品）对农产品流通提出新要求，绿色产品和安全产品的理念对农产品流通提出新约束；另一方面，北京城市建设高速发展和城市运行管理滞后并存的现状，导致农产品流通体系的建设和运行与其产生很大的矛盾，农产品流通这一民生商业[①]职能的发挥受到很大限制。因此，在新形势下研究农产品流通体系和协调机制问题，对于增强流通能力，提高流通效率，增加农民收入，满足城乡居民对农产品的消费需求，促进民生改善，具有重大的实践意义。

二、研究发现

（一）北京农产品流通的基本情况

在北京农产品流通基本情况问题上，研究发现：2006—2010 年，北京人口年均增长 5.54%，高于同期全国人口年均增长 0.50 个百分点，低于同期上海人口年均增长 0.59 个百分点。北京人均 GDP 年均增长 9.90%，低于同期全国人均 GDP 年均增长 6.20 个百分点，高于同期上海人均 GDP 年均增长 1.38 个百分点。北京城镇居民人均可支配收入年均增长 9.83%，低于同期全国城镇居民人均可支配收入年均增长 3.08 个百分点；农村居民人均可支配收入年均增长 11.37%，低于同期全国农村居民人均可支配收入年均增长 1.97 个百分点。低于同期上海城镇居民人均可支配收入年均增长 1.58 个百分点，高于同期上海农村居民人均可支配收入年均增长 1.97 个百分点。北京城镇居民家庭人均年购买食品支出年均增长 8.81%，农民家庭人均年购买食品支出年均增长 12.67%；低于同期全国城镇居民家庭人均年购买食品支出年均增长 2.66 个百分点，高于同期全国农民家庭人均年购买食品支出年均增长 2.38 个百分点；低于同期上海城镇居民家庭人均年购买食品支出年均增长 1.52 个百分点；高于同期上海农民家庭人均年购买食品支出年均增长 6.74 个百分点。[②]

① 民生商业是指保障城乡居民基本生活需要（生活必需品）的商业，包括其设施、商品和服务、活动等。

② 根据 2007—2011 年《北京统计年鉴》、《上海统计年鉴》、《中国统计年鉴》相关数据计算。

北京食品类六种商品销售量按年均增长大小排序为：鲜菜销售量年均增长48.62%，肉禽蛋销售量年均增长44.59%，鲜瓜果销售量年均增长38.98%，食用油脂销售量年均增长36.78%，水产品销售量年均增长32.93%，粮食销售量年均增长20.53%。[①] 数据表明，北京城乡居民食品消费结构的转变在基本符合 Bennett 定律[②]的前提下进一步发展。

（二）北京农产品流通的模式

在北京农产品流通模式问题上，研究发现：当前，在北京相对比较完善而且成功运用的农产品流通模式主要有批发市场主导模式、龙头企业主导模式、物流企业主导模式和农超对接模式等。由于受各种因素制约，每一种模式都有其优势和缺陷不足。总体来说，北京农产品流通模式呈现多样性、交叉性的特点，但批发市场主导模式还将在一定时期内占据主导地位。多样性是指目前在国内流行的农产品流通模式在北京都客观存在，交叉性是指不同的农产品流通模式在北京市场会同时表现，同一企业或机构会同时成为不同模式的载体。

（三）北京农产品的批发市场

在北京农产品批发市场问题上，研究发现：北京农产品批发市场经过多年的发展，目前已经形成了相对完善的市场体系，满足了市场总量需求并辐射全国，农产品批发市场在农产品供应保障体系中发挥了重要作用。初步形成三个大型农产品批发市场聚集区，多层次、多方位、多功能的农产品批发市场格局已经形成，较好地覆盖了北京各个区域上的农产品交易流通的需要，各有侧重，各有分工，市场格局稳定，相互支撑和互为补充的作用明显。农产品批发市场主要集中在近郊区，部分骨干市场对城市交通和环境的影响日益凸显，这些市场外迁的压力不断增长。市场农产品经营主体多元化，但交易方式单一。批发市场管理机构内部治理结构不完善，管理缺乏规范化。由于缺乏完善的批发市场法律制度及政府支持政策，批发市场尚未实现现代化，产品流通成本和损耗较高，冷链物流和质量信息可追溯制度尚未建立，消费安全也难以充分保障。

（四）北京农产品的零售终端

在北京农产品零售终端问题上，研究发现：农贸市场是大众消费的主要场所；超市是零售终端未来发展的有生力量；早市发挥着重大的作用，其建设却易被忽视；社区规范菜市场是最便民的零售终端；网络直销是新兴的零售终端形式。家庭收入、农产品价格和质量安全性以及购买的便利性是影响

① 根据2007—2011年《北京统计年鉴》相关数据计算。

② Bennett 定律是指随着居民收入水平的提高，人们热量需要来源于动物源食品的比重趋于提高（Delgado et al.，1999）。在此基础上，随着城乡居民收入水平的提高，鲜菜类消费增长速度加快。

消费者选择不同农产品零售终端的重要因素，其中，家庭收入和购买频次与消费者选择超市这种业态显著正相关，家庭人口则与其显著负相关；而性别、年龄和受教育程度对消费者选择不同农产品零售终端的影响已不显著；不同种类的农产品因其自然属性不同，适宜在不同类型的零售终端销售；而不同的零售业态，具备不同的竞争优势，多种类型零售终端均有其存在的必要性。关于蔬菜“最后一公里”[①]不合理加价问题，研究发现：其原因既不是批发商或零售商的市场租金过高造成的，也不是流通环节过多所致。而在于：第一，在现行的流通过程中往往将蔬菜的包装物记入蔬菜重量，这种不合理计价方式直接抬高了蔬菜二级批发商加价幅度；第二，在讨论蔬菜的“最后一公里”问题时，往往忽略了批零差价的根本问题即量价关系问题，因此蔬菜“最后一公里”问题被严重高估。

(五)农产品流通的协调机制

在农产品流通协调机制问题上，研究发现：农产品流通协调机制是指在农产品流通体系中的各主体为了获得利益而参与其中，并通过利益的分配来协调各主体自身和相互的行为和关系的过程。我国农产品流通协调机制构建的基本思路是，形成“组织—合约—技术”三位一体的协调机制。其中，组织是基础、合约是纽带、技术是动力，它的运行是“组织—合约—技术”三者动态影响的过程。我们认为，批发市场主导的组织模式、农产品流通合约履约的外部性和农产品流通技术的演进方式等问题，对我国农产品流通协调机制产生着重大影响。

(六)农产品流通体系和协调机制的国际比较

在农产品流通体系和协调机制的国际比较中，研究发现：第一，国外农产品流通体系与协调机制，是在相当长时期内演化的复杂结果，与这些国家的政治、经济、社会大环境有着密切的关联，也受到其农业发展、农村结构、城乡关系的微妙影响并由此决定了，国外在交易方式、交易技术、交易手段等方面所有经验的价值，主要在于借鉴与反思，绝不能简单移植，更不能好高骛远。相对而言，我国的农产品流通体系的现代化水平较低，硬件设施较落后，信息化水平较低，组织程度较低，交易模式比较传统，但不能由此就认定，我国农产品流通体系是低效率的，更不能由此认定农产品流通的协调机制是失灵的。第二，在组织与合约方面，自愿联合的农民合作组织是大势所趋，但在相当长时期都很难顺利成长；应继续坚持批发市场在农产品流通中的核心地位。第三，在交易模式方面，要继续完善面对面的对手交易，拍

---

① 最后一公里(Last Kilometer)，是指完成长途跋涉的最后一段里程，被引申为完成一件事情的时候最后的而且是关键性的步骤(通常还说明此步骤充满困难)。此概念最早用于通讯业，近期有人用最后一公里形容农产品中蔬菜流通环节末端的涨价问题。

卖等新型交易方式的引入应比较谨慎。第四，在流通渠道与环节方面，主张减少流通环节、缩短流通渠道等政策取向缺乏坚实的理论与经验基础。第五，在促进农产品流通效率提升方面，政府最应该做的就是，提供各种有助于市场范围扩展的公共服务，做一些补充市场的事情。

三、主要结论

(一)对未来北京农产品流通体系建设的基本认识

北京农产品流通体系能够基本满足农产品流通需要和消费需求，但是，其发展现状和潜力与北京城市发展矛盾凸显，批发市场公益性不明确，零售终端建设受到一定制约，政府对农产品流通体系的规划、指导和调控亟待完善。我们认为，在未来的北京农产品流通体系中，由于农产品供给依存度很高和农产品消费量巨大，批发市场尤其是一级批发市场仍将起到主导作用；早市作为繁荣零售市场、方便居民生活、促进市场竞争的重要载体，应大力培育、支持和规范其发展；要支持农产品配送加工企业的发展，鼓励其完善流通网络和功能，发展连锁经营做大做强。需要指出的是，要正确认识减少流通环节、降低流通费用。对于人口和交通压力巨大的北京来说，必要的流通环节(特别是批发环节)不能减少，在此基础上搞好流通体系建设却能达到降低流通费用的效果。

(二)农产品流通三位一体的协调机制

在"市场—混合形式—政府"三种组织(协调形式)的背景下，北京农产品流通体系基本构建形成了"组织—合约—技术"三位一体的协调机制。我们认为，我国农产品流通体系三位一体协调机制的运行，既是三者关系的结构定位，也是"组织—合约—技术"三者相互影响的过程。三者的结构定位为：组织是三位一体协调机制的基础，合约是三位一体协调机制的纽带，技术是三位一体协调机制的动力。其中，批发市场主导的组织模式、农产品流通合约履约的外部性和农产品流通技术的演进方式等问题，对我国农产品流通协调机制产生着重大影响。三者的相互影响过程可以从组织的发育和规范程度和组织形式的多样性、合约的正式(完备)程度和履约率、技术的先进程度和创新的应用性等六个方面来考察。

(三)适应国情的农产品流通组织形式(产销模式)

在发达国家比较流行的农产品流通组织形式(产销模式)，如公司＋农户、基地＋农户、合作社＋农户、超市＋基地、公司＋基地＋农户、公司＋经纪人(经销大户)＋农户、公司＋合作社＋农户等，在我国目前及今后一段时期内，还不是主要的组织形式。我们认为，其原因在于：第一，我国小农经济的状况短时期很难改变，农户(小农)在农产品流通中的作用不容忽视；第二，我国农产品流通中经纪人(经销大户)与批发市场的主导组织模式将长期存在；

第三，基地＋超市，即农超对接模式正在快速发展，但很难成为主导模式。根据发达国家的经验，合作社既是农产品生产流通的主要组织形式，也是农产品流通的重要协调机制。但是，在中国目前农村的各种合作社发展状况并不好，其中占较大比重的“公司领办型合作社”往往存在侵蚀农民利益的现象。

（四）农产品批发市场的正面引导作用大于负面风险作用

一般认为，小农无法面对大市场，在市场经济面前，小农必然被淘汰。但是，我国改革开放三十多年来农产品批发市场带动农户和经纪人（经销大户）共同发展的实际充分说明，批发市场这个协调组织的正面引导作用大于负面风险作用。我们认为，批发市场除了通过价格发现和信息传递来协调农产品流通之外，它还会派生出一系列的各种服务组织（赢利的与非赢利的），从纵向产业链联系的角度形成农产品流通的社会化服务体系，这就为农户和经纪人（经销大户）面对大市场竞争和规避风险提供了有力的支撑。可以说，由批发市场派生出来的农产品流通社会化服务体系，是批发市场主导组织模式的核心及成败的关键。当然，其中非赢利的农产品流通社会化服务组织需要政府扶持，即可以由政府购买其服务。

（五）农产品流通的协调主要应为市场机制而不是政府调控

农产品既是一种需求缺乏弹性的商品，也是一种可再生资源；农产品市场是一种需求约束型而非资源约束型的买方市场，是最接近于完全竞争的市场。当前，国际市场上石油、粮食等大宗商品价格呈快速上升和轮涨趋势，引发了全球性通货膨胀的压力和预期，再加上中国人口增长数量和耕地减少趋势，人们将粮食和石油并列为战略物资，提出要确保石油、粮食等大宗商品安全战略。① 我们认为，石油的属性和石油市场的特征与农产品有很大区别。石油是一种需求缺乏弹性的商品，是一种不可再生资源；石油市场是一种资源约束型而非需求约束型的卖方市场，是典型的寡头垄断市场。因此，同样面临涨价问题，农产品和石油的协调机制却截然不同。农产品流通的协调问题，主要应为市场机制，而不是政府调控；石油可以作为战略物资，在市场机制的基础上，政府要加强宏观调控，进行战略储备。

（六）应明确界定农产品流通中的公益性

不是所有农产品都是生活必需品，也就是说不是所有农产品都是准公共产品。农产品流通中的公益性包括：农产品中的准公共产品属性和政府在农产品流通中的公共服务职能。我们认为，农产品中的生活必需品具有准公共产品属性，它是保障城乡居民基本生活需要的农产品，属于民生商业范畴，

---

① 2009年12月15日，李昌平等人在期刊《观察与交流》上发表了文章《“农产品武器化”趋势与中国的应对策略》。文章提出“农产品武器化”已经成为发达国家控制别国的重要战略手段，以此为基础提出对中国食物主权安全和“农产品武器化”的几点具体建议。由此引发了争论。

其品种的数量应根据城乡居民基本生活水平确定并定期调整。政府在农产品流通中的公共服务职能主要包括：一是利用财政资金进行农产品中生活必需品的政府储备，当发生农产品短缺或农产品大幅度涨价时动用储备投放市场；二是当农产品市场价格大幅上涨时，对城乡低收入居民家庭进行物价补贴；三是利用财政资金对农产品质量安全检验检疫进行补贴，建立健全农产品质量安全追溯体系。

(七)应明确农产品流通中企业(包括国有企业)的公益性

农产品流通中企业(包括国有企业)的公益性是指：企业(包括国有企业)提供公共服务。我们认为，企业(包括国有企业)提供公共服务主要包括：一是作为准公益性机构为农产品流通服务，最典型的是设立准公益性的农产品批发市场；二是承担农产品中生活必需品的政府储备任务；三是为城乡居民提供农产品销售终端的便民服务(以政府购买服务形式存在)。

(八)政府对农产品流通的宏观调控一定要尊重经济规律

政府对农产品流通的宏观调控一定要理解和尊重宏观经济变化内在的约束条件和发展规律，否则一厢情愿的政策介入，即使出发点很好，也会破坏经济变量内在的调整规律，从而导致事与愿违的结果。我们认为，暂时的价格波动和经济失衡是会渐渐消失的，而如果政府出手刻意去纠正，往往会出现价格大起大落的局面。农产品流通中微观机制的缺陷是导致宏观价格波动和经济失衡的根源，从这个意义上讲，修复微观机制，完善农产品流通体系和协调机制，让市场变得更加有效，要比接受“市场失效”后过度依赖政府宏观调控更加重要。

四、政策建议

(一)构建现代统一结算平台，完善批发市场信息平台

以农产品交易的统一结算为突破口，建设农产品批发市场的现代支付平台。推动全市性大型农产品批发市场全面实行统一结算，推广农产品交易电子结算，引导区域性、专业型、产地市场实行统一结算，全市范围内全面推动交易规范化、信息即时化、产品可追溯。推动农产品电子交易平台的发展，完善市场价格形成机制。

(二)建立健全农产品全程质量可追溯体系

进一步加强农产品批发市场标准化和质量安全体系建设，重点完善农产品批发市场的检疫检测设施和工作制度，加强农产品质量检测和监管。加强政府检测能力建设，推进检验检测体制改革，充分利用社会检测资源，形成标准统一、职能明确、运行高效的农产品质量安全检验检测体系。合理配置检验检测资源，推进资源和信息共享，实现结果互认。逐步形成产地有准出制度、销地有准入制度、产品有标识和身份证明，信息可得、成本可算、风险可控的全程质量可追溯体系。

（三）培育批发市场现代化批发商，提高交易主体的组织化程度

鼓励农产品批发市场由个体摊位的集合向批发企业的集合转变，逐步引导有一定规模的大户向企业转换，提高企业制的批发商所占的比重，探索尝试市场交易会员制，提高交易主体的组织化程度，形成规模化、标准化、现代化、品牌化农产品流通的组织单元，探索能够提供农资、技术、金融等服务的综合服务单位，提高流通效率，降低交易损耗和成本，维护流通环节的稳定性，培育现代流通企业。

（四）扩大零售终端规模，促进新兴流通渠道和现代零售终端业态发展

扩大零售终端规模，继续发展规范化菜市场，规范经营环境和管理服务。鼓励在受场地条件限制的地区，发展社区便民菜店，引导大型批发市场和连锁农产品配送企业与社区共建便民菜店。鼓励现有的零售连锁企业进一步扩展，发展生鲜连锁超市或超市搭载销售果蔬和粮油等农产品；加快大型连锁超市和农产品流通企业与农民专业合作社的“农超对接”，建设农产品直接采购基地。增加农产品产地直采比重。鼓励产地直销连锁店的发展。鼓励实体店与网店结合，农产品电子商务B2C和团购组织占有一定比重的农产品零售额。

（五）推动先进技术在农产品流通中的应用，建立绿色低碳流通模式

推动农产品流通中物流技术的应用，减少物流损耗，降低物流成本；鼓励冷链、射频识别技术（RFID），物联网、包装材料循环利用等物流、信息、环保技术在农产品批发与流通领域的深入应用，建立高效、低碳的流通模式。

（六）建立可靠的农产品储备调控体系

推进设施蔬菜建设工程，加快建设一批现代化、集约化蔬菜育苗场和设施蔬菜生产标准示范园，着力提升蔬菜供应能力和质量安全水平，建设可控外埠蔬菜生产基地。扶持本市龙头企业在内蒙古、河北、山东、新疆、海南等外埠优势产区重点建设一批符合本市标准、可控性强的蔬菜货源基地和产地市场。修订完善《北京市生活必需品市场供应应急预案》，建立应急商品（包括农产品）数据库，健全应急投放体系，强化政府储备监管。

（七）加强行业立法与标准建设

制定包含农产品市场设立、交易和管理的地方法规，确立批发市场城市基础设施地位，规范批发市场的设立、管理与经营制度；规范生产者、经营者行为，完善不符合安全食品标准的农产品退出通道；明确政府各部门的规划、指导、管理环节与职能，使批发市场在农产品流通上起到中心环节的作用。制定大型农产品批发市场的检验检疫中心、废弃物废水处理中心、信息收集和发布中心等准公益性公共服务功能建设的最低标准。建立物流配送人员行业准入资格、车辆环保标准和车辆制冷设备配置标准。

(八)加大政府扶持力度，健全农产品流通监管体系

政府要优先保证农产品批发市场用地和菜市场、社区菜店用地用房。支持农产品批发市场的检验检测、信息、结算、监控、废弃物及污水处理等五大中心建设并提供运行补助，并将冷链物流体系和质量安全可追溯体系建设作为未来财政资金重点支持的方向，体现和保证市场的公益性功能。建立政府投资为引导、企业投资为主体的多元投入机制，吸引社会资金参与农产品流通体系基础设施建设。建立信用监督和失信惩戒制度，形成行政执法、舆论监督、行业自律三位一体的农产品流通监管体系。

参考文献

[1]Andrew Dorward. The Effects of Transaction Costs，Power and Risk on Contractual Arrangements：A Conceptual Framework For Quantitative Analysis，Journal of Agricultural Economics，2001，52(2).

[2]包玉泽：《农产品销售渠道的选择：一种基于交易费用经济学的理论解释》，《华中农业大学学报(社会科学版)》，2005 年第 4 期。

[3]刘伟华、季建华、张涛：《面向农村合作经济组织的农产品流通协调机制研究》，《南京农业大学学报(社会科学版)》，2008 年第 1 期。

[4]赵黎明、吴守荣、王兢、李东方、梁娜：《建设北京市高水准农产品流通体系》，《北京农业》，2010 年第 21 期。

[5]周立群、曹利群：《商品契约优于要素契约——以农业产业化经营中的契约选择为例》，《经济研究》，2002 年第 1 期。

(作者：冯中越　北京工商大学教授)

项目名称：北京市金融产业集聚效应问题研究
项目编号：08BaJG206
项目负责人：王曼怡
项目信誉保证单位：首都经济贸易大学

北京金融产业集聚效应研究

内容摘要：作为世界性的经济现象，金融产业集聚为区域经济的发展提供了强劲的支撑力。北京的金融产业集聚极富代表性，对其进行深入剖析和研究具有十分重要的理论和实践价值。通过对北京金融产业集聚形成动因的深入剖析，把握北京的资源禀赋和区位优势。采用时间序列分析法，量化金融集聚与经济增长之间的密切联系，并结合对北京金融产业集聚宏微观环境的 SWOT 分析，从多个维度提供政策建议，有助于促进北京探索世界金融中心城市的建设。

一、金融产业集聚的界定及相关理论分析

(一)产业集聚相关理论

对产业集聚理论的研究，可以追溯到 19 世纪末 20 世纪初，以古典经济学派著名学者韦伯(A. Weber)和新古典经济学派著名学者马歇尔(Alfred Marshall)的集聚研究为开端。

德国经济学家韦伯从微观企业的区位选择角度探讨了工业区位决定和集聚的原因，并开创性地提出了集聚经济的概念。1890 年，英国经济学家马歇尔首次界定了产业集聚的内涵，认为产业集聚是一种内部经济和外部经济的现实体现。保罗·克鲁格曼(Paul R. Krugman)把产业集聚看成是相关产业在某一特定地区的集中，一旦产业集聚现象形成，就会产生产业竞争力的“自我强化”效应。美国哈佛大学教授迈克尔·波特(Michael E. Porter)认为，产业集群是某一特定产业环境内生产经营活动中相互联系的企业组织在特定地域内的聚集体，而产业集聚就具体体现了这一地理集中的趋势。

(二)金融产业集聚的界定

金融产业集聚即金融集聚，可以从静态和动态两个角度进行理解。从静态角度来看，金融集聚是指一国金融监管部门、金融中介机构、跨国金融企业、国内金融企业等具有总部功能的机构在地域上向特定区域集中的状态或

结果。

从动态角度来说，金融集聚又可以被定义为金融业通过资源与地域条件协调、配置、组合的时空动态变化，实现成长和发展，进而在一定地域空间生成金融地域密集系统的变化过程。金融集聚的动态演进过程如图 1 所示。

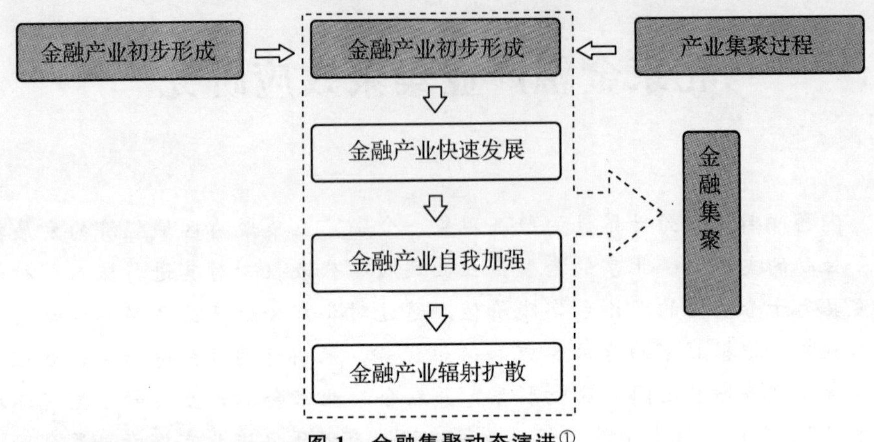

图 1 金融集聚动态演进①

（三）金融产业集聚的传递路径

金融集聚的传递路径起始于世界（一国）范围内各地区金融资源禀赋的差异。金融资源与地域条件结合产生金融产业，进一步形成金融地域系统，在符合"帕累托最优"标准的前提下，引发系统内部和跨界的金融要素流动，进而逐次升级为金融中心、金融都会，承担或发挥着不同的功能，如图 2 所示。

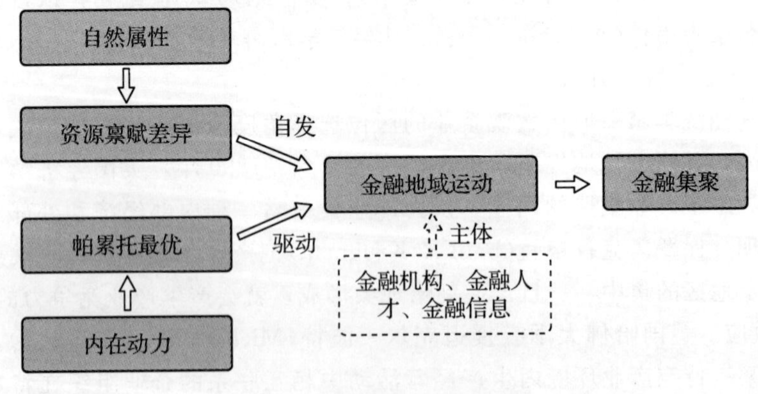

图 2 金融集聚的传递路径

① 黄解宇、杨再斌：《金融集聚论》，北京：中国社会科学出版社，2006 年版。

二、北京金融产业集聚的现状与发展动因分析

(一)北京市金融产业集聚现状概览

北京的金融业已有上千年的发展历史，改革开放后，发生了翻天覆地的变化，金融机构逐渐增多，参与主体不断壮大，集聚趋势也日益显现。2008年4月，北京市发布的《关于促进首都金融业发展的意见》提出深化“一主一副三新四后台”(见图3)的总体布局，进一步引导金融机构和资源向指定区域汇集，金融集聚愈加明显。目前，北京已初步形成国有银行、股份制银行、外资银行、其他类金融机构聚集的局面。截至2012年年末，北京银行业金融机构营业网点达3 775个。证券、基金和期货公司分别有18家、15家和20家。50家公司总部和91家公司的分支机构选址北京。作为主中心区的金融街更是聚集了一行三会、工、建、中三大国有商业银行总行、中国国债登记结算有限责任公司、中国证券登记结算有限责任公司两家清算机构总部，众多商业银行、证券公司和保险公司总部，以及摩根大通、花旗银行、高盛等世界金融巨头；金融机构资产规模62.1万亿元，占全国金融资产总额近50%。除此之外，东二环交通商务区金融功能区、北京丽泽金融商务区、海淀中关村西区科技金融功能区这三个新兴金融功能区也在蓬勃发展，形成金融集聚区域。

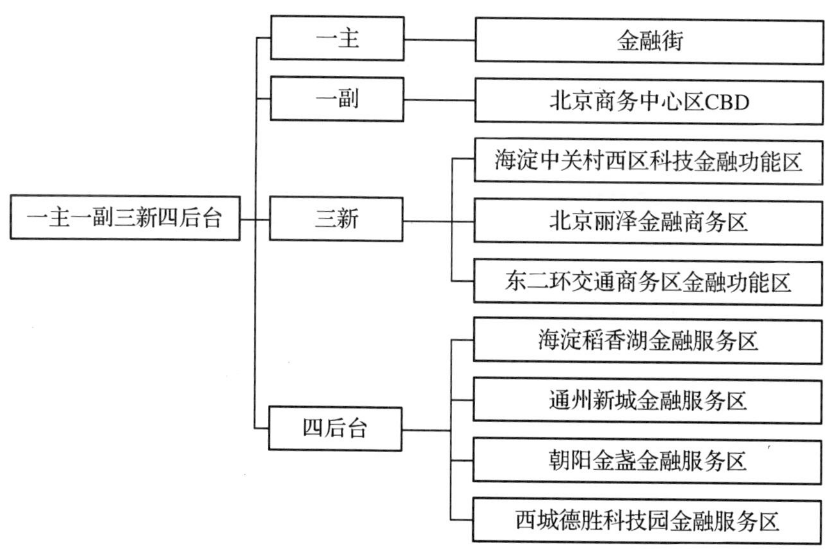

图3 北京市金融产业总体布局

(二)北京市金融集聚动因分析

近些年来，北京加快了推进金融产业发展和金融集聚的步伐。经济全球化背景下，伴随着第三产业和现代服务业的快速成长，众多企业和机构的总

部云集北京，得益于优越的区位条件，北京市的金融集聚发展迅猛，加之政府的正确指引和支持，为金融集聚的形成提供了强大的需求。

1. 经济全球化给予外在助力

经济全球化催生产业结构调整，大力发展以金融为核心的现代服务业成为推动首都金融集聚的外在动力。随着北京的城市性质和功能定位逐步清晰，工业企业逐步由城市中心区迁出至城市边缘和远郊区县，北京商务中心区(CBD)、金融街等高技术高附加值的现代服务业逐步落户城市中心。截至2012年第三季度，金融街实现金融业增加值840.2亿元，占北京金融业增加值45.7%，金融业法人单位四百多家，金融从业人员17.4万人；金融机构资产规模62.1万亿，占全国金融资产总额近50%；金融业实现营业收入3 766.3亿元，利润2 009.6亿元；实现三级税收2 249.8亿元，无论是绝对规模还是相对规模上均在全国屈指可数。

2. 政府引导提供直接推进

北京市政府的金融产业支持政策为北京建设具有国际影响力的金融中心城市提供了直接动力。早在1993年10月《北京城市总体规划》中就提出，在北京中心城区建设国家金融管理中心(即金融街)的构想，与此相呼应的是提出在朝阳区建设具有国际商务金融服务功能的国际中央商务区(CBD)。进入21世纪之后，北京市政府陆续出台了一系列政策措施，《首都金融业发展战略研究报告》(2003)、《关于促进首都金融业发展的意见》(2008)等针对性政策的提出为金融结构和资源的集聚扫清了障碍，加速了集聚的趋势，是现有金融集聚区形成的直接推动力。

3. 经济发展催生根本动力

金融产业的集聚是以集聚区域发达的经济水平为基础形成的资金融通和聚散的枢纽，是金融机构、金融市场、金融信息和金融产品的聚集地。近些年北京经济高速、健康、稳定的发展势头，是北京金融产业集聚强大的推动力。2000年至2012年十二年间，北京市国内生产总值GDP从3161亿元增长

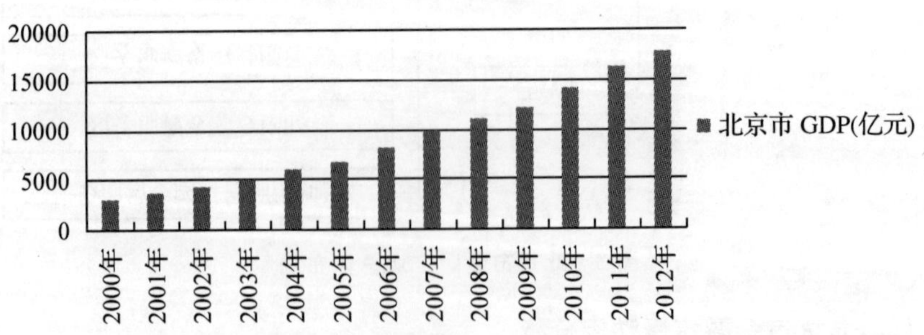

图4　北京市国内生产总值(GDP)

数据来源：北京市统计局

至17801亿元，增长近二十倍。以金融业为代表的现代服务业的增长也十分迅猛。北京市金融工作局发布2013年一季度北京市金融数据显示，一季度全市金融业实现增加值619.4亿元，同比增长11%，占地区生产总值的比重为15.1%，对经济增长的贡献率为20.3%。雄厚的经济基础，为金融业的发展提供了强大的需求和资源供给，这正是吸引国内外金融机构集聚的坚实基础。

4. 总部经济延伸发展空间

总部经济是北京的一大优势，大型企业总部进驻北京，建设以总部经济为特征的发展模式，成为首都金融产业集聚的重要带动力量。截至2012年底，北京总部经济发展能力综合得分88.66分，名列全国35个主要城市榜首。落户北京的国内外总部企业不仅是金融机构的重要目标客户，而且通过成立全资的金融机构或是参股已有金融机构，延伸了北京的金融产业链。由此，跨国集团公司集聚产生的总部经济为金融机构提供了服务主体，搭建了商机无限的平台，壮大了该地区金融业资金配置的规模，使金融业的经营效益不断提升。

三、北京市金融产业集聚程度测度

由于受自然资源、社会文化和经济发展水平等多种因素的影响，不同国家、不同区域产业集聚的程度很可能存在巨大差异。作为现代经济发展的核心，金融业的集聚程度不仅能从侧面反映一区域乃至一国的金融业竞争力，还会影响到整个经济系统的运行效率和发展前景。北京就像是全国的神经中枢，其影响不言而喻，因此，衡量和测度北京市金融产业的集聚程度将为北京构建国际金融中心城市的目标和我国整体经济实力的提升提供重要借鉴。

(一)集聚程度测度

测度产业集聚程度的方法有很多，本文采用区位熵(LQ，Location Quotient)的方法，这是经济空间分析中的一个重要指标，用以考察特定经济活动在某个地区全部经济活动中的相对表现。在衡量某一行业地区集聚时，定义为该行业的地区比重与国家比重之间的比值公式。如果$LQ>1$，则意味着金融产业在北京存在产业集聚态势；反之，则不存在。

本文选取1992—2008年的数据，以北京的金融产业增加值除以全国的金融产业增加值计算北京金融产业的区位熵，以测量北京的金融产业集聚程度，计算公式如下：

$$LQ=(e_i/e)(E_i/E)=e_iE/eE_i$$

式中LQ代表北京金融产业集聚的区位熵，e_i为北京金融产业增加值，e为北京地区生产总值，即GDP，E_i为全国金融产业增加值，E为国内生产总值。

表 1 1992—2008 年北京金融产业集聚区位熵

年份	北京金融产业产值(亿元)	全国金融产业产值(亿元)	北京 GDP(亿元)	全国 GDP(亿元)	北京金融产业集聚区位熵
1992	65.0	1306.2	709.1	26923.5	1.89
1993	83.0	1669.7	886.2	35333.9	1.98
1994	109.0	2234.8	1145.3	48197.9	2.05
1995	145.3	2798.5	1394.9	60793.7	2.26
1996	181.5	3211.7	1789.2	71176.6	2.25
1997	246.9	3606.8	2075.6	78973.0	2.60
1998	202.5	3697.7	2376.0	84402.3	1.94
1999	277.6	3816.5	2677.6	89677.1	2.44
2000	378.9	4086.7	3161.0	99214.6	2.91
2001	441.2	4353.5	3710.5	109655.2	3.00
2002	469.4	4612.8	4330.4	120332.7	2.83
2003	537.3	4989.4	5023.8	135822.8	2.91
2004	713.8	5393.0	6060.3	159878.3	3.49
2005	836.6	6307.2	6886.3	183217.4	3.53
2006	974.1	8490.3	7861.0	211923.5	3.09
2007	1286.3	11057.0	9353.3	257305.6	3.20
2008	1493.6	10816.5	10488.0	300670.0	3.96

数据来源：根据《中国统计年鉴(1993－2009)》、《北京统计年鉴(1993－2009)》相关数据计算整理，经作者测算得出区位熵

由表 1 可以看出，除受 1997 年亚洲金融危机的影响，区位熵有所下调之外，北京金融产业集聚的区位熵自 1992 年以来是稳步攀升的。由于北京金融产业集聚区位熵历年的数值都在 1.89 以上，远大于 1，可见北京存在金融产业集聚效应。

(二)金融产业集聚与北京经济增长的回归分析

由上面的区位熵分析可知，北京金融产业在近十年存在明显的产业集聚效应。考虑到我国的政策制度、金融系统结构和政府管理等外在因素，对经济金融问题的时间序列分析可以得到比回归分析更具有说服力和更为详细的结论。因此，采用时间序列分析法对北京金融产业集聚与经济增长的关系进行计量分析，通过单位根检验、协整检验来分析变量之间的长期均衡关系，构建误差修正模型研究北京经济增长与金融产业集聚之间的内在联系，最后

运用格兰杰因果检验确定北京经济增长与金融产业集聚的因果关系，并分析北京金融产业的集聚效应。

1. 变量和数据

衡量区域经济增长的指标有很多，学界普遍选用区域国内生产总值、区域人均国内生产总值、区域人均国民生产总值以及区域人均国民收入等。将前述分析得到的北京金融产业集聚区位熵(*LQ*)作为衡量北京金融产业集聚程度的指标，同时用北京地区国内生产总值(GDP)作为衡量北京区域经济增长水平(*Growth*)的指标。

为了平滑时间序列指数关系消除异方差和剔除个别变量间存在的异常关系，对所选数据进行了对数化处理后，得到相关数据如表 2 所示：

表 2　北京金融产业集聚与经济增长的数据

年份	区域经济增长水平 *Growth*	区位熵 *LQ*
1992	6.563997	0.635614
1993	6.786943	0.683494
1994	7.043422	0.718906
1995	7.240578	0.816419
1996	7.489524	0.810316
1997	7.638006	0.957141
1998	7.773174	0.665203
1999	7.892676	0.890531
2000	8.058644	1.068150
2001	8.218922	1.096982
2002	8.373415	1.039551
2003	8.521942	1.068687
2004	8.709515	1.250399
2005	8.837289	1.261038
2006	8.969669	1.129146
2007	9.143485	1.163241
2008	9.257987	1.375898

数据来源：根据《北京统计年鉴(1993－2009)》相关数据计算整理得到

2. 实证过程与结果

(1)单位根检验

根据由表 2 得到 1992—2008 年 *Growth* 和 *LQ* 数列的走势图形(图 5)可

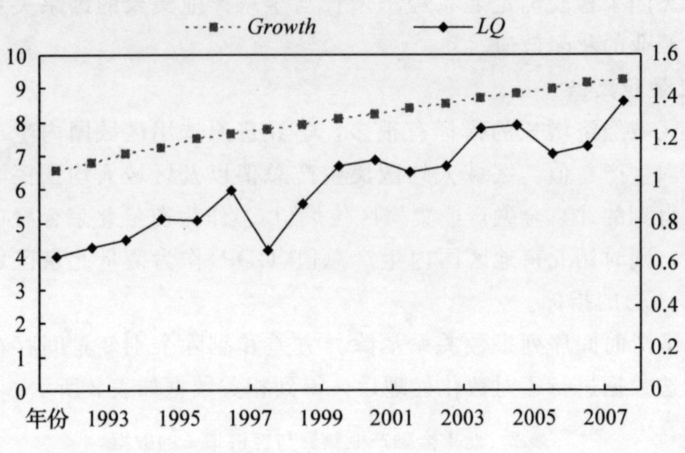

图 5　*Growth* 与 *LQ* 走势图

知，两个变量 *Growth* 和 *LQ* 均含有截距项和时间趋势项，在采用增广的迪基—富勒(ADF)方法进行单位根检验，由施瓦茨信息准则(SIC)确定之后阶数为 1，两数列的单位根检验结果如表 3 所示。

表 3　*Growth* 和 *LQ* 的 ADF 水平值检验

	t-Statistic	*Prob.*
Growth	－3.663045	0.0586
LQ	－4.214102	0.0236

由 ADF 水平值检验结果可知，在给定显著性水平 $\alpha=0.10$ 的显著性水平下，*Growth* 和 *LQ* 数列均可以拒绝原假设(H0：变量数列含有单位根)，认为其水平数列是平稳的。因而，列 *Growth* 和 *LQ* 都是零阶单整的，即 I(0)。

(2)协整检验

由上述分析可知，*Growth* 和 *LQ* 都是零阶单整的，满足协整检验的前提条件。首先分别以 *Growth* 为因变量、以 *LQ* 为自变量对数据进行普通最小二乘法(OLS)回归分析〔见(1)式〕

$$Gtowth_t = \beta_0 + \beta_1 LQ_t + \mu_t \tag{1}$$

得到：

$$Gtowth_t = 4.77 + 3.3324LQ_t + \hat{\mu}_t \tag{2}$$

$$(12.97)\quad(9.08)$$

$$R^2 = 0.8462 \quad D.W. = 1.7968$$

由于变量 *LQ* 和 *Growth* 都已取自然对数，其系数可以表示弹性。由(2)式可知，北京金融产业集聚的区位熵每提高 1 个百分点会引起北京经济增长约 3.33 个百分点。金融产业集聚对北京的经济增长具有正向带动作用。

接下来对(2)式的残差数列进行单位根检验，根据上面的估计结果可以得到：

$$\hat{\mu}_t = Gtowth_t - 4.77 - 3.3324LQ_t \qquad (3)$$

运用 ADF 方法，选择不含常数项与时间趋势对$\hat{\mu}_t$ 数列(限于篇幅，略去$\hat{\mu}_t$ 数列值)进行单位根检验，由 SIC 准则确定滞后阶数为 0，检验结果如表 4 所示。

表 4　残差数列 ADF 检验结果

	t-Statistic	*Prob.*
$\hat{\mu}_t$	−3.726944	0.0010

由残差数列的 ADF 检验结果可知，$\hat{\mu}_t$ 数列在给定 $\alpha=0.01$ 的显著性水平下拒绝原假设，认为$\hat{\mu}_t$ 数列不存在单位根，即$\hat{\mu}_t$ 数列是平稳的，因而回归方程的设定是合理的。

综上，研究结果表明 *Growth* 和 *LQ* 数列之间存在协整关系，协整向量为(1，−3.3324)，金融产业集聚与北京经济增长之间存在稳定的均衡关系。

(3)误差修正模型(ECM)

结合上面的分析，考虑到实际经济数据生成过程的“非均衡性”与传统的回归模型假设变量之间存在“长期均衡关系”不符，因而本文接下来将运用分布滞后法构造误差修正模型(ADL)对回归模型进行检验。

对 *Growth* 和 *LQ* 数列进行均衡误差修正模型检验：

$$\Delta Gtowth_t = \beta_0 + \beta_1 \Delta LQ_t + \beta_2 ecm_{t-1} + \varepsilon_t \qquad (4)$$

其中，$ecm_t = \hat{\mu}_t$，即将(2)式的残差序列$\hat{\mu}_t$ 作为误差修正项，运用 OLS 对(4)式进行估计，得到：

$$\Delta Gtowth_t = 0.1614 + 0.1649\Delta LQ_t - 0.1013ecm_{t-1} \qquad (5)$$

(15.3575)　(1.6928)　(−2.5920)

$R^2=0.8407$　$D.W.=2.0380$　$F=3.3592(0.0667)$

在(5)式表示的误差修正模型中，差分项反映了短期波动的影响。注意到在给定显著性水平下，ΔLQ_t 的 t 检验未能通过，故其系数 0.1649 不具有经济意义。考虑到(5)式与(2)式的内在联系，可以得出，北京经济增长的短期变动主要是其偏离长期均衡的影响。误差修正项 ECM 的系数反映了对经济偏离长期均衡的调整力度。从误差修正项的系数估计值(−0.1013)来看，当短期波动偏离长期均衡时，经济系统将以 0.1013 的调整力度将非均衡状态拉回至均衡状态。

(4)格兰杰(Granger)因果检验

为了进一步考察金融产业集聚(*LQ*)与北京经济增长(*Growth*)的关系，下

面对 *Growth* 和 *LQ* 数列进行格兰杰因果检验。同时为了考察金融产业集聚指标 *LQ* 的不同滞后期对北京经济增长的因果关系，分别选取 *LQ* 的一阶差分的滞后一期、两期和三期与 *Growth* 一阶差分进行格兰杰因果检验，检验结果见表 5。

表 5　金融产业集聚与北京经济增长的格兰杰因果关系检验

Null Hypothesis	F-Statistic	Prob.
LAGS：1		
△*LQ* does not Granger Cause ΔGROWTH	0.52919	0.4798
ΔGROWTH does not Granger Cause △*LQ*	11.8480	0.0044
LAGS：2		
△*LQ* does not Granger Cause ΔGROWTH	0.18679	0.8324
ΔGROWTH does not Granger Cause △*LQ*	13.6782	0.0014
LAGS：3		
△*LQ* does not Granger Cause ΔGROWTH	0.36087	0.7834
ΔGROWTH does not Granger Cause △*LQ*	8.77354	0.0090

由上面的格兰杰因果检验结果可知，在给定显著性水平下，*LQ* 不是 *Growth* 的 Granger 原因。而无论一阶差分、二阶差分还是三阶差分，在 $\alpha=0.01$ 的显著性水平下，*Growth* 都是 *LQ* 的 Granger 原因。也就是说，北京经济增长是引起金融产业集聚的原因，而就目前来看，金融产业集聚是北京经济增长的原因尚未得到验证。这一方面可能和北京金融产业集聚尚处于发展初期，集聚的效应尚未显现有关。另一方面，也可能是由于目前金融产业产值占北京 GDP 的比例偏低，对北京经济增长的促进作用不明显，因而导致通不过 Granger 因果检验。

尽管如此，金融产业作为现代经济的核心，其集聚对北京经济增长具有很大的促进作用是毋庸置疑的。金融产业集聚可以产生客观的规模经济，还可以降低交易费用，提高资源的利用程度，并且有利于促进知识和技术的创新与扩散。同时，伴随着金融业的集聚，也会产生拥挤成本增加、过度竞争和规模不经济等负面影响。因此，需要结合北京市金融集聚的具体条件，进一步分析，为其良性发展提供有益的政策建议。

四、北京金融产业集聚发展战略谋划

2008 年 4 月 30 日，中共北京市委、市政府正式发布《关于促进首都金融业发展的意见》，第一次提出要将北京建设成为具有国际影响力的金融中心城市，并明确了首都金融业的定位和工作目标：北京是国家金融决策中心、管理中心、信息中心和服务中心。北京金融中心城市的建立和工作目标的实现要求有高质量、高效率的金融集聚相配套，政策的制定要充分考虑北京的资源禀赋，以最小的成本赢得最大的收益。通过对北京市金融产业集聚的宏观环境和微观环境进行 SWOT 分析，得到以下结论：

表 6　北京金融产业集聚的 SWOT 分析

S	W
1. 产业集聚优势(总部经济、金融集聚优势) 2. 政策和信息优势 3. 地缘与交通优势 4. 人力与科技优势 5. 腹地优势(环渤海经济圈)	1. 基础金融市场体系不完善 2. 金融结构不平衡 3. 金融体制不顺畅 4. 市场开放程度较低 5. 经济实力还有很大提升空间
O	T
1. 国际金融结构重组、CBD 东扩 2. 低碳经济带来新的发展空间 3. 世界城市建设迎来新的契机	1. 全球性金融危机的威胁 2. 发达国家国际金融中心的挑战 3. 国内对手城市的竞争 4. 各功能区内部竞争

如上文所述，促成北京金融集聚的动力因素，也正是其优势所在。与此同时，北京金融业自身也面临一些体制制约，损害了市场活力；金融体系方面，市场失衡与资本市场的匮乏导致金融生态链断裂严重影响着北京聚集资金和实现资源优化配置的能力；另外，北京金融市场自由度和开放度较低，影响国际化进程的顺利开展。在此形势下，北京应努力寻求推动金融产业集聚发展的长期策略，以期促进正向效应的最大化。

(一)调整金融监管模式，建立高效率金融环境

金融环境是金融业施展才华的舞台，也是金融业生存的基本条件。与其他产业类似，金融业的高效运行需要有完善的市场机制作为支撑，但同时，由于其特有的高渗透性，牵连到经济系统的方方面面，因此必要的监管和控制也必不可少。因此，首先一点，需要监管部门科学地把握好控与放的关系，为金融业的高效运行提供良好的政策环境。政府部门要提高科学管理的能力，多通过运用市场化导向的间接调控，引导产业集聚的发展；还要规范金融业生存的外围环境，如提高服务标准，形成安全、便捷、共享的交通和通讯网等。

其次，要健全和完善金融运行的法律环境。发展金融产业集聚以形成金融中心的前提条件是金融自由化，而金融自由化的前提又必须有完善的金融法律监管作为安全保障。北京应主动配合中央金融立法和监管部门完善金融自由化法律监管的金融法规，侧重合法性与风险监管并重的监管模式，逐步疏通法律体制瓶颈。

最后，投入建设高端高效的技术环境。现代金融业的发展一大基础就是互联网通信技术的发展，通过完善的信息技术工具，交易方可以提高信息获取数量和效率，极大地改善了信息不对称问题，降低信息费用。

(二)改善市场运行机制，构建多层次金融市场体系

我国金融市场普遍存在市场化程度较低，资本市场结构欠合理的问题，北京市的改革虽然走在全国前列，但是由于地位特殊，仍受到许多管制，完善市场运行机制和健全市场结构的工作任务仍很艰巨。首先，要继续深化利率、汇率的市场化改革。市场价格缺乏弹性，这是导致金融生态子系统发展的失衡的根本原因。要使市场经济中的价格机制发挥作用，就必须不断深化利率及汇率的市场化改革，力求使利率及汇率反映正常的市场供求关系。这也是我国逐步对外开放、与世界接轨的重要因素。

其次，金融集聚不仅强调绝对规模的扩张，也应该注重内部结构的优化。优化资本市场体系，改善金融资产结构。目前，受融资渠道之约，许多企业的外部融资渠道长期依赖银行体系，使其汇聚了大量风险。银行为了防范风险，无形中会阻碍资源的配置效率。在未来的工作中，北京应促进直接融资的合理增长，在风险可控的范围内逐步开展业务模式和产品创新等试点工作，以强化自身优势，并发挥示范作用。

(三)完善金融服务环境，保障全方位要素供给

总部数量在一定程度上反映出信息数量，信息是金融业运行的另一重要基础。北京是金融以及各类企业总部云集的地区，应充分抓住这一优势，打造一个具有国际服务标准、配套设施完善的总部基地，这样可以使更多的金融机构及企业总部落户北京，从而为北京留住更多的金融服务。

首先，要发展金融服务及中介机构。大力发展信托公司、金融租赁公司、基金公司、财务公司和担保公司等非银行金融机构；加快引进国内外著名的评估公司、经纪公司、咨询公司和会计律师事务所等社会中介机构，完善地区金融服务环境，以吸引更多的机构入驻。

其次，要优化产业组织，促进要素供给。争取国家政策支持，鼓励多种所有制实体在金融领域的竞争融合，进一步拓宽民间投资者的融资渠道，使一批优秀的民营金融机构总部聚集北京；加快国有以及国有控股金融企业的现代企业制度的建设，引进适合金融业发展的企业治理形式；要解除限制人才流动的制度性障碍，建立开放、高效的人才市场，依托北京金融教育资源，为国内外金融人才搭建交流平台，为总部经济集聚更多的优秀人才。

(四)提高危机应对能力，培育金融集聚新动力

后危机时代，金融危机的潜在影响不断显现，世界主要经济体复苏乏力，市场机制的作用频频失灵，国际经济形势扑朔迷离。在大力推进金融产业集聚的过程中，要注意吸取美国次贷危机的教训，规范产品创新，探索灵活有效的监管措施，不断提高应对危机的能力。

面临严峻的环境和社会发展问题，以低能耗、低污染、低排放和高效能、高效率、高效益为特征的低碳经济呼之欲出。低碳时代的来临为首都金融产业集聚效应的发挥提供了新的动力和条件。北京市必须把握这一历史机遇，加大对低碳金融领域的投入，重点发展低碳服务产业，逐步完善低碳产业集群体系，不断提升北京低碳金融的创新力、集聚力、贡献力和辐射力，将北京建设成为具有国际影响力的低碳金融中心城市。

参考文献

[1] Paul Krugman. Increasing Returns and Economic Geography. The Journal of Political Economy，1991(3).

[2] Michael E，Porter. Clusters and the New Economics of Competition，Harvard Business Review，1998(6).

[3] Maryann P. Feldman & David B. Audretsch. Innovation in Cities：Science-based Diversity，Specialization and Loealized Competition，European Economies Review 43，1999(2).

[4] Porteous，D. The Development of Financial Centers：Location，Information Externalities and Path Dependence，In Martin R. (eds) Money and the space eccnomy Wiley，chichester，1999.

[5] [日]藤田昌久、[美]保罗·克鲁格曼、[英]安东尼·维内布尔斯：《空间经济学——城市、区域与国际贸易》，梁琦译，北京：中国人民大学出版社，2005 年。

[6] [德]韦伯：《工业区位论》，李刚剑译，北京：商务印书馆，1997 年。

[7] 黄解宇、杨再斌：《金融集聚论》，北京：中国社会科学出版社，2006 年。

[8] 张维迎：《博弈论与信息经济学》，上海：上海人民出版社，2003 年。

[9] 顾朝林、甄峰、张京祥：《集聚与扩散——城市空间结构新论》，南京：东南大学出版社，2000 年。

（作者：王曼怡　首都经济贸易大学教授）

项目名称:“绿色北京”视角下促进节能减排的财税政策研究
项目编号:09BaJG261
项目负责人:丁 芸
项目信誉保证单位:首都经济贸易大学

“绿色北京”视角下促进节能减排的财税政策研究

内容提要: 近年来,能源紧缺已成为日益突出的世界性问题,我国多个省份出现用水、用电告急,节能越来越成为我国经济生活迫在眉睫的现实选择。作为我国的首都和全国的政治与文化中心,北京城市环境的好坏直接反映了国家对城市环境问题的重视程度和解决力度。本课题通过展示当前的北京市环境,认为北京市有实施环境措施的必要性和可行性;通过比较市场的环境经济手段,即排污收费制度、环境税制度和排污权交易制度,分析三者不同的特点、作用对象和机制,以便今后在我国的环境管理中同时运用。通过借鉴发达国家实施的节能减排措施,结合我国环境经济政策的现实情况,提出促进北京市节能减排措施的财政与税收政策建议。

在能源问题日益突出的今天,节能环保越来越成为世界关注的焦点问题。近年来,我国的用水用电告急现象频频发生,节能减排成为我国经济生活目前首需进行的现实选择。北京作为我国首都,其环境的好坏直接反映了国家对城市环境问题的重视程度和解决力度。本课题以“绿色北京”为视角,从财税层面对如何促进北京节能减排进行研究。

首先,课题对北京市环境状况进行了梳理。此部分在对北京市近几年各种污染源排放情况和能源消耗进行数据对比分析后发现,从2001年开始至2010年,北京市采取各种节能减排措施,并进一步对其修改完善,虽然环境质量持续改善,但能源消耗上的供不应求仍为节能减排工作带来了难度。

其次,课题分析了北京市实施环境措施的必要性与可行性并介绍了相关的市场环境经济手段。认为,随着北京市经济的不断发展,常住人口的逐年增加和城镇化进程的加速,导致能源消耗需求增大和环境污染程度加深,节能减排工作势在必行。而北京市充裕的财政资金、先进的科学技术和创新能力以及国家的大力支持为节能减排工作提供了坚实的经济基础、技术基础和政策基础。

再次，课题就发达国家实施的节能减排措施进行了总结与分析。认为我国在实施节能减排措施上应借鉴国外经验，注重有奖惩的税收政策，制定更加健全有效的法律法规，建立优良的排污权交易市场和完备的监督管理体制来保证节能减排工作的顺利进行。

最后，在借鉴经验的基础上，课题提出了符合北京市现状的促进节能减排的财政与税收政策建议。成果如下：

一、北京市促进节能减排的财政政策建议

(一)增加政府预算投入

从国际经验来看，国家环保投入的多少，主要取决于政府决策层的环保意识、国家的经济实力、科技发展水平以及环境公共秩序的建立与管理水平等诸因素。总体来看，目前全世界用于环保的经费占国民生产总值(GDP)的0.5%—2%，其中发达国家为1%—2%，发展中国家为0.5%—1%。发达国家由于工业化进程完成得早，科技水平高，环保产业发展迅速，因而用于环保的费用也比较高。我国环保投资的绝对数是在不断增长的，但是相对量却增长缓慢。目前我国的环保投资水平还较低，占GDP的1%左右，而要想扭转目前环境整体恶化的局势，国民生产总值的1.5%应当用于环境保护，因此国家财政应继续加大对环保的投入力度。

1. 建立节能减排预算科目

(1)在预算科目中增加支持新能源与可再生能源发展科目、支持节能事业发展科目，每年相应安排一定的财政资金支持重点项目。我国的现有预算支出结构中，已有环保支出科目，但无节能支出科目。可以在经常性预算中，设立节能支出科目，每年把增加的一部分财政收入用于节能预算资金，或者通过调整预算支出结构，压缩或削减其他支出来解决一部分节能投入。节能投入应主要用于节能科技的研究与开发、节能技术的示范和推广以及节能管理监督体系建设等。

(2)在建设性预算中，加强财政的节能投资力度，支持能源使用单位的技术改造投资及其生产新型节能设备的投资。从我国实际看，由于缺乏政府投资的有效支持，节能技术改造主要由企业承担，企业作为节能投资的主体，投资能力较弱，也缺乏有效的融资途径，大量节能技改项目难以及时实施，很多好的节能新技术、新工艺、新产品难以得到推广和普及，这是我国节能技术进步缓慢的症结所在。因此，我国应逐步提高节能投资占预算内投资的比重，更多的利用贷款贴息等方式，对企业的节能项目予以支持，对于特殊重要的、投资数额巨大的国家级节能项目，国家财政也可以采取直接投资的方式予以支持。

2. 建立政府环保投资增长机制

可以通过立法形式确定一定时期内政府环保投资占GDP的比例或占财政支出的比例，或者规定政府环保投资的增长速度，使其略高于国民经济增长率。在我国财力有限、财政支出刚性较强的情况下，有必要借鉴一些经济转型国家的做法，寻求其他的资金筹措渠道，比如建立环保专项基金或者生态补偿专项基金，基金主要来源包括排污费、罚没收入等，基金的用途主要是生态环境建设与保护，是一个经常性资金渠道。

(二)加大政府间转移支付力度

财政转移支付是生态补偿最直接的手段，也是最容易实施的手段。应当设立中央对地方的专项拨款，增加对生态环境重要区和保护效果良好区的支持力度。我国由于各地经济发展极不平衡，区域间政府财力差距悬殊，特别是那些以重化工业为主导产业的省份往往是能耗大省和财政穷省。因此中央的节能减排专项拨款应向这些省份倾斜，同时，接受专项拨款的省份必须按照相关规定，从地方预算中安排相应的配套资金与中央专款一同使用，不得挪作他用。

(三)继续坚持国债投入政策

国债的支持力度应该弱于公共预算投入，但是国债投入一般重点投向基础性产业，而能源在任何国家都属于国民经济的基础，理应在国债资金中占有较大份额。由于国债资金具有明显的投入导向功能，因此应将支持节能列入国债结构转型的优先序列，并合理确定国债支持节能的资金使用方式。

(四)提供多种形式的财政补贴

财政补贴政策是国际上使用较为普遍的一种支持节能以及与能源相关的技术研发的政策手段。

1. 关于补贴对象

财政补贴的特点是较为灵活，补贴对象可以是生产者，也可以是消费者。但由于我国财政资金的监督制约体系尚不完善，还存在着较为严重的挪用资金和资金浪费现象，因此，就短期而言，我国应以直接补贴给生产者为主要政策手段，可以对直接补贴给消费者的政策进行个别地区试点实行；就长期来看，直接补贴消费者应该成为主要政策取向，应逐渐减少直接补贴生产者的范围，相应扩大补贴消费者的范围，最终实现完全过渡。

2. 关于补贴类型

一是实行物价补贴，对于企业由于初期增加技术投入、改进生产工艺等造成的产品成本高于社会平均成本的部分，给予价格性补贴；二是企业亏损补贴，对于企业节能建设初期投入过大而造成的暂时性亏损给予财政政策上的倾斜；三是财政贴息，即政府代企业支付部分或全部贷款利息，减少企业成本，相应增加企业利润；四是税前还贷，即政府在计算企业应税所得时，将企业应当归还的贷款从中扣去，相应减少企业纳税基数，免去企业部分税款，相当于政府为企业归还了部分贷款。

(五)加大绿色政府采购

政府采购作为公共财政体系管理中的一项重要内容，是国家管理财政支出的一项基本手段。绿色政府采购就是在现有政府采购体系中引入环境标准、评估方法和实施程序，在政府采购中重点选择那些符合国家绿色标准的产品和服务。借助于政府庞大的采购力量，优先或者强制购买环境友好的绿色产品，以有效激励社会各经济主体的合理消费，引导和规范社会的可持续生产与消费活动。从广义上来看，政府绿色采购不仅包括从确认采购需求、选择达标产品，到提供给消费者使用的全过程，而且具有促进企业环境行为的改善，推动国家环境保护和可持续发展战略及其具体措施落实的作用。

推广政府绿色采购是我国促进节能减排、推广循环经济的必然选择，但是当前还处于起步阶段，实施过程中面临许多困难和问题，主要体现在政府采购的定义模糊，认证标准还没有统一，范围和种类难以确定，认证机构的选择也有待确立。由于我国节能和环保产品近几年才刚刚兴起，产品种类小、选择性小，价格又比普通商品高，自然处于劣势。

政府绿色采购战略是一项长期而复杂的系统工程，不仅依靠政府的行政命令指导实施，还必须有专门的法律保障和技术保障，优先放在节能降耗产品和再生利用产品，才能充分发挥其作用。政府推行绿色采购的关键政策在于：

1. 完善相关法律法规

现阶段应落实已有法律法规的要求，修订《政府采购法》细则，发布《政府绿色采购制度条例》，确定政府采购标准、清单及指南，从政府绿色的要求出发完善和细化目前的政府采购法，从长远来看，应制定专门的《政府绿色采购促进法》进行明确规定。

2. 建立绿色采购标准，发布绿色采购清单

采购标准的制定是实施政府绿色采购的核心，应选择优先的领域、行业、部门、产品分别制定相关标准，完善政府绿色采购的标准体系。及时发布包含再生、节能、环保多重信息的绿色清单，并根据实际状况及时合理地扩大和调整标志产品的政府采购范围，增强绿色清单的可操作性。

3. 公开绿色采购信息，完善监督机制

我国应建立绿色采购产品的环境信息系统网络和公开制度，注重环境信息的获取、利用和发布，及时公开政府绿色采购的执行情况，进一步畅通信息流通渠道，提高采购效率，同时也要加强人大和公众的监督力度，完善相应的执行、监督和考核评估机制。

（六）完善税收分配体制

中央与地方在能源公共财政和税收体制方面改进应遵循的基本原则：(1)发挥中央与地方两个积极性，改进常规化石能源生产与使用，大力发展可再生能源。(2)合理划分中央与地方以及地方政府之间在税收上的共享比例，减少能源生产与供应上的短期行为，提高能源开采效率。(3)明确中央与地方政府之间在支持能源发展方面的支出责任。(4)上级政府对下级政府发展节能、可再生能源以及农村地区的能源建设等项目要加大转移支付力度。

根据以上原则，可以从以下几方面进行改进：

1. 将地方的能源发展状况纳入中央政府对地方的转移支付的考虑范围，尤其是对地方改善常规能源生产、优化能源结构、节能以及发展可再生能源情况进行重点支持。可以将再生能源生产与使用量占当地能源生产或使用量的比重作为一个参考因素，以此推动将来可能推行的可再生能源配额制的落实。

2. 建立中央与地方在能源领域的税收共享机制，发挥中央与地方两个积极性。目前涉及能源的税种主要有企业所得税、资源税、营业税、增值税、消费税、城市维护建设税等，除消费税是中央政府固定收入外，企业所得税、增值税为中央与地方共享收入，资源税、城市维护建设税及其他税种为地方收入。但是，现实情况是，在地方收入中有多大比例是划给省级，多大比例是划给市级、县级，各地情况并不完全一致。能源产业的一个突出特点是，集约经营比分散经营效率高，但是规模大、效率高的企业的隶属层次也相应较高，其创造的税收往往大部分归属于较高层级的政府所有，使得不同级次政府从不同类型以及不同规模的企业中获得的税收比重不同，造成地方政府对能源事业的集约经营并不是特别热衷。因此建议从财政管理体制尤其是税收分享比例上入手进行改革，与能源有关的不同类型的企业所创造的税收在中央与地方之间、地方不同级次政府之间的税收分享比例相对统一和固定，增强地方政府发展能源事业的预期，以此减少地方政府的短期行为，降低地方政府单纯为了增加当地税收而发展小煤矿、小火电以及浪费能源的高能耗产业的积极性。

3. 对将来可能实行的逆向限制性质的税收政策（如环境税、能源税），作为中央政府固定收入，或者是中央政府在税收分享中占较大比重，增强中央政府在能源生产、消费、节能等方面的调控能力。

（七）财政担保政策和信贷政策

财政担保是使用风险投资的原理支持政府倡导的领域加快发展，鼓励节能减排与积极开发新能源、可再生能源，优化能源结构，提高能源使用效率等，正好属于该领域。在具体操作上，可以由政府直接对与能源有关的项目提供直接的财政担保，也可以为对能源提供担保的公司提供补贴或者专款资助。

财政信贷政策可以弥补企业在开展污染治理和资源综合利用方面的资金不足，增加企业开展清洁生产的积极性。在具体操作上，可以通过政策性银行以低息贷款、无息贷款、延长信贷周期、贷款贴息等方式进行资金支持，也可以建立专门的环境保护绿色银行，来解决环境保护资金落实难的问题。

二、北京市促进节能减排的税收政策建议

(一)完善现有税种

1. 资源税

扩大征收范围。在现行资源税的基础上，将有一些重要资源也列入其中，如水资源、森林资源、草场资源，等等。改进计税方法。采用定额税率，从量差额计征，并将现行按应税资源产品销售量计税改为按实际产量计税，促使经济主体提高资源的开发利用率。适当提高资源税的征收标准。对非再生性、非替代性、非常稀缺的资源要课以重税，按稀缺程度不同相应提高单位税额，以尽可能限制掠夺性开发，提高资源利用效率。

2. 消费税

对资源消耗量大或导致环境污染严重的消费品和消费行为，应当列入消费税的征收范围。对煤炭、电池、一次性塑料包装物及会对臭氧层造成破坏的氟利昂产品也应列入消费税的征收范围。对不同的产品根据其影响环境的程度，设计差别税率，可以鼓励清洁产品的使用。对污染环境的消费行为，可以通过对企业生产有害环境的产品征收，提高其生产成本，通过价格信号鼓励节能减排的绿色消费。而对于资源消耗量小或者循环利用的产品应征收较低的消费税。如对含铅汽油和无铅汽油的使用就可实行差别税率。

3. 取消高能耗高污染产品的出口退税政策

中国目前部分高能耗高污染出口产品生产所消耗的能源占国内能源消费量的15%左右，因此，建议我国制定高能耗高污染产品名录，对列入名录的产品出口，取消实行多年的退税优惠政策，甚至开征出口税，以降低高能耗高污染产品的生产量，激励企业调高能源效率、降低单位产品的污染排放强度。

(二)开征环境保护税

国外发达国家普遍采用了开征环境税的方式来推进节能减排工作的进展。目前我国严格意义上的环境税只有资源税，缺少以保护环境为目的，针对污染环境的行为或产品征收的环境税，限制了税收对环境污染的调节力度，也难以形成专门用于环境保护的收入来源。因此，开征环境税，有利于加强环境保护，抑制污染，保护与改善生态环境，实现可持续发展战略。环境税施行后，将对企业污染环境、占用资源的行为形成惩罚性税收，进一步加大税

收调节环境污染行为的杠杆作用。我国已经具备了环境税改革的基本条件，但是，对于企业排污技术标准和相关税率的确定，仍需进一步探讨可行性方案。

我国已经具备了环境税制改革的基本条件，但是仍需要采取先易后难、循序渐进的做法。可分为三个阶段：第一阶段，在现有税制的基础上，对与环境相关的部分税种，如资源税、消费税、车船税等进行完善；根据我国经济社会的形势发展，尽快开征独立环境税；第二阶段，进一步完善其他与环境相关的税种和税收政策，整合相关税种，并扩大环境税的征收范围；第三阶段，继续扩大环境税的征收范围，结合环境税税制改革情况，进行整体优化。

(三)建立健全税收优惠政策体系

1. 在生产环节，税收优惠政策应有利于提高资源利用效率，降低污染排放。对企业采用降低原材料和能源消耗的新设备以及采用太阳能、热能、风能等清洁能源的热回收装置，允许在增值税前加速折旧；对企业在开发冶炼过程中利用废弃物回收和生产的产品免征增值税。

2. 在流通环节，税收优惠政策应调动和鼓励企业回收和经销废弃物的积极性，除给予减免企业所得税的优惠之外，还可以实行定期的免征增值税的优惠政策。

3. 在分配环节，税收政策可以对企业利用废水、废气、废渣等废弃物为主要原料生产取得的收入实行免征所得税的政策；对企业利用节能技术改造国产设备，实行按投资的一定比例抵扣当年新增所得税的政策，以支持企业节能技术改造。

4. 在消费环节，调整消费税的课税范围和合理设计税赋水平，鼓励消费者对清洁能源的使用，约束消费者不健康的消费行为。将有损于环境、过度耗费资源的消费品和奢侈品纳入消费税的征收范围，对高档消费品和消费行为以及污染环境、破坏资源的消费品实行高税率。

5. 加大对高新技术、环保技术、节能技术、节材技术和人力资源的开发和支持力度，突出税收优惠政策的科技导向作用，建立起一套从支持科技投入、产品研制开发到促进成果转化的科技税收优惠政策体系。

(四)排污收费制度改革

在当前环境税收管理体系尚未健全的条件下，排污收费制度是促进节能减排和保护环境的最直接手段。至今，排污收费制度在我国实行了已有三十年之久，在理论基础、执行程序和实践效果等方面取得不少效果，但也存在着多方面的缺陷和问题，可以在以下几方面着手改进：

1. 提高排污收费的法律层次，通过费改税，将排污费改为排污税，借助税收的强制性和调控杠杆作用，引导企业改进生产方式，推行清洁生产。

2. 我国目前实施的排污收费多年来未做调整，标准明显偏低，因此有必要提高排污费率。

3. 由于我国相当的污染排放不能被有效地包括在排污收费体系中，因此必须从"环境—能源—经济"政策一体化的角度考虑排污体系的改革，尤其是加速推进费改税，将排污收费体制改革与税收体制改革相结合。因此，在较大幅度提高排污费率的同时，采取渐进和区别对待的方式，对企业的排污削减活动予以一定的财务激励，并从现有的排污收费制度向环境税制度过渡，是以经济效率为导向又具有可行性的一种排污收费体系改革方式。

参考文献

[1]北京市环境保护局：《2008年北京环境状况公报》，2008年。
[2]北京市环境保护局：《2009年北京环境状况公报》，2009年。
[3]北京市环境保护局：《2010年北京环境状况公报》，2010年。
[4] 窦义粟、于丽英：《国外节能政策比较及对中国的借鉴》，《节能与环保》，2007年第1期。
[5] 何利辉、唐海秀：《促进节能减排的财税政策与建议》，《财会研究》，2009年第16期。
[6] 李海英：《这一刻，人类命运相连——〈京都议定书〉正式生效评述》，《环境经济》，2005年第3期。
[7] 钟希余、谈敏：《发达国家不同能耗模式及节能税收政策研究》，《税务与经济》，2007年第5期。
[8] 郭成程：《鼓励节能减排的税收政策建议》，《经济研究导刊》，2009年第20期。
[9] 史耀斌：《财政部税政司司长史耀斌 鼓励节能减排的税政改革大思路》，《中国投资》，2007年第7期。
[10] 黄海峰、任培：《节能减排助力中国经济》，《环境保护》，2009年第16期。
[11] 高萍：《征收环境保护税是实现可持续发展的需要》，《税务研究》，2004年第5期。
[12] 黄海峰、刘京辉：《德国循环经济研究》，北京：科学出版社，2007年。
[13] 钱易、唐孝炎：《环境保护与可持续发展》，北京：高等教育出版社，2000年。
[14] 财政部税收制度国际比较课题组：《日本税制》，北京：中国财政经济出版社，2000年。
[15] 张坤民、潘家华、崔大鹏：《低碳经济论》，北京：中国环境科学出版社，2008年。
[16] 王胜今、景跃军：《人口·资源·环境与发展》，长春：吉林人民出版社，2006年。
[17] 王佳宁、胡新华：《大力促进节能降耗推动产业结构升级》，《经济日报》，2007年2月12日。
[18] 武献华：《借鉴发达国家六大经验把节能减排落到实处》，《中国经济周刊》，2008年第11期。
[19] 高峰：《国际能源政策比较及对我国的启示》，《山西财经大学学报》，2007年第2期。
[20] 吴国华：《我国节能减排的理性思考——基于"十一五"头两年节能减排目标完成情况的分析》，《山东财经学院学报》，2009年第3期。

[21] 陈清泰:《中国的能源战略和政策》,《国际石油经济》,2003 年第 12 期。
[22] 许志娟:《论人口膨胀与环境压力》,《赤峰学院学报(自然科学版)》,2009 年第 6 期。
[23] 赵文:《简论资源节约型、环境友好型社会的建构》,《中国浦东干部学院学报》,2009 年第 4 期。

(作者:丁 芸 首都经济贸易大学教授)

项目名称：北京 CBD 企业知识员工“过劳”问题研究
项目编号：09AbJG304
项目负责人：杨河清
项目信誉保证单位：首都经济贸易大学

北京市 CBD 企业知识员工“过劳”状况研究

内容提要：本文通过对过度劳动的理论说明与分析，首先讨论了知识员工过度劳动的影响因素以及知识员工过度劳动的形成机制，在此基础上，对北京 CBD 企业知识员工(白领)过度劳动现状进行调查研究，从性别、年龄、学历、职位、收入、单位性质等角度，在工作疲劳、工作过度疲劳、服务对象疲劳、个人疲劳四个维度上，同时，结合劳动时间，分析了 CBD 白领过度劳动的结构及特征，得出了一些有价值的结论。文章最后提出了三层面过度劳动对策模型，以及治理过度劳动的政策建议。

一、问题的提出

近年来，在激烈甚至是过度竞争的社会背景下，“过劳”现象已经大面积地走进日益现代化、工业化、信息化的中国，知识员工正成为过劳群体，甚至是“过劳死”的高危群体。2008 年，本项研究的课题组负责人杨河清教授曾利用日本学者制定的 10 症状量表对北京地区的政府机关，科研机构、学校、医院、新闻等事业单位，国有企业，外资企业(含港、澳、台资企业)，私营企业和其他(针对灵活就业人员)六类单位 419 名员工开展了过度劳动现状的调研，并按照日本过劳死预防协会的评判标准：上述 10 项症状出现 2 项及以下为过劳死“黄灯”警告期，目前尚不必担心；3～6 项为过劳死“红灯”预报期，说明已经具备过劳死的征兆；6 项以上为“红灯”危险期，可定为疲劳综合征，已进入过劳死的预备军。本次调查对象的“过劳”程度如图 1 所示：

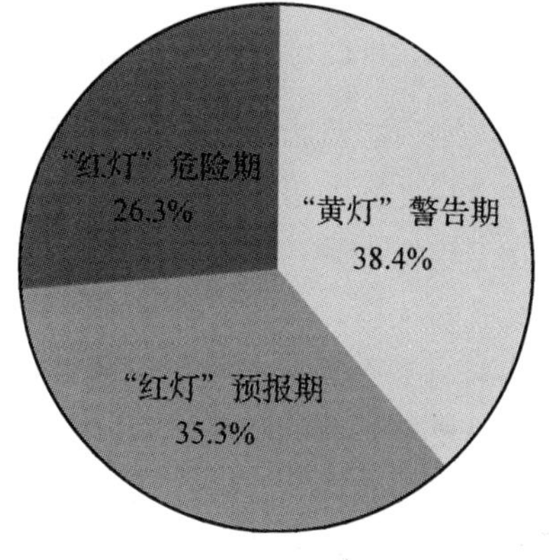

图 1　调查对象过劳程度统计

2009 年 12 月 6 日发布的《中国城市白领

健康白皮书》中披露：中国内地城市白领中有76%处于亚健康，接近60%处于过劳状态。过度的而非适度的劳动状态，在知识员工的日常工作中已成常态。这严重阻碍了我国的社会经济在科学发展观的指引下，达成持续、健康、和谐发展目标的进程，如不及时采取有效对策和措施，很有可能在国家快速发展的同时，演化成较严重的社会问题。

二、知识员工过度劳动的影响因素

知识员工过度劳动问题不是凭空产生的，必然有各种影响因素驱动其发生、发展，多种影响因素共同作用的结果就是知识员工群体过度劳动状况的发展和逐步恶化。

——前因变量。引发知识员工过度劳动的深层次原因，对包含知识员工在内的全体劳动者都具有共性意义，包括：社会文化层面、社会经济层面、社会制度层面。

——决定变量。是在知识员工过度劳动产生、演化和发展的过程中起决定作用的因素。

(一)知识员工的群体特征

一般地，学界研究的知识员工的群体特征主要有：较高的工作自主性、受教育程度高、忠于职业胜过忠于组织、具备较高的创造性、擅长无形劳动、知识及技能更新周期加速等。可以看出，追求自我实现、注重工作自主性、需要不断更新知识和技能的这类劳动者，一方面有意愿和成就动机，另一方面也有工作需要，自发地超时、超强度工作，以求得自我实现和对工作创造性的要求。

(二)个体特质

知识员工在受到社会文化、经济和制度层面因素影响的前提下，依照个体所具备的特质，产生或消弭过度劳动的动机，进而出现过度劳动的行为并引发系列后果。

在此，“三我冲突”是研究个体因素对知识员工过度劳动问题影响的突破口。“三我”是指实际的我(自我)、工作中的我(演我)和他人眼中的我(他我)。“三我”之间如果能够协调一致，则工作中员工个人所耗费的心力和精力都会处于较低水平，体现在工作上，则更加容易保持高绩效、高产出、情绪稳定积极的状态；反之，则更容易产生工作中的疲劳感和情绪上的挫败感，并最终影响工作效率和绩效结果。更进一步地，为了达到“演我”对“自我”行事风格的要求，此知识员工可能需要付出比“自我”和“演我”统一时更多的时间和精力于工作中，从而引发超时间、超强度的过度劳动。

(三)管理因素

主要包含用人单位的管理理念、激励机制、领导者行为和企业文化等。

这些因素是否符合知识员工的价值取向和群体特征，将直接影响知识员工的工作投入意愿与程度。管理因素在知识员工的群体特征和个人特质的基础上对其过度劳动的动机产生影响，从而引发过度劳动的行为。

(四)工作任务因素

主要包括工作任务的复杂度、明确性、任务与知识员工能力的匹配性等，一方面联结工作任务对知识员工胜任特征的要求，一方面联结知识员工的工作动机、情绪和行为。任务过于复杂或者任务与知识员工能力不匹配会通过影响其情绪和动机，进而影响知识员工的工作时间和工作强度，造成过度劳动的行为。

三、知识员工过度劳动的形成机制

在对以上过度劳动的前因变量和知识员工过度劳动的决定因素和调节因素进行宏观分析的基础上，本研究根据管理学和心理学的相关理论，抽取对知识员工过度劳动影响较大的影响因素构建了“知识员工过度劳动的形成机制模型”如图 2 所示。

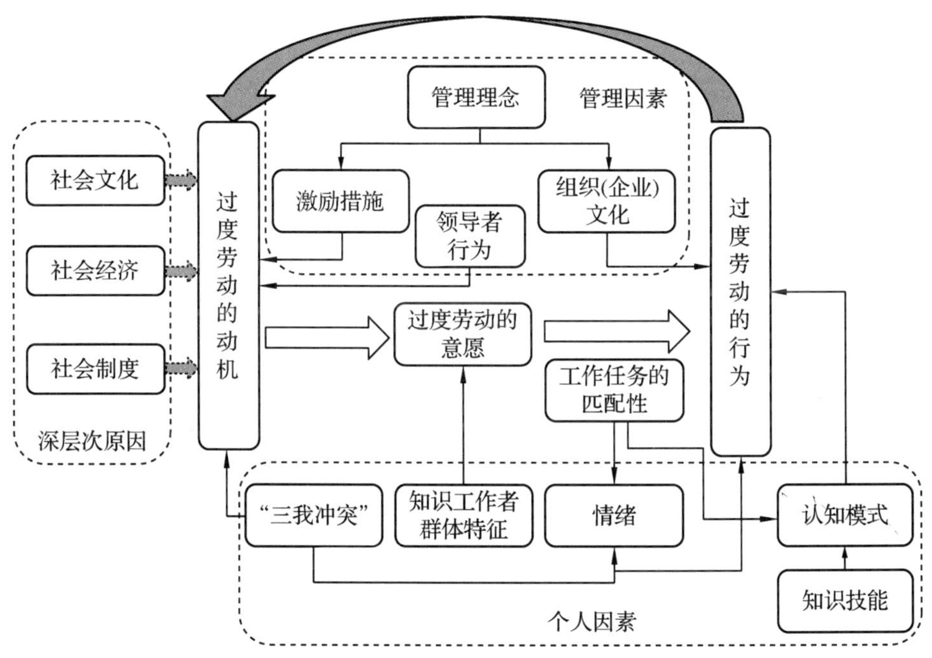

图 2　知识员工过度劳动的形成机制模型

根据心理学的成就动机理论，人的成就动机与管理因素、社会环境因素、工作任务等有某种内在的逻辑联系。社会文化、经济和制度等前因变量作为环境因素对知识员工过度劳动的动机产生潜移默化深层次的影响；个体特质对知识员工过度劳动的动机、意愿和行为有不同程度的决定性影响；管理因素直接影响知识员工过度劳动的动机和行为，间接对知识员工过度劳动的意愿产生影响；工作任务因素通过影响知识员工个人因素间接影响过度劳动行为。

四、实证研究：北京市CBD企业知识员工的"过劳"状况

(一)研究的假设

本实证研究的具体对象为北京市CBD企业知识员工，根据研究的目标和上述的理论依据，主要对此地区劳动者过度劳动的程度、原因以及影响展开调查。本文做了以下假设：

假设1：北京市CBD企业知识员工存在一定程度上的过度劳动；

假设2：不同类别(如年龄、学位、职位层级、工作年限等)的CBD企业知识员工过度劳动状况存在一定差异。

基于上述假设，本研究发放了以CBD企业知识员工为对象的调查问卷表。

本研究采用知识工作者过度劳动测量量表，用SPSS统计软件对调查数据进行分析，为进一步研究奠定基础。通过参考国内外过度劳动的研究成果，重点结合知识工作者的群体特征，详细了解北京市CBD企业知识员工过度劳动的现状与特征，分析知识工作者过度劳动的现状、成因、后果等，为深化我国过度劳动问题研究提供新的视角，为探讨预防与缓解知识工作者过度劳动的对策提供思路。

(二)调研的对象及问卷信度分析

2010年9月至11月，课题组采用国外成熟的《哥本哈根量表》和Karasek《负荷—控制模型》及其衍生的中文版《工作内容问卷》[①]，对北京市CBD企业的知识员工进行方便抽样调查，主要考察知识员工过度劳动状况，以及工作特性与过度劳动之间的关系。本研究以北京市CBD中央商务区内的知识员工为对象，发放问卷300份，共收回问卷228份，其中，有效问卷194份，有效率为85%。

194份有效问卷的基本情况如表1所示：

① 根据研究的目标及调查时发现的研究对象对设问反应较敏感的状况，本次问卷调查未使用前文所述的较复杂的CFSI(蓄积疲劳症候指数)调查量表。

表 1　有效样本的总体情况

统计量	选项	人数	百分比
性别	男	81	41.8%
	女	113	58.2%
年龄	25 岁以下	44	22.7%
	26～30 岁	62	31.9%
	31～40 岁	50	25.8%
	41～50 岁	28	14.4%
	51 岁以上	10	5.2%
学历	大专以下	14	7.2%
	大学专科	34	17.5%
	大学本科	106	54.6%
	硕士	33	17.1%
	博士	7	3.6%
参加工作年限	1 年以下	14	7.2%
	1～3 年	40	20.6%
	4～6 年	53	27.3%
	7～10 年	40	20.6%
	11～15 年	12	6.2%
	16 年及以上	35	18.1%
职位层级	初级	87	44.8%
	中级	71	36.6%
	高级	36	18.6%
平均月收入	3000 元以下	30	15.5%
	3000～5000 元	69	35.6%
	5001～8000 元	46	23.7%
	8001～10000 元	20	10.3%
	10001～20000 元	24	12.4%
	20001 元以上	5	2.5%

本研究采用 Cronbach's Alpha 系数对各部分问卷进行信度检验，结果如表 2 所示。

在《工作—生活质量》问卷的子问卷中，简式健康量表、个人疲劳和服务对象疲劳问卷有很好的信度，工作心理负荷、就业不安性和工作疲劳问卷的内在一致性可以接受，而工作控制和工作过度疲劳问卷的信度偏低，在今后的研究中，需对其进行修改。

表 2 问卷的信度分析

被检验子问卷	Cronbach's Alpha 系数	N of Items
工作心理负荷	0.724	7
工作控制	0.644	9
就业不安性	0.747	6
简式健康量表	0.805	5
个人疲劳	0.873	5
工作疲劳	0.793	5
服务对象疲劳	0.857	6
工作过度疲劳	0.582	5

测量知识员工的过劳状况使用了四个疲劳量表，此量表主要参考《哥本哈根量表》以及德国社会学家 Siegrist 所研制的工作压力模型，分别为个人疲劳量表、工作疲劳量表、服务对象疲劳量表和工作过度疲劳量表。个人疲劳属综合性评估，旨在测量受测者整体的疲劳感受，其来源不限于工作，亦可来自家庭、生活、社交人际、本身疾病等；工作疲劳专指由工作带来的，可归因于工作所带来的感受；服务对象疲劳是指员工在工作中与服务对象互动所产生的疲劳感受；工作过度疲劳指员工主动自愿、不眠不休投入工作的感受。

(三)调查结果与分析

1. 不同性别知识员工的疲劳状况

表 3 不同性别知识员工的四个疲劳量表指数

性别		个人疲劳	工作疲劳	服务对象疲劳	工作过度疲劳
男	均值	42.72	37.47	34.98	46.11
	N	81	81	81	81
	标准差	18.253	16.010	16.715	17.923
女	均值	41.42	36.19	31.86	46.20
	N	113	113	113	113
	标准差	15.832	15.078	15.510	21.028
总计	均值	41.96	36.73	33.16	46.16
	N	194	194	194	194
	标准差	16.851	15.446	16.055	19.743

由表3可看出，男女两性的四个疲劳量表中，工作过度疲劳指数均最高，然后依次是个人疲劳指数、工作疲劳指数、服务对象疲劳指数。工作过度疲劳指数位于第一，说明男女两性都非常重视工作，甚至占用早上一起床、下班回家后、上床睡觉等休息时间来用于工作；个人疲劳指数排在第二位，无论男女性，疲劳不仅仅来源于工作，与家庭、生活、社会关系也是紧密相关的，它们所带来的疲劳感不容忽视；男女性的工作疲劳指数与服务对象疲劳指数相对较低。而总体来说，性别在四个疲劳指数上无明显差异。

2. 不同年龄知识员工的疲劳状况

表4　不同年龄知识员工的四个疲劳量表指数

年龄		个人疲劳	工作疲劳	服务对象疲劳	工作过度疲劳
25岁以下	均值	41.36	40.00	35.13	44.32
	N	44	44	44	44
	标准差	17.632	16.566	18.707	14.690
26～30岁	均值	40.65	37.98	31.45	46.13
	N	62	62	62	62
	标准差	16.409	15.952	16.298	15.349
31～40岁	均值	44.40	35.90	35.00	49.61
	N	50	50	50	50
	标准差	17.043	14.346	14.725	27.011
41～50岁	均值	43.04	34.46	32.59	46.79
	N	28	28	28	28
	标准差	16.851	12.862	13.845	18.965
51岁以上	均值	37.50	25.00	27.50	35.50
	N	10	10	10	10
	标准差	16.541	15.092	14.326	21.660
总计	均值	41.96	36.73	33.16	46.16
	N	194	194	194	194
	标准差	16.851	15.446	16.055	19.743

由表4可看出，个人疲劳方面，可将年龄段重新整合成三大年龄段：31～50岁的高度个人疲劳人群，30岁以下的中度个人疲劳人群，51岁以上的轻度个人疲劳人群；工作疲劳方面，调查对象的疲劳程度与年龄成反比；服务对象疲劳方面，25岁以下与31～40岁的调查对象疲劳指数较高；工作过度

疲劳方面，整个年龄段的数值分布呈正态分布，其中31～40岁的调查对象疲劳指数远高于其他年龄段。

具体来看，26～30岁和41～50岁年龄段是职业生涯的过渡阶段，各疲劳指数无明显特征；31～40岁是人生中非常特殊的时期，个人疲劳指数、服务对象疲劳指数以及工作过度疲劳指数在其他年龄段中都处于较高位置；51岁以上知识员工的四个疲劳量表指数明显降低。

3. 不同学历知识员工的疲劳状况

表5 不同学历知识员工的四个疲劳量表指数

学历		个人疲劳	工作疲劳	服务对象疲劳	工作过度疲劳
大专以下	均值	40.71	36.79	29.46	41.07
	N	14	14	14	14
	标准差	21.291	18.668	18.306	18.727
大学专科	均值	41.47	38.53	35.42	46.62
	N	34	34	34	34
	标准差	16.121	17.775	18.754	16.177
大学本科	均值	41.18	35.99	32.51	45.43
	N	106	106	106	106
	标准差	16.883	15.297	15.774	21.793
硕士	均值	43.48	37.12	33.96	50.61
	N	33	33	33	33
	标准差	16.512	12.871	13.863	17.310
博士	均值	51.43	37.14	35.71	44.29
	N	7	7	7	7
	标准差	12.150	13.184	13.145	15.660
总计	均值	41.96	36.73	33.16	46.16
	N	194	194	194	194
	标准差	16.851	15.446	16.055	19.743

由表5可看出，硕士及其以下学历的调查对象工作过度疲劳指数高于其他疲劳指数，其次是个人疲劳指数，再是工作疲劳指数，最低的是服务对象疲劳指数；而学历为博士的被调查者个人疲劳指数相对较高，第二是工作过度疲劳指数，第三为工作疲劳指数，最后是服务对象疲劳指数。通过分析，本数据样本拥有博士学位的有7人，其中6人为女性，年龄在31～50岁，收入在8 000～20 000元，无论女性就业与否，中国社会对女性传统社会性别角

色的定位要求女性承担生育和照顾家庭的义务，高学历女性知识员工正处于这一阶段，可见，作为高学历知识员工，尤其是高学历的女性知识员工疲劳来源更为广泛。

个人疲劳指数中，博士存在较强的个人疲劳，为51.43，明显高于硕士的43.48，大专以下、大学专科与大学本科的个人疲劳指数分别是40.71、41.47、41.18，无明显差异。数据与上述解释相符。

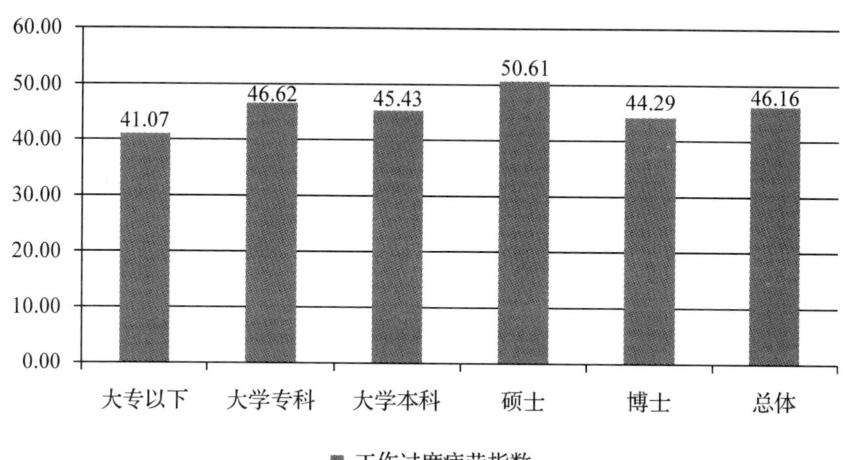

图3　不同学历知识员工的工作过度疲劳指数

从图3看出，硕士工作过度疲劳指数为50.61，明显高于大学专科的46.62，两者均在总体均值之上，大学本科与博士工作过度疲劳指数分别为45.43与44.29，差别不大且小于总体均值，大专以下最低为41.07。此样本中，除了博士，硕士作为最高学历者，在一定程度上可说明他们更具有事业心，自愿花费在工作上的时间更多。

从个人疲劳上看，博士存在较强的个人疲劳；从工作疲劳上看，大学专科毕业的调查对象疲劳指数明显高于其他学历者；从服务对象疲劳上看，各学历的调查对象无明显差异；从工作过度疲劳上看，学历为硕士与大学专科的被调查者疲劳指数较高。

4. 不同工作年限知识员工的疲劳状况

表6　不同工作年限知识员工的四个疲劳量表指数

工作年限		个人疲劳	工作疲劳	服务对象疲劳	工作过度疲劳
1年以下	均值	36.33	32.00	28.06	44.33
	N	15	15	15	15
	标准差	19.591	16.562	16.701	16.132

续表

工作年限		个人疲劳	工作疲劳	服务对象疲劳	工作过度疲劳
1～3年	均值	40.38	36.13	34.06	45.25
	N	40	40	40	40
	标准差	15.582	13.228	18.049	15.104
4～6年	均值	45.85	43.30	34.51	50.10
	N	53	53	53	53
	标准差	17.285	16.230	16.452	24.350
7～10年	均值	42.50	36.38	32.71	45.50
	N	40	40	40	40
	标准差	13.821	14.455	13.821	16.977
11～15年	均值	48.64	38.18	39.02	47.27
	N	11	11	11	11
	标准差	18.720	12.303	13.728	19.022
16年及以上	均值	37.57	29.43	30.95	42.43
	N	35	35	35	35
	标准差	17.920	14.841	15.956	21.399
总计	均值	41.96	36.73	33.16	46.16
	N	194	194	194	194
	标准差	16.851	15.446	16.055	19.743

由表6可知，工作年限在10年及以下的知识员工工作过度疲劳指数相对较高，其次是个人疲劳指数，再是工作疲劳指数和服务对象疲劳指数；11～15年的知识员工个人疲劳指数较高，其后依次是工作过度疲劳指数、服务对象疲劳指数和工作疲劳指数；16年及以上的知识员工工作过度疲劳指数较高，第二是个人疲劳指数，再是服务对象疲劳指数和工作疲劳指数。说明工作10年及以下的员工正是事业上升期，生活重心在工作上，会将早上一起床、下班回家后、晚上睡觉前等闲暇时间用于工作，以期在工作上得到更好的发展。工作11～15年的知识员工由于工作已稳定，精力侧重于生活、家庭和工作之间的平衡，三者带来的压力、疲劳感胜于其他疲劳。工作16年及以上的员工生活、家庭和工作之间已处于相对平衡阶段，则重新将重心放于工作上。

由图4可明显看出，工作4～6年的调查对象工作过度疲劳指数明显高于其他年龄段的被调查者。

个人疲劳方面，工作4～15年的调查对象较为疲劳，其中工作11～15年

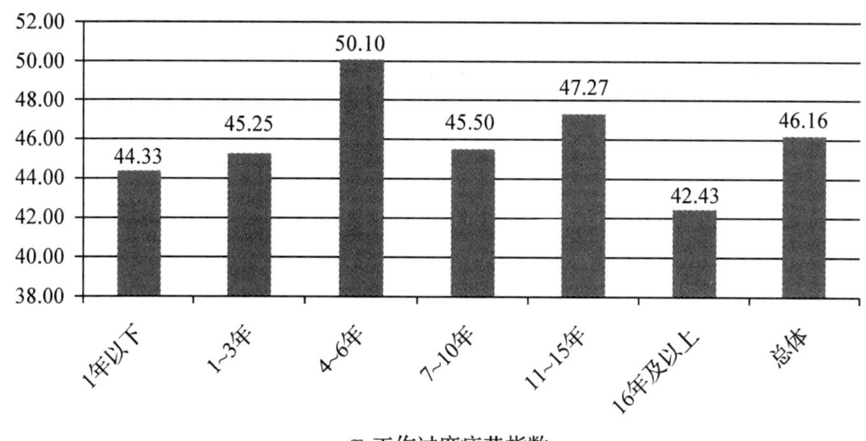

图 4　不同工作年限知识员工的工作过度疲劳指数

的被调查者尤甚；工作疲劳方面，工作年限在 4～6 年的调查对象明显较之其他工作年限的员工疲劳；服务对象疲劳上，工作 11～15 年的被调查者较为疲劳；工作过度疲劳方面，工作 4～6 年的调查对象远高于其他工作年限者。可见，工作年限在 4～6 年与 11～15 年的知识员工的疲劳特征尤为明显。

5. 不同职位层级知识员工的疲劳状况

表 7　不同职位层级知识员工的四个疲劳量表指数

职位层级		个人疲劳	工作疲劳	服务对象疲劳	工作过度疲劳
初级	均值	38.74	36.44	32.47	43.10
	N	87	87	87	87
	标准差	17.206	15.938	16.026	17.207
中级	均值	45.85	39.01	34.86	48.32
	N	71	71	71	71
	标准差	14.904	14.895	15.705	22.837
高级	均值	42.08	32.92	31.48	49.31
	N	36	36	36	36
	标准差	18.376	14.898	16.945	18.328
总计	均值	41.96	36.73	33.16	46.16
	N	194	194	194	194
	标准差	16.851	15.446	16.055	19.743

由表 7 可知，无论知识员工的职位层级高低，四个疲劳量表的疲劳指数排序是一致的，由高到低为工作过度疲劳指数、个人疲劳指数、工作疲劳指

数、服务对象疲劳指数。

由表7可看出，中级职位的调查对象在个人疲劳指数、工作疲劳指数与服务对象疲劳指数上均比初高级职位的数据要高。

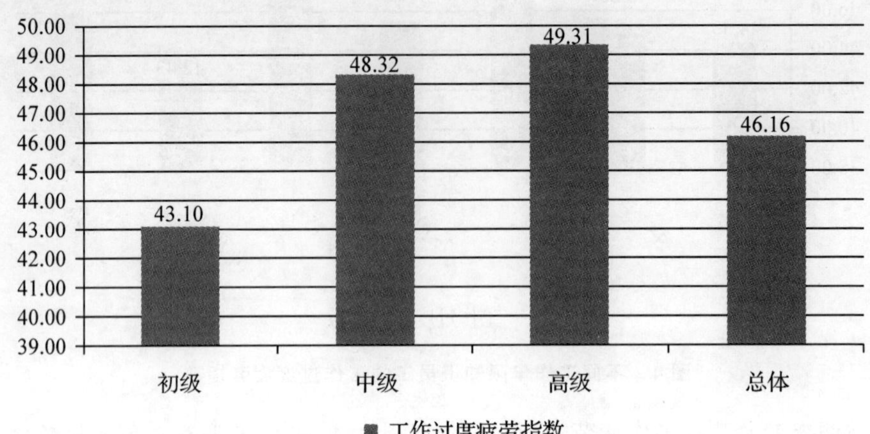

图5　不同职位层级知识员工的工作过度疲劳指数

在图5中，可明显看出随着职位层级的升高，工作过度疲劳指数也随之增加。

6. 不同职业类别知识员工的疲劳状况

表8　不同职业类别知识员工的四个疲劳量表指数

职业类别		个人疲劳	工作疲劳	服务对象疲劳	工作过度疲劳
科研/研发	均值	43.00	39.50	36.25	52.50
	N	10	10	10	10
	标准差	12.737	12.122	16.084	14.767
律师	均值	43.75	28.13	23.96	60.00
	N	8	8	8	8
	标准差	17.061	14.126	12.746	22.361
会计/审计	均值	40.23	34.55	35.61	39.77
	N	22	22	22	22
	标准差	15.077	13.175	15.734	17.827
咨询员工	均值	44.17	30.83	37.15	55.83
	N	12	12	12	12
	标准差	19.752	14.434	15.535	19.981

续表

职业类别		个人疲劳	工作疲劳	服务对象疲劳	工作过度疲劳
创意员工	均值	35.00	41.25	29.17	80.10
	N	4	4	4	4
	标准差	21.602	11.087	20.127	70.555
医师	均值	40.00	32.50	30.56	31.67
	N	6	6	6	6
	标准差	10.954	16.047	13.088	11.690
记者/编辑	均值	67.50	62.50	39.58	42.50
	N	2	2	2	2
	标准差	10.607	17.678	8.839	17.678
市场/营销	均值	38.23	36.94	29.57	43.87
	N	31	31	31	31
	标准差	17.056	16.466	13.834	14.589
人力资源	均值	45.38	39.62	33.65	46.54
	N	13	13	13	13
	标准差	16.766	17.965	17.218	16.123
金融	均值	42.97	41.56	35.94	44.22
	N	32	32	32	32
	标准差	20.155	16.580	20.351	18.144
其他	均值	42.22	35.19	32.72	45.00
	N	54	54	54	54
	标准差	15.742	14.536	15.173	15.571
总计	均值	41.96	36.73	33.16	46.16
	N	194	194	194	194
	标准差	16.851	15.446	16.055	19.743

由表8可知，职业为科研/研发、律师、市场/营销、人力资源、金融、其他职业四个疲劳指数排序相同，由高到低为工作过度疲劳指数、个人疲劳指数、工作疲劳指数、服务对象疲劳指数；医师和记者/编辑顺序相同，个人疲劳指数、工作疲劳指数、工作过度疲劳指数、服务对象疲劳指数；从事会计/审计的被调查者疲劳指数顺序是个人疲劳指数、工作过度疲劳指数、服务对象疲劳指数、工作疲劳指数；咨询员工的疲劳指数顺序为工作过度疲劳指

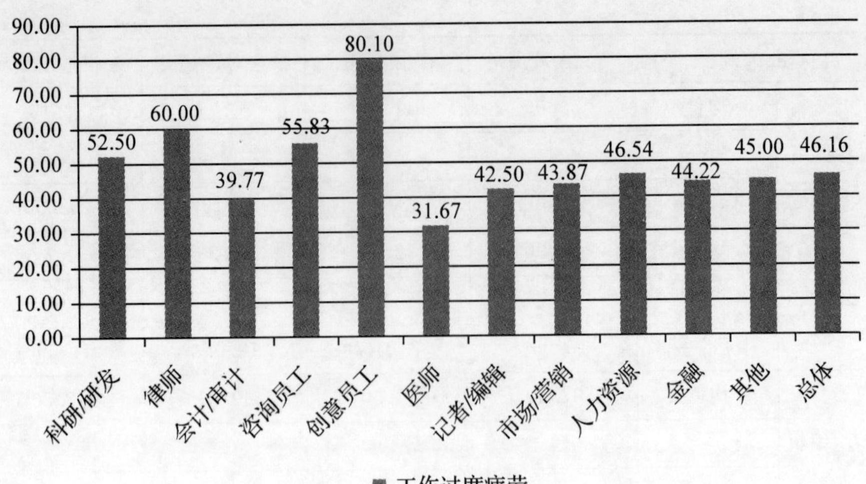

图 6　不同职业知识员工的工作过度疲劳指数

数、个人疲劳指数、服务对象疲劳指数、工作疲劳指数；创意员工的工作过度疲劳指数尤高，其后是工作疲劳指数、个人疲劳指数、服务对象疲劳指数。

由图 6 可知，创意员工工作过度疲劳指数远高于其他职业者，为 80.10。其次为律师 60.00，再是咨询员工 55.83，科研/研发 52.50，记者/编辑、市场/营销、人力资源、金融与其他职业的疲劳指数相差不大，会计/审计和医师这一疲劳指数较低，分别是 39.77 和 31.67。可推测，创意员工之所以会过度自主工作，与其职业性质是密不可分的。

可见，职业为记者/编辑的人群在个人疲劳、工作疲劳与服务对象疲劳指数中要高于其他职业者，尤其是个人疲劳与工作疲劳指数；创意员工在工作过度疲劳指数上要远高于其他职业者。

7. 不同平均月收入知识员工的疲劳状况

表 9　不同平均月收入知识员工的四个疲劳量表指数

平均月收入		个人疲劳	工作疲劳	服务对象疲劳	工作过度疲劳
3000 以下	均值	35.83	33.17	34.72	39.83
	N	30	30	30	30
	标准差	17.473	17.738	18.741	18.499
3000～5000	均值	41.59	37.10	29.89	45.94
	N	69	69	69	69
	标准差	17.160	16.391	16.481	17.993

续表

平均月收入		个人疲劳	工作疲劳	服务对象疲劳	工作过度疲劳
5001～8000	均值	44.57	39.02	35.05	48.81
	N	46	46	46	46
	标准差	16.153	13.192	13.511	24.774
8001～10000	均值	45.00	35.75	33.96	48.25
	N	20	20	20	20
	标准差	14.049	14.168	14.388	19.282
10001～20000	均值	45.00	38.33	37.33	48.75
	N	24	24	24	24
	标准差	15.673	13.884	16.090	15.691
20001以上	均值	33.00	28.00	28.33	42.00
	N	5	5	5	5
	标准差	25.150	19.235	19.185	16.432
总计	均值	41.96	36.73	33.16	46.16
	N	194	194	194	194
	标准差	16.851	15.446	16.055	19.743

由表9可知，月收入在3 000元以下及20 001元以上的知识员工工作过度疲劳指数较高，其次是个人疲劳指数，再次是服务对象疲劳指数，最后是工作疲劳指数；月收入在3 000～20 000元的知识员工疲劳指数由高到低依次为工作过度疲劳指数、个人疲劳指数、工作疲劳指数、服务对象疲劳指数。这两种排序的差别在于工作疲劳指数与服务对象疲劳指数的位置刚好相反。可以推测出月收入3 000元以下的员工初涉社会，接触更多的是基层工作、与服务对象沟通，面对工作并不会有心力交瘁、挫折、难熬等感觉，相反精力充沛、对自己的职业发展寄予厚望。月收入20 001以上的员工由于工作熟练，与服务对象的接触已上升到较高层次，如何进一步突破之间的关系将是他们关心的问题。

由表9可以看出，对于个人疲劳指数与工作过度疲劳指数，月收入在5 001～20 000元的调查对象疲劳指数大于总体均值且明显高于其他月收入者，其他月收入者疲劳指数都小于总体均值；月收入3 000～8 000元和10 001～20 000元的被调查者工作疲劳指数大于总体均值且高于其他月收入者，其他月收入者工作疲劳指数都小于总体均值；月收入在3 000元以下和5 001～20 000元的调查对象服务对象疲劳指数大于总体均值，且高于3 000～5 000

元和20 001元以上的调查对象。

8. 每周用于工作的时间

下面是每周工作时数的调查结果。

表 10 被调查者每周工作时数情况表

每周工作时数	人数	百分比
小于 40 小时	24	12%
40～48 小时	92	47%
49～56 小时	67	35%
大于 56 小时	11	6%

根据国务院关于职工工作时间的规定，职工每周工作 40 小时，即职工每周工作时间不得超过 40 小时。根据上表，每周工作时数 40 小时以下有 24 人，只占总人数的 12%；超过 40 小时的人数有 170 人，88%的调查对象工作时间大于或等于 40 小时，41%的调查对象工作时间超过 48 小时，另有 6%的调查对象工作时间超过 56 小时。可知，将近九成的被调查对象每周工作时间超过了国务院所规定的 40 小时。

从性别方面看，男性中每周工作时间超过 40 小时的员工占有 91%，高于女性的 85%；从年龄上看，31～40 岁与 41～50 岁中的员工周工作时数超过 40 小时的均占九成以上，高于 25 岁以下与 26～30 岁中的均占八成以上，51 岁以上的员工中有这一数据的占有六成，远远低于 51 岁以下的员工。

表 11 每周工作时数大于 40 小时的被调查者信息详表

变量	大于 40 小时人数	变量总人数	百分比	变量	大于 40 小时人数	变量总人数	百分比
男	74	81	91%	科研/研发	10	10	100%
女	96	113	85%	律师	8	8	100%
25 岁以下	36	44	82%	会计/审计	19	22	86%
26～30 岁	54	62	87%	咨询员工	9	12	75%
31～40 岁	48	50	96%	创意员工	4	4	100%
41～50 岁	26	28	93%	医师	5	6	83%
51 岁以上	6	10	60%	记者/编辑	1	2	50%
大专以下	10	14	71%	市场/营销	25	31	81%
大学专科	32	34	94%	人力资源	11	13	85%
大学本科	89	106	84%	金融	32	32	100%
硕士	33	33	100%	其他	46	54	85%

续表

变量	大于 40 小时人数	变量总人数	百分比	变量	大于 40 小时人数	变量总人数	百分比
博士	6	7	86%	3000 以下	23	30	77%
1 年以下	9	14	64%	3000～5000	59	69	86%
1～3 年	37	40	93%	5001～8000	43	46	93%
4～6 年	48	53	91%	8001～10000	17	20	85%
7～10 年	35	40	88%	10001～20000	22	24	92%
11～15 年	12	12	100%	20001 以上	5	5	100%
16 年及以上	29	35	83%	国有(控股)	38	39	97%
初级	76	87	87%	民营企业	30	40	75%
中级	62	71	87%	外资企业	56	62	90%
高级	32	36	89%	合资企业	22	23	96%
				事业单位/政府机关	24	30	80%

通过分析每周工作时数超过 40 小时的人群(见表 11)，可知：

从学历上看，硕士中的全部知识员工每周工作时间都在 40 小时以上，其次是大学专科，占有 94%，再是博士与大学本科，分别为 86%和 84%，最后是大专以下，占有 71%；全部硕士人数之所以工作时间均超过 40 小时，经过分析得出，此部分调查员工的单位性质多为国有(控股)、外资与合资企业，进一步从单位性质角度分析发现，此三种企业中的员工周工作时数超过 40 小时的占九成以上，明显高于民营企业和事业单位/政府机关；大学专科中这一数据远高于博士、本科，通过深度分析可知，这部分调查对象的工作年限多为 1～3 年和 4～6 年，而这两种工作年限中的员工均占 90%以上，明显高于 1 年以下、7～10 年以及 16 年及以上的数据；值得注意的是工作年限在 11～15 年的被调查者周工作时数都在 40 小时以上。

从职业上看，在职业为科研/研发、律师、创意员工、金融类的知识员工中周工作时数超过 40 小时的均占 100%，会计/审计、医师、市场/营销、人力资源、其他等职业这一数据分别为 86%、83%、81%、85%、85%，差异不明显，但都明显高于咨询 75%。(由于职业为记者/编辑的被调查总人数只有两人，数据太小，不具可比性)

从月收入来看，月收入 20 001 元以上的调查对象每周工作时数全都在 40 小时以上，月收入在 5 001～8 000 元和 10 001～20 000 元的调查对象每周工作时数大于 40 小时的人数分别占其各自总人数的 93%和 92%，月收入在 3 000～

5 000 元和 8 001～10 000 元的被调查者每周工作时数在 40 小时以上的人数分别占其各自总人数的 86%和 85%，月收入在 3 000 元以下的调查对象每周工作时数大于 40 小时的人数比例最低，为 77%。

从职位层级来看，初、中、高级职位中的员工周工作时间在 40 小时以上的分别占有 87%、87%、89%，无较大差异。

9. 每天用于通勤的时间

表 12　被调查者每天通勤时间表

上下班交通时间	人数	百分比
30 分钟以内	41	21%
30～60 分钟	84	43%
61～90 分钟	46	24%
91～120 分钟	20	10%
120 分钟以上	3	2%

通勤的时间是工作时间的准备时间，通勤的时间过长会导致过劳或加重过劳。随着我国经济水平飞速发展，城市交通拥堵也伴随而来，北京作为我国的大都市，道路拥挤状况尤为显著。通过表 12 可知，64%的被调查者上下班交通时间在 60 分钟以内，但仍有 36%的被调查者上下班交通时间超过了 1 小时，其中，交通时间在 61～90 分钟、91～120 分钟、120 分钟以上的调查对象所占比例分别是 24%、10%、2%。

(四)实证研究的结论

首先，对前文提出的两个研究假设进行验证。

通过实证调研，可以判断出北京市 CBD 企业知识员工存在一定程度的过劳。

实证调研的结果显示，北京市 CBD 企业知识员工中有 88%的调查对象每周工作时间超过 40 小时，而其中有 41%的调查对象工作时间超过 48 小时，另有 6%的被调查对象工作时间超过 56 小时。也就是说，即使按照每周加班 8 小时计算，仍有 41%的调查对象超过了法定工作时间，属于超时、超强度工作，亦即处于过度劳动状态。此外，每天通勤时间超过 1 小时的调查对象达到 34%，这无疑会进一步加重过劳的程度。

继而得出北京市 CBD 企业知识员工过度劳动的不同类别差异

(1)从年龄上看，31～40 岁是人生中非常特殊的时期，个人疲劳指数、服务对象疲劳指数以及工作过度疲劳指数在这个年龄段中都处于较高值；26～30 岁和 41～50 岁年龄段是职业生涯的过渡阶段，各疲劳指数无明显特征；51 岁以上知识员工的四个疲劳量表指数明显降低。

(2)博士存在较强的个人疲劳；大学专科毕业的调查对象在工作疲劳指数与工作过度疲劳指数上明显较高；学历为硕士的调查对象工作过度疲劳指数较高；服务对象疲劳上看，各学历的调查对象无明显差异；本科与大专以下的调查对象在各学历中无明显特征。

(3)工作 4～6 年的调查对象存在较强的工作疲劳与自主过度工作疲劳，工作 11～15 年的调查对象在个人疲劳与服务对象疲劳方面比较严重，可见，工作年限在 4～6 年与 11～15 年的知识员工的疲劳特征尤为明显。

由此可以得出，本文中关于北京市 CBD 企业知识员工过度劳动的假设 1 和假设 2 均得到验证。

五、对策建议

(一)三层面过度劳动对策模型

员工的压力来源包括社会、组织、个人等多方面，员工的压力既有生理特点又有心理特点，产生压力后如果不能及时缓解会引发更大的压力。总之，过度劳动是一个复杂的社会现象，过度劳动的预防与干预是一项系统工程，需要采取综合的、政策性和组织性的战略和策略进行体系化应对。结合我国的国情特点，本文提出建立、完善“三层面过度劳动对策模型”。这一模型如图 7 所示。

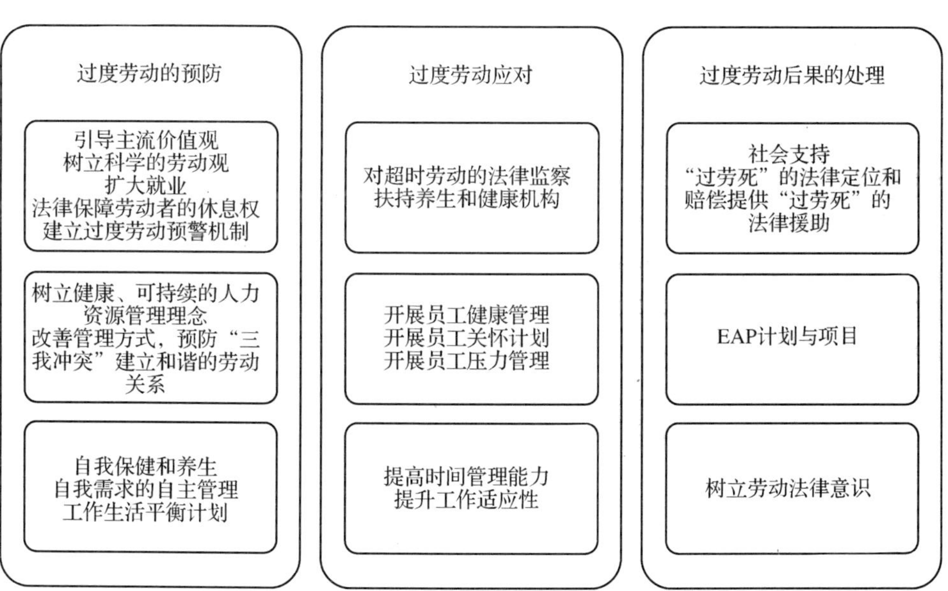

图 7 三层面过度劳动对策模型

借鉴压力管理的措施。但根本的还在于整个国家和社会对过度劳动问题的关注与政策导向，也在于劳动者自身摆正劳动观念，注意劳逸结合。

三个层面之间的关系：

(1)组织性

过度劳动问题的解决不是员工个人的事情，组织有责任来帮助员工应对压力，而且组织在压力管理中应发挥重要的作用。某些压力的根源如工作负荷过重、工作条件不好等只有组织才能消除；组织进行的员工应对压力的培训以及推行的健身计划对于缓解压力有积极的作用；组织实施的内部咨询服务、EAP 计划等对员工消除压力症状很有帮助。

(2)系统性组织工作压力管理研究

这个压力管理模型是预防、应对、治疗三个层面相结合的压力管理模式，其中既有对压力根源的消除和控制策略，进行压力的预防；又有一些员工可以学习掌握的压力应对的方法，增加员工应对压力的技能；在压力过大时又提供一些消除压力症状的策略。

(3)强调预防为主

压力根源的消除，压力症状的及早干预、控制，对员工进行培训使其掌握压力应对的方法，以及对策都是预防思想的体现。与试图治疗由于过多压力产生的问题与伤害相比，预防性策略更有效、更经济。如果等到过多压力造成严重问题之后才去扮演一个救火队员或医生的角色，那样会付出很高的代价。

(二)政策建议

1. 完善劳动基准立法

在适当的时机制定我国的《劳动基准法》。这就要求有关部门尽快启动我国《劳动基准法》的立法工作，深入研究劳动基准应当包括的内容和范围，具体制定程序、执行标准、法律责任等。其中许多标准都与过度劳动问题相关，具体来说，就是必须在《劳动基准法》中清楚地规定最高工作时间、最低休息时间、最高劳动定额标准、强制带薪休假和定时对职工体检等内容，防止过度劳动对劳动者造成伤害。

2. 尽快研究制定有关“过劳”的法律条款

深入研究“过劳”条款应当包括的构成要件、性质、认定机构、认定程序、处理方法、赔偿标准等主要内容。其中最核心的是对“过劳”事实的认定，以及职工死亡与过度劳动因果关系的推断问题。这就需要研究工作时间与疲劳程度之间的关联，设定疲劳蓄积度的衡量标准，特别是将发病前的工作状态全面考虑进来，最终形成对“过劳”事实的认定要件和认定标准。而对于“过劳死”的性质，法律应当明确以工伤、侵权性质加以立法，规定用人单位应负的法律责任。

3. 优先考虑将“过劳死”纳入工伤保险

由于“过劳”问题牵涉面比较广，立法难度比较大，在有关“过劳”问题的各项法律条款不能立刻出台的情况下，应当优先将“过劳死”问题尽快纳入工伤保险，可以此作为“过劳”法律法规建设的起点，积累立法经验，逐步完善其他“过劳”相关规定。

4. 明确企业的侵权赔偿责任

劳动者因过度劳动患病、受伤、死亡的，法律应明确肇事企业相应的侵权赔偿责任，提高企业违反法律导致劳动者“过劳”的成本。特别是对于“过劳死”问题，即便已经由工伤保险给予劳动者补偿，但仍应允许劳动者追究企业的民事责任，获得相应的民事赔偿。“过劳死”的遗属理应既获得工伤保险补偿，也应获得雇主的民事赔偿，从而加大雇主过度使用员工的违法成本。

参考文献

[1]黄河：《从劳动时间论员工“过劳”现象及其防止》，《中国人力资源开发》，2010年第9期。

[2]马瑜：《知识分子“过劳死”与人的“异化”》，《中华女子学院学报》，2005年第4期。

[3]王艾青：《过度劳动及其就业挤出效应分析》，《华东理工大学学报(社会科学版)》，2006年第4期。

[4]王丹、杨河清：《北京地区企事业单位劳动者的过劳情况调查》，《中国人力资源开发》，2010年第9期。

[5]王全兴、管斌：《关于“过劳死”的法律思考》，《律师世界》，2001年第5期。

[6]王秀云：《“过劳死”现象及其防范建议》，《企业改革与管理》，2006年第5期。

[7]杨河清、韩飞雪、肖红梅：《北京地区员工过度劳动状况的调查研究》，《人口与经济》，2009年第2期。

[8]杨菊贤、卓杨：《过劳死的发生和预防》，《中国行为医学科学》，2006年第7期。

[9][日]福地保马：《労働者の疲労・過労と健康》，京都：かもがわ出版，2008年。

（作者：杨河清　首都经济贸易大学教授）

项目名称：北京商务中心区东扩后产业布局与发展研究
项目编号：10AbJG340
项目负责人：张　弘
项目信誉保证单位：首都经济贸易大学

北京商务中心区东扩后产业布局与发展研究

内容提要： 本文立足于北京CBD的发展现状，对北京商务中心区(CBD)东扩后整体的产业布局及发展进行了研究，研究内容根据北京CBD产业发展现状——东扩后的产业布局——东扩后的重点产业发展思路等路径展开，并最终提出北京商务中心区(CBD)东扩后的产业布局及发展的对策建议。

党的十八大报告提出，要推动服务业特别是现代服务业发展壮大。当前，现代服务业日益倾向于集聚在城市尤其是中心区发展，并逐渐成为我国城市经济发展的主导产业。其中，商务中心区(CBD)成为众多城市发展现代服务业的高端平台和重要载体。作为城市发展的中心商务区，CBD本质上是服务业高度集聚的城市功能单元。通过产业集聚形成的现代服务业为CBD的发展提供了原动力，整合了人流、物流、资金流和信息流，逐渐形成了城市经济发展的产业制高点。CBD产业集聚发展的态势既是产业结构优化、产业升级发展的内在要求，也是城市建设持续发展、经济发展方式加快转变的客观必然。CBD作为世界城市主导产业的聚集区，对所在城市经济总量和就业的贡献率大，在城市经济格局中占有最重要地位。北京CBD作为世界城市的核心功能区，在北京建设中国特色世界城市过程中要发挥引领作用。

一、北京CBD产业布局与发展现状

目前，北京CBD经济发展迅速，经济实力显著增强，基本形成了以总部经济为特征、楼宇经济为载体，以国际金融为龙头、高端商务为主导、文化传媒产业聚集发展的产业格局。CBD已经成为首都国际金融机构主聚集区、北京市国际传媒文化创意产业集聚区和高端服务产业聚集地。2011年，占全市面积仅0.42‰的CBD中心区域，实现了地区生产总值737亿元，占到了全市GDP的4.6%，实现税收超过240亿元，占全市税收的3%，实际引入外资近12亿美元，占全市的7%。[1] 可以说CBD可以成为朝阳暨首都经济社会发展的最具影响力和最有活力的区域之一，已经成为带动朝阳区乃至北京市经济社会发展的重要增长极，更成为在全国乃至世界具有一定影响力的商务中心区。

从空间布局看，“十一五”以来，CBD内的功能分区日益合理，逐步形成“一心”(北京商务中心区)、“三区”(商务生活服务区、商务功能配套区、商务产业拓展区)、“一带(商务功能辐射带)”的空间布局，并通过强化“一心”，发展“三区”，辐射“一带”，初步形成了“一心”带动“三区”、辐射“一带”，“三区”、“一带”支撑服务“一心”的功能区一体化发展格局。

从税收看，截止到2012年8月，北京CBD共完成税收收入206.11亿元，其中，地税收入110.2亿元，同比增长12.96%。纳税100强企业完成税收141.95亿元，占CBD总税收近七成，其中纳税前十名企业完成税收63.01亿元。现代服务业、金融业和文化创意业分别完成税收114.69亿元、28.1亿元和21.44亿元，同比增长14.35%、23.2%和34%。[2] 新注册企业2 797家，总注册资本231.2亿元，实现税收4 720万元。其中注册资本过亿企业44家，总注册资本150.46亿元，实现税收484.4万元。

从产业经济发展情况看，“十一五”以来，CBD在聚集国际金融、总部经济、世界500强企业方面取得了辉煌成就：一是CBD拥有的外资金融机构占到北京市的60%以上；以国贸中心、华贸中心、环球金融中心为核心的国际金融主聚集区业已形成。二是CBD拥有世界500强企业的160家，占北京市的65%以上。三是CBD拥有壳牌、丰田、三星等跨国公司地区总部，截止到2012年6月，共计74个，资产总计2 505.9亿元，单位数量和资产总计均占朝阳区外资企业总部的80%，占北京市的60%以上。[3] CBD不仅是北京市落实总部经济政策的试点区，也是中国世界500强企业和跨国公司总部集中度最高的地区。CBD产业发展特色突出、成就斐然：一是在国际金融主聚集区的形成中，CBD金融体系逐步健全，国际金融产业龙头地位突出。二是通过打造传媒产业高地，聚集了国内外知名媒体，文化传媒产业实现跨越式发展。三是商务服务业中，国际高端商务企业聚集，并形成了较完善的商务产业链。四是楼宇经济贡献突出。不仅“亿元楼”数量大幅增加，而且在建设主题示范楼宇、政策激励方面独树一帜，成效显著。

---

① 程红：《2011年CBD中心区域实现地区生产总值737亿元》，http：//finance：ifeng.com/special/cbds wj/20120915/7039253.shtml.

② 《全市九成高端商务服务业机构落户朝阳》，http：//www.bjchy.gov.cn/dynamic/news/8a24fe83339e675cd013a4a080c130e6f.html.

③ 《朝阳外资企业数量规模均居全市第一》，http：//www.bjchy.gov.cn/dynamic/news/8a24fe83390039ad01391eb1fb1901b4.html.

从企业入驻情况看，“十一五”期间，CBD 中心区年均入驻企业数一直保持着 24.76%的增长率。2011 年，CBD 新入驻企业 4 622 家，其中注册资本过亿元企业 48 家。[①] 在现代服务业快速发展和高端企业聚集的同时，CBD 企业效益显著提升。

综上所述，从拥有企业数、产业发展以及对朝阳区和北京的经济贡献来看，北京 CBD 均取得了显著成绩。世界城市如纽约、伦敦和东京都经历了几十年甚至上百年的发展，才逐步形成了相对稳定的产业结构和空间布局，北京 CBD 从 1993 年开始实施至 2012 年不到 20 年，就取得了斐然成绩。而北京 CBD 东扩后，将有进一步发展和提升的空间。

二、北京 CBD 东扩后的产业空间布局

北京 CBD 东扩后的产业布局应遵循完善产业链、强化集聚、功能扩散、扩大辐射的原则，同时还要考虑到产业升级、轨道交通建设等影响因素。综合城市产业空间布局的发展理论，在借鉴国外综合商务区产业空间布局演变的基础上，根据 CBD 东扩区综合规划所示空间布局图、土地利用图等要求，我们认为，CBD 东扩后应实施“一心四轴”的产业空间布局发展战略。

“一心四轴”产业空间布局如图 1 所示：

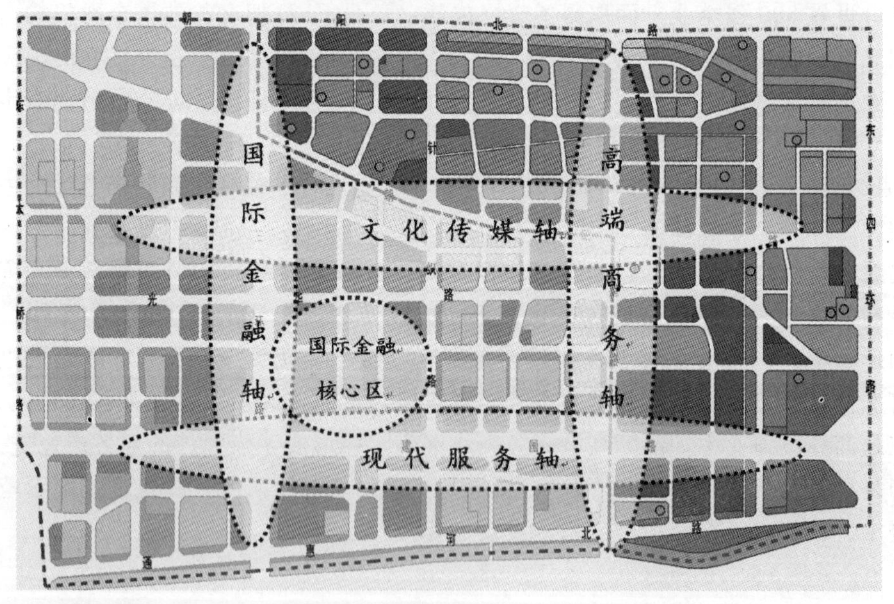

图 1　北京 CBD 东扩后的产业空间布局方案

---

① 《北京 CBD 发展大事记(2011 年)》，http://www.bjcbd.gov.cn/News Detail.aspx? id=13251.

(一)"一心"布局

"一心",即 CBD 核心区。定位于国际金融核心区,重点吸引国内外知名的金融机构、世界 500 强总部和大型跨国公司,大力培育金融及高端服务业,提供世界级的金融及其衍生服务。

(二)"四轴"布局

"四轴",指基于交通信息网络发展的产业带,分别是:东三环沿线的国际金融轴、西大望路沿线的高端商务轴、朝阳路沿线的文化传媒轴、建国路沿线的现代服务轴。

国际金融轴:沿东三环南北沿线,南起通惠河北路、北至朝阳路一线,以主路集聚,向两边分散链接。主要发展国际金融产业集群。强调在专业化聚集的基础上,强化 CBD 中心区及周边地区银行业、保险业、证券交易与咨询、金融信托和管理、财务公司在北京的优势地位,建设全国规模的、具备创新活力的产权交易中心、场外证券交易市场及衍生品交易市场,吸引专业化的中小金融机构聚集,最终形成门类齐全、产业链完整的金融产业集群,推动北京中国特色世界城市建设。

在企业选择方面,加强 CBD 管委会协调作用,以市场为纽带,专业化分工为主线,支持银行业、保险业、证券业、信托业、基金管理公司之间开展多种形式、多种途径的业务合作和战略联盟,支持中外金融机构之间开展多种途径、多种形式的合作。

高端商务轴:沿西大望路南北沿线,南起通惠河北路、北至朝阳路一线。充分发挥东扩区建设机遇,通过政策引导和市场驱动,提高专业化集聚程度,按面向服务对象的方式形成具有较强竞争优势的商务服务业集聚区,建设面向银行和保险业的数据处理商务集群、面向创意文化的咨询产业集群、面向我国制造业的电子商务集群;加强整合,形成若干具备国际竞争优势的咨询业集团,成为带动北京市文化产业集群发展的龙头企业;依托区域内会展资源,举办国际豪华奢侈品展、小型精品展,打造小规模、高顶尖和国际化为主要特征的小型高端会展集聚区。

在企业选择方面,以 CBD 总部经济、金融产业为龙头,形成以咨询业、会计律师事务所、数据处理、电子商务为核心的高端商务产业集群。

文化传媒轴:沿朝阳路东西沿线,西到东大桥路、东至东四环路一线。充分依托中央电视台、北京电视台、人民日报、北京青年报等国内权威媒体和尚 8 等新兴传媒区,通过政策引导和市场驱动,提高专业化集聚程度,完善价值链,形成面向产品的文化创意集聚区。发展以古玩展示交易为对象的艺术集聚区、以时尚产品创意为对象的设计创意集聚区、以艺术家产品创作展示交易为对象的艺术集聚区、以动漫游戏为内容的数字产品集聚区、以广告影视为对象的节目制作区、以文学创作出版交易为内容的传统文化集聚区等。

在西大望路与朝阳路交叉处，以华贸中心为核心，建设时尚产业集聚区，建立大型商业街区，包括建设地标性建筑、奢侈品销售街区、创意产品设计区、面向大众的展示区等。

在企业选择方面，依托众多中小传媒企业、软件企业、创意企业，构建传媒产业联盟，在集群内形成产业链完备的企业网络，以核心文化创意企业联盟为主、以外围关联产业为辅，形成文化创意价值链齐全、具备全球化文化市场竞争优势的网络式文化产业集群体系。

现代服务轴：沿建国路东西沿线，西到东大桥路、东至东四环路一线，大力发展低碳、高端、现代服务业。可以同时按服务对象不同形成若干功能各异的现代服务业集聚区支持轴线："国贸—华贸"商务区主要发展高端商务、高端商业；双井商务区主要发展商务休闲、商务配套；高碑店商务区主要发展商务旅游；"劲松—南磨房"商务区主要发展商务休闲、时尚产业等商务活动。

在企业选择方面，注重绿色、低碳特征和产业链条长、人力资本高、产品附加值高的现代服务企业，如品牌零售企业、高端物流企业、信息服务企业等，逐步形成现代服务业集群。

三、北京 CBD 东扩后产业发展定位与产业发展重要领域

(一)北京 CBD 东扩后的产业发展定位

CBD 东扩后产业定位应充分考虑三个层面的因素：一是从经济发展规律来看，高端生产性服务业具有较强的互补性，总集聚在少数特定区位，由它通过整合区域内要素并参与国际分工；二是从当前经济特征来看，金融危机导致国家间国际贸易保护，提高制造业产品附加值是应对贸易保护的重要途径，而制造业的服务化将有效降低制造业生产成本，提高效率，增加制造业产品竞争力，因此高端生产性服务业发展是推动我国企业和产品进入国际市场的重要保障；三是从国内区域发展格局来看，以都市群为核心的区域经济竞争将主导我国未来经济发展格局，而都市圈中首位城市的辐射与集聚功能决定了都市圈的地位。

据此，我们认为 CBD 东扩后应当集聚亚太地区的高端生产要素，形成多样化、互补性强的高端生产性服务业集群，形成出口导向的服务产品输出基地，并以此整合国内制造业生产能力，提升产品竞争力，促进我国经济健康成长。**CBD 东扩后的产业定位为：现代化国际金融聚集区、国际高端商务和总部密集区、中国文化传媒产业引领区、全国高端商业发展示范区、世界高端品牌和时尚展示区。**

围绕 CBD 东扩后的产业发展定位，发展思路突出两个方面：一是强化高

端要素集聚功能，推动生产性服务业高端化、专业化、多样化发展；二是强化辐射功能，依托高端生产性服务业发展，提高服务业对全国制造业的贡献，整合并促进服务业与制造业互动发展，提升制造业竞争力。

具体发展思路为：

1. 强化CBD中心区引领功能，促进中心区、东扩区和功能区协调发展，控制和管理全国及亚太制造业价值链的关键环节，形成面向全国及亚太地区的服务业产业集群，推动国内及亚太产业融合；重点培育文化创意产业、金融业、商务服务业以及时尚产业四大开放性、主导产业集群；依托信息技术，发展虚拟产业集群，促进亚太产业链资源整合。

2. 紧抓总部这一经济龙头，大力提升进驻国外总部级别，集聚国内500强企业总部，协调发展国际金融、高端商务服务等生产性服务业和支撑性服务业；以资本市场建设为手段提高首都金融中心地位；以文化创意产品输出为核心，完善文化创意产业链，构建中国创意产品走向世界的展示平台和输出基地；打造我国乃至亚太高端品牌、时尚产品集聚区，拓展商贸流通及商务旅游辐射范围；强化集群发展，以楼宇、园区为载体，完善楼宇服务功能，以集群模式发展创意产业、高端商务与商贸业；以均衡布局促进配套服务业发展。

（二）北京CBD东扩后的产业发展重要领域

目前，北京CBD已基本形成以国际金融为龙头、高端商务为主导、文化传媒聚集发展的产业格局。根据北京市政府的规划，CBD东扩后仍继续保持其原有的产业定位，着重发展国际金融、文化传媒和高端商务等现代服务业，北京CBD东扩后将发展成为现代化高端商务区。我们选取了国际金融、文化传媒和高端消费集聚三个领域来探讨北京CBD东扩后的产业发展。

1. 发展国际金融业，打造全国财富中心

东扩后的北京CBD应尽快建立金融产品研发创新中心、风险评估中心。支持财富管理服务品种的创新，以客户为中心，满足广泛、多层次的财富所有者的理财需求。倡导建立覆盖电子银行、贸易融资、企业年金、离岸银行、企业结算、现金管理、财务顾问等各项业务领域的财富管理服务。鼓励国内外金融机构在京开展财富管理业务。建议构建科学完善的金融产业框架，与具备财富管理优势的国内外金融机构签订战略合作协议。对于入京发展的国内外金融机构给予优惠政策及资源倾斜，加大支持力度。建议设立财富管理发展基金，给财富管理机构给予一定的补贴及财政支持。

2. 发展文化传媒业，抢占文化产业制高点

在北京市“十二五”规划中，“CBD—定福庄”国际传媒走廊是北京CBD文化创意产业发展的重点建设项目。该项目以CBD播出交易平台、定福庄地区内容原创和人才支撑平台为两个端点，沿通惠河和朝阳路、朝阳北路自西向

东，形成了一条以中央电视台、北京电视台、凤凰卫视为引领，以传媒文化产业为主导，从人才培养、内容原创、策划设计、节目制作、包装咨询、投资到播出的完整链条信息传媒产业带。结合核心区和东扩区的开发建设，东扩后的北京 CBD 将会成为一个经济繁荣、文化活跃的现代化、国际化的 CBD。

3. 发展商业服务业，打造高端消费集聚区

北京 CBD 东扩后应依托其文化创意产业发展，建设地标性商业街区，引领全国消费时尚；建立文化创意产品生产、销售、展示平台，依托我国制造业基础，以市场需求为导向，开发新产品，形成产业链的虚拟融合；打造奢侈品街区，满足全国高端消费需求，举办论坛、会议、展览，扩大影响，辐射全国；拓展文化创意领域，发展特色餐饮，丰富饮食、住宿品种，满足多元化消费需求；提高商业服务业土地使用面积，合理布局餐饮、住宿设施。与此同时，要加强回游步道行人、风情广场、标牌、照明等环境景观的建设，以及环境和社会治安的管理。

四、北京 CBD 东扩后的软硬环境建设

基于上述北京 CBD 东扩后的空间布局与产业发展思路，建议北京 CBD 东扩后重点从以下六个方面加强软硬件环境建设，以促进东扩后产业的合理布局和健康发展。

(一)营造文化融合环境

应树立“多元文化共存相通，不同文化相互学习”的文化融合观念。完善多元文化服务功能，增强不同国籍工作人员归属感。打造品牌文化交流活动，力促中外文化交流与融合。

(二)构建和谐人才环境

建设“北京 CBD 人才信息快速通道”。针对国际化人才和本土人才两种类型，搭建高端化人才发展的桥梁。设立“北京 CBD 国际化人才培训中心”和“北京 CBD 高端人才培训基地”。根据目前北京 CBD 产业发展的格局，以及产业发展与人才聚集的互促互动关系，分别从国际金融人才、文化创意人才和商务服务人才三个方面，提出了三类人才聚集工作思路。同时提出要实施人才国际化、沟通网络化、培训扁平化和服务环境化。

(三)完善基础设施环境

要合理配比商务办公和配套设施。采取多种方式缓解区域内交通压力。如打造立体交通网络、大力发展轨道交通、鼓励公共交通方式和建立便捷的城市交通换乘系统。要打造一流商务办公环境。建立规范高效的政府服务环境。发展低碳生态的商务设施环境和营造安全舒适的商务办公环境。

（四）优化政府服务环境

要建立优惠的政府政策环境。东扩后北京 CBD 主要完成制定或完善鼓励入驻、现代服务业发展和服务贸易吸收外资等政策。应设立“一站式”政务服务中心。建立“一站式办公、一条龙服务、并联式审批、阳光下作业、规范化管理”的政务服务机制。同时应搭建平台推进主导产业发展，利用科技手段提升服务水平。

（五）打造低碳生态的商务环境

东扩后的北京 CBD，应全方位践行“低碳理念”，从低碳产业、低碳建筑、低碳交通、低碳景观、低碳环境、低碳能源六个方面入手，继续努力打造低碳 CBD。同时努力追求“生态化”，注重公园和广场的建设、绿地建设、休息和方便及其他设施建设。

（六）营造安全舒适的办公环境

东扩后的北京 CBD，需重点关注交通安全、办公安全和防雷设施，应建立防灾公园。同时还应积极营造“舒适性”，根据东扩后的产业发展和商务办公需要，继续健全商务班车搭乘机制，不断扩展无线网络的覆盖区域，尽可能地通过多种方式提供公共服务，来缓解白领就餐难等问题。

参考文献

[1]王双玲：《日本大都市圈的产业转移与地域演化——以东京为例》，东北师范大学博士学位论文，2007 年。

[2]袁朱：《国内外大都市圈或首都圈产业布局经验教训及其对北京产业空间调整的启示》，《经济研究参考》，2006 年第 28 期。

[3]周春山：《城市空间结构与形态》，北京：科学出版社，2007 年。

[4]董晓峰、成刚：《国外典型大都市圈规划研究》，《现代城市研究》，2006 年第 8 期。

[5]郭媛媛：《北京 CBD 地区媒介产业集群的管理与规制》，《浙江传媒学院学报》，2010 年第 1 期。

[6] 蒋三庚：《中央商务区现代服务业集聚路径研究》，北京：首都经济贸易大学出版社，2009 年。

[7] 张杰：《中央商务区（CBD）现代服务业发展研究》，北京：经济管理出版社，2009 年。

[8]蒋三庚、王晓红、张杰：《创意经济概论》，北京：首都经济贸易大学出版社，2009 年。

[9] 张弘：《北京 CBD 金融业集聚发展中的政府推动与政策选择》，《商场现代化》，2009 年第 6 期。

（作者：张　弘　首都经济贸易大学教授）

项目名称：北京市农林生物质能源发展模式和布局研究

项目编号：10BeJG345

项目负责人：司　慧

项目信誉保证单位：北京林业大学

北京市农林生物质能源发展模式和布局研究

内容提要：本研究对北京市农林生物质的种类、资源量、流通及利用方式进行了调研；对能源产业发展现状、存在问题进行了实地考察，分析了利用潜力；建立了适于北京市农林生物质工程项目的综合效益评价体系；针对北京市农林生物质回收管理过程中存在的回收集散地设置不合理、回收路径选择不清晰等问题，分析得出了构建北京市农林生物质能源化产业布局理论的决定因素，提出了包含多个资源岛、多个收集中心、多个处理厂及多个产品消费点的四层选址布局模型，在理论层面解决了农林生物质资源能源化利用布局过程中收集中心、处理厂的选址和路径优化的问题；对北京市农林生物质能源化利用政策的现状和问题进行了归纳，提出了适合北京市农林生物质能源化利用的政策建议。

一、主要结论

北京市每年农林生物质产量较大，其回收利用已成为不可忽视的重要问题，对其进行能源化利用不仅可以缓解城市固体废弃物的处理压力，而且能有效增加北京市绿色能源供应量。

然而，目前北京市农林生物质利用率较低，大部分被当作垃圾填埋或丢弃。究其原因，主要是北京市农林生物质资源分散、季节性较强、收集半径较大，同时农林生物质本身能量密度较低，预处理加工困难，并且国家及北京市缺乏相关的扶持政策，能源化管理体系不完整，致使农林生物质的回收渠道不畅通、利用不充分。

针对上述情况，本课题组开展了北京市农林生物质能源发展模式和布局的专题研究，得出以下主要观点：

1. 北京市农业生物质主要来源于农作物秸秆和动物粪便，年产两千六百多万吨，大部分没有得到高效利用；林业生物质主要来源于林木采伐和树木修剪、木材加工、人造板和木制品生产等，每年的总产量约为二百四十多万吨，其中林木采伐和树木修剪产生的生物质的 80%(约 172.6 万吨)被当作垃圾填埋，浪费严重。

2. 北京市农林生物质的能源化利用项目主要分布在北京郊区县，利用形式主要包括沼气技术、干馏气化和成型燃料，为农民提供炊事用气和取暖燃料，提高了农民的生活质量，但运营状况不尽理想，主要存在农林生物质能源化利用程度不高，运行机制不合理，运输半径大、原料成本高，部分技术、服务问题等亟待解决。北京市农林生物质材料能源化利用的发展潜力巨大，若综合利用好各方优势，将有助于推动农林生物质材料能源化利用产业的发展，实现循环经济。在诸多生物质能源化利用技术中，快速热裂解液化技术具有原料来源广泛、能源转换效率高、绿色无污染、投资回收期短等特点，发展前景明朗，值得大力推广。

3. 作为一种可再生能源，北京市农林生物质的能源化利用除了要考虑其经济效益外，更应关注其社会效益和环境效益。本研究建立了适于北京市农林生物质能源化利用的综合评价体系，探索了评价的方法，并以成型燃料为例进行了综合效益评价，得出了较为直观的评价结果，为北京市农林生物质能源化利用的综合效益评价提供参考。

4. 提出了一个符合北京市农林生物质能源化利用特点的四层运筹学优化布局模型，并结合实际算例验证了该模型的有效性，可为北京市农林生物质能源化利用布局提供一定的理论参考。

5. 针对目前北京市农林生物质能源化产业化利用还缺乏鼓励回收利用、税收优惠以及支持技术发展等方面政策的问题，提出了包括建立完善政策体系，加强政府补贴、税费减免及科研投入力度的建议。

二、主要内容

(一)北京市农林生物质资源现状

1. 北京市每年产生农林生物质资源量约 2 881.9 万吨，其中农业生物质约2636.4万吨，林业生物质约 245.5 万吨。

2. 北京市农业生物质主要来源于农作物秸秆和动物粪便，大部分没有得到高效利用；林业生物质主要来源于林木采伐和树木修剪、木材加工、人造板和木制品生产等，其中林木采伐和树木修剪产生的生物质的 80%(约 172.6 万吨)被当作垃圾填埋。

(二)北京市农林生物质能产业利用现状、存在问题及发展潜力

近些年，北京市对生物质能的开发利用给予了很大关注和投入，生物质能产业更是迎来了加速发展期。据课题组调查测算，推广的生物质气化站和大中型沼气站就为 6.25 万户农民常年提供生活能源，北京市农村生物质能产业发展已初具规模。为深入了解北京市农林生物质能源化利用现状、存在问

题及发展潜力，本课题组对北京市各郊区县及北京市周边地区相关政府机关、工程建设单位、应用单位、行业协会等进行了实地调研，包括对北京市10个郊区县的生物质能工程案例进行了实地考察，得到调研情况并进行总结与讨论。

1. 能源化利用现状

北京市郊区生物质能源化主要利用形式为试验、示范、推广的生物质气化集中供气工程、大中型沼气工程、户用沼气池、户用生物质炊事(取暖)炉具和固体成型燃料等。全市共示范推广生物质气化集中供气站一百余处，主要分布在延庆县和房山区；大型沼气集中供应站88个，主要分布在房山、通州、顺义等区县；户用沼气池约6万个；推广40万铺节能卫生吊炕，生物质固体成型燃料开始进入了专业化加工阶段。

2. 能源化利用存在的问题

生物质材料能源化利用中存在的共性问题主要表现在：

(1)能源化利用程度不高；

(2)运行机制不合理；

(3)运输半径大，原料成本高；

(4)一些技术难题亟待解决；

(5)配套服务体系不健全。

3. 能源化发展潜力

虽然北京市农林生物质材料能源化利用状况不尽理想，但在资源、用户消费、技术发展、市场推广等众多方面表现出良好的发展潜力。比如，北京地区的农林生物质资源量比较丰富，具有很大开发潜力；北京市高校、科研院所林立，研发实力雄厚；北京市生物质材料的能源化利用对于整个北京市的能源产业结构调整和缓解能源供应压力都具有重要意义，市场推广潜力巨大。

需要着重指出的是，快速热裂解液化技术正蓬勃兴起，该技术所用原料可以是废弃农业生物质，主要产品为生物油，其能量密度较高，容易储存和运输。目前北京林业大学的研究已进入中试阶段，同时也在研发移动式快速热裂解液化设备，以解决生产中所用原料的运输问题。这项新技术代表了今后生物质能转换和利用的方向，具有更大的应用潜力。

(三) 北京市农林生物质能效益分析与评价

北京市农林生物质能产业化程度不高，除了技术上的瓶颈外，其综合效益未得到全面认识也是重要因素之一。由于正处于起步阶段，其经济效益还未能完全显现，与常规能源相比竞争力较弱，但作为一种可再生能源，其环境效益和社会效益已初步展现。为使生物质能利用项目的综合效益得以更好展示，从经济效益、社会效益和环境效益三方面对其进行分析，建立综合效益评价体系，并以生物质成型燃料技术为例，结合数学模型对其进行评价，得到了较为直观的评价结果。

1. 运用层次分析与模糊综合评价相结合的方法，对成型燃料项目进行了综合效益的评价。结果表明，评判得出的评价指标体系较清晰地反映了北京市在经济效益、社会效益、环境效益三方面上不同程度的需求，在此基础之上对生物质能源化利用项目所产生的效益进行评价，使成果按照需求得到不同程度的放大，降低了人对生物能的整体印象对各项效益评价的影响。

2. 所采取的方法除可用于北京市生物质能源化利用单一项目综合效益的评价，还可用于多个项目间综合效益的比较。在选择项目实施方案时，可根据利用技术、产品种类与价值、生产能力与规模等重要参数，对本文提出的评价指标所能达成效果进行推算，做出评价，结合具有相应权重的评价指标体系，计算出各项目预期的综合效益。如评价结果等级相同，可将各项目对该评价等级的隶属度进行比较，用明了数值来反映模糊的评价，以得出对比更加鲜明的结果，为北京市生物质能源化利用的产业布局提供参考，加快其产业化发展进程。

（四）北京市农林生物质能源化利用布局模型研究

通过对国内外各类产业布局体系以及模型分析研究，结合农林生物质自身特点以及北京市的状况，构建了包含多个资源岛、多个收集中心、多个处理厂及多个产品消费点的四层选址布局模型，在理论层面解决了农林生物质资源能源化利用布局过程中收集中心、处理厂的选址和路径优化的问题。相对先前类似布局研究，加入了产品消费点及处理厂生产产品的流通渠道，使布局系统更加完整。但模型只对一些特定情况如农林生物质材料回收量单位时间内数量不变，运输费用与运输量成近似线性关系等适用。对于一些特殊情况如市场波动引起的运输价格以及运营成本不稳定等本模型并非最优模型。希望能够对北京市实际农林生物质能源化利用产业化选址布局提供一定的参考。

1. 模型参数和决策变量定义

本模型的参数及其含义如下：

t_{hi}——单位质量农林生物质原料从资源岛 h 到收集中心 i 的运输费用；

t_{ij}——单位质量农林生物质原料从收集中心 i 到处理厂 j 的运输费用；

t_{jk}——单位质量生物质产品从处理厂 j 到产品消费点 k 的运输费用；

d_{hi}——资源岛 h 到收集中心 i 的距离；

d_{ij}——收集中心 i 到处理厂 j 的距离；

d_{jk}——处理厂 j 到产品消费点 k 的距离；

n_{hi}——资源岛 h 每日向收集中心 i 运送的农林生物质原料的数量；

n_{ij}——收集中心 i 每日向处理厂 j 运送的农林生物质原料的数量；

p_{jk}——处理厂 j 每日向产品消费点 k 运送的生物质产品的数量；

e_i——收集中心 i 的每日运营费用；

e_j——处理厂 j 的每日运营费用；

F_i——建设收集中心 i 的相关固定成本；

F_j——建设处理厂 j 的相关固定成本；

N_i——建设收集中心的最大数目；

N_j——建设处理厂的最大数目；

V_i——收集中心 i 的容量；

V_j——处理厂 j 的处理能力；

$h \in H$——资源岛的下标；

$i \in I$——收集中心的下标；

$j \in J$——处理厂的下标；

$k \in K$——产品消费点的下标。

本模型决策变量定义如下：

$$U_i=\begin{cases}1，在备选地址 j 处建立收集中心\\0，否\end{cases}$$

$$W_j=\begin{cases}1，在备选地址 j 处建立处理厂\\0，否\end{cases}$$

$$X_{hi}=\begin{cases}1，由初始资源岛 h 产生的农林生物质原料送往收集中心 i\\0，否\end{cases}$$

$$Y_{ij}=\begin{cases}1，由收集中心 i 收集的农林生物质原料送往处理厂 j\\0，否\end{cases}$$

$$Z_{jk}=\begin{cases}1，处理厂 j 生产的农林生物质产品运往消费点 k\\0，否\end{cases}$$

2. 数学模型

根据运筹学建模思路，数学模型描述如下：

(1)新建收集中心和处理厂的每日运行成本(加工、处理、维护及劳动力等成本)

$$E_1=\sum_i e_i+\sum_j e_j \tag{1}$$

(2)新建收集中心和处理厂在投资回收期内每日固定成本费用(新建厂房、加工设备等硬件设施投入成本)

$$E_2=\sum_i F_i U_i+\sum_j F_j W_j \tag{2}$$

(3)资源岛到收集中心的生物质原料运输费用

$$E_3=\sum_h\sum_i d_{hi}t_{hi}n_{hi}X_{hi} \tag{3}$$

(4)收集中心到处理厂的初加工后生物质原料运输费用

$$E_4 = \sum_i \sum_j d_{ij} t_{ij} n_{ij} Y_{ij} \tag{4}$$

(5)处理厂到产品消费点的生物质能源化产品的运输费用

$$E_5 = \sum_j \sum_k d_{jk} t_{jk} p_{jk} Z_{jk} \tag{5}$$

由式(1)～(5)得目标函数为：

$$MinZ = \sum_{i=1}^{5} E_i \tag{6}$$

约束条件为：

$$\sum_i n_{hi} \leqslant V_i X_{hi} \tag{7}$$

$$\sum_j n_{ij} \leqslant V_j Y_{ij} \tag{8}$$

$$\sum_i \sum_h X_{hi} = 1 \tag{9}$$

$$\sum_j \sum_i Y_{ij} = 1 \tag{10}$$

$$\sum_k \sum_j Z_{jk} = 1 \tag{11}$$

$$\sum_i U_i \leqslant N_i \tag{12}$$

$$\sum_j W_j \leqslant M_j \tag{13}$$

目标函数式(6)为最小总投入费用。约束条件(7)表示收集中心容量的限制，即每日运送到收集中心的农林生物质原料不超过其收集容量；约束条件(8)表示处理厂处理能力的限制，即每日送往处理厂的农林生物质原料数量不超过其处理能力；约束条件(9)表示每个资源岛所产生的生物质原料只送往 1 个收集中心；约束条件(10)表示每个收集中心的初步处理后的生物质原料只送往 1 个处理厂；约束条件(11)表示每个产品消费点只从一个处理厂消费生物质产品；约束条件(12)表示新建收集中心的数量约束；约束条件(13)表示新建处理厂的数量约束。

从模型本身所需求解的问题以及模型的范例求解分析过程可以发现利用技术的发展程度，合理的规划布局以及相关政策是影响农林生物质能源化利用的三大决定性因素。

三、能源化利用政策的建议

目前，北京市就农林生物质的能源化利用还没有出台专门的政策，只是在国家和北京市出台的其他相关政策中有所涉及。

北京市农林生物质的回收及利用存在的问题主要表现在缺乏回收方面的相关政策、缺乏能源化利用的鼓励政策、缺乏税收方面的相关政策、缺乏鼓励技术研发的相关政策、缺乏后期维护服务与管理的相关政策这五个方面。针对存在问题提出以下建议。

(一)建立完善的政策体系

由于生物质能源产业是具有社会效益的弱势产业，它需要政府在投资、税收、补贴、市场开拓等方面给予政策倾斜，包括后期生产的设备维护与技术支持服务。目前，北京市可参考的有关政策大都是框架性、涵盖性的，缺乏具体明确的实施细则，相关企业不知如何获得资金的支持。因此，有必要制定和完善诸如《可再生能源法实施细则》等相关配套性政策，并以此为基础出台农林生物质能源化的专项法规，提高政府、企业和社会对其能源化利用的法制意识，促进相关立法的有效实施。

北京作为我国的首都，相关政策体系的制定对全国都有示范和指导意义，有助于推进全国范围内农林生物质能源化利用的进程。

(二)加大政府补贴力度

北京作为国家首都、政治文化中心、世界著名古都、现代国际化城市，在市容市貌以及环境保护方面应该做出更大的努力。农林生物质能源化利用不仅可以缓解能源短缺问题，同时可以减少城市的垃圾数量，从这个角度来看，其能源化利用也是一个公益性的项目，北京市政府应该加以大力扶持，推动其快速稳定的发展。

应在原料收集和运输、人工、水电以及设备维护等费用方面给予补贴，来降低生物质能工程的运行成本，提高其产品价格优势，实现收集、生产、消费顺畅进行，促进生物质能源利用产业化发展。

(三)制定相关税费减免政策

适当的税收优惠是对农林生物质能源化利用企业的最直接支持。比如在农林生物质能源化利用的起步阶段，对有关技术研发、设备制造等企业给予适当的税收优惠或减免。可通过采取税收优惠政策，鼓励外企、民营等多元投资，建立社会化的农林生物质回收与能源化利用处理企业，形成具有一定规模的产业系统。

农林生物质能源化利用是一个新兴产业，仍处于起步探索阶段，为了促进其产业化发展，要根据北京市的资源条件、技术优势和能源需求等特点，开展农林生物质能源化利用试点和示范工作，并且在这些试点中加大税费减免力度，有效鼓励农林生物质的能源化利用。

(四)加大科研投入的支持力度

从发达国家农林生物质能源化利用的经验来看，加大政府的科研投入是至关重要的。这些投入不应仅仅体现在资金补贴上，更应该重点体现在农林生物质能源化利用的技术支持上。只有有了技术支持的保证，才能把北京市丰富的农林生物质有效、清洁地利用起来。

因此，北京市应借鉴发达国家促进农林生物质能源化利用的措施，加强对这方面技术引进和研发的支持力度，同时，将农林生物质能源化利用项目列入北京市重点鼓励发展项目目录。政府还应鼓励现有的设备供应商研制开发更适合北京市发展的农林生物质能源化利用设备，有效推进农林生物质能源化利用的进程。

希望北京市有关部门进一步对农林生物质能源化利用给予重视，通过产业结构调整和政策制定等措施，并在相关企业和科研单位互用优势和紧密合作下，促进北京市农林生物质能源化利用产业持续稳定健康的发展。

参考文献

[1]北京市农业局：《2010 年种植业情况》，北京市农业局，http://www.bjny.gov.cn/nyj/232120/327371/327665/index.html.

[2]北京市农业局：《北京市秸秆资源调查与评价报告》，北京市农业局，2009 年。

[3]北京市农业局：《2010 年养殖业情况》，北京市农业局，http://www.bjny.gov.cn/nyj/232120/327371/327695/index.html.

[4]王方浩、马文奇、窦争霞、马林、刘小利、许俊香、张福锁：《中国畜禽粪便产生量估算及环境效应》，《中国环境科学》，2006 年第 5 期。

[5]北京市园林绿化废弃物资源利用产业规划与布局研究课题组：《北京市园林绿化废弃物资源利用产业规划与布局研究——专题研究》，北京林业大学，2010 年。

[6]郭西强、孙永谡、李立君、张承杰：《城市剩余木质料与利用》，《林产工业》，2006 年第 2 期。

[7]徐信武、周定国：《废旧木材在人造板生产中的利用》，《中国人造板》，2006 年第 9 期。

[8]何建勇：《让"绿化垃圾"变废为宝——北京园林绿化废弃物》，《京郊日报》，2010 年 12 月 1 日。

[9]李颖：《香山公园绿化废物变宝贝》，《中国花卉报》，2010 年 12 月 1 日。

[10]孙靖：《平谷区生物质能发展利用情况调查》，《北京农业职业学院学报》，2008 年第 3 期。

[11] 周兆霞：《北京农村沼气服务体系构建研究》，北京化工大学硕士学位论文，2011 年。

[12] 张睿智、罗永浩、刘春元、段佳：《生物质气化再燃技术中焦油的利用》，《中国电机工程学报》，2010 年第 17 期。

[13] 李晓娟、常建民、范东斌：《生物质快速热解技术现状及展望》，《林业机械与木工设备》，2009 年第 1 期。

[14]北京市统计局、国家统计局、北京调查总队：《北京市统计年鉴 2010》，北京：中国统计出版社，2010 年。

[15] 李百顺、赵洪磊、马林峰、邓华、陈斌发、聂继军、林立新：《北京市电力与能源的中长期发展》，《电力与能源》，2011 年第 1 期。

[16]顾凯平、霍再强、侯宁、李际平：《系统科学与工程导论》，北京：中国林业出版社，2008 年。

[17] 张亚平、孙克勤、左玉辉：《中国发展能源农业的环境效益的定量评价和地理分布格

局分析》，《农业环境科学学报》，2010 年第 5 期。

[18] 刘宝亮、蒋剑春：《生物质能源转化技术与应用——生物质发电技术和设备》，《生物质化学工程》，2008 年第 2 期。

[19] 黄雷：《中国开发林木生物质能源与其产业发展研究》，北京林业大学博士学位论文，2008 年。

[20] 姜洋、薛善玉：《一个生物质燃气厂的运营分析》，《可再生能源》，2006 年第 3 期。

[21] 洪成梅、徐士洪、魏良国：《利用农作物秸秆生产生物质"颗粒"燃料》，《污染防治技术》，2007 年第 5 期。

[22]Thomas L. Saaty. How to make a decision：The Analytic Hierarchy Process. European Journal of Operational Research，1990，48(1).

[23] 郭金玉、张忠彬、孙庆云：《层次分析法的研究与应用》，《中国安全科学学报》，2008 年第 5 期。

[24]郭安福、李剑锋、李方义、魏宝坤：《基于模糊层次分析法的可降解包装材料绿色度评价》，《功能材料》，2010 年第 3 期。

[25]刘桂艳、张喜刚：《层次分析法在高校实验室压力容器安全评价中的应用》，《实验技术与管理》，2011 年第 3 期。

[26]丁美、籍春蕾、邹碧莹、王春梅、赵言文：《基于层次分析法的江苏省生物质能开发方案综合评价研究》，《中国沼气》，2011 年第 4 期。

[27]胡永宏、贺恩辉：《综合评价方法》，北京：科学出版社，2000 年。

[28] 蔡临宁：《物流系统规划——建模与实例分析》，北京：机械工业出版社，2003 年。

[29] H. R. Krikke，A. van Harten，P. C. Schuur. Business case océ：Reverse logistic network re-design for copiers. OR Spektrun，1999，21(3).

[30] Ovidiu Listes，Rommert Dekker. Stochastic approaches for product recovery network design：a case study. Rotterdam：Erasmus University Rotterdam，2001.

[31] 邢爱华、刘罡、王垚、魏飞、金涌：《生物质资源收集过程成本、能耗及环境影响分析》，《过程工程学报》，2008 年第 2 期。

[32] 黄铮：《废弃物回收逆向物流网络优化设计》，《系统工程》，2009 年第 7 期。

[33] V Jayaraman，VDR Guide Jr，R Srivastava. A closed－loop logistics model for remanufacturing. Journal of the Operational Research Society，1999，50.

[34] 中华人民共和国国家发展和改革委员会：《"十一五"资源综合利用指导意见》，中华人民共和国国家发展和改革委员会，http：//www. ndrc. gov. cn/hjbh/hjjsjyxsh/t20070117 _ 111729. htm.

[35] 北京市发展和改革委员会：《北京市"十一五"时期固体废弃物处理规划》，首都之窗，http：//www. beijing. gov. cn/zfzx/ghxx/sywgh/t705871. htm.

[36] 北京市农村工作委员会：《北京市新农村"三起来"工程建设规划（2009－2012 年）》，北京市农村工作委员会，http：//www. bjnw. gov. cn/zfxxgk/ghjh/gh/200906/t20090618 _ 228077. html.

[37] GB/T22529－2008，《废弃木质材料回收利用管理规范》。

[38] 北京市发展和改革委员会：《"绿色北京"行动计划（2010—2012 年）》，http：//

www. bjpc. gov. cn/zt/2012jnhbz/zc/201206/t3126489. htm.
[39] 北京市发展和改革委员会：《北京市节能减排奖励暂行办法》，http：//www. bjpc. gov. cn/ywpd/jnhb/zcfb/201009/t681042. htm.
[40] 北京市发展和改革委员会：《北京市“十二五”期间能源发展建设规划》，http：//www. bjpc. gov. cn/fzgh _ 1/guihua/12 _ 5/12 _ 52x/12 _ 5 _ zh/201108/11020111107575942068582. doc.
[41] 潘晓丽：《我国生物质能政策及其问题分析》，《科技致富向导》，2010 年第 24 期。

（作者：司　慧　北京林业大学教授）

项目名称：城乡一体化进程中北京都市型现代农业发展瓶颈研究
项目编号：11JGB049
项目负责人：苗润莲
项目信誉保证单位：北京市科学技术情报研究所

北京都市型现代农业发展瓶颈分析及对策建议

内容提要： 北京发展都市型现代农业是破解二元经济结构、加快推进城乡一体化进程的重要突破口。本文从城乡一体化进程、世界城市的建设、“三农”的新定位剖析了北京都市型现代农业的发展背景，从经济、社会、环境、空间四个维度明确了其功能定位，深入分析了土地流转、劳动力资源弱化、科技创新及成果落地、农村金融供给等方面影响北京都市型现代农业发展的瓶颈问题，提出了统筹城乡资源、创新体制机制、实施创新项目、加强新型农民培育的对策建议。

北京都市型现代农业是按照首都的发展定位与需求，运用现代化手段，建设融生产性、生活性、生态性于一体的，以高端、高效、高辐射为主要标志，以基础完善、科技领先、产业高端、服务完备、装备现代、人才一流为主要标准的现代化农业系统。[①] 2003 年北京市提出了发展都市型现代农业的战略任务，经过近十年的大胆探索和努力实践，目前，已初步形成了具有首都特色的都市型现代农业产业体系，成为全国大城市都市农业发展的典范。首都建设中国特色世界城市的长远目标，以及“十二五”时期率先形成城乡经济社会发展一体化新格局的具体目标，都对北京农业发展提出了新要求。本文分析了新形势下北京都市型现代农业发展背景与功能定位体系，深入剖析了影响都市型现代农业发展的瓶颈问题，有针对性地提出了问题解决的对策建议。

一、北京都市型现代农业发展背景及功能定位

(一)北京都市型现代农业发展背景

1. 城乡一体化与都市型现代农业发展的关系

城乡一体化是城市与乡村这两个不同物质的经济社会单元和人类聚落空

① 史亚军：《北京农业拓展升级 呈现全方位服务》，《前线》，2011 年第 6 期。

间，在一个相互依存的区域范围内谋求融合发展、协调共生的过程。城乡一体化是我国经济社会发展到一定阶段的产物，是我国实现现代化的必经阶段，包含体制一体化、城镇城市化、产业结构一体化、农业企业化和农民市民化等内涵。[①] 北京都市型现代农业的发展是破解二元经济结构、加快推进城乡一体化进程的重要突破口。都市型现代农业的发展改变了传统的城乡对立观点，追求城乡之间的有分工、多层次、一体化的新经济格局，并追求都市与乡村经济、社会、环境的协调统一。

北京都市型现代农业发展与推进“城乡一体化”发展是相辅相成的。一方面，用“城乡一体化”的理念审视和推进北京都市型现代农业发展，有助于都市地区生态环境的改善，同时也能提高乡村土地的经济价值；另一方面，农业不仅存在于郊区，在城区也是一个重要产业与资源。郊区和城区的农业构成了北京都市型现代农业的全貌。在首都工业化、城市化高速发展的进程中，农业不可替代的地位不仅没有降低，而且愈发重要和突出。农业的价值不仅体现在经济层面，而且体现在社会层面，其生态服务、生活参与的隐性价值已经显现并不断增值。随着经济社会发展，城乡间要素流动，必然会产生城乡经济融合、产业融合、劳动力融合现象，加速了城乡一体化进程。

2. 世界城市建设对都市型现代农业发展的新要求

“十二五”时期，首都经济社会发展进入到全面建设现代化国际大都市的新阶段。按照国家实现现代化建设战略目标的总体部署，北京制订了 2050 年建设中国特色世界城市的远大目标。都市型现代农业作为北京市社会经济体系的重要构成部分，必须站在世界城市的高度找准自身定位。借鉴东京、纽约、伦敦等世界城市农业发展的先进理念和模式，北京积极探索建设世界城市背景下都市型现代农业发展途径。

北京建设世界城市要求把都市型现代农业的发展定位由“立足北京、服务全国”提升到“立足北京、服务全国、面向世界”的高度，强调都市型现代农业是世界城市的特色产业，是宜居城市的重要基础，是城市运转和农产品供应的应急保障。都市型现代农业不仅要为北京城市发展提供生产功能和生态服务，也要在限制城市扩张，为城市的国际化发展提供生态、生活、应急保障等功能方面做出贡献；不仅要为北京城市发展和全国农业发展服务，也要围绕一、二、三产业融合发展，利用好国际国内两个市场、两种资源，提高农业国际化开放水平，为国际交往、国际旅游服务。

3.“三农”的重新定位明确了都市型现代农业发展新方向

“人文北京、科技北京、绿色北京”建设，以及率先形成城乡一体化经济社会发展新格局目标对北京“三农”提出了新的定位：首都的农业是都市型现

① 洪银兴、陈雯：《城市化和城乡一体化》，《理论参考》，2005 年第 4 期。

代农业，是一、二、三产业相互融合的，充分体现人文、科技、绿色特征的低碳产业；[①] 郊区农村是首都的重要组成部分，是北京新的战略发展空间；首都的农民是拥有集体资产的北京市民，是推动郊区发展的主力军。对"三农"的重新定位，要求把都市型现代农业发展和城郊新农村建设摆在突出重要的战略位置，从而赋予了都市型现代农业更多功能特征，突出了对其生活、生态和科技支撑功能的要求。

(二)北京都市型现代农业发展的功能定位

北京都市型现代农业功能定位是一个渗透到经济、社会、环境和空间各个方面相互关联的系统，是一个自然、经济、社会复合生态系统，不仅包含农业生物资源与环境构成的自然生态系统，同时也是以商品生产、经营管理、销售与购买为主的经济系统；而且是一个以集农民就业、食品安全、休闲娱乐、物质和精神服务于一体的社会系统；还是一个基于五个生产空间圈层布局，以及与京津冀等更大范围内农业系统协同互动的区域空间系统。[②] 因此，在城乡一体化进程中，北京都市型现代农业的总体目标与城乡社会经济发展目标是一致的，其功能定位应当满足城乡一体化发展所需的综合性功能。

结合首都城乡一体化发展实际，将都市型现代农业的功能定位体系分解为经济、社会、环境、空间四个维度，如图 1 所示。各个维度的功能定位及

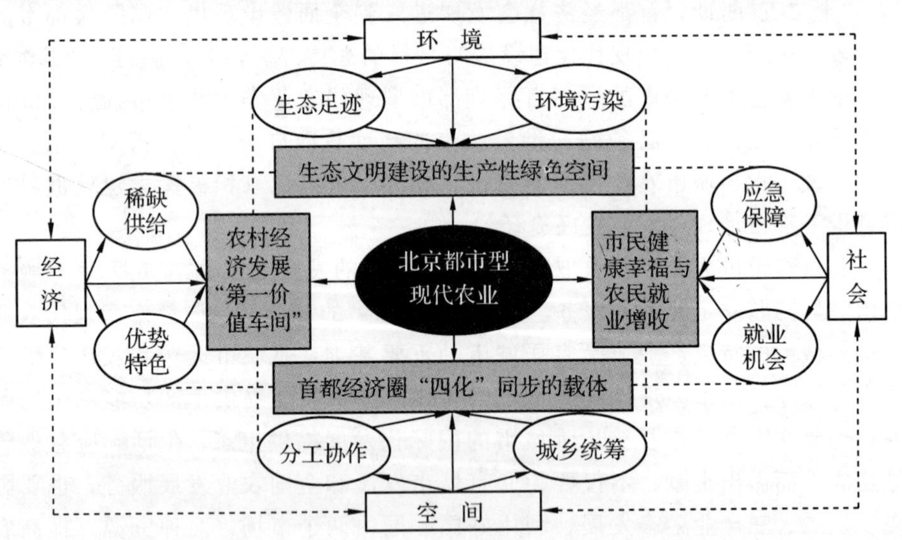

图 1 北京都市型现代农业功能定位体系示意图

① 侯福强、黄生斌、苏秋芳、李锐：《发展都市型现代农业——打造首都靓丽的"第一名片"》，《农民日报》，2012 年 3 月 12 日，第 8 版。

② 杨振山、蔡建明：《都市农业发展的功能定位体系研究》，《中国人口·资源与环境》，2006 年第 5 期。

其实现途径具体表现为：经济维度定位——农村经济发展的“第一价值车间”，通过转变农业发展方式、创新农业发展业态和经营模式来实现产业增值；社会维度定位——市民健康幸福与农民就业增收，优先发展保障都市食品安全和应急供应的精品农业、高效农业，同时推进度假养生、租赁体验等生态休闲农业开发；环境维度定位——生态文明建设的生产性绿色空间，需要大力发展生态农业、景观农业、循环农业和立体农业，扭转生态环境恶化趋势；空间维度定位——首都经济圈“四化”同步的载体，依靠空间布局的调整优化形成首都经济圈与周边区域分工协作、功能互补、开放共赢的产业功能格局，带动京津冀都市圈现代农业转型升级。

二、北京都市型现代农业发展的瓶颈分析

(一)北京都市型现代农业发展的瓶颈关系分析

经过多年农村改革发展和实践探索，北京市在发展都市型现代农业过程中不断开发生产、生活、生态、示范功能，形成了功能综合、业态多样、效益明显的现代化农业体系，都市型现代农业发展机制、政策支持体系和社会化服务体系已基本形成。但是，对比巴黎、伦敦、东京、纽约、荷兰和我国台湾地区等都市农业的发展水平，北京在许多方面还存在较大差距，如农业产业化水平低、社会化程度不足、资源人才短缺、比较效益低下等。这与制约产业发展的制度性障碍仍然存在着直接关系，也与二元经济结构下资源配置低效有关。

从北京都市型现代农业发展实践看，制约农业劳动生产率和产业比较利益提高的瓶颈因素主要体现为以下几个方面，包括农用地流转问题、劳动力资源弱化、科技创新及成果落地、农村金融供给问题以及体制制度性障碍等。城乡一体化进程中北京都市型现代农业发展瓶颈及其关系，如图 2 所示。

其中，农用地流转是都市型现代农业发展的根本，目前存在着土地流转机会成本高、风险大、土地财产性质和产权界定不清晰等问题；劳动力是产业发展的主力，而农村劳动力科技素质偏低，发展都市型现代农业急需培育都市型现代农民，破解人才支撑能力不足难题；科技创新与成果落地是都市型现代农业发展的关键，目前存在成果转化不畅和科技创新不足等瓶颈，需要提高都市型现代农业发展的创新驱动能力；农村金融服务是都市型现代农业发展的资金保障，目前存在着资源稀缺、供求错位、信用环境恶化等问题；都市型现代农业发展的体制机制和政策制度，是推进、保障产业发展的重要内容，对都市型现代农业发展起着统领性、关联性和基础性的作用。

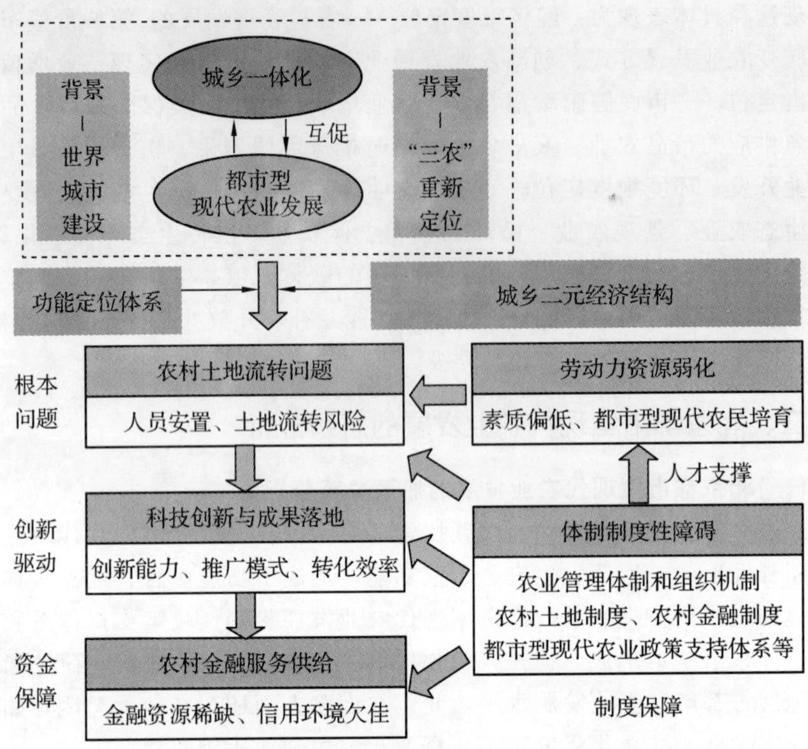

图2　城乡一体化进程中北京都市型现代农业发展瓶颈及其关系

(二)北京都市型现代农业发展瓶颈分析

1. 农村土地流转问题分析

农村土地流转促进了北京郊区农业生产经营方式的转变，促进了土地适度规模经济、农业产业结构调整、土地经营方式创新和农民转移就业，提高了土地产出效率，加快了都市型现代农业发展。随着都市型现代农业快速发展，乡镇企业和经营大户对通过土地流转、获得适度规模地块的需求却越来越多、越来越迫切。然而，由于部分农民仍以土地为主要收入来源、对土地流转价格的期望值提高，加之土地流转存在一定风险和缺少土地流转中介服务组织等原因，土地流转供给远远小于需求。推进北京农村土地流转需要从加强和完善立法和法规着手。

2. 劳动力资源弱化问题分析

目前，从北京都市型现代农业发展的人力资本主体来看，农村劳动力大多数仍是初中及以下文化程度、40 岁以上的中老年人员，无论是从文化程度、学习能力，还是从从业能力和创新创造力方面看，基本都已无法满足都市型现代农业发展对所需人才的要求。

相对于首都高度发达的高新技术产业和商贸金融服务产业而言，北京农业劳动生产率偏低、比较收益低下，从 1991—2011 年期间的劳动生产率来看，农业部门由人均0.5044万元提升至2.3063万元，非农部门则由1.0182万元提升至15.9466万元，农业劳动生产率一直远远低于非农部门劳动生产率，且差距逐步扩大。[①] 农村劳动力不断向城市和非农产业转移，导致农业劳动力素质结构性下降，科技承接能力减弱。因此，培育具有开拓创新与创业精神的都市型现代农民已刻不容缓。这不仅是转变农业发展方式，提高农业发展质量和效益的重要保证，也是把农村人力资源转化为人力资本的迫切要求和根本途径。

3. 农业科技创新与成果转化不足问题分析

2011年，北京农业科技进步贡献率达到69%，比全国平均水平高出16个百分点，已基本达到发达国家65%—85%的水平。[②] 目前，北京市初步建立了以公益性农技推广机构为主，科研院校、农民合作组织、龙头企业、科技园区、农村乡土人才等"六大服务主体"共同参与的农业科技服务体系[③]，为都市型现代农业建设提供了有利的科技支撑。同时也存在着一些问题：农业科技创新成果有效供给不足，技术推广服务主体多元化程度不够，农民合作组织服务能力和农民接受技术能力不强，这些都影响了创新驱动能力和成果转化效率和效果。

4. 农村金融服务问题分析

首都城乡经济社会发展一体化和都市型现代农业发展的进程中，伴随着一系列富有成效的探索和实践，涉农贷款较快增长，金融服务领域迅速拓展，金融支农的力度和效果不断增强。农村金融综合改革试验区建设积极推进，农业产业投资基金平稳运作，农业再保险机制风险熨平作用开始发挥，新型农村金融组织不断涌现。同时，也存在着一些问题：涉农贷款的独特性削弱了金融支持都市型现代农业的发展动力；金融机构的趋利性限制了金融支持都市型现代农业发展的力度，逆向资源配置使得农村金融资源稀缺化；[④] 市场需求与金融机构服务供给存在结构性矛盾；政策和制度环境不完善；农村信用环境评价与管理尚存难题等。如何推进金融服务都市型现代农业是当前需要突破的问题。

总之，这些瓶颈问题的存在既有体制、机制的制约，也与长期以来城乡二元结构形成的资源分布、产业效益等有密切关联，因此基于产业发展实践

---

① 张敏、苗润莲、李梅、胥彦玲：《北京市城乡二元经济结构演变及转化对策分析》，《科技和产业》，2013年第11期。

② 李庆国：《北京农业科技进步贡献率全国领先》，《农民日报》，2012年4月18日，第2版。

③ 陈俊红、王爱玲、周连第：《北京农业科技服务体系发展现状及创新模式研究》，《农业经济》，2010年第3期。

④ 杨国中：《北京充分发挥金融支持作用 加快城乡一体化新格局》，《金融时报》，2010年4月27日。

创新体制，推进资源统筹是解决土地、劳动力、科技、资金等瓶颈问题的根源。

三、对策建议

在系统剖析北京都市型现代农业发展瓶颈问题基础上，针对新形势下北京都市型现代农业发展要求，课题组从统筹城乡资源、实施创新项目、加强新型农民培育、创新政策制度等方面，提出北京发展都市型现代农业、加快城乡一体化进程的对策建议。

(一)统筹城乡资源，优化都市型现代农业要素配置

1. 明确主导产业，加强农村环境建设，吸引社会资源投资农业重点领域

合理选择主导产业是实现城乡资源统筹、优化产业要素配置的关键。北京应该选择基础性、融合性、低碳性的产业作为主导产业，深入开发农业多元功能；瞄准高端、高效、高辐射，结合农业产业化和农业观光园发展融合性产业；拓展生态服务价值，依托农田景观发展生态低碳产业。选择主导产业指引都市型现代农业的发展方向，明确财政资金投资都市型现代农业的重点领域，充分发挥财政资金的引导作用，吸引更多社会资金及产业要素流向都市型现代农业。加强产业运行环境建设，通过降低要素进入的成本和门槛，吸引城市要素和国内外资源进入。

2. 合理空间布局，发挥土地资源在区域资源配置中的重要作用

空间布局的核心和基础是土地资源的空间配置，充分发挥土地在区域资源配置中的重要作用。将都市农业发展纳入城市经济社会发展总体规划，将都市农业空间布局纳入城市总体布局规划，加强对都市农业用地的保障力度；将重点产业、基础设施和重点项目等与北京市土地利用规划紧密结合，通过土地在空间、时间上的合理配置引导人口分布、经济布局和城镇体系不断完善，通过科学空间布局实现土地资源合理配置，促进城乡要素合理流动。

(二)创新体制机制，保障都市型现代农业持续发展

1. 完善立法，明确产权，保护土地资源的合理利用

加强和完善立法和法规，明确农民承包土地的财产权，推进土地股份合作制，保障农民的财产权和收益权，建立土地使用权流转市场，培育公平的流转操作机制。

2. 创新制度，强化服务，建立都市农业政策支持体系

推进政策协同，建立健全财政金融保险等政策支持体系，完善农村金融政策；强化部门协调配合，在环境、能源、科技、人才、市场等方面加大对都市农业发展的支持力度，建立都市农业发展政策支撑体系；同时，加强区域协调，构建京津冀大区域城市与乡村联系的连接点、网络和区域，为城乡产品和生产要素流动与组合构建平台，使生产要素发挥其最大作用，促进都

市型现代农业发展。

（三）实施创新项目，增强都市型现代农业发展动力

1. 搭建整合农业科技创新服务平台，发展科技创新服务总部经济

依托国家现代农业科技城“一城多园五中心”建设，推动北京农业科技园区、涉农企业集团、五大科技服务中心、产业服务联盟携手，共建农科城创新服务平台，强化现代高端服务业引领现代农业的模式带动，建立首都农业科技创新试验示范区和科技创新服务平台，形成首都农业科技创新网联协同互促的发展格局，打造科技创新服务总部经济。

2. 以新技术、新产品、新模式为突破口，创新驱动，推动都市农业跨越发展

以农业生物技术为突破口，加强农业生物性制品开发与利用技术研究；发挥北京作为我国籽种产业总部基地的优势，培育具有自主知识产权的新品种，推动北京籽种产业跨越式发展；示范推广生态低碳农业技术与模式，提升农业生态服务价值，彰显首都生态绿色文明。

（四）加强都市型现代农民培育，夯实产业发展基础

都市型现代农民是指依托都市经济圈从事都市型现代农业的生产者、管理者和创业者，具有新观念、新素质、新能力、新品质的内质，是新农村建设的核心力量。[①] 要引入创新机制，整合培训师资队伍，创新培育模式，扬弃传统的以学科为目标的农民培训与教育体系，构建以职业岗位综合能力为核心与基础的现代农民培训体系，提高都市型现代农民培育的实效性。要循序渐进、多管齐下，进行系统的农业技术和管理知识的培训，将农村劳动力真正培训成为有文化、懂技术、会经营的新型农民；培养一批懂技术、会经营、善管理的人才，提高农村干部驾驭市场的本领，为都市型现代农业和新农村建设提供有效的智力支持和人才保障。

（作者：苗润莲　北京市科学技术情报研究所副研究员）

---

① 郭君平、任钰、何忠伟：《都市型现代农民培训的需求与对策——基于北京市的调查》，《北京农业》，2010 年第 6 期。

项目名称：基于政府会计体系的节约型北京市政府部门行政经费运行与管理研究
项目编号：11JGC104
项目负责人：张曾莲
项目信誉保证单位：北京科技大学

基于政府会计体系的政府部门行政经费运行与管理研究

内容提要：政府部门行政经费运行与管理一直是国内外理论界和实务界探讨的热点。目前主要探讨行政经费运行与管理的问题、原因与建议；或者以某政府部门为例，分析其行政经费运行与管理的成效、不足及建议；或者从其他学科寻找解决行政经费不足与浪费并存的措施。这些成果具有重要意义，也存在一些不足。因此，本文拟从政府会计的六大分支来破解政府部门行政经费运行与管理的难题：利用政府预算会计完善行政经费预算；利用政府财务会计完善行政经费的核算和披露；利用政府成本会计加强行政经费的成本核算、控制和报告；利用政府财务管理加强政府部门行政经费管理；利用政府管理会计行政进行行政经费的绩效评价；利用政府审计加强行政经费的监督和审计。

一、利用政府预算会计完善行政经费预算

利用政府预算会计完善政府部门运行经费预算的编制、执行与披露，包括采用零基预算、作业预算等编制方法，采用绩效预算、全项目预算、全面预算和参与式预算等多种预算执行控制措施，逐步推行行政经费预算公开。

(一)利用政府预算会计完善行政经费预算的编制

1. 完善预算编制的范围、项目和监督

进一步细化预算。细化预算，是推行预算透明化的重要措施。细化预算，有利于预算的审批和监督，也是控制行政管理支出的重要途径。

扩大预算编制范围。政府部门的预算外资金是影响其行政成本的重要因素。要解决行政成本过大的难题，进一步清理不必要的市政管理预算外资金是非常重要的一步战略。

延长预算编制时间。只有提前预算编制时间，扩大预算编制周期，才有可能细化预算，提高预算的科学性、准确性，提高预算的透明度。

建立预算制约机制。结合政府机构改革，加强部门和人员编制管理，严

格按照规定配备人员，并编制预算。凡是不符合有关规定擅自增加的人员编制，一律不得增加预算。

合理配置各项目资金。政府部门常见的弊病是预算资金的越位、缺位与错位。应该提高政府预算编制人员的业务水准，使预算编制更加合理、科学，接近或达到“帕累托效率”。

完善地方政府的预算编制监督体系。预算编制要做到规范、公正、透明，细化预算科目体系，推行部门预算，加强对财政支出单位的考核、监督，提高财政资金的投入和产出效率。

2. 利用零基预算方法完善政府部门行政经费预算的编制

要改变传统的基数预算的编制方法，实行真正意义上的以定员、定额、定标准为起点的零基预算的编制方法，建立一个科学合理的支出定额体系是实行零基预算编制的前提准备。

(二)利用政府预算会计完善行政经费预算的执行

1. 严格预算执行

严肃预算执行。预算是法律，要维护预算的严肃性。合理的预算需要刚性的约束机制，预算一旦被立法机构批准，就具有法律效力，必须严格执行，特别情况需要追加预算的，必须按法定程序经人大批准，以维护预算的严肃性。

在预算执行过程中，要强化预算约束。行政预算必须由各部门提出，经编制部门审核，报国家权力机关详细审议后批准。一经批准，必须严格执行，任何个人、任何机关，在未经国家权力机关重新审议并同意之前，不得做任何更改，以防止行政管理支出的不正常增长。

加强经费开支预算，严格执行预算计划。编制年度预算计划是财务管理中的首要步骤，它是依据本单位新年度的工作任务、事业计划、开支标准和预算定额等资料并参考上年度预算执行情况编制的预算资金年度收支计划。

加强整个行政成本预算过程的监督。包括：加强行政成本预算源头监控；强化预算编制监督；对行政成本预算执行全过程监控。

在政府部门资金提供需要得到保障的前提下，解决政府部门资金利用率的最有效的办法就是细致安排政府部门资金的流向，合理设定政府部门资金的流通渠道，将每一笔财政资金的流通都纳入政府财政预算系统中，硬化资金流管道，防止资金外流。

在预算执行中合理安排各项支出。要统筹兼顾、精打细算、厉行节约，坚决控制和压缩不必要的会议费、印刷费、差旅费、招待费、出国考察费等支出，集中财力解决突出问题。

2. 利用绩效预算完善政府部门行政经费预算的执行

绩效预算通过成本效益分析，确定资金支出标准的预算编制形式。对于监管和控制资金预算的支出、提高资金支出的收益、防止资金浪费有着积极的作用。绩效预算通过部门预算，将部门业绩指标、项目成本核算和资金预算的执行情况都纳入其体系中去，对资金预算进行系统管理。对于政府部门来说，在公共产品和公共服务向公众投入的过程中，应对所需要的人力、物力、财力进行系统的计划与合理的控制，从而优化资源配置，取得最佳效果。

3. 利用全项目预算完善政府部门行政经费预算的执行

改革“基本—项目”模式：实施全项目化。将基本支出项目化，实现预算资金的“全项目化”管理。将所有的基本支出都分解到对应的社会事业项目中去。根据各种社会事业项目的优先关系，安排各项目的总支出规模，实现“以资金控编制”；在约定绩效目标的前提下，将具体的资金分配权下放到预算部门，由单位自主配置“养人”和“办事”的比例关系。

4. 利用全面预算完善政府部门行政经费预算的执行

全面预算管理作为管理会计的重要组成部分，是实质上的管理控制系统，是一种内控方法，它通过预算编制、执行、调控、考评等环节动态地发挥作用，是内控的核心。政府引入全面预算管理，不仅是管理方法的变换，更是管理思想、原则及基本理念的根本转变。全面预算将政府的人力、物力和财力资源进行最优化配置，以实现政府成果最大化为根本目标。

5. 利用参与式预算完善政府部门行政经费预算的执行

参与式预算是一种创新的政策制定和预算编制方式，旨在通过举办各种讨论会等形式使预算过程透明化、公开化和公众化，让公众参与分配资源、决定各种社会政策优先次序等政策制定过程，并对公共支出进行监督。参与式预算决不仅是一种预算管理方法和技术革新，还意味着公共预算决策进程的改革，是整个政府执政理念的一次创新。

二、利用政府财务会计完善行政经费会计核算与财务报告

利用政府财务会计加强行政经费的核算，包括细化和增设行政经费会计账户，采用基金会计等会计技术，利用政府财务报告逐步公开行政运行经费。

(一)利用政府财务会计加强行政经费的会计核算

构建行政单位经费支出账户体系：工资福利支出；对个人和家庭的补助支出；会议费支出；差旅费与考察费支出；招待费支出；通讯与邮寄费支出；公车支出(公车成本)；其他公务费支出；固定资产购置与修缮支出；其他支出。

增设反映经费支出监控水平的报表分析指标：人员平均经费支出及其增长率；会议费支出比重、差旅费与考察费支出比重、招待费支出比重、公车支出比重、通讯费支出比重及其上述支出比重的增长速度；人均公车支出与科级以上公务人员人均公车支出；人均差旅费与考察费支出及其增长速度；

人均其他公务费支出(其中人均水电费支出)。

(二)利用政府财务会计完善行政经费的披露

建立政府行政成本公开制度。在每个财政年度，将行政成本的科目构成、当年行政成本预算明细表、政府财政供薪的总人数及工资福利总支出、购车费用及保养使用与维修费用、全年会议费用、全年出国费用、全年招待费用等信息进行汇总，在行政成本信息汇集的基础上，采取在每年人大会议上通过政府工作报告或附件的形式向人大代表及政协委员报告和在政府网站上设专栏予以公布的有效形式进行公开。

实行政府财务公开，加强行政开支透明度。实行政府财务公开，应当规定公开的内容、时间、要求、形式、程序等，同时发挥纪检监察机关在财务公开中的作用，支持财务公开，推动财务公开。近年来，很多人大代表、政协委员在“两会”上强烈呼吁实行政府财政公开，加强行政开支透明度。

由于经费支出核算的总账科目由一个增加到了十个，各明细项目的规定也有很大变化，因此会计报表只有适应上述变革，充分反映经费支出核算的会计信息，才能完善经费支出账户核算体系。首先，资产负债表、收入支出总表、支出明细表三大报表都需做出补充和改进。其次，鉴于经费支出业务的核心地位，应增设一些新的会计报表。另外，为了反映预算外资金支出的去向，还应增加预算外资金支出明细表。

三、利用政府成本会计加强行政经费成本核算与成本控制

利用政府成本会计加强行政经费成本核算，针对行政经费不足与浪费并存的情况，采用分步法、分批法、标准成本法、作业成本法、战略成本管理法等成本核算和管理技术，力争在考虑部门、地区等因素的前提下制定日常行政经费支出项目的定额标准，严格控制行政经费不合理支出。

(一)规范政府部门行政经费的成本核算

1. 建立政府部门行政经费的成本核算体系

规范政府运行成本的核算，应建立政府运行成本的核算体系。如果要全面反映政府运行成本，那么应将目前的行政管理费核算的内容与一般预算支出中基本建设支出大类下用于政府基本建设的支出，及事业费大类下用于政府运行的支出，包括基金预算支出中实际用于政府运行的支出，及事业单位、社会团体中用于承担政府职能的支出一并纳入统计范畴。

2. 引入企业成本核算机制

各级政府应尽快引入企业成本核算机制，严格按照企业成本核算的程序，用企业家精神重塑政府，建立既注重结果，又注重成本的现代行政绩效考核体系，把每一项行政行为背后的成本(包括直接成本与间接成本，显性成本与隐性成本)与其相应的成绩或结果，以及公众和纳税人的满意度、政府职能的

实现程度等指标作为考核行政绩效的基本指标。

3. 行政经费成本核算的对象和内容

行政运转成本核算的具体内容可以概括为：一是劳务费用。即行政单位在职职工和临时聘用人员的各类劳动报酬、各项社会保险费及其行政单位对个人和家庭的补助支出。二是物化费用。即行政单位正常运转所耗费的各项物资，如办公楼、汽车、各类办公设备和办公用品等。三是公务费用。即行政单位为维持机构运转所产生的办公费、租赁费、物业费、招待费、会议费等，亦应计入行政运转成本。

行政运转成本可以通过设置费用科目来核算，并且根据投入要素的不同，将费用分为劳务费用、物化费用、公务费用及其他费用等明细科目。根据投入要素的耗费形式与速度，上述各类费用还可以进一步细分为当期运行费用、折旧费用和递延费用等。

4. 行政经费成本核算的三种模式

一是单系统模式。它是企业财务会计成本核算模式在政府会计上的应用。该模式的特点在于，当政府预算编制基础与成本核算基础基本一致时，该模式在核算政府行政运转成本的同时，也同步反映了政府预算支出的执行情况；当预算编制基础与成本核算基础两者不一致时，该模式就只能反映政府行政成本信息。

二是双系统模式。它是分别建立独立的预算会计和财务会计的政府会计核算系统，预算会计和财务会计自成一体，独立建账。首先，简化现行的政府预算会计核算账套，将现行的预算会计体系简化为预算收入、预算支出、预算结余三个会计要素，其下按预算管理要求设置总账账户，并按政府预算收支分类科目设置相应明细科目。其次，按资产、负债、净资产、收入、费用要素建立完整的政府财务会计核算账套。

三是单系统双分录模式。它是将双系统模式中互相分离核算的政府财务会计和政府预算会计通过技术手段进行有机结合。它强调在一个核算系统内支出与费用类要素同时并存。其原理是在“资产＝负债＋净资产”的会计平衡式约束下，分别设置能够反映政府预算资金运用及政府预算执行情况的预算类会计科目和能够反映政府运行费用或运行成本及财务运营业绩的财务类会计科目，采用双计量基础，运用双分录记账形式，对同一笔业务分别从预算和财务两个角度通过同一个系统进行记录、核算、反映。

(二)规范政府部门行政经费的成本管理

1. 严格管理运行成本的开支标准与开支方式

在开支标准的规范管理上，对易于确定标准的项目通过标准管理，如工资等转移性成本；对确定标准后仍有节约空间的项目及不易确定标准的项目，通过市场化运作方式来解决，如采购性成本，可采取将机关后勤服务社会化的方式；对既不易确定标准又不易市场化运作的采取公布实际支出的方式，接受社会监督，如公务费中的接待费、差旅费。培训费与接待费是较难监督的费用，只有通过公开的方式来规范。

2. 行政经费开支实行货币化支付的运行模式

应根据费用的不同性质，制定相应的管理模式。一是接待费。接待费区分为单位接待费和部门接待费，按照总量控制、限额管理、标准预算、一事一结的办法进行管理。二是会议费。机关会议费分单位会议费和部门会议费两类，按照年初批准的经费预算，根据与会人数、会议规格和经费标准，编制详细的《会议(集训)经费预算报告表》，核定具体金额，会前一次性转付给具体承办部门。三是办公费。主要采取核定限额、指标包干、责任到部门、超支自理、节余按一定比例奖励后转下年度使用的办法进行管理。四是通讯费。根据不同职务、岗位和财力等实际情况分别制定相应的标准，报经单位领导审批后按月发放。五是差旅费。在指标包干的基础上，实行一事一结、标准计发、节超自理的办法进行管理。在行政消耗性开支实行货币化改革中，应把握好几个问题：科学制定标准；完善政策规定；加强组织领导。

3. 从源头控制行政经费支出行为

如何管好用好行政事业经费，使有限的财政资金发挥更大的使用效益？一是成立收费管理局，对行政事业性收费、罚没款收支两条线管理，将行政、事业单位所收取的行政事业性收费及罚没款统统纳入该局管理。二是规范财政支出行为，优化支出结构。根据“公共财政”的原则，分配和使用资金。

(三)引入政府部门行政经费的成本技术

1. 分步法

在政府部门，它可用于为反复处理过程的一些作业提供大量相似的商品和服务，如受理公众、企业单位申请、申报业务的政府部门，需要对申请、申报的业务进行受理、审核、复核和签发批准等步骤，就可以对不同步骤的成本进行计算。例如授权利益支付的作业涉及审核申请人是否合格、计算受益金额以及签署支票等一系列连续的过程。

2. 分批法

政府部门也有按批次提供公共服务的活动，如文化艺术表演、体育等活动或项目可采用分批法核算政府的公共管理、公共服务成本，政府的法律案件、审计任务、研究计划以及船只、飞机或汽车的修理工作。

3. 标准成本法

政府标准成本是根据政府承担的公共管理、公共服务任务和有关法规制度的定员定额标准计算确定的公共管理、公共服务成本，它可用于政府成本费用计划的制定、经费预算的编制或进行成本控制。

4. 作业成本法

政府在实施 ABC 的过程中，首先要确立一个明确的目标并依此目标建立一个适合本部门的作业成本模型。在流程建模过程中，政府部门应确认关键的成本动因和作业动因、产出指标、绩效标准及作业计数值。然后，政府部门应用作业成本法，把作业成本与产出联系起来，和数据采集者合作编制与作业成本目标相符的成本研究报告。

四、利用政府财务管理加强行政经费的投融资管理与运营管理

利用政府财务管理的投资管理、筹资管理与运营管理方法，加强行政经费运行与管理，提高行政经费使用效益。

(一)利用政府投资管理提高行政经费使用效率

公共投资是政府为了满足社会公共需要，行使政府的经济职能，而投入资金形成公共财产的行为和过程。其主体是政府；目的是提供公共产品、准公共产品，满足公共需要；职能定位在于弥补市场失灵，履行政府经济职能；资金来源主要是财政预算资金和政府信用融资。它具有公共性、非营利性和法制化特征。它可分为实物资产投资、智力资产投资和金融资产投资，通常是指实物投资(固定资产投资和流动资产投资)。

(二)利用政府筹资管理补充行政经费

1. 发挥政府投资调控作用，拓宽筹资渠道

对于经营性项目，应以项目直接融资为主，辅之以间接融资；准经营性项目，则主要采取间接融资和直接融资两种形式，可辅之以政府贴息等优惠政策；非经营性项目应主要依靠政府性投入，非经营性项目本身不产生直接的经济效益，应由政府直接投资。

2. 确立经营理念，盘活公共资源

一是最大限度地利用好土地。二是充分利用好公共资源。三是搞好存量国有资产的收益转化。

3. 降低准入门槛，向民间资本开放公共项目的投资权、经营权

政府承担某项公共物品供给的责任，并不意味着政府直接生产，可以通过市场进行采购。

(三)利用政府财务运行管理改善行政经费

1. 控制政府支配的资金额度，建立行政经费约束机制

财政收入占国民收入的比例、行政费用占政府财政支出的比例要科学合理，强化行政预算管理和工资基金管理，建立行政经费约束机制，增强成本意识，加强对行政系统的成本控制。

2. 规范集中采购行为，优化采购程序，扩大集中采购范围

形成集中采购运行机制，规范集中采购行为，对于加强机关内部规范化

管理，提高资金使用效益，维护国家利益和社会公共利益，保护人民银行的合法权益和促进廉政建设具有重要意义。

3. 加强项目管理，提高资金使用率

完善项目支出管理的申报、审核、批复、实施、验收管理程序，强化对重点项目支出的监督与管理，规范项目资金使用。

4. 开展财务分析，提高经费管理水平

通过定期或不定期地开展财务分析活动，检查财务制度执行情况，及时发现经费支出中存在的问题，有针对性地提出改进办法与措施，可以为单位领导决策提供参考；通过财务分析，公布财务收支情况，也会增加经费开支的透明度，增强理财的民主性，对节减开支、改进财务工作、提高财管水平都大有好处。

五、利用政府管理会计加强行政经费绩效评价

(一)政府部门行政经费运行与管理评价的指标体系

1. 确立科学合理的政绩考核指标

首先，评估的指标应该既包括“硬指标”，又包括“软指标”。其次，评估的方向应该是多向的，要有自上而下的评估，又有自下而上的评估，还有横向的互评。再次，评估的时效应该是长短结合的，既有年度评估，又有任期评估。

2. 完善绩效评估体系

完整的绩效评估应包括事前评估、事中评估、事后评估。事前评估即在行政决策阶段，采用“成本—效益”分析法，综合分析各种备选方案的预期效益现值与预期成本，优化决策方案的选择。事中评估即在行政执行过程中，用“成本—效益”分析法来确保所执行的方案达到既定的行政目标，并对方案执行过程中人财物及时间的耗费与预测状况进行比较和全程控制，保证在最短时间内，花费最少资源以最高质量满足大量的社会需要。在综合评估阶段，建立以专家评估为主，参考基层群众、下级官员及上级领导意见的评估机制。

3. 培养多元化的政府绩效评估主体

政府绩效评估主体不应该只有政府的上级部门，还应该包括专家学者、媒体、社会团体以及社会公众的评价等，应该形成一种全方位、多角度的评估主体体系，保证对政府绩效评价的客观公正。

4. 建立既注重结果、又注重成本的现代行政人员绩效考核体系

一是要加强行政“成本—效益”的宣传教育，提高行政人员对行政成本、行政效益的认识，强化行政成本意识。二是在对行政人员的绩效考核中引入投入产出分析，对行政人员的绩效进行考核时，应该把每一项行政行为背后的成本与其相应的成绩或结果进行对比分析来判断该项行政行为是否有效。

三是重视挖掘考核结果的激励性，将行政成本目标实现情况纳入政府机关年终考核体系。

(二)政府部门行政经费运行与管理的评价方法

1. 比率分析法。研究政府绩效与政府成本彼此间存在一定的相互依存关系，采用比率分析法。比率分析法能够在一定程度上反映政府工作效率和质量。

2. 趋势分析法。为了进一步预测某级政府未来经济效益发展速度还须结合趋势分析法，才能动态评价政府功能，预测政府未来绩效。

3. 用价值工程手段重建行政成本评价机制。价值工程公式 $V=F/C$。从价值工程的视角，以提高政府生产的公共服务和公共产品的价值为目的，以功能分析为核心，综合考虑成本因素，以期获得最大的社会效益。

4. 将“成本—效益”观念和竞争机制引入政府管理，降低政府成本。政府要对各种公开开支项目进行损益分析，把一个政府开支项目所能获得的社会效益，与为此而支出的各种成本放在一起，来评价一个项目的“净效益”。

5. 利用政府管理会计的多种绩效评价方法(DEA、平衡计分卡、基准、关键绩效指标等)，结合财政部公布的政府财政支出绩效评价指标体系，力争构建政府部门行政经费运行与管理绩效评价指标体系。

(三)政府部门行政经费的绩效管理

第一，要转变行政理念，政府管理人员应抛却传统的“官本位”思想，树立效率意识。第二，加强政府绩效评估的立法工作。对政府绩效评估实施立法保障，也是其赖以施行的前提和基础。第三，建立科学的绩效评估指标体系和评估机制。第四，要通过定性分析与定量分析相结合，建立评估指标体系，合理确定评估体系中指标的权重。第五，要加强跟踪反馈制度。第六，要成立精简、权威、高效的绩效评估机构。第七，实行官员的引咎辞职制度。

六、利用政府审计加强行政经费监督与审计

利用政府审计对政府部门行政经费运行与管理进行监督，包括：事前审计、事中审计和事后审计；财务审计与管理审计；鉴证与咨询。

(一)行政经费审计的目的与特点

行政经费审计目标就是审计所要达到的标准和目的。行政管理成本审计总目标，应是通过行政管理成本审计，借以考核公共支出是经济节约，还是损失浪费，是高效还是低效，是否达到预期效果，并及时向有关部门反馈，采取措施，纠正偏差，促进各公共部门的经济工作水平的提高，实现其经济、节约、高效的目标，取得最佳的社会效应和经济效率。

行政经费审计有其自身特点。主要有：审计对象的广泛性；审计内容的复杂性；审计证据来源的多样性；审计标准的不确定性；审计方法的系统性；

审计人才的复合性。

(二)行政经费审计的对象与内容

审计的对象和范围的确定，应根据我国现有的行政管理体系、预算管理体制现状以及现有审计力量。一是按照我国现有行政管理体系确定行政管理成本审计的对象。二是根据行政管理特点及审计力量确定审计范围。

从理论上讲，行政经费审计的重点内容应该是行政管理投入的经济性、效率性和效果性。也就是要由过去的收支审计类型向管理审计类型转变。但行政经费审计仍需将传统的真实性、合规性审计内容与现代的经济性、效益性、效率性审计内容结合。

(三)行政经费审计的方法

1. 系统组织，多方结合

审计工作是一个系统工程，行政经费审计是整个系统中的一个子系统。协调好行政经费审计与其他审计工作的关系是全方位地搞好审计工作的关键。根据系统的原则，在组织协调上要突出三个意识，即全局意识、创新意识、效率意识，在审计实施中实行多方位的结合，充分利用审计资源，争取获得最佳效果。一是行政经费审计与财政预算执行审计结合。二是行政经费审计与部门决算审签结合。三是行政经费审计与党政领导干部经济责任审计结合。四是行政经费审计与专项工程成本审计结合。

2. 讲究方法，多管齐下

行政经费审计涉及方方面面的工作，情况十分复杂，要搞好这项工作必须讲究方式方法。一是争取领导重视和支持。二是争取各行政管理部门的支持和配合：处理好与财政、人事、编办等几个重点部门的关系；处理好与纪检监察部门的关系；处理好与其他行政管理部门的关系。三是争取审计机关内部各职能机构的配合。行政经费审计涉及面广，虽然审计业务机构都有一定的任务，但各业务机构之间任务分布很不均匀，如果内部协调配合不到位就会影响整个审计工作的开展。

3. 搜集信息，多向分析

一是标准成本差异分析法，即将年初预算成本作为标准成本，与年终决算的实际管理成本进行比较，然后对差异额进行分析的方法。二是历史成本差异分析法，即将同一个单位上年度行政管理成本与本年度行政管理成本进行比较，然后对差异原因进行具体分析，确定审计结果和加强成本管理措施的方法。三是成果差异分析法，即将审计年度的成本效果，分别与上年度成本效果与规定目标成本效果进行综合比较，然后对差异进行综合分析来确定审计结果的方法。四是同类成本差异分析法，即横向搜集其他地方同类单位同时期的行政管理成本水平，将本地区同类单位的成本管理水平与之进行比较，然后对差异进行综合分析确定审计结果的方法。

4. 全程监控，防范风险

一是组建高层次的审计小组。根据行政管理成本审计对人员素质要求高的特点，一方面将审计人员进行合理搭配，使审计小组人员的知识构成综合起来符合行政经费的审计；另一方面可采取聘请特殊专业人才作为特邀审计人员参与审计工作。二是严格审计工作规范。除了强调并严格执行审计署关于审计工作各项规范以外，还应根据行政管理成本审计的特殊性，对审计组人员做出“慎结”的要求。三是完善审计内部管理制度。努力提高审计工作质量是防范审计风险最重要、最直接的途径。四是强化人员素质教育。审计人员的教育和训练是超前防范审计风险的重要手段。

参考文献

[1]王广辉：《刍议行政单位经费支出与会计核算改革之策》，《现代财经》，2007 年第 8 期。
[2]武辉：《公共支出综合绩效评价研究——以山东省为例》，《财政研究》，2010 年第 5 期。
[3]陈晓荣：《全项目预算：一种控制行政成本的全新财政支出管理模式》，《现代管理科学》，2010 年第 12 期。
[4]何翔舟、韩斌：《中国政府成本测度与治理：行政支出视角》，《中国行政管理》，2009 年第 7 期。
[5]刘国防：《对加强行政事业单位经费管理的几点建议》，《山东省农业管理干部学院学报》，2002 年第 5 期。
[6]李小文：《关于地市级行政经费支出管理的探索》，《广西社会科学》，2010 年第 2 期。
[7]许正中：《降低和优化政府成本》，北京：国家行政学院出版社，2008 年。
[8]王华新：《地方政府行政运行成本控制与核算研究》，北京：经济科学出版社，2004 年。
[9]董再平：《我国行政管理费的现状及其控制》，《行政论坛》，2008 年第 1 期。

（作者：张曾莲　北京科技大学讲师）

项目名称：北京市信息安全问题研究
项目编号：12JGA011
项目负责人：张真继
项目信誉保证单位：北京交通大学

北京市信息安全问题研究

内容提要：信息化是当今世界现代化建设的核心内容，是推动经济社会变革的重要力量。信息社会是信息化发展的必然趋势。近年来，北京的经济结构加快调整、社会结构深刻转型、信息化水平显著提高，提出了加快建设信息社会的要求。北京的现代化建设正在进入一个新的历史阶段。本文分别从基本概念、北京市信息安全的基本问题、评估体系构建和保障体系政策建议等角度分析研究了北京市经济社会发展中存在的信息安全问题，并提出系统的解决方案。本课题在对北京市信息安全现状调研的基础上，运用信息安全工程学的理论方法，重点对北京市信息安全评价指标体系和方法、信息安全管理体系进行了研究。

一、引言

20 世纪 70 年代的石油危机宣告了旧经济增长模式必然要被新经济增长模式取代的命运。而一大批高新技术产业的兴起，则代表着新的经济增长模式的发展方向，其共同的特点就是以更少的物质资源消耗和更多的知识或智力的投入，取得高效、优质和更少负面影响的经济增长。在新兴的信息技术不断涌现和迅速普及的基础上，一大批新的信息技术公司从无到有迅速成长起来，传统的信息行业获得空前的改造，整个信息业的面貌焕然一新。当前，数字技术带来的信息技术与信息产业的汇流，正塑造着未来信息化发展的方向。当代的国际竞争，正日益突出地表现为高技术的竞争，一些国家和地区成功地把先进的信息技术转化为经济竞争力乃至军事威慑力，提高了自身的国际地位。由于信息化对经济社会发展具有重要意义，国家信息发展水平影响着国家的竞争力，所以，各国政府对信息技术与信息产业的发展大都倾注相当高的热情，纷纷采取不同的措施支持本国信息化的进程。

信息安全的重要性和紧迫性怎么强调都不过分，与以往的信息安全不同，信息时代的信息安全问题是随着信息技术的飞速发展和广泛应用而凸现出来，并渗透到社会的方方面面。它涉及的主体是全体社会成员，包括政府、企业、事业、团体和个人；它的时域是一个长期的过程；它的空域是政治、经济、文化、军事和社会的一切领域。与传统的政治、经济、军事安全相比，它具有如下特点：信息安全成为信息时代国家安全的核心；信息安全的本质是信息资源的安全；信息安全越来越依赖技术系统的安全性；信息安全攻击源的多元性和隐蔽性。

本文分别从基本概念、北京市信息安全的基本问题、评估体系构建和保障体系政策建议等角度分析研究了北京市经济社会发展中存在的信息安全问题，并提出系统的解决方案。

二、信息安全的基本理论与方法

(一)信息安全的内涵

“安全”一词的基本含义为：“远离危险的状态或特性”或“主观上不存在威胁”或“主观上不存在恐惧”。信息安全的概念是在不断变化、发展、完善的，其含义从当初单纯的通信保密、信号安全，发展到计算机安全和信息安全，从起初的军事领域和军队等特定群体迅速地扩展到信息化时代社会生活的方方面面。

(二)信息安全的内容

综上所述，广义上的信息安全是指信息收集、处理、存储、传输和使用等信息生命周期各环节的安全。但其本质是信息资源的安全，防范的要点是网络基础设施的安全。信息安全通常包括四个方面的内容：信息设施及环境安全、数据安全、程序安全、系统安全。

(三)信息安全管理的内容

1. 信息安全风险管理

信息安全风险管理是为保护信息及其相关资产，指导和控制一个组织相关信息安全风险的协调活动。我国《信息安全风险管理指南》指出，信息安全风险管理包括对象确立、风险评估、风险控制、审核批准、监控与审查、沟通与咨询六个方面，其中前四项是信息安全风险管理的四个基本步骤，监控与审查和沟通与咨询则贯穿前四个步骤中。

2. 设施的安全管理

设施的安全管理包括网络的安全管理、保密设备的安全管理、硬件设施的安全管理、场地的安全管理，等等。

3. 信息的安全管理

根据信息化建设发展的需要，信息包括三个层次的内容：一是在网络和系统中被采集、传输、处理和存储的对象，如技术文档、存储介质等；二是指使用的各种系统和应用软件；三是安全管理手段的密钥和口令等信息。从这种意义上讲，信息的安全管理应该包括软件设施的安全管理、存储介质的安全管理、技术文档的安全管理、密钥和口令的安全管理等四方面内容。

4. 运行的安全管理

对信息系统或网络运行过程的管理，是信息安全管理另一项非常重要的内容。通常，会采用安全审计和安全恢复两种方法。

三、北京市信息安全基本问题分析

(一)电子政务信息安全

电子政务的信息安全是指政务数据信息在产生、接收、分发、处理、存档等信息生命周期全过程中有可能被破坏完整性、正确性、精确性和被窃取。它涵盖了整个信息环境的各个方面，包括信息网络、信息内容、信息应用、媒体、通信基础设施等。我国电子政务的基本内容有以下几方面：一是政府间的电子政务，即上下级政府、不同地方政府、不同政府部门之间的电子政务，包括电子法规政策系统、电子公文系统、电子司法档案系统、电子财政管理系统、电子办公系统等；二是政府对企业的电子政务，即指政府通过电子网络系统进行电子采购与招标，精简管理业务流程，快捷迅速地为企业提供各种信息服务，例如电子采购与招标、电子税务、电子证照办理等；三是政府对公民的电子政务，即政府通过电子网络系统为公民提供的各种服务，如社会保险网络服务、公民信息服务、交通管理服务等。

CNCERT(国家计算机网络应急技术处理协调中心)监测数据表明，2011年中国大陆被篡改的政府网站为 2 807 个，比 2010 年大幅下降 39.4%。从 CNCERT 专门面向国务院部门门户网站的安全监测结果来看，国务院部门门户网站存在低级别安全风险的比例从 2010 年的 60%进一步降低为 50%。但从整体来看，2011 年网站安全情况有一定恶化趋势。在 CNCERT 接收的网络安全事件(不含漏洞)中，网站安全类事件占到 61.7%；境内被篡改网站数量为 36 612 个，较 2010 年增加 5.1%；4 月到 12 月被植入网站后门的境内网站为 12 513 个。[①] CNVD(国家信息安全漏洞共享平台)接收的漏洞中，涉及网站相关的漏洞占 22.7%，较 2010 年大幅上升，排名由第三位上升至第二位。[②] 网站安全问题进一步引发网站用户信息和数据的安全问题。我国近年来被篡改的政府网站数量变化如图 1 所示。

① 数据来源于国家计算机网络应急技术处理协调中心发布的 2009、2010、2011 年度“互联网网络安全态势报告”。

② 国家计算机网络应急技术处理协调中心：《2011 年中国互联网网络安全态势报告》，2012 年。

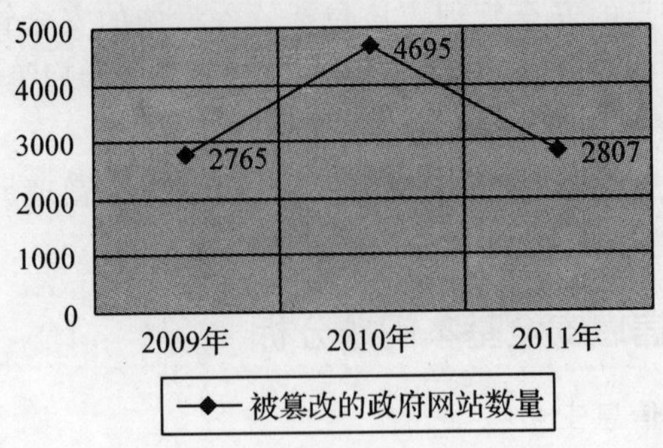

图 1　我国近年来被篡改的政府网站数量变化图(数据来源：CNCERT)

目前北京市电子政务的信息安全存在的具体问题如下：

1. 硬件和软件的对外依赖性

我国电子政务系统中存在着大量国外厂商生产的设备，包括硬件和软件，我们很难判断设备是否存在“后门”、“软件陷阱”、“系统漏洞”、“软件炸弹”等信息安全漏洞。在特殊情况下，特定安全漏洞可能被利用实施入侵、修改或破坏设备程序，或从设备中窃取机密数据和信息。由于我国在信息产业领域缺乏独立开发的关键技术，因此，随着云计算、物联网、移动互联网等新信息技术的快速推广和应用，信息安全的隐患也将越来越严重。

2. 各级政府网站中存在的系统漏洞和管理漏洞

2011 年 11 月 16 日，在中国电子信息产业发展研究院主办的“中国软件大会——2011 年论坛”上，中国软件评测中心常务副主任黄子河指出，政府网站必须把安全性问题真正重视起来。目前，政府网站重视硬件投入，也采取了一定的防护措施，但在检测中发现，安全漏洞在各级政府网站中仍然普遍存在，尤其是 SQL 注入、信息泄露、弱密码三大安全漏洞尤其突出。

3. 安全立法和标准体系的欠缺

立法方面，虽然我国已经制定了《电子政务标准》，但它只是一个标准框架，可操作性和检验性较差。同时，我国各个地方电子政务建设还处于各自为政的状态。

(二)电子商务信息安全

电子商务的信息安全是指商务数据信息在产生、接收、分发、处理、存档等信息生命周期全过程中有可能被破坏完整性、正确性、精确性和被窃取。它涵盖了整个信息环境的各个方面，包括信息网络、信息内容、信息应用、媒体、通信基础设施等。我国电子商务近年来发展迅猛，如图 2 所示。根据商务部统计，2006 年电子商务交易规模迈上万亿台阶，达到 1.5 万亿，2007 年以来年均增长率超过 30%，2010 年达到 4.55 万亿，2011 年已经接近 6 万

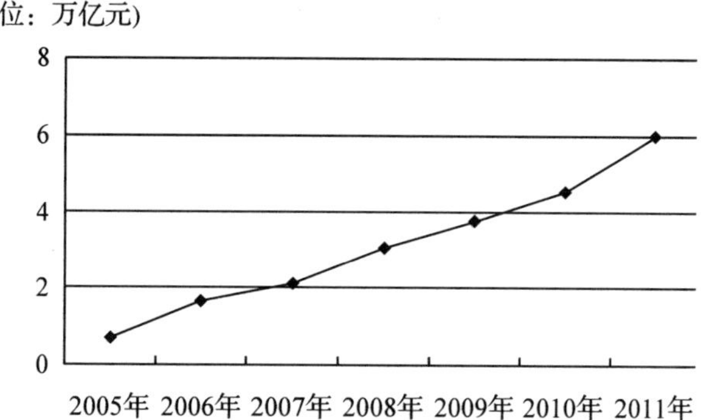

图 2　近年来我国的电子商务交易额(数据来源：《中国电子商务发展报告(2010—2011)》)

亿，相当于全国国民生产总值的 12.5%。[①]

电子商务信息安全存在着如下一些问题：

1. 计算机系统和通信网络本身存在的安全问题

由于电子商务依赖于计算机系统和通信网络，因此，它们本身存在的安全问题也影响到电子商务的信息安全。例如，黑客、病毒、网络和系统故障，等等。

2. 商务软件中存在的安全漏洞

随着软件和程序的复杂性和编程多样性越来越高，出现漏洞的可能性就越大。这样的漏洞加上操作系统本身存在的漏洞，使得商务安全遭受到巨大的威胁。2011 年，CNVD 共收集整理并公开发布信息安全漏洞 5 547 个，较 2010 年大幅增加 60.9%。其中，高危漏洞有 2 164 个，较 2010 年增加约 2.3 倍。在所有漏洞中，涉及各种应用程序的最多，占 62.6%，涉及各类网站系统的漏洞位居第二，占 22.7%，而涉及各种操作系统的漏洞则排到第三位，占 8.8%。[②] 上述事件暴露了厂商在产品研发阶段对安全问题重视不够，质量控制不严格，发生安全事件后应急处置能力薄弱等问题。由于相关产品用户群体较大，因此一旦某个产品被黑客发现存在漏洞，将导致大量用户和单位的信息系统面临威胁。

3. 交易中的身份认证问题

随着我国电子商务的普及，网民的理财习惯正逐步向网上交易转移。针对网上银行、证券机构和第三方支付的攻击将急剧增加，针对金融机构的恶意程序将更加专业化、复杂化，可能集网络钓鱼、网银恶意程序和信息窃取等多种攻击方式为一体，实施更具威胁的攻击。钓鱼网站诈骗是典型的身份

① 商务部：《中国电子商务发展报告(2010—2011)》，北京：清华大学出版社，2012 年版。

② 国家计算机网络应急技术处理协调中心：《2011 年中国互联网网络安全态势报告》，2012 年。

认证骗局。2011年初，全国范围大面积爆发了假冒中国银行网银口令卡升级的骗局，据报道此次事件中有客户损失超过百万元。据CNCERT监测，2011年针对网银用户名和密码、网银口令卡的网银大盗、Zeus等恶意程序较往年更加活跃，3月到12月发现针对我国网银的钓鱼网站域名3 841个。CNCERT全年共接收网络钓鱼事件举报5 459件，较2010年增长近2.5倍，占总接收事件的35.5%；重点处理网页钓鱼事件1 833件，较2010年增长近两倍。① 近年来我国钓鱼网站举报(或仿冒网站事件)数量变化如图3所示。

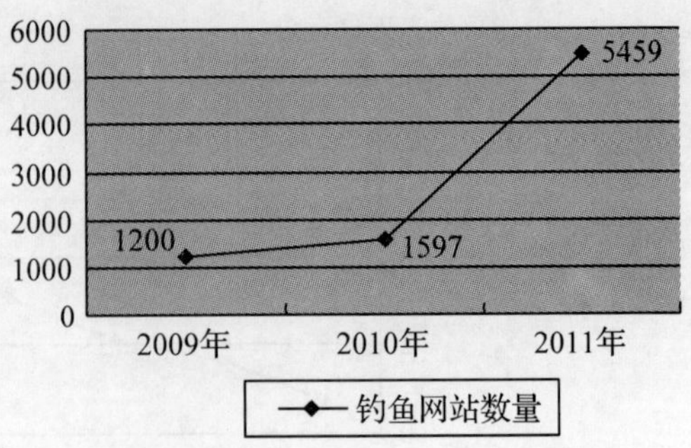

图3　我国近年来钓鱼网站举报(或仿冒网站事件)数量变化图(数据来源：CNCERT)

(三)企业信息安全

我国在信息化建设方面取得了巨大成就，但在信息安全环节却比较薄弱。企业信息化中的信息安全问题关系企业生产经营、发展建设的方方面面。常言说："商场如战场。"在某种程度上信息安全已成为企业在商业竞争中成功与否的决定性因素。目前我国企业信息安全存在的问题有以下几个方面：

1. 来自企业外部的攻击

我国企业，尤其是中小型企业，普遍缺乏对于外部攻击的防护能力和意识。这些攻击包括通信线路的切断、在网络上搭线窃听以获取数据、改变数据文件的值、改变网络中消息的内容、伪造身份，等等。企业从外国引进和购买了大量的信息技术和设备，但是对这些设备的隐形安全问题却无从保障。

2. 来自企业内部的威胁

来自企业内部的威胁，一方面是由于企业自身的管理漏洞、体制问题和人员素质问题，另一方面存在着内外勾结的可能。人为的失误可能造成产生错误的信息、误删误改信息、泄露信息，等等。企业的内部人员对本单位局域网的熟悉程度加剧了其作案和被外部人员勾结引诱的可能性。

四、北京市信息安全评估体系构建

(一)信息化体系要素构成与算法原理

1. 评估要素构成

表1仅列出了多层次评估体系第一级要素，表2列出了澳大利亚单层要素。

① 数据来源于国家计算机网络应急技术处理协调中心发布的2009、2010、2011年度"互联网网络安全态势报告"。

表 1　多层次信息化评估体系第一级要素构成

评估体系	总层次	第一层评估要素构成
美国 NRI①	4	网络应用指数、网络支撑因素指数
IDC－ISI②	2	计算机基础设施、网络基础设施、通信基础设施、社会基础设施
英国③	4	应用、准备度、影响、环境
韩国④	2	计算机、广播、因特网、电信
中国 NIQ⑤	2	信息资源开发利用、国家信息网络建设、信息技术应用、信息产业发展、信息化人才队伍建设、信息化政策法规和标准

表 2　澳大利亚"信息经济办公室指数"评估体系构成⑥

序号	要素名称	序号	要素名称
1	拥有 23 条固定电话主线的家庭所占的比例	13	因特网服务提供商平均服务人数
2	拥有 1 条(或以上)固定电话主线的家庭所占的比例	14	安全服务器的相对数量
3	拥有移动电话的成人所占的比例	15	高峰期使用因特网 40 小时的费用
4	拥有或租用 PC 的家庭所占的比例	16	租用每秒 2 兆位线路的费用
5	家庭上网率	17	平均每月上网次数和时间
6	因特网接入速度	18	进行网上购物的成人所占的比例
7	通过家庭 PC 上网的用户所占的比例	19	B2C 交易额占 GDP 比例
8	成人上网的比例	20	B2B 交易额占 GDP 比例
9	在家或单位上网的成人所占的比例	21	政府在线服务渗透程度
10	使用因特网的成人所占的比例	22	电子政务发展水平
11	上网成人的性别差异	23	电子商务准备度
12	上网成人的年龄差异		

① 哈佛大学国际发展中心:《全球信息技术报告 2001－2002:准备进入网络化世界》,全球经济论坛,2002 年。

② 国际数据公司(IDC):"信息社会指数(ISI)"。

③ 英国信息时代联盟(IAP):《国际电子经济对比:世界最有效的电子经济政策》,2002 年。

④ 韩国电算院:《2002 年国家信息化白皮书》,2002 年。

⑤ 工业和信息化部:《国家信息化指标构成方案》,信部信[2001]434 号文件。

⑥ 澳大利亚信息经济办公室:《澳大利亚目前在排行榜上的地位》报告,2002 年。

本文认为，无论采用几层指标体系，按本报告对信息化的定义，所有要素均可以归纳为信息化基础环境指数和信息化社会环境指数两个方面。其中，信息化基础环境指数主要用来衡量信息化基础设施建设水平，信息化社会环境指数是对社会信息化政策、法规、人力资源等发展水平的评价。

2. 评估体系算法实现

当指标体系确定后，各信息化评估体系均采用如下计算公式来确定最后评分：

$$\Pi = \sum_{i=1}^{n} \left(\sum_{j=1}^{m} P_{ij} W_{ij} \right) * W_i$$

其中，Π 代表最终信息化得分，n 为第一级评估要素数量，m 表示下一级评估要素指标数量，P_{ij} 为第 i 个构成要素的第 j 项指标标准化后的得分值，W_{ij} 为 P_{ij} 的权重，W_i 为第 i 级评估要素的权重。

(二)信息安全评估体系

1. 信息安全评估的目的与过程

保障信息系统产品和技术的安全性，是保证国家、行业、企业信息安全的基础。因此，针对信息系统产品和技术，制定相关的评估和评价标准是非常必要的。但除此之外，还应站在经济运行和社会发展高度，从更宏观角度对信息安全评估问题进行研究，制定相关的标准。现今，信息安全风险问题已备受关注，信息安全风险的评估测量方面的研究比较丰富。本报告认为信息安全评估应遵循一定的步骤，如图 4 所示。

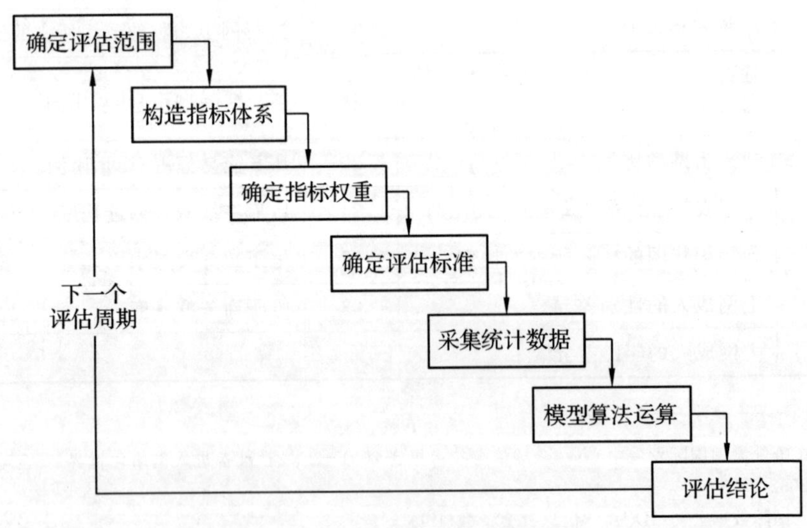

图 4　信息安全评估过程

站在宏观层面，可以从五个维度对信息安全评估，这五个维度分别是信息化战略、管理、技术、操作和环境，它们之间的关系如图 5 所示。

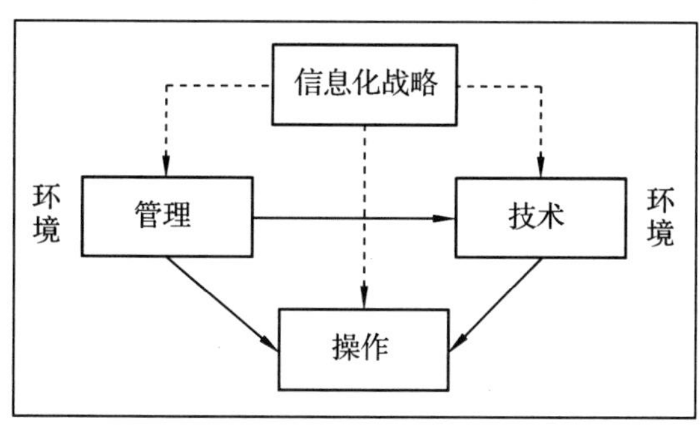

图 5　五维度信息安全评估

2. 信息安全指标体系

指标体系的科学性影响评价结果是否能够正确反映测量对象的真实状况。合理的信息安全指标体系可以明示风险所在，为管理决策和控制提供有益的指导。因此，应该选取多少指标和选取哪些指标是值得深入思考的问题。如果指标选得太少，就难免有失偏颇，缺乏全面性，从而使结果过于片面；而当选取得太多，又难免会产生重叠，干扰最终的评价结果。本报告认为，信息安全评估体系应是一个层次化的体系，如图 6 所示。

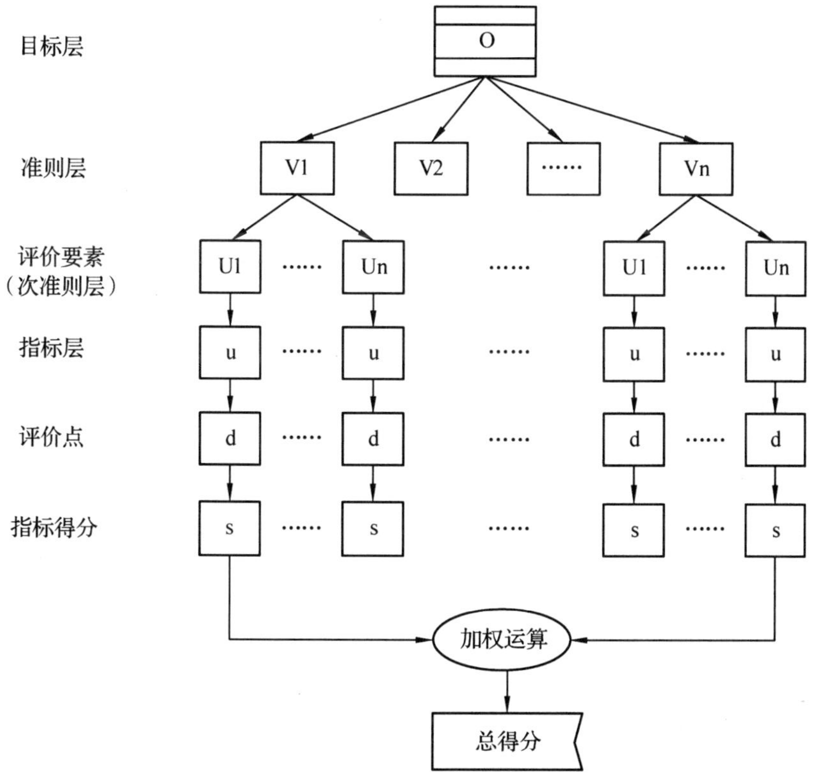

图 6　指标细化模型

(三)信息安全综合评价方法

1. 指标的量化和无量纲化

指标体系建立之后，应该先对指标进行量化。多数情况下，由于各个评价指标的意义不同、评价的要素不同，因此各个指标经常不能直接综合在一起，要先经过无量纲化的处理。数据的无量纲化也叫标准化、规格化，是通过数学变化消除量纲影响的方法。

2. 指标权重的确定

可以使用主观赋权法或者客观赋权法针对各层指标确定权重。其中主观赋权法包括德尔菲法和层次分析法等；客观赋权法是根据指标数值变异程度按照一定的规则自动进行赋权的方法，包括均比重权重赋权法、变异权重赋权法、排序权重赋权法等。值得说明的是，由于评价者往往通过客观情况进行主观判断，因此主观赋权法也有其客观性，因而主观赋权法常常被采用。层次分析法就是赋权时常用的一种方法。无论是采用主观赋权法还是客观赋权法，只要能够准确、真实地反映评价指标的重要性程度，就是可以采用的方法。

3. 指标数据的采集

在对信息安全风险进行评价时，根据具体的评价对象和评价内容，一般会采用问卷调查、技术测试工具和收集统计数据等采集指标数据，从而进行评价。

4. 综合评价

综合评价的方法很多，各种方法的出发点不同，解决问题的思路也不同，各有优缺点，适合于不同的场合。在信息安全领域，目前常用的综合评价方法有：信息系统安全风险的属性评估方法、AHP-FUZZY 综合评价方法，基于灰色理论的评价方法、基于粗糙集理论的评价方法。

五、北京市信息安全保障的政策建议

北京市信息安全保障体系是多层面、多方位的，它的建设工作应当有总体规划，应当有全局意识。在新时期、新形势下，新技术、新应用层出不穷，新问题、新挑战不断涌现，各方面的信息安全保障工作，亟待做出战略部署，需要加强协调，形成整体，形成合力。

(一)构建信息安全管理参考模型与标准

目前信息安全体系结构有几种模型，比较常用的一种是面向网络安全服务层次的模型，是由国际标准化组织(ISO)提出的符合 OSI(Open Syetem Interconnection，开放式系统互殊)网络安全框架；另一种是面向安全过程的安全结构模型 PDR(Protection Detection Recovery)。此外，美国的“美军全国防信息系统安全计划(DISSP)”也提出了一种面向网络安全实体的安全体系结构

DGSA(Department of Defence Goal Security Architecture)。OSI 的安全体系结构的内容主要包括安全服务、安全机制、安全管理等，是一个大而全的设计，对整个完全体系的构建具有重要的指导意义。安全体系应该是多层次、多方面的，必须能够完整描述信息安全建设所要实现的最终形态。从对安全体系的研究来看，体系的表述可以通过多种途径来进行，比如非常具体的框架，或者是比较抽象的模型，无论表现形式如何，都应该让安全体系能为信息安全的解决方案和工程实施提供依据和参照。

(二)完善信息安全法律体系

为完善国家信息安全保障体系，首先应制定和完善我国信息安全法律法规，依法加强信息安全管理，及早建立并完善我国信息安全的法律体系。信息安全法律体系应当依据宪法和国家信息安全保障的总体框架，制定信息安全的基本法以及与之相配套、相协调、相统一，并且与现有法律规范相衔接的信息安全法律、法规和部门规章，形成一个能够基本覆盖信息安全各种法律关系、调整范围、主要内容的相互关联的有机整体。

(三)规范信息安全标准体系

近几年，我国有关部门对全球信息安全发展态势进行了积极跟踪和研究，并分别实施了一些信息安全产品的评价、许可或采购管理制度，对信息安全的保障工作起到了积极作用。但由于存在多部门管理和重复检测与评估问题，给企业带来很多不必要的负担，所以迫切需要建立国家统一的信息安全认证认可体系。

《中华人民共和国国民经济和社会发展第十二个五年规划纲要》将“加强网络与信息安全保障”列为重要内容，强调要完善信息安全标准体系和认证认可体系，实施信息安全等级保护、风险评估等制度，这是我国在五年规划中第一次明确提出信息安全认证的问题。由于信息安全产品日益表现出的应用价值，目前国际上越来越多的专业机构也开始致力于对信息安全产品的测评、认证，以期为用户或者企业提供更为专业的服务和建议。

(四)加强信息安全技术体系

我国现有的信息安全技术、产品和服务，已经基本上满足我国信息安全的需求，但在骨干、高端、高性能方面，还缺乏自主创新性的产品，用新产品新技术去引导市场，完全实现“技术引领、技术驱动”还是有困难的，国家急需加紧研究开发自主可控、安全可靠的新一代信息隔离和交换技术与产品，满足不同网络之间信息交换的现实合法需求，用先进的技术手段来保障信息安全。

(五)落实信息安全监管体系

建立与完善信息安全监管体系，实现全方位的有效监管，包括对信息网络和信息系统安全监管，对涉密信息进行监管，对密码进行监管，对互联网进行监管，对信息安全产品进行监管，对安全服务单位资质、检测机构资质和安全从业人员资质进行监管，对互联网域名、IP地址和网络服务提供商等的管理；建立和完善信息安全监控体系，包括有效地监视和控制违法犯罪、病毒入侵、黑客攻击以及系统安全状况，提高发现、控制、跟踪和反制能力，从而有效地对网络和系统实施保护，保障信息安全。坚持齐抓共管、密切协作，进一步完善部门与部门之间、政府和企业之间的联动机制，要不断拓展和提高网络信息技术支撑服务水平，加强信息资源的共享，加强行政监管和技术支撑之间的协调配合，做好应对各类网络信息安全事件的准备，不断提高网络与信息安全管理整体工作水平。

(六)建立信息安全应急体系

为了确保信息安全，防范和处置危害国家安全、社会稳定和信息网络安全的重大事件和重大威胁，《国家网络与信息安全事件应急预案》初步建立了涉及多行业多领域，包括安全监测、事件预警、应急处置支撑机制等在内的国家信息安全应急保障体系。

参考文献

[1] 翟健宏：《信息安全导论》，北京：科学出版社，2011年。
[2] 牛少彰：《信息安全导论》，北京：国防工业出版社，2010年。
[3] 李红娇：《信息安全概论》，北京：中国电力出版社，2012年。
[4] 陈旭东：《基于电子政务平台信息安全体系建设的研究》，复旦大学硕士学位论文，2009年。
[5] 张林：《我国政府政务信息安全防范体系研究》，上海交通大学硕士学位论文，2009年。
[6] 何振、曹丹：《电子政务建设中的信息安全问题及其对策探讨》，《湘潭大学学报(哲学社会科学版)》，2009年第3期。
[7] 工业和信息化部软件服务业司：《促进产业创新发展 提升信息安全保障能力——〈信息安全产业“十二五”发展规划〉解读》，《中国电子报》，2012年2月24日，第12版。

（作者：张真继 北京交通大学教授）

项目名称：政府管制、市场竞争与首都文化生产力发展
项目编号：06BdKD016
项目负责人：王洛忠
项目信誉保证单位：北京师范大学

我国基本公共文化服务：指标体系构建与地区差距测量

内容提要： 利用“十一五”时期以来的统计数据，测算了我国基本公共文化服务发展指数和基尼系数，对31个省份的基本情况进行排序，并衡量不同省份和地区间基本公共文化服务均等化的相对差距。研究显示：我国地区间基本公共文化服务不均等特征明显；经济发展水平仅能部分反映地区基本公共文化服务发展水平；东部地区基本公共文化服务不均等化程度高于中西部地区。为此，应强化政府的公共文化服务职能，制定基本公共文化服务均等化标准，增强公共财政保障能力，创新公共文化服务供给模式，促进我国基本公共文化服务均等化发展。

公共文化服务是政府公共服务的重要内容，是服务型政府的重要职能。近年来，实现基本公共文化服务均等化已被纳入中央和地方政府的政策议程。要推动我国基本公共文化服务均等化发展，必须对基本公共文化服务均等化的现状进行科学的定量评估，但目前学术界对基本公共文化服务均等化的研究却大多采用定性研究的方法。

一、基本公共文化服务及其均等化的内涵

尽管基本公共文化服务及其均等化已经成为实务界和理论界共同关注的热点问题，但我国学术界尚未对基本公共文化服务及其均等化的内涵给出一个准确的界定。结合我国的社会背景和已有研究成果，我们从三个层面对基本公共文化服务的内涵进行解析：第一，参考公共产品的定义和分类，公共文化服务包括准公共文化服务和基本公共文化服务，前者如具有一定排他性或竞争性的文化产业，后者如公共图书馆、公共群艺馆等，是“纯度”最高的公共文化服务，它往往具有准入的非排他性、使用的非竞争性和较强的外溢性，因此向公众提供基本公共文化服务构成了政府必须履行的基本职责。第二，就基本公共文化服务的基础性作用来看，它扮演着类似于“基础货币”的

角色，基本公共文化服务每增加一个单位会通过“乘数效应”带来公共文化服务总量成倍放大的效应。第三，从消费需求的角度看，基本公共文化服务满足的是人们对公共文化服务低层次、无差异的消费需求。

所谓基本公共文化服务均等化，是指一个国家或地区在现有的资源约束条件下，通过政府公共财政和公共政策的作用，让全体公民都能公平可及地获得大致均等的基本公共文化服务，其核心是机会均等，而不是简单的平均化和无差异化。基本公共文化服务的范畴和程度具有广覆盖、保基本、低水平的特征。

二、基本公共文化服务发展指标体系

结合对基本公共文化服务内涵的界定，我们确立了两级指标体系。在一级指标体系中包括投入和产出两个指标；在投入维度下设置文化事业费占财政支出比重、人均文化事业费和公共图书馆人均购书费三个二级指标。在产出维度下设置每万人公共图书馆数量、每万人群艺馆数量和公共图书馆人均藏书册三个二级指标。采用德尔菲法对相应指标的权重进行赋值，如表1所示。

表1　基本公共文化服务指标设计及权重设置

一级指标	一级指标权重	二级指标名称	二级指标权重
投入	57%	文化事业费占财政支出比重	30%
		人均文化事业费	35%
		公共图书馆人均购书费	35%
产出	43%	每万人公共图书馆数量	30%
		每万人群艺馆数量	30%
		公共图书馆人均藏书册	40%

根据上述指标的特性采取数据标准化方法。标准化值=某省观测原值/所有省观测最大值。所有指标经过标准化处理后，其指标值均分布在0—1之间，1代表最高水平。发展指数的计算公式为：某省(区、市)基本公共文化服务发展指数$=\sum_{i=1}^{m} a_i * A_i$，其中，$A_i$表示第$i$个一级指标，$a_i$表示$A_i$的权重，$m$表示一级指标个数。$A_i=\sum_{n_j}^{i=1} b_{ij} * B_{ij}$，其中，$B_{ij}$表示一级指标$A_i$中的第$j$个二级指标，$b_{ij}$表示$B_{ij}$的权重，$n_j$表示$A_i$对应的二级指标个数。

我们仿照基尼系数的测算原理来构建基本公共文化服务基尼系数，以此来衡量基本公共文化服务的不均等化程度，如图1所示。

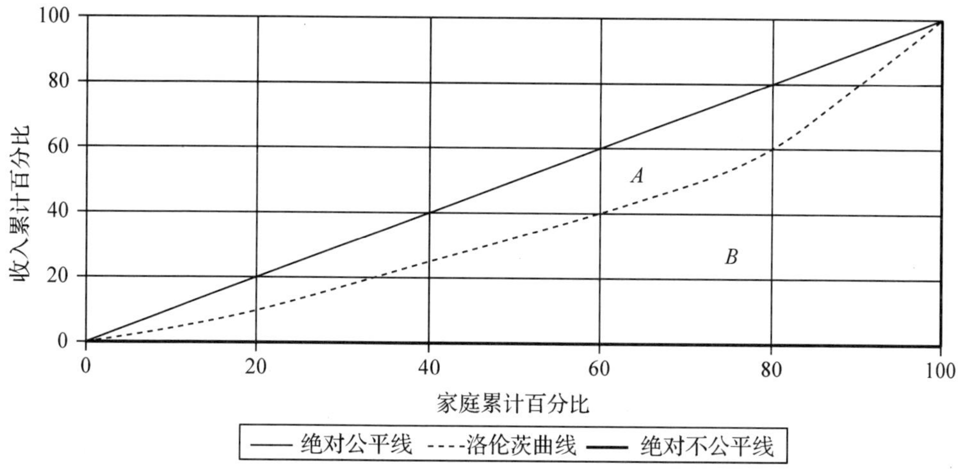

图1　洛伦茨曲线与基尼系数的计算

从图1可以看出，根据基尼系数计算公式 $G=\frac{A}{A+B}$，为了计算基尼系数 G，首先需要计算 A 的面积。由于实际洛伦茨曲线是一条弯曲的线，无法直接计算 A 的面积，只能采用某种方法近似计算。我们设 Y_i 代表 i 省份公共文化资源量占全国公共文化服务供给量的比重，P_i 代表 i 省占全国总省份的比例，$(\sum P_i)'$表示累计到第 i 组的公共文化服务供给量的累计量。第一步，计算各省公共文化服务供给量的百分比；第二步，按公共文化服务供给量从低到高将各省排队；第三步，各组的 Y_i 和 P_i 相乘，求得$\sum Y_iP_i$；第四步，计算各省数量累计$(\sum P_i)'$，将$(\sum P_i)'$与 Y_i 相乘，再相加，求得$\sum(\sum P_i)'Y_i$。根据基尼系数计算公式 $G=\frac{A}{A+B}$，其中，$A+B$ 的面积即是三角形 OPY 的面积：$\frac{1}{2}\times 100\%\times 100\%=\frac{1}{2}$。因此，只要求出 A 的面积即可。其中，$\sum(\sum P_i)'Y_i$ 为图中5个阴影矩形的总面积，从中减去三角形 OYY' 的面积：$\frac{1}{2}\times 100\%\times 100\%=\frac{1}{2}$，再减去五个阴影矩形与洛伦茨曲线交界处凸出的五个近似三角形的总面积$\frac{1}{2}\sum P_iY_i$，即得 A 的面积。代入基尼系数计算公式，得

$$
\begin{aligned}
G &= \frac{A}{A+B} \\
&= \frac{\sum(\sum P_i)'Y_i-\frac{1}{2}-\frac{1}{2}\sum P_iY_i}{\frac{1}{2}} \\
&= 2\sum(\sum P_i)'Y_i-1-\sum Y_iP_i
\end{aligned}
$$

三、基本公共文化服务发展的实证测算

(一)省(区、市)基本公共文化服务发展指数排序

我们使用的原始数据主要来源于《中国统计年鉴 2010》、《中国文化文物统计年鉴 2010》、《中国社会统计年鉴 2010》。根据基本公共文化服务发展指数的计算方法，计算结果如表 2 所示。

表 2 “十一五”末期不同省份基本公共文化服务发展指数及其排名

省份	文化事业费占财政支出比重	人均文化事业费	公共图书馆人均购书费	每万人公共图书馆数量	每万人群艺馆数量	公共图书馆人均藏书册数	基本公共文化服务指数	排名
上海	0.6047	1	1	0.1912	0.7137	1	0.7911	1
北京	0.8837	0.8474	0.2493	0.1732	0.5408	0.2647	0.5075	2
浙江	1	0.435	0.2205	0.2347	0.6083	0.2059	0.4459	3
福建	0.7093	0.5174	0.3475	0.3197	0.4186	0.2647	0.4346	4
新疆	0.4767	0.4906	0.0415	1	0.4968	0.2059	0.4162	5
云南	0.8372	0.4218	0.0901	0.4052	0.3374	0.2059	0.3765	6
陕西	0.3372	0.4779	0.0431	0.1747	1	0.0588	0.3233	7
河北	0.5233	0.401	0.04	0.5909	0.1524	0.1176	0.2936	8
广西	0.7326	0.3172	0.0751	0.2932	0.1373	0.1176	0.2793	9
海南	0.6512	0.2151	0.0409	0.4656	0.3193	0.0882	0.2788	10
河南	0.7093	0.264	0.051	0.2968	0.2144	0.1176	0.2703	11
重庆	0.5116	0.3006	0.0415	0.5516	0.1283	0.1176	0.2637	12
山西	0.6279	0.251	0.1455	0.1748	0.197	0.1471	0.2597	13
江苏	0.4535	0.2572	0.1097	0.3754	0.1831	0.1765	0.2531	14
辽宁	0.5349	0.3199	0.0594	0.3051	0.1588	0.1471	0.2523	15
天津	0.5	0.2166	0.1157	0.1787	0.3225	0.1471	0.2417	16
四川	0.4884	0.2054	0.0361	0.3761	0.3495	0.0882	0.2405	17
青海	0.6279	0.1784	0.0409	0.4156	0.0981	0.0882	0.2326	18
西藏	0.4767	0.1909	0.0447	0.447	0.1501	0.1176	0.2258	19
贵州	0.5349	0.1925	0.0595	0.1905	0.1937	0.1176	0.2115	20
吉林	0.5116	0.183	0.0384	0.2369	0.1613	0.1176	0.2032	21

续表

省份	文化事业费占财政支出比重	人均文化事业费	公共图书馆人均购书费	每万人公共图书馆数量	每万人群艺馆数量	公共图书馆人均藏书册数	基本公共文化服务指数	排名
山东	0.407	0.1846	0.038	0.331	0.1516	0.1176	0.1965	22
黑龙江	0.4419	0.1612	0.025	0.3086	0.1636	0.0882	0.1888	23
湖北	0.5	0.1438	0.0433	0.2006	0.1141	0.1176	0.1836	24
甘肃	0.4535	0.1499	0.0408	0.2608	0.0652	0.1176	0.1779	25
内蒙古	0.4302	0.1545	0.0305	0.2414	0.1546	0.0882	0.1767	26
江西	0.3721	0.1468	0.0273	0.2373	0.1379	0.0882	0.1619	27
宁夏	0.4302	0.1499	0.015	0.3101	0.0312	0.0588	0.1606	28
湖南	0.3953	0.1033	0.0153	0.1896	0.2237	0.0588	0.1547	29
广东	0.3256	0.1027	0.0243	0.2953	0.1912	0.0588	0.1539	30
安徽	0.3605	0.1186	0.0278	0.1839	0.1699	0.0588	0.1466	31

（二）波士顿矩阵聚类分析

我们通过分析“十一五”时期以来的历史数据，借用聚类分析方法和波士顿矩阵的思路来定位各省（区、市）基本公共文化服务的相对差距。各省的定位见表3。

表3　基本公共文化服务波士顿矩阵定位

	高基数	低基数
高增长	明星区（Stars） 上海、北京	问号区（Question Marks） 福建、新疆、海南、重庆、河北、青海、西藏、贵州、内蒙古
低增长	金牛区（Cash Cows） 浙江、云南、陕西、广西、广东、山西、江苏、辽宁、天津、四川	瘦狗区（Dogs） 吉林、黑龙江、山东、湖北、甘肃、江西、宁夏、湖南、河南、安徽

从表3可以看到，各省坐落于四个象限，分别为：高基数高增长的明星区、高基数低增长的金牛区、低基数高增长的问号区和低基数低增长的瘦狗区。从这四类区域看，上海、北京位于明星区，也就是“双高”省份。这两地分别是我国的经济中心和政治中心，经济实力优势明显，地区综合实力强，指数体系的各项指标几乎都高于其他省份，因而水平最高。位于问号区的省份有福建、新疆、海南、重庆、河北、青海、西藏、贵州、内蒙古。这九个

省份在基本公共文化的基数上较低，但增长速度很快，具有后发优势，并且在多数省份中人均指标排名靠前，非常值得关注。相比而言，金牛区的浙江、云南、陕西、广西、广东、山西、江苏、辽宁、天津、四川10个省份在基数上有较高的水平，但由于人口基数大、对公共文化事业投入不足等原因，增速缓慢，传统优势变得不再明显，应当给予关注。而瘦狗区的省份，其基数和增速都处于劣势，位于这个区间的省份包括吉林、黑龙江、山东、湖北、甘肃、江西、宁夏、湖南、河南、安徽。它们的基础比较弱，发展的后劲也不强，更值得关注。

(三)基于二级指标的指数分解

在本研究中，基本公共文化服务发展指数由文化事业费占财政支出比重、人均文化事业费、公共图书馆人均购书费、每万人公共图书馆数量、每万人群艺馆数量、公共图书馆人均藏书册数六个二级指标构成。对基本公共文化服务发展指数在以上六个方面的分解有利于深入理解不同省份的公共文化服务水平。在此部分研究中，本文除了测算各指标的变异系数、基尼系数等常规测量维度外，还将对六个经过标准化的二级指标进行进一步分解：第一步，计算31个省、市、区六个二级指标的平均值；第二步，分别用各省份的六个二级指标的指数值减去所有省份的平均值(即计算各省份六项二级指标相对于平均值的离差)；第三步，根据以上两步画柱状图。如果某省份某一项二级指标大于零，说明该省份在该项二级指标好于31个省份的平均值。此外，利用这种分解方法，我们也可以大致观察某个省份在六项二级指标的发展上的平衡性问题。

从图2的分解结果来看，大多数省份在六项指标的发展上都体现出不平衡的特征。例如，河南在文化事业费占财政支出比重方面高于全国平均水平，但在另外五个指标方面均低于全国平均水平；江苏在公共图书馆人均购书费、每万人公共图书馆数量、公共图书馆人均藏书册三个指标方面高于全国平均水平，但在其他三个指标方面低于全国平均水平；北京、福建、浙江、上海四个省市每万人公共图书馆数量低于全国平均水平，但在另外五项指标上高于全国平均水平。此外，一些省份的六项指标均低于全国平均水平，除广东外，这些省份均来自中西部地区，包括安徽、黑龙江、湖北、湖南、吉林、江西、甘肃、贵州、内蒙古和宁夏等。可以推断，一个省份的基本公共文化服务水平与该省份财政实力具有较强的相关关系。因此，从促进基本公共文化服务均等化的角度来说，中央政府应当注重在公共文化服务领域加强对中西部经济发展水平落后地区的转移支付。

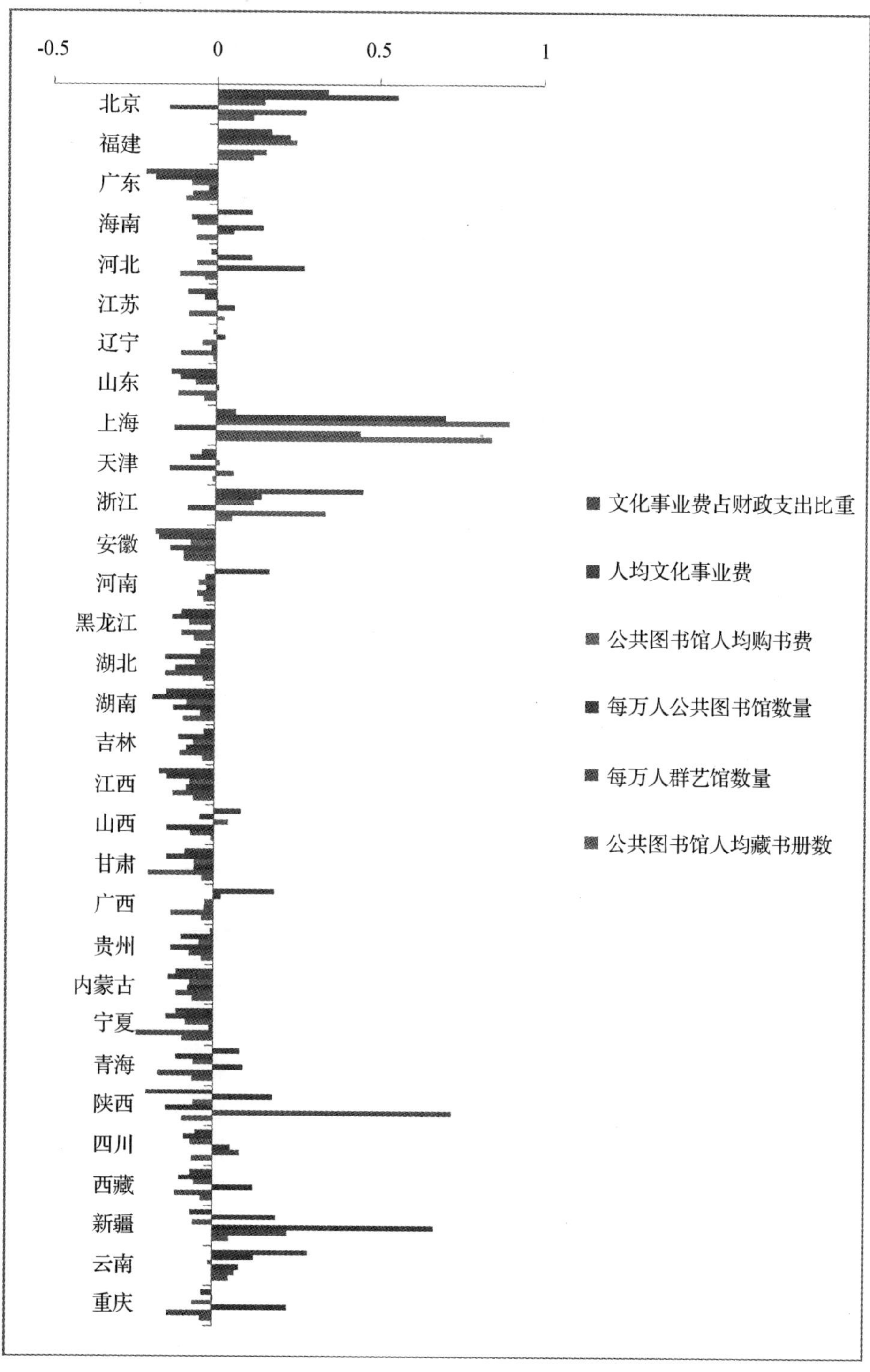

图 2　基本公共文化服务发展指数二级指标分解情况

(四)基本公共文化服务发展指数排序与人均GDP排名对比情况

表4是省(区、市)基本公共文化服务发展指数与人均GDP的排名对比情况。从省(区、市)基本公共文化服务发展指数排名的整体情况来看，东部省份较为发达，中西部省份相对落后。然而，省(区、市)基本公共文化服务发展指数与省(区、市)人均GDP存在相当程度的差异。例如，云南、广西、新疆三个省份的基本公共文化服务发展指数排名远远高于人均GDP排名，名列前三名；广东、内蒙古、山东三个省份的基本公共文化服务发展指数排名严重落后于人均GDP排名，名列倒数前三名。从各省份基本公共文化服务发展指数的实际值和人均GDP的比较来看，可以发现人均GDP高的省份，基本公共文化服务发展指数并不一定突出。例如，比较江苏和四川两个省份，江苏人均GDP是四川人均GDP的约2.5倍，但两者的基本公共文化服务发展指数差不多；天津人均GDP是广西人均GDP的约3.8倍，但基本公共文化服务发展指数落后于广西；广东人均GDP是安徽人均GDP的约2.4倍，但基本公共文化服务发展指数仅略高于安徽。

表4 基本公共文化服务指数与人均GDP的排名对比

地区	基本公共文化服务指数	基本公共文化服务指数排名	人均GDP(元)	人均GDP排名	排名差异
上海	0.7911	1	77205	1	0
北京	0.5075	2	70234	2	0
浙江	0.4459	3	44895	4	−1
福建	0.4346	4	33106	10	−6
新疆	0.4162	5	19119	21	−16
云南	0.3765	6	13687	29	−23
陕西	0.3233	7	20497	17	−10
河北	0.2936	8	24583	12	−4
广西	0.2793	9	16576	26	−17
海南	0.2788	10	18760	22	−12
河南	0.2703	11	21073	15	−4
重庆	0.2637	12	20219	18	−6
山西	0.2597	13	20779	16	−3
江苏	0.2531	14	43907	5	9
辽宁	0.2523	15	34193	9	6
天津	0.2417	16	63395	3	13

续表

地区	基本公共文化服务指数	基本公共文化服务指数排名	人均 GDP(元)	人均 GDP 排名	排名差异
四川	0.2405	17	17289	24	−7
青海	0.2326	18	18346	23	−5
西藏	0.2258	19	15294	28	−9
贵州	0.2115	20	9214	31	−11
吉林	0.2032	21	25906	11	10
山东	0.1965	22	35893	8	14
黑龙江	0.1888	23	21593	14	9
湖北	0.1836	24	22050	13	11
甘肃	0.1779	25	12882	30	−5
内蒙古	0.1767	26	37287	7	19
江西	0.1619	27	15921	27	0
宁夏	0.1606	28	19642	19	9
湖南	0.1547	29	19355	20	9
广东	0.1539	30	39978	6	24
安徽	0.1466	31	16656	25	6

如图 3 所示，处在横轴下方的为基本公共文化服务发展指数排名高于人均 GDP 排名的省份，而处在横轴上方的则是基本公共文化服务指数排名低于人均 GDP 排名的省份，柱状图上的数字代表排名的具体差异值。

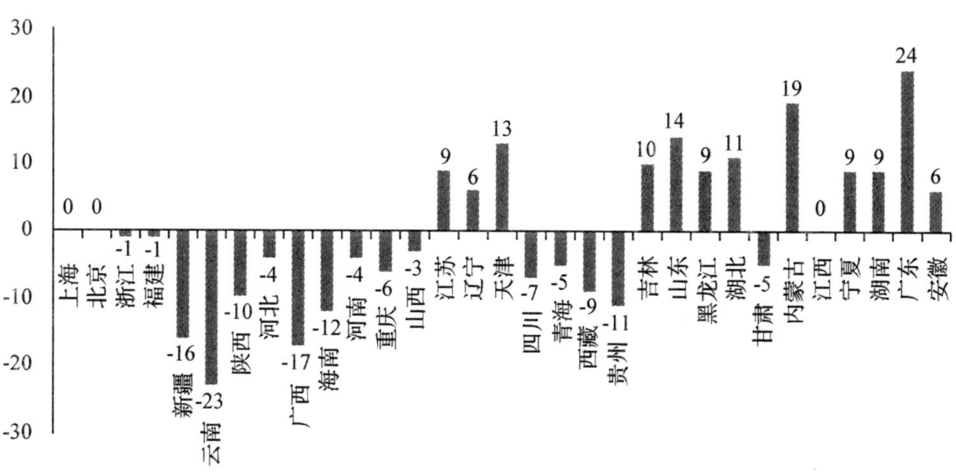

图 3　基本公共文化服务发展指数排名与人均 GDP 排名的差异

通过比较不同省份基本公共文化服务发展指数和人均 GDP 的排名差异，我们可以得出如下结论：人均 GDP 仅能部分地反映基本公共文化服务发展水平，人均 GDP 水平高的省份，基本公共文化服务水平并不一定高。

(五)基本公共文化服务基尼系数测算

表 5　省(区、市)基本公共文化服务指数差异比较

年份	最大值	最小值	极差	平均值	标准差	变异系数	基尼系数
2000 年	0.78	0.16	0.62	0.2953	0.1132	38.34%	0.1760
2005 年	0.82	0.14	0.68	0.2577	0.1365	52.95%	0.2387
2008 年	0.72	0.14	0.58	0.2673	0.1233	46.11%	0.2212
2009 年	0.79	0.15	0.64	0.2743	0.1339	48.80%	0.2314

从表 5 可以看出：虽然不同省份之间基本公共文化服务基尼系数总体而言不是很高，但还是能够看出“十五”时期以来不同省份之间基本公共文化服务差距呈上升趋势，2005 年达到最高值 0.2387。从基本公共文化服务发展指数的变异系数来看，不同省份之间存在比较严重的非均等情况，变异系数在 38.34%～52.95%这一较大的区间内呈现出起伏不定的状态：“十五”时期变异系数不断增大，2005 年达到 52.95%；“十一五”期间，这一变异系数有所回落，但在“十一五”末期仍维持在 48.80%。

从表 6 中可以看出：一是东部地区基本公共文化服务的不均等化程度明显高于中西部地区。二是从均值看，东部地区的不均等化程度都超过了全国平均值，而中西部地区均未超过全国平均值。由此可见，东部地区公共文化服务的不均等特征更为明显。

表 6　东中西部基本公共文化服务基尼系数

年份	东部地区	中部地区	西部地区	均值
2000 年	0.211679	0.106187	0.14576	0.154542
2005 年	0.283813	0.093674	0.168039	0.181842
2008 年	0.260677	0.121248	0.156204	0.179376
2009 年	0.257337	0.121112	0.164478	0.180976

四、主要结论与对策建议

通过以上实证分析，可以得出如下结论：从整体来看，东部地区各省份基本公共文化服务发展水平高于中西部地区，这与东部地区各省份的财政实力具有较强的关系；多数省份在基本公共文化服务的二级指标上表现出不平

衡的特征；人均 GDP 排名较高的省份，基本公共文化服务发展指数的排名不一定靠前；“十五”时期以来，我国地区间基本公共文化服务的不均等化程度有所提高，东部地区各省份之间基本公共文化服务的不均等特征更为明显。根据以上研究，提出以下对策建议：

第一，制定并实施基本公共文化服务均等化标准。构建基本公共文化服务体系，实现基本公共文化服务均等化，让广大人民群众共享我国文化大发展、大繁荣的成果，是一个事关社会主义核心价值体系的维系与我国经济社会又好又快发展的重要问题。但我国基本公共文化服务均等化缺乏科学的制度安排和明晰的操作标准。目前，仅有浙江省制定了《基本公共服务均等化行动计划(2008—2012)》，广东省制定了《基本公共服务均等化规划纲要(2009—2020)》，对省级基本公共文化服务均等化的标准、阶段性目标和相关政策措施等做了明确的规定；2012 年 7 月，国务院制定并印发了《国家基本公共服务体系“十二五”规划》(以下简称《规划》)，对文化体育、教育就业、医疗卫生等领域公共服务的重点任务、基本标准和保障工程做出了明确规定，标志着我国基本公共服务均等化已经从基本理念上升为国家实践，也意味着我国基本公共服务体系建设将进入一个新的历史阶段；但遗憾的是：《规划》对基本公共文化服务及其均等化的标准规定，远不如对公共教育服务、劳动就业和社会保险服务、医疗卫生服务、基本住房保障服务等规定得具体翔实。因此，国家和各省市下一步首先要考虑的就是：以《规划》为蓝本，制定一套更加完整科学、具体翔实的基本公共文化服务标准体系。

第二，强化政府的公共文化服务职能。建立惠及全民的基本公共文化服务体系，既要不断增加公共文化服务的总量，向社会提供更多更好的公共文化产品，又要着力优化基本公共文化服务的结构与布局，实现公共文化服务均等化。牢牢把握基本公共文化服务的公益性质，明确政府的主体责任，让政府承担基本公共文化服务的提供者、公共文化市场的培育者和基本公共文化服务均等化的推动者等重要角色；努力完善政策引导、立法保障、财政支持、管理运行和监督问责机制，形成保障基本公共文化服务均等化的长效机制；打破行业分割和地区分割，加快城乡基本公共文化服务体系一体化建设，大力推进区域间制度统筹衔接，加大公共文化资源向农村、贫困地区和社会弱势群体倾斜力度，实现基本公共文化服务体系覆盖全民。

第三，健全公共财政制度，增强公共财政保障能力。公共财政是政府提供基本公共文化服务的物质基础，要建立与经济发展和政府财力增长相适应的基本公共服务财政支出增长机制，切实增强各级财政特别是县级财政提供基本公共服务的保障能力。首先，要按照完善公共财政体制的总体要求，优化财政支出结构，逐步降低财政用于公共投资的比重，让公共财政逐步退出市场竞争领域，更加致力于公共服务的提供和公共秩序的维护，逐步提高基本公共文化服务支出比重；其次，通过立法形式明确划分各级政府的财权和事权，合理界定中央政府与地方政府的基本公共文化服务的支出范围和责任，重点强化省级政府在基本公共文化服务中的支出责任。另外，要改革和完善现行转移支付制度。科学设置、合理搭配一般性转移支付和专项转移支付；增加一般性转移支付特别是均衡性转移支付规模和比例，规范专项转移支付，加快完善省以下转移支付制度；建立转移支付资金使用效果评估制度，切实提高转移支付资金使用效果，充分发挥转移支付资金促进基本公共文化服务均等化的积极作用。

第四，创新公共文化服务供给模式，构筑公共文化服务多元主体共生治理的制度框架。鼓励和引导社会资本参与博物馆、文化馆、图书馆等基本公共服务设施建设和运营管理；积极推行政府购买、特许经营、合同委托、服务外包等提供基本公共文化服务的方式；充分发挥公共投入引导和调控作用，探索财政资金对非公立基本公共文化服务机构的扶持办法，健全社会资本投入基本公共文化服务的激励相容机制。在坚持政府主导的前提下，充分发挥市场机制作用，推动基本公共文化服务提供主体和提供方式多元化，加快建立政府主导、社会参与、公办民办并举的基本公共文化服务供给模式。

参考文献

[1]《中共中央关于深化文化体制改革 推动社会主义文化大发展大繁荣若干重大问题的决定》，《人民日报》，2011年10月26日，第1版。

[2]边继云：《河北省城乡公共文化均等化存在问题及产生原因》，《河北科技师范学院学报》，2009年第4期。

[3]陈立旭：《推动基本公共文化服务均等化》，《浙江社会科学》，2011年第12期。

[4]杨永、朱春雷：《公共文化服务均等化三维视角分析》，《理论月刊》，2008年第9期。

[5]张桂琳：《论我国公共文化服务均等化的基本原则》，《中国政法大学学报》，2009年第5期。

[6]曹爱军：《基层公共文化服务均等化：制度变迁与协同》，《天府新论》，2009年第4期。

[7]贾旭东：《文化创新的政府干预与公共财政》，李景源、陈威：《中国公共文化服务发展报告(2009)》，北京：社会科学文献出版社，2009年。

[8]蒋建梅：《政府公共文化服务体系绩效评价研究》，《上海行政学院学报》，2008年第7期。

[9]“构建文化强省(市)指标评估体系研究”课题组：《文化强省(市)指标体系：逻辑演进抑或多维评估》，《改革》，2011年第11期。

[10]毛少莹：《公共文化服务绩效评估指标体系的建构》，李景源、陈威：《中国公共文化服务发展报告(2007)》，北京：社会科学文献出版社，2007年。

[11]浙江省人民政府：《基本公共服务均等化行动计划(2008—2012)》，《浙江经济》，2008年第19期。

[12]广东省人民政府：《基本公共服务均等化规划纲要(2009—2020)》，广东省人民政府网

http：//zwgk. gd. gov. cn/006939748/200912/t20091214 _ 11575. html.
[13]《国家基本公共服务体系“十二五”规划》，《人民日报》，2012 年 7 月 20 日，第 13—16 版。

（作者：王洛忠　北京师范大学副教授
李　帆　中国发展研究基金会研究人员）

项目名称：首都动画产业产业链构建研究
项目编号：11WYB007
项目负责人：陈淑姣
项目信誉保证单位：北京电子科技职业学院

北京动画产业链构建研究

内容提要：本研究通过对北京动画企业、相关政府单位、高校等进行采访调研，用翔实的数据和图表分析了北京动画产业发展存在的问题，并从产业链各环节即前端的资本运营、上游的内容创作、中游的媒体传播、下游的衍生品开发等，进行了原因分析。最后从政府和企业两个层面提出了北京构建动画产业链的建议。从政府层面讲，建议政府围绕产业市场修订产业发展政策，围绕产业形式进行产品质量标准体系的建设，围绕产业环境进行营销宣传服务平台建设，着重培养高端动画创意人才。从企业自身来讲，更需要动画企业提高自身能力，加强自身造血功能，加大力度夯实产业各环节联通产业链。

动画产业是目前我国文化创意产业中发展速度最快、市场参与程度最高、最有发展前景的产业。2006 年 4 月，国务院办公厅转发了《关于推动中国动漫产业发展的若干意见》，提出了推动中国动画产业发展的一系列政策措施。

2006 年，北京市出台了《北京市促进文化创意产业发展的若干政策》，2009 年，出台了《北京市关于支持影视动画产业发展的实施办法》，对动画产业进行政策鼓励和资金扶持。“十一五”期间，北京动画产业有长足的进步，文化创意集聚区形成，带动动画产业规模化发展，动画企业整体制作实力不断增强，动画播映体系逐步完善。但是从总体看，北京乃至全国的动画产业还处在低级产业阶段，良性动画产业链仍然没有构建完成，多数企业还没有找到合理的盈利模式，存在产业发展不平衡、产业核心价值链不突出、产业发展模式不清晰等问题，这些问题影响动画产业进一步发展。

一、概念诠释

(一)动画产业与动漫产业

动画产业的概念有广义和狭义之分。广义的“动画产业”包含动画、漫画、游戏等产业，业界一般称为“大动漫”、“动漫产业”。狭义仅指以“动画”为表现形式的产业，主要指电视动画和电影动画。本研究中只研究狭义的动画产业，不包含漫画产业和游戏产业。

(二)动画产业链

动画产业链指以“创意”为核心，以“动画”为表现形式，以电影电视传播为拉动效应，以衍生产品为主进行盈利的关联增值产业链。包括：上游产业——形象创意、影视动画片的制作生产；中游产业——电视台播出或电影院放映、图书出版发行、音像制品出版发行；下游产业——衍生产品生产和营销、相关业务拓展等环节。上游、中游、下游等环节构成了动画产业的垂直供需链，这是动画产业的主要结构链。

构建产业链，包含了两个层面的含义：一方面是接通产业链，另一个方面是延伸产业链。接通产业链是指将一定地域空间范围内的断续的产业部门，借助某种产业合作形式串联起来；延伸产业链则是将一条既已存在的产业链尽可能地向上下游拓展延伸。产业链向上游延伸一般使产业链进入到基础产业环节和技术研发环节，如动画产业的原创环节，向下游拓展则进入到市场拓展环节，如动画产业的衍生产品开发环节①。

构建产业链的最终目的是在产业链拓展和延伸的过程中，一方面接通了原来产业链断裂的环节，使得整条产业链产生了原来所不具备的利益共享、风险共担方面的整体功能；另一方面衍生出一系列新兴的产业链，通过形成新的产业链，增加了原有产业链的附加价值，体现“1＋1＞2”的价值增值效应②。

二、北京动画产业发展中存在的问题

(一)动画企业规模缩减，龙头企业没有形成

来自国家统计局北京调查总队的公布数据显示，北京动画企业数量逐年减少，从业人员也相应减少，动画企业规模有缩减的趋势。

2009年北京有动画企业145家；2010年北京有动画企业142家，比2009年减少了3家，动画企业增长率为－2.1％；2011年北京动画企业123家，比2010年减少19家，动画企业增长率为－13.4％。

北京能带动产业发展的投资大、抗风险的大型动画企业没有形成。2010年1月18日，文化部、财政部、国家税务总局认定了全国首批18家重点动漫企业，首批35个重点动漫产品。北京市只有一家动画企业和一个作品入选。北京梦幻动画科技有限公司入选重点动漫企业，其出品的《快乐奔跑》入选重点动漫产品。

---

① 龚勤林：《区域产业链研究》，四川大学博士学位论文，2004年。

② 杨公朴、夏大慰：《现代产业经济学》，上海：上海财经出版社，1999年版，第56页。

从上面数据可以看出，北京缺乏有品牌和影响力的动画龙头企业。近些年，北京一些动画企业如北京幸星国际、北京华映星球、北京梦幻动画、北京其欣然动画等动画公司也相继离开北京在外地注册经营。在大力发展文化创意产业的大环境里，动画企业规模却缩减，在税收、流动资金、人才等方面是否有相应的政策支持，政策出台后是否有相应的执行力度，这是需要我们反思的。

(二)总生产能力与首都区位优势不相称

在利好政策扶持下，北京动画企业年生产国产动画片数量大幅提高，原创制作实力不断增强。据国家广电总局统计，北京动画企业 2007 年生产了国产动画片 10 部，总计时间 3 143 分钟；2010 年生产了国产动画片 17 部，总计时间 8 699 分钟；2011 年生产了国产动画片 20 部，总计时间 11 168 分钟。[①]可以看出“十一五”期间，北京动画产业产量稳步增长。

但是另一个方面，北京动画作品质量不高，影响力不强，与首都以文化创意产业为支柱产业的区位优势不相称。

根据国家广电总局的数据显示，2007 年至 2010 年全国电视动画片生产总量十大城市排名，北京产量为 64 部，总计时间 28 578 分钟，位居第 6 名。[②]杭州位居全国十大原创动画片城市之首，产量 126 部，总计时间 89 942 分钟，杭州市生产的动画片分钟数是北京的 3 倍。

2011 年，国家广电总局向全国电视播出机构推荐播出 82 部优秀电视动画片。北京只有三部动画片《熊猫宝宝的故事》、《星游记》、《文字国历险记——浩昊三战怪怪城》被推荐播出，只占推荐动画片部数的 3.66％。

(三)经济效益出现负增长，面临盈利瓶颈

根据北京市统计局发布的数据显示，近三年来，北京动画企业的年总收入增幅不够明显。2009 年动画产业总收入为 4.5 亿元，文化创意产业总收入为 5985.7 亿元，动画产业总收入占文化创意产业总收入的 0.075％；2010 年动画产业总收入为 7.1 亿元，文化创意产业总收入为7 442.3亿元，动画产业总收入占文化创意产业总收入的 0.095％；2011 年动画产业总收入为 6.0 亿元，文化创意产业总收入为 9 012.2 亿元，动画产业总收入占文化创意产业总收入的 0.067 ％；虽然动画产业增速快于文化创意产业，但是几个亿的年收入在文化创意产业年收入千亿的总盘子里太少。2010 年动画产业年利润总额为 0.2 亿元，2011 年利润总额为－0.2 亿元，北京动画产业总利润出现了负

① 盘剑：《中国动漫产业发展报告 2010—2011》，北京：中国社会科学出版社，2012 年版，第 59 页。

② 中国动画学会、北京大学文化产业研究院：《2011 中国动画企业发展报告》，北京：中国科学技术出版社，2011 年版，第 40 页。

增长。

目前，北京大部分动画企业制作的动画产品难以盈利，企业也没有充足的资金投入到新的动画制作和衍生品的开发中，形成“动画片质量低下—播出(放映)率低—衍生产品无力开发—产品回报低、利润低—无力加大投入新动画片的创作，导致新动画片质量依然低下”的状态。高投入、低回报甚至是负利润，不仅严重阻碍了动画企业扩大再生产、衍生品开发，也极大地打击了动画行业从业者的信心。

全国动画产业蓬勃发展，北京动画产业却脚步缓慢，这种状况有多种原因，其中之一是多数动画企业没有清晰的盈利模式，盈利维艰影响了动画企业的再投入和运转，从根本上制约了动画产业的发展。

三、动画企业盈利维艰的原因分析

北京动画产业链的上游、中游、下游的各环节松散、增值价值链开发不充分，产业发展模式不清晰，原创动画制作企业无法实现盈利。

(一)动画产业链的前端——融资困难

北京动画企业“小、散、弱”的特点客观上造成融资难。北京动画产业的主体是注册资金 300 万元以下的中小企业。这些企业规模小、存活率低，没有形成成熟的商业运作模式和稳定的盈利模式，很难获得银行信贷，只能依靠非正规民间融资，但民间融资规模小、成本高，给企业经营带来了困难。

(二)动画产业链的上游——内容创作

原创形成知识产权是动画企业最核心的价值层。原创形成品牌，是推动动画商业化、产业化的原动力，也是动画企业的产业链的始端，是企业获得持续利润实现价值增值的基础。

北京动画企业一直呈现着不凡的原创能力和优势，但北京动画公司生产的影片《魁拔》、《劳拉的星星在中国》等电影动画，有口碑无票房，在市场定位，或者说受众是否欢迎等方面还有待思考。

(三)动画产业链的中游——媒体传播

动画产品发行销售环节是前期制作资金回笼的关键环节，也是后期衍生品开发的基础和铺垫，有效的发行销售模式可以扩大企业产品影响力，提升品牌价值，获得经济效益。如果发行销售环节失败，动画企业内部的价值链就会断裂，无法收益，无法生存。

北京的动画片播映体系完善，但传统播出渠道无法收益，传播价值无法实现增值。

根据调研，北京有相当多的动画企业将产品播出渠道锁定在电视频道。目前电视台收购动画作品超低价与动画制作费是不成比例的。上百集的动画片收购价最多也只有上百万元，比起上千万的制作投入只是九牛一毛，动画产品靠电视台播出几乎没有盈利可言。目前，以电视播出为主渠道具有一定的垄断性，动画企业靠出售版权很难实现投资成本的回收。

(四)动画产业链的下游——衍生品开发

优秀的动画作品通过发行播出，催生了巨大的衍生品市场。衍生品的轮次开发是动画企业获得价值几何倍数增值的有效途径。

北京动画企业较少进行衍生产品原创开发，品牌授权，产业化经营。2011 年北京动画市场，动画衍生品收入为 8 652 万元，占动画总收入 14.4%，但多数企业的衍生品收益是集中代理知名动漫玩具、服饰产品，较少进行原创品牌开发授权或者做进一步的多媒体衍生品开发，更没有产业化经营、规模化生产。

四、北京构建动画产业链的对策

北京要保持动画产业较长时期内平稳快速增长。首先，必须培育市场，优化产业环境，提高动画作品质量，增加经济效益，扭转动画企业举步维艰的生存局面。其次，鼓励原创，建设品牌。原创内容是动画产业发展的基础，对于北京青青树这样坚持打造原创品牌的公司，政府应加大力度进行扶持，扶强扶优，奖励精品，建设优秀且原创的品牌。最后，集中优势，打造龙头企业。对现有企业进行整合，推进动漫资源的有效集聚和整合，培育并发展一批有实力的龙头企业。通过龙头企业的带动、示范和辐射，加强企业间的交流和合作，达到上下游各产业间的相互衔接和延伸。

通过国内外比较研究和对北京市动画行业的调查研究，我们提出了以下几点北京构建动画产业链的对策。发展动画产业需要政府、企业、行业各方面共同努力，打造原创品牌，形成一种有效的原创模式，提高市场竞争力。我们建议：

(一)围绕产业市场修订产业发展政策

1. 建议修订《北京市关于支持影视动画产业发展的实施办法(试行)》

2009 年 4 月北京市出台了《北京市关于支持影视动画产业发展的实施办法(试行)》，文件规定影视动画片“在中央电视台播出每分钟奖励 500 元，收视率在该频道年度排名前 10 位的追加奖励每分钟 2 000 元”。“在北京电视台卫视频道、北京电视台卡酷卫视播出每分钟奖励 300 元，收视率在该频道年度排名前 10 位的追加奖励每分钟 1 500 元”。“北京影视动画机构当年生产的原创影视动画超过 3 000 分钟以上的给予奖励 30 万元”。“北京国家动画产业基地年生产影视动画片产量达到 1 万分钟的奖励 200 万元”。

这些奖励政策的不足之处体现在，其一，以动画产量分钟数为奖励标准，“重量不重质”，间接导致了低成本制作动画片热潮，产生了一批为在央视和地方频道播出而获得补贴奖励的垃圾片。

其二，相对比其他地方省市的奖励制度，北京的奖励扶持力度偏弱。如杭州市，2005 年 2 月，杭州高新区出台了《关于鼓励和扶持动画产业发展的若干意见(试行)》，规定“在中央台播出的二维动画片按 1 000 元/分钟给予奖励，地方台(地级市以上)播出的按 500 元/分钟给予奖励；三维动画片则在二维动画基础上加倍”，北京每分钟播出奖励 500 元是很少的，虽然附加奖励条件“收视率在该频道年度排名前 10 位的追加奖励每分钟2 000元”，但按照排名前 10 或前 20 的奖励条件比较苛刻，央视播出的动画影片有限，一般企业的动画作品很难进入排名前 10 名。可以看出，北京的奖励政策门槛相对来说比较高，奖励扶持力度偏弱。

2. 进行扶持政策的调整，从扶持“制作”转变到扶持“播出”

从 2004 年开始，政府出台多项促进动画产业发展的政策，这近十年时间可以称之为产业初步发展阶段。在初步发展阶段国家对动画产业的重点导向是扶持制作，拉动产能。在国外动画长期占据电视荧屏，无国产动画可播出的情景下，国家扶持政策解决了国产动画的产量问题，2011 年，国产动画片年总量达到 26 万分钟，但是负效应也是凸显的。

目前，动画产业遇到了销售播出盈利瓶颈。原创企业的动画产品不管在电视台播出或网络播出都无法获利，在播出发行环节资金链断裂，前期无回笼资金，后期无拓展资金。直接结果是动画企业缺乏一个能生存发展的有序环境，面对着不健全的市场，只能靠政府补贴。动画产业依赖的不是市场，而是政府的专项补贴资金，一旦政府的补贴资金断了，企业就无法生存。

而在日本，动画产业采用了以动画制作公司、衍生产品开发商和电视台等主体共同投资、共担风险、共享收益的投融资机制。日本动画广告代理商一般会拿出赞助资金总额的 80％给电视台，电视台将所得的 40％划拨给企划公司，企划公司再将所得 76％交给制作公司，用于制作动漫。这样就保证了制作公司至少能够回收大部分，保证生存运转。

借鉴日本的动画原创公司有一个基本收益保障，我们建议，在新的产业发展关键时期，政府进行政策调整，实行动画片收购最低限价制，通过打通播出瓶颈，动画原创企业通过出售动画节目能够收回制作成本的大部分。具体讲：

(1) 实行动画片收购最低限价制。政府通过调研评估，制定电视台或其他媒体、渠道购买动画节目最低价格，二维动画不低于每分钟 1 万元，三维动画不低于每分钟 1.5 万。

(2) 播出机构电视台拿出广告收益以一定百分比作为收购基金。

(3) 政府将扶持原创的资金转向投入扶持渠道播出，制定购买动画作品资金配套扶持政策。

实行动画片收购最低限价制，能保证动画企业的基本生存，能保证动画企业潜心做精品，电视台投入大量资金也只会购买精品，达到整个产业降低产量，提高质量，有序发展的良性局面。政府通过优化产业环境，加强精品建设，进行从扶持上游制作、拉动产能，到扶持中游播出、奖励精品、培育市场的转变，达到撬动市场、培育市场、发展市场的目的。

(二)围绕产业形式进行产品质量标准体系的建设

1. 建设动画作品质量评价体系

建议政府出台一套标准科学的动画作品质量评估体系。《北京市关于支持影视动画产业发展的实施办法(试行)》第四条“对在本市立项、具有自主知识产权的优秀原创动画剧本和样片，择优予以前期资助，资助额为项目实际到位投资额的5%至15%”。这里的“择优项目”没有相应的一套评估标准和体系，对项目的资助很难到位。

北京市出台“收视率在央视频道年度排名前10位的追加奖励每分钟2 000元，收视率在北京卫视和卡酷卫视频道年度排名前10位的追加奖励每分钟1 500元”的政策。这个以收视率为唯一质量评价标准也是不科学的，收视率不能全面代表作品的质量，影响收视率的因素是多样的。从时段、收视数据、艺术质量、播出季节等所有数据综合考察，才能得出一部片子的质量情况。因此，科学的质量评估体系是引导动画作品方向的标杆，建议政府及时出台一套精细化的动画作品质量评估体系，从作品呈现的内容、造型、制作技术，还有作品的思想性、艺术性、市场价值等各方面进行全面的评估。

可以借鉴电视节目评价体系的经验，电视节目评价从根本的“两个效益”即社会效益和经济效益角度考虑，设立收视率、满意度、专家评估、经济效益等四个指标，并对每一指标的具体内容、使用状况、优缺点等方面进行具体规定。

建议作品评价实行分类评价，合理设置指标。针对不同动画作品类型，设置不同指标。比如电影动画和电视动画、艺术片和商业片、票房和收视率等，要针对不同类型的作品、不同属性的作品制定不同的标准。从思想性、导向性、艺术性、欣赏性等各方面综合考虑，用专家评议、观众满意度、票房和收视率等为综合的评价指标，必要时可进行针对性较强的专项调查。

2. 建设动画作品前期项目评估体系

政府通过搭建国产动画播映体系，在一定程度上的确拉动了市场需求，但也间接催生了一些粗制滥造的动画片，不利于国产动画片的竞争力的提升；而在电视台上无法收看到有足够吸引力的动画片，也使得一部分观众从电视机前流失。如何解决这一问题，仍是一个艰巨挑战。

我们知道美国大型动画公司有一套完整的预测评估体系，对某动画项目进行投产前，会通过各种方式对本国和世界的动画电影市场消费兴趣的变化、受众、风俗时尚的改变等各种情况做出判断，然后根据这些判断对即将投产的动画影片的商业前景做出评估，并迎合市场在影片的题材样式、风格、故事走向等做出调整。韩国政府通过文化产业振兴院支持动画产业的发展，为避免风险，国家在启动重要的动画项目前，都要经过振兴院的论证，给有创意和有市场前景的项目投资。

建议政府成立动画品质检验中心，出台动画项目前端评估体系，评估体系包含故事、制作、营销、衍生产品等产业链各环节，评估体系应细化评分表，包括故事、剧本、结构、人物、场景、制作方法、播出渠道、衍生开发、成本、运营、经验，等等；对企业有价值的项目进行评估并资助，对通过评估后到达播出标准的项目，政府、行业、企业等进行一定比例的投资，实行政府制片委托制，进行质量全程跟踪、品质监控，打造精品，走精品产业化道路。

(三)围绕产业环境进行营销宣传服务平台建设

韩国动画产业从初期以加工动画片为主而转变为动画强国，得益于政府大力扶持，政府成立了韩国文化产业振兴院，为韩国动画的开发、制作、流通和市场营销提供全面的服务。促进创业、制作和流通，建立公平交易秩序以及促进产业的基础形成。

针对北京动画产业各个环节没有有效的串联，缺少整合的特点，建议政府进行产品营销宣传平台服务建设，成立“动画创意产业促进会”，促进会的服务功能定位于凝聚行业优势，促进行业交流和展示活动，宣传企业形象，在合理启动动画市场方面发挥作用。促进会积极建设营销宣传服务平台和产品产权交易平台，为优秀动画企业和动漫作品组织开展宣传推广活动，加强对动画与企业的合作，进行动画创意、动画品牌的知识产权保护。

北京动画企业尤其是民营企业的大部分资金主要投在前期制作，后期播出和宣传缺乏动力支持。因此，在企业的优秀动画作品发行期间，“动画创意产业促进会”通过行业协调组织北京相关媒体部门如北京电视台、北京报系等优先安排宣传，增加其作品的出版、刊载和播出比例；在影院上映时，保证其影片上映的时段和银幕数。促进会加强对动画企业和动画作品推广渠道的建设，支持广电、报业、出版、网络等媒体单位合作，促使文化与企业接轨，对于优秀的动画作品，媒体、电视、商家、银行联合整体推广。

(四)培养高端动画创意人才

针对北京动画产业缺乏高端创意人才，特别是缺乏一流的复合型动画编导、创作人才的现状，建议鼓励中外合作办学，用国际化的人才定位培养有国际化眼光，能打造国际化产品，能带动产业发展的高端人才。通过国际合作，走出一条适于产业发展人才培养之路，为产业发展提供必要的人才保障。

对于动画教育而言，中外合作办学可以及时把握动画领域的前沿信息，执行国际上通行的动画教学标准，引入国际先进的办学理念、教学模式、教学管理经验、产业运营方向，有效利用国际优势教育资源，提高动画师资的能力水平，改善动画教学中的薄弱环节。通过培养具有国际竞争力的动画人才来促进整个动画产业的发展，有利于北京动画教育在各方面与国际接轨。

鼓励对外双向交流，互通有无。动画教育在课程设置、人才培养目标、教学理念、学研产运营模式、动画策划与市场营销等方面学习借鉴国际经验；引进留学有成的动画创意人才。同时也选派优秀的动画人才到国外介绍中国动画的特色发展；选派优秀的动画作品到国外参展、参赛，通过市场和商业渠道把中国动画带到世界，传递中国文化。

(五)动画企业提高自身能力，联通产业链

依靠政府补贴不是动画企业发展的长远之计。在新的发展时期，北京动画企业应该沉下心来总结动画产业发展经验、探讨规律，踏踏实实做精品，建设动画品牌，围绕品牌来做产业，有了品牌这个核心，才能实现产业价值。

北京动画企业已初步形成了“原创—发行、播出—衍生品—回到原创”的“动画产业化模式”的产业价值链，要打破一般企业单线发展的局限，坚持原创内容和动漫产品两者结合，加大力度进行中游的营销播出，加大资金投入比重进行后期衍生品开发，最大限度地挖掘动画产业的价值。坚持建设品牌，提升原创能力，扩展产业链条，增强企业实力和竞争力。

1. 进行准确市场定位，提高作品科技含量

动画产品属性之一是用于销售的商品，而商品的销售需要有清晰的市场定位。市场决定一切，动画制作者要研究受众，细化市场，找到盈利的突破口。

通过采用先进科学技术水平，提高制作效率，提高动画作品的科技含量，减少制作周期改变了动画产业的技术路线。动画企业在原创制作环节提高其科学技术专业水平，紧密各环节之间关系，使得动画产业的价值链不断得到扩展。

2. 拓展和创新渠道，开发新的商业模式

动画企业应该积极拓展新的发行销售渠道，一是重视新媒体渠道的开拓。以互联网和手机为代表的新媒体具有传播方式的互动性和便捷性，新媒体的发展将打破动漫作品播出发行难以获利的僵局，动画企业通过培育发展新媒体发行销售渠道，实现产业价值链的延伸，开辟新的盈利空间。二是努力加大海外发行渠道的开拓。培养熟知国际动漫市场专业人士，积极参加国际动漫展览，积极开展国际合作，从外包服务的低端合作层面上升到联合制作动画联合销售的高端运作，打造品牌，尽最大努力把中国动画作品推向国际市场。

3. 调整产业结构，重视品牌授权

目前国内动画产业在整个产业布局中，前期制作投入资金比重大，在销售以及后期研发中资金投入比重小。因此，衍生产品的开发力度都比较小。北京动画企业应该有针对性地调整产业结构，建立动画产品的营销渠道，促使衍生产品产业化，进行品牌授权的轮次开发，实现动画产业价值的最大化。

4. 把握新媒体技术的发展机遇，延伸动画产业链

现在正处在新媒体革命的数字时代，数字电视、网络、手机、电子图书

等层出不穷，动画作为媒体内容面临巨大的需求，动画产业与新媒体之间的融合势不可挡。北京动画企业正努力跟上高科技发展的步伐，抓住机遇，不断开拓动画产业的新媒体领域。

参考文献

[1][德]黑格尔：《美学》(第一卷)，朱光潜译，北京：商务印书馆，1997年。
[2][法]乔治·萨杜尔：《世界电影史》，徐昭、胡承伟译，北京：中国电影出版社，1995年。
[3][匈]巴拉兹·贝拉：《电影美学》，何力译，北京：中国电影出版社，1986年。
[4]胡永佳：《产业融合的经济学分析》，北京：中国经济出版社，2008年。
[5]卢斌、郑玉明、牛光侦：《中国动漫产业发展报告》，北京：社会科学文献出版社，2012年。
[6][加拿大]考林·霍斯金斯、斯图亚特·迈克法蒂耶、亚当·费恩：《全球电视和电影：产业经济学导论》，刘丰海、张慧宇译，北京：新华出版社，2004年。
[7][美]理查德·E·凯夫斯：《创意产业经济学：艺术的商业之道》，孙绯等译，北京：新华出版社，2004年。
[8]谭玲、殷俊：《动漫产业》，成都：四川大学出版社，2006年。
[9]王冀中：《动画产业经营与管理》，北京：中国传媒大学出版社，2006年。
[10]刘贵富：《产业链的基本内涵研究》，《工业技术经济》，2007年第8期。
[11]戴元光、金冠军：《传播学通论》，上海：上海交通大学出版社，2004年。
[12][日]山口康男：《日本动画全史》，于素秋译，北京：中国科学技术出版社，2008年。
[13]蒋原伦：《媒体文化与消费时代》，北京：中央编译出版社，2004年。
[14]陈新梅：《ACG时代的韩国动漫产业》，《东岳论丛》，2011年第10期。
[15]韩国文化体育观光部、韩国通信振兴院：《2010年韩国游戏产业白皮书(英文版)》，2010年。
[16]杨公仆、夏大慰：《现代产业经济学》，上海：上海财经出版社，1999年。
[17]魏然：《产业链的理论渊源与研究现状综述》，《技术经济与管理研究》，2010年第6期。
[18]龚勤林：《区域产业链研究》，四川大学博士学位论文，2004年。
[19]章慧：《基于产业融合视角的我国动漫产业价值链构建研究》，上海师范大学硕士学位论文，2009年。
[20]中国动画学会、北京大学文化产业研究院：《2011中国动画企业发展报告》，北京：中国科学技术出版社，2011年。
[21]殷俊、杨金秀：《我国动漫产业发行销售策略分析》，《新闻界》，2009年第4期。

（作者：陈淑姣　北京电子科技职业学院副教授）

法学学科

项目名称：北京城市应急机制的法律问题研究
项目编号：10AbFX081
项目负责人：马怀德
项目信誉保证单位：中国政法大学

北京城市应急机制的法律问题研究

内容提要： 当前，北京面临众多突发性事件的考验。因此，应当着重从城市应急预防机制、协调联动机制、决策指挥机制及问责机制的完善入手，提升北京市应急管理的整体能力。在应急预防机制方面，北京市应建立目前缺失的应急预防制度，完善已有应急预防制度，并健全相关执行措施。在协调联动机制方面，北京市应强化专项协调机构的协调能力，以协议等方式与周边省市建立应急区域协作制度，完善社会动员机制，并尝试建立常态化的军地协调机构。在决策指挥机制方面，北京市应强化应急决策指挥机构的权威性，完善应急信息管理制度和应急决策备案制，充分发挥社会监督作用，并确立决策指挥中的专家参与机制。在问责机制方面，北京市应加强应急过程问责，转变问责观念，完善应急问责程序，并同时加强安全监管问责。

作为一座日益国际化的特大型城市，北京面临众多突发性事件的考验，2003年的SARS危机、2004年的密云彩虹桥“2·5”特大伤亡事故、2012年北京特大暴雨所引发的交通瘫痪、人员伤亡等事件均暴露了北京市在应急管理方面的缺陷与不足。如何应对各种自然灾害、事故灾难、突发公共卫生事件和社会安全事件，已成为整个城市发展所面临的重要课题。基于这一现实需求，本文以北京城市应急管理实践为研究导向，着重对北京城市应急预防机制、协调联动机制、决策指挥机制及问责机制所存在的问题和完善路径进行研究。

一、北京城市应急预防机制的法律问题研究

（一）现存问题分析

目前北京市在城市应急预防机制方面所存在的问题可归结为三个方面：

第一，部分应急预防制度缺失。客观地说，北京已建立了较完整的城市应急预防制度体系，但仍缺乏两个关键性制度：应急准备阶段问责制度和关键领域信息备用系统建设制度。《北京市实施〈中华人民共和国突发事件应对

法〉办法》(以下简称《北京市办法》)第六十六条仅涉及应急准备阶段问责制的表面问题，在实践中难以操作。同时，《中华人民共和国突发事件应对法》(以下简称《突发事件应对法》)、《北京市办法》等规范均缺乏关键领域信息备用系统建设制度的规定。

第二，已有应急预防制度不健全。这种不健全主要体现在应急资金保障制度不健全、应急预案制度不健全、应急物资保障制度不健全以及应急管理培训制度不健全等方面。

第三，相关应急预防制度缺乏具体的执行措施：(1)巨灾风险保险制度缺乏具体执行措施，商业保险在管理巨灾风险方面的作用远未发挥；(2)应急宣传教育制度缺乏具体执行措施，对全社会的应急宣传教育工作多停留在口号层面；(3)应急城乡规划制度缺乏具体执行措施；(4)风险评估制度缺乏具体执行措施。

(二)完善路径构建

完善北京城市应急预防机制应从以下三方面入手：

1. 尽快建立目前缺失的应急预防制度

一是建立应急准备阶段的责任追究制，使城市应急预防的各项制度得到落实，有效避免或减轻突发事件的危害，这一点将在本文第四部分详细论述；二是在诸如国防、证券、银行、电力等关系国计民生的关键领域建立信息备用系统，维护国家安全、经济安全和社会稳定。

2. 完善已有应急预防制度

一是完善应急预案制度。一方面应加强对应急预案的审查管理，各地各部门制定应急预案后要报上级相关部门审批，上级相关部门对报批的预案要从合法性、合理性、可操作性、语言准确性等方面进行审查；另一方面，应建立应急预案修订与应急预案演练相联系的机制，明确预案演练主体与预案修订主体之间的沟通与反馈机制，建立预案演练时的应急专家跟踪考察制度，确保预案修订的及时性、针对性、有效性。

二是完善应急资金保障制度。目前，由政府财政独立承担应急资金的状况一方面加重了财政负担，另一方面也不利于提高公共财政资金的利用效率。因此，应尝试优化应急资金的构成，在财政资金的基础上吸纳社会捐款、企事业专项应急资金。同时，需进一步明确应急资金在政府财政中的法定提取比例，实行应急资金年度自动流转制度，建立灾区统计信息与应急资金拨付相关联的机制，保障应急资金能够得到及时、高效的利用。

三是完善应急物资保障制度，保证应急物资“收得上来”、“运得出去”、“发得有效”。为确保“收得上来”，要完善应急物资目录及需求标准、应急物资储备制度、应急物资征收程序及补偿标准等。为确保“运得出去”，要完善应急物资“绿色通道”制度、应急物资区域布局与规划制度、应急物资调运保障制度等。为确保“发得有效”，要加强对应急物资发放的动态管理，建立灾情信息及时反馈与应急物资发放的关联机制、应急物资发放监督检查制度，保障应急物资的发放既足额、及时，又不会产生腐败与浪费。

四是完善应急管理培训制度。要建立针对不同对象的多层次、多元化应急管理培训安排，坚持理论与实践相结合，在不断完善课堂教授、专题研讨、案例分析、视频观摩等传统培训方式的同时，更加突出情景模拟、实际演练等更富实践性的方式。同时，还应对公职人员设置严格的培训考核制度，将考核结果与官员政绩考核挂钩。

3. 健全相关应急预防制度的执行措施

一是健全巨灾风险保险制度的执行措施。应当将巨灾风险保险制度落到实处，明确保险人、被保险人、保险对象、保险费率、保险事故的情形、财政对巨灾风险保险的保障力度等细则，真正发挥保险在应对巨灾风险中的作用。

二是健全宣传教育制度的执行措施。应急管理宣传教育要突出实效，将防灾、避险、自救、互救的方法用社会公众喜闻乐见的方式加以展现，不能仅追求口号化，应当通过带有实践性的应急教育来有效提高人们对突发事件的应对能力。

三是健全风险评估制度的执行措施。现代社会的风险多是交叉性的、综合性风险，因此，应该与时俱进，建立综合性风险评估机制，明确规定综合性风险评估的主体、程序、指标体系、评估结果运用等内容。在主体方面，要保证评估主体的独立性，遵循公平、公开、公正原则，引入第三方评估机制，开展应急管理过程、灾后损失和需求等方面的评估。在程序方面，要建立包括成立评估主体、制定评估方案、确定评估事项、识别风险、形成评估报告、确定风险等级、进行风险监控等一系列内容的风险评估程序。在指标体系方面，要在区别不同突发事件种类的基础上，建立科学、合理、符合现实的风险评估指标。在评估结果运用方面，要规定综合性风险评估结果的法律效力，各地各部门要根据评估报告加强相关应急管理工作。

二、北京城市应急协调联动机制的法律问题研究

（一）现存问题分析

作为首都，北京在应对突发事件时面临比其他地区更为复杂的局面，政府实际上很难协调、统筹辖区内的中央在京单位、军队单位和外地驻京机构。① 这就对北京市应急协调联动机制提出了更高的要求。从目前实际情况

① 李程伟、张德耀：《大城市突发事件管理：对京沪穗邕应急模式的分析》，《国家行政学院学报》，2005年第3期，第49页。

看，北京市应急协调联动机制尚存在以下不足：第一，缺乏强有力的协调机构，导致资源整合率较低；第二，北京市实行的是以“3＋2”为基本框架的综合应急管理模式，但是各应急专项指挥部与其他部门间缺少有效的沟通途径，导致在突发事件处理中无法第一时间开展协作；第三，在地区间应急管理的协调联动中缺乏有效手段；第四，社会动员机制尚不够成熟，缺乏常态化动员机制；第五，军地应急协调联动机制的运行不顺畅，这种不顺畅一方面体现在军队与各级政府之间的信息沟通不够畅通，另一方面体现在军队与各级政府在突发事件应对中的配合不顺畅。

(二)完善路径构建

一是强化专项协调机构在应急管理中的协调能力，树立其权威地位，进一步强化目前已经确立的一元化管理模式。北京市过去长期强调单项灾种的条块管理，尚缺乏综合管理的实践经验，作为协调机构的北京市突发事件应急委员会办公室(以下简称“应急办”)成立时间不长，能力亟待提高。为了提高应急管理机构的权威性和协调能力，国际上常见的做法是将应急管理机构的级别做适当的提升。[①] 这一做法值得北京市借鉴。因此，应当在现有的基础上更进一步依托和整合现有资源，赋予“应急办”更高的行政级别和法律地位，树立其在应急管理过程中的权威地位，使其在应急管理过程中对政府的其他部门能够进行有效的调度和管理，从而真正形成以应急办为中心的多部门协同的综合应急管理模式。

二是以协议等方式与周边省市建立应急区域协作制度。北京市可以通过与周边地区进行协商，共同拟定长期性的应急协作协议，整合区域性资源，对地区间的应急物资调拨、信息共享和救灾援助等问题做出书面规定。这一点在国外也有经验可循，如东京为了强化其应急能力，与其他地方政府签订了相互援助合作协定，在协定中对救灾物资的提供和调拨、公务员的派遣、救援车辆和船只的供应、医疗机构和教育机构的辅助性等都做了详细的规定。[②]

三是完善社会动员机制。北京市政府应当为公众参与应急管理搭建平台，拓宽社会民众的参与渠道，动员一切社会力量参与到应急管理工作中来。在日常的宣传教育中，政府应当采取多样化的手段，充分提高个人和家庭的危机应对能力，如效仿日本，为每个家庭配发灭火器和防灾用品，并教授公民如何在灾难来临时正确使用这些工具。同时，北京市应当与各类民间组织建

① 国务院发展研究中心课题组：《我国应急管理行政体制存在的问题和完善思路》，《中国发展观察》，2008年第3期，第5页。

② 张智新、周萌：《北京与三大世界城市应急管理体制比较》，《行政管理改革》，2011年第2期，第83页。

立长期稳定的合作伙伴关系，并为二者之间的合作提供制度上的保障。[①] 在对志愿者的培训方面，政府应当更加强调专业化和系统化，使志愿者在接受培训后能够真正成为危机应对中的有生力量。针对突发事件中发生的自发性志愿服务行为，政府应承担起管理志愿者的责任，志愿者、志愿服务组织应当接受突发事件发生地人民政府的统一指挥、安排和管理。

四是建立专门的、常态化的军地协调机构。尽管北京市突发事件应急委员会(以下简称"应急委")的组成人员中包含北京卫戍区和武警北京市总队主要负责人，但这种制度安排在实践中并未发挥良好的沟通作用，相关军队负责人很少参与到日常应急管理工作中。常态化的军地协调机构的设置一方面可以使军队和地方政府保持长期有效的沟通和联系，使双方互相适应对方的管理模式，从而避免在突发事件来临时无所适从，另一方面也可以为军队和北京市消防、公安等部门创造更多共同演练的机会，提高他们在救灾行动中配合的默契度。北京市可以就军地应急联席会议、军地灾情信息共享、军地联合指挥、军地联合应急值守、军地灾害联合会商、军地联合行动、军地综合保障、军地应急演练等各方面的制度和配套措施与北京卫戍区和武警北京市总队达成共识，从而逐步提高部队与政府在应对突发事件方面的联合指挥、科学行动、快速反应、兵力投送、专业保障等方面的能力。[②]

三、北京城市应急决策指挥机制的法律问题研究

(一)现存问题分析

第一，北京市目前的集中式应急指挥体系与分散化部门权责之间存在冲突。北京市的应急决策指挥机制是以"应急委"和专项应急指挥部作为决策中心的集中式应急指挥模式。但是，由于我国目前在日常行政管理过程中采取条块管理模式，各职能部门习惯于对其上级部门负责，服从上级部门的命令和指挥。当发生突发事件后，政府部门仍习惯于接受上级部门的领导，而非听从同级的"应急委"和专项指挥部的命令。北京市所确立的"3＋2"应急管理模式应有的组织、协调作用实际上无法得到完全的发挥，应急工作的实际开展还需依靠目前高度统一的党政领导体制来完成。[③]

第二，决策指挥机构间的权限划分不够清晰。目前北京市对于市"应急委"、区县"应急委"和专项应急指挥部的决策指挥权以突发事件的严重程度为

① 万鹏飞、于秀明：《北京市应急管理体制的现状与对策分析》，《公共管理评论》第四卷，北京：清华大学出版社，2006年版，第58页。

② 卓力格图：《我国应对突发事件的军地协调联动机制建设》，《中国应急管理》，2009年第10期，第26页。

③ 张平：《我国城市应急联动运行机制建设面临的挑战与重构》，《中国人民公安大学学报(社会科学版)》，2008年第5期，第67页。

划分标准。但是“较大”、“重大”和“特别重大”等词均为典型的不确定法律概念，尽管相关规定中给出了概念界定，但实践中仍难以准确区分，如何理解在很大程度上取决于决策者的自由裁量。

第三，在应急信息管理，特别是信息公布制度中尚存在制度导向的误区。从《北京市突发事件总体应急预案(2010 年修订)》第 4.8 条的规定可看出，目前北京市对于应急信息公开的基本立场并不是向社会全面、准确和迅速地公开相关信息，而是更加强调政府对舆论的有效控制。第 4.8 条规定在应急信息公开中设置了层层批准手续，对于新闻发布方的主体资格也做出了严格限制，这种规定方式有悖于现代行政的信息公开理念。

第四，在应急决策过程中缺乏专家参与制度。尽管《北京市突发事件总体应急预案》中规定了专家顾问组在一定条件下拥有参与权，但这种参与并非强制性要求，而是取决于应急管理主责部门是否提出建议。

(二)北京城市应急决策指挥机制的完善路径

1. 强化应急决策机构的权威性

应急决策指挥系统的流畅性是应急管理中的核心问题。在面对突发事件时，决策指挥系统能否在第一时间对事件做出准确反应往往决定着整个事件应对过程的成败。因此，应当建立单一的决策指挥机构，统筹决策智力，防止多元决策导致决策互不协调，使具体执行人员无所适从。目前，北京市应急委和各应急专项指挥部由于层级较低，独立性较差，在应急管理过程中难以发挥绝对的决策作用。因此，有必要对现有应急管理机构体系做出调整：

一是赋予“应急办”更为独立的法律地位，不再将其设于市政府办公厅之下，使其与其他各职能部门处于平等甚至更高的行政位阶，特别是在机构编制、人员配备和经费管理等方面实现相对独立。

二是将各应急专项指挥部的常设机构设在“应急办”之下，而非设于各职能部门之下，使“应急办”真正实现对专项指挥部的日常管理和领导，如此才有可能打破目前条块分割的行政管理局面，实现行政决策指挥的单向性，确保决策有效落实。

2. 完善应急信息管理制度

一是建立统一的应急信息平台系统，使相关部门能够及时获取突发事件的全面信息。目前北京市尽管已经建立了应急信息平台，但是该平台仍有需完善之处：一方面应为该平台提供充分技术支持，使其运作更符合现代化要求，另一方面应拓宽该平台的覆盖范围，将应急办和专项指挥部之外的更多部门纳入该平台，实现应急信息全方位、深层次的共享。

二是重构应急管理中信息公开的理念、范围和方式。目前北京市的相关规定在公开的范围和公开的时效性等方面均存在不足。在突发事件，特别是重大突发性事件发生后，政府有责任确保公众对事态发展现状有一个清晰认识，这种认识既可以避免公众因盲目猜测而造成恐慌，也可确保公众对突发事件做出准确反应。因此，应当在应急管理过程中做到信息公开的全面、及时、准确。

3. 完善应急决策指挥过程中的监督机制

突发事件的紧迫性决定了应急决策指挥程序的非常态化。而在程序约束薄弱的情况下，难免让人忧心于行政权的滥用。因此，有必要设置一定的外部监督机制，确保应急决策指挥机构在法制轨道内行使权力。

一是完善《突发事件应对法》第十六条规定的应急决策备案制。该制度要求县级以上人民政府在做出应急决定、命令时，报本级人大常委会备案。这种备案可以被视为人大常委会对应急决策指挥机构的一种监督方式。但是，对于如何备案、备案的时限以及审查权限等问题，目前法律尚无明确规定。因此，有必要对该制度进行完善，以法律法规的形式对其实施程序做出详细规定，确保人大常委会对应急决策的监督作用落到实处。

二是充分发挥社会监督作用。北京市应当将应急决策指挥的过程尽可能地向社会公开，并在现有的紧急报警中心电话和非紧急求助服务中心电话外设置专门的应急投诉电话，负责受理因对应急工作开展的不满而产生的投诉，充分听取民众的意见，并及时反馈给应急决策指挥机构。

4. 明确专家参与机制

在突发事件应对过程中，“应急委”和专项指挥部等决策指挥机构很可能无法在短时间内掌握全部与事件有关的知识和讯息。这种不确定性将直接影响决策指挥工作的准确性和适当性。因此，有必要将专家顾问组的参与作为应急决策指挥中的强制要求，吸纳各领域专家进入决策层，积极听取他们的意见，实现不同学科、不同部门间的互补和优势综合。《北京市办法》第二十四条中规定“市和区、县人民政府应当建立突发事件应对专业人才库，根据实际需要聘请有关专家组成专家组，为突发事件应对工作提供决策和处置建议”，根据该规定成立的专家组除了在日常工作中参与应急政策的制定外，同样可以在应急响应阶段对突发事件的处理方式提供建议。

四、北京城市应急问责机制的法律问题研究

（一）现存问题分析

在《北京市突发事件总体应急预案》中，没有提到“问责”，[①] 这说明北京市没有明确将问责作为应急管理的一种手段；在 2011 年颁布的《北京市行政问责办法》中，有关问责情形的诸多规定中没有提到“突发事件”，这说明该办法也没有将问责作为应急的管理手段。《北京市办法》第六十六条在表面上规定

① 事实上，《天津市突发公共事件总体应急预案》（津政发[2006]036 号）中就明确提到“问责”。

了相应的应急准备阶段问责制，但在实际运作中应急准备阶段的问责制仍然缺失，北京仍将应急问责问题留给《关于实行党政领导干部问责的暂行规定》(以下简称《问责暂行规定》)去解决。但《问责暂行规定》本身仍存在一些问题，尤其是它的事后问责规定难以作为城市应急问责机制建设的规范性依据：一是《问责暂行规定》第五条中有关突发事件的四种要追究的责任都是典型的"因果责任"，就结果而言，必须"造成重大损失或恶劣影响"，但"造成重大损失或恶劣影响"标准难以把握；二是问责主体和问责对象的问题，《问责暂行规定》第十一条规定问责主体必须是对问责对象享有"管理权限"①者，这是典型的按照干部管理权限而实施的权力问责，仅仅问责党政领导并不利于突发事件的应对，必须有恰当的机制对突发事件应对活动的其他主体的责任进行有效过问，才能保证所有责任环节都有可落实的责任人。

(二)完善路径构建

1. 加强应急过程问责

一是转变问责观念。现在对"问责"的理解是将"问"理解为"追究"，将"责"理解为"应承担的过失"，"问责"就是"追究过失之责"，这种理解其实与责任追究制并无本质区别，对于"责"而言都是结果性的。不妨将"问"理解为"过问"和"监督"，将"责"理解为"职务、职责"或"分内应做的事"，这样问责就可理解为"监督责任的落实，过问职责的履行"。事实上，如此转变问责理念不仅使应急问责成为可能，而且也与国际通行的问责理念相一致。

二是明确应急问责制的主要内容。构建应急问责制的主要目的在于加强应急管理和有效落实应急过程中的责任，为此，应急问责制应遵循三大原则：问责与改进工作、落实责任相结合原则；过程监督与结果追责并重原则；政府主导与社会参与相结合原则。同时，构建应急问责制应考虑以下五类法律关系：基于政治责任的政治问责关系、基于职务责任的行政问责关系、基于职务责任的社会问责关系、基于行政责任的法律问责关系以及基于道德责任的伦理问责关系。

三是完善应急问责程序。为保证问责法律关系实质内容都能得以实现，应急问责程序应以"责任实现"为中心来设计。问责主体只需关注两点：政府部门或有关单位是否落实责任；具体应对工作是否恰当。问责程序正是从问责主体的"要求落实责任"和"要求改进工作"开始。程序设计需遵循闭合原则和效率原则，因此，具体程序可分为简易程序和普通程序。程序适用以简易程序为原则，以普通程序为例外。

2. 加强安全监管问责

一是建立健全社会监督机制。应着重强调以下两点：①监督主体不需要

① 所谓"管理权限"，即中央和地方各级党委、政府及其工作部门管理干部的职权范围。

任何限定条件，只要事关安全，任何单位、团体和个人均可参与监督；②确保社会监督获得足够重视，一方面要保证监督所反映的问题被提供给了恰当的问责主体，另一方面要有相关制度来保证问题得到解决。

二是健全问责制度。社会监督所反映的安全问题能否得到足够重视，取决于有关部门对所反映的安全问题的态度。不仅要加重问责有关部门，也要加重问责对有关部门有管理权限的上级部门。另外，加重问责情形也应该表现在其他方面，比如监管者与被监管者存在权钱交易的、打击报复监督者的、严重干扰事故调查等。

三是贯彻合理推定原则。不能仅凭监管对象的偶然违法行为就判断直接监管者监管不力，要使必要条件转化成充分条件，必须是监管对象的违法行为长期存在。“长期”的判断标准应体现在如下方面：①监管主体从未进行过监督检查，即使监管对象的违法行为仅这一次，也视为长期存在；②监管对象的违法行为多次被发现；③监管对象违法行为存续于监管主体两次或两次以上的例行监督检查期间；④监管对象的某些违法行为一经发现，即可视为长期存在，比如监管对象违背行政审批等相关规定的。

四是建立联合督查制度。一是应在当前多头监管体制之上设立一个安全监管督查机构，二是应围绕设立的督查机构来构建联合督查制度。督查机构应由地方政府首长兼任负责人，接受地方政府和上级机构的双重领导。

五是设置“问”与“责”分离制度。“一头督查，多头分管”制度已基本表明：“问”与“责”分开进行。督查主体只负责“问”，而“责”是按照管理权限进行。[①]之所以设计这种问责主体制度，是基于如下想法：①安全监管问责的主要目的是“管”，而非“责”。如果让督查主体同时行使督查权和问责权，必然影响监管主体的积极性。②若督查机构同时兼顾问责职能，则实施“一头督查”所设计的联合督查制度时，督查小组成员中必须要有督查对象的监管单位或上级。因此，在联合督查制度中执行回避原则是必要的。

六是设置连带问责制度。连带问责制度是整个安全监管问责制的基础，其设计主要针对监管主体的违法情形，即当监管主体违法，对其有管理权限者应当被连带问责。问责的重要性正是体现于问责的本质属性——连带性。监管对象违法问责监管主体，监管主体违法问责其上级管理者的问责思路，就是遵循连带问责理念来设计的。

① 应该说明的是，如果按照过程应急问责理念，督查机构的“问”也可理解为“问责”，这里是为了分析问题，将“问”与“责”分开理解，“问”强调的是对监管责任是否履行到位的一种“判断过程”，而“责”强调的是在“问”的基础上对问责对象所给予的“处理结果”。

参考文献

[1]李程伟、张德耀:《大城市突发事件管理:对京沪穗邕应急模式的分析》,《国家行政学院学报》,2005年第3期。

[2]国务院发展研究中心课题组:《我国应急管理行政体制存在的问题和完善思路》,《中国发展观察》,2008年第3期。

[3]张智新、周萌:《北京与三大世界城市应急管理体制比较》,《行政管理改革》,2011年第2期。

[4]卓力格图:《我国应对突发事件的军地协调联动机制建设》,《中国应急管理》,2009年第10期。

[5]张平:《我国城市应急联动运行机制建设面临的挑战与重构》,《中国人民公安大学学报(社会科学版)》,2008年第5期。

[6]万鹏飞、于秀明:《北京市应急管理体制的现状与对策分析》,《公共管理评论》第四卷,北京:清华大学出版社,2006年。

(作者:马怀德　中国政法大学副校长、教授)

项目名称：发挥人大及其常委会民意表达职能作用研究
项目编号：10BaFX087
项目负责人：何　兵
项目信誉保证单位：中国政法大学

发挥人大及其常委会民意表达职能作用研究

内容提要：人大是人民"当家作主"权力的直接行使机关。作为保障和改善民生的直接代言人，人大有责任、有义务肩承历史使命，通过积极发挥密切联系群众的工作优势，在畅通、疏导、调解民意表达，推进社会和谐建设进程中，发挥出新时期人大的应有作用。具体而言，人大及其常委会应当有效发挥其在立法权、监督权和重大事项决定权中的民意表达职能。

近年来，各级人大及其常委会对民意越来越重视，民意越来越多地体现在人大及其常委会的职能发挥和人大代表的履职过程中。但是，当前各地各级人大及其常委会对民意的重视程度不尽一致，人大的民意表达职能和作用还没有完全发挥出来，现有民意表达渠道还不够畅通，民意表达的广度、深度与人民群众的期望相比，与人大代表履行职权的内在需求相比，还有较大的差距。

本课题研究的民意，是对来自社会和民间的广泛的开放空间、反映不同群体的利益诉求和意见，依据宪法和法律提供的制度化框架，探讨如何通过人大及其常委会这个平台，使这些民意(众意)有序转化为体现社会成员共同利益，反映集体诉求，体现社会公平、正义价值，代表全体社会成员最根本利益的另一种民意(公意)。

研究发挥人大及其常委会民意表达职能作用的指导思想是，立足于我国基本国情，探讨如何通过人大及其常委会这一平台实现民意的良好表达；在坚持党的领导、人民当家作主和依法治国三者有机统一的前提下讨论人大及其常委会的民意表达职能的实现和作用的发挥；实现人大及其常委会的民意表达职能与扩大公民有序政治参与的有机统一。

发挥人大及其常委会民意表达职能和作用，必须注意把握两项基本原则：人大及其常委会民意表达职能作用的发挥要经过法定程序，并以人大及其常委会的法定职权为依据；人大代表作为民意的代言人，表达民意也不能脱离人大代表的职权范围。

人大及其常委会具有民意表达的固有职能。原因是：代表、表达民意是议会的重要职能；人民代表大会制度的性质决定了表达民意是人大及其常委会的重要职责；人民代表大会是反映民意的重要渠道；人大在民意表达方面所具有的独特优势(调解、疏导民意表达，人大较其他途径有着密切联系群众的优势做支撑；调解、疏导民意表达，人大较其他渠道有着第三者裁定的信任优势做背景；调解、疏导民意表达，人大较其他渠道有着法定权力保障优势做后盾)。

以下将分述人大及其常委会在立法权、监督权和重大事项决定权中的民意表达职能该如何具体发挥。

一、关于人大及其常委会行使立法权中的民意表达

立法权是人大及其常委会最重要的职权之一。立法中的民意表达是社会公众在表达意愿的支配下，获取各种立法信息，形成自己的意志，并将自己的意志通过一定的制度化表达路径和表达方式，传递给立法机关和立法决策者的完整过程。北京市人大自2002年以来在立法工作中强化了民意收集机制建设，民主立法、科学立法取得了新进展。但不可否认的是，当前立法中的民意表达也存在诸多障碍，集中表现为：民众的意志表达愿望不强烈；民众获取立法信息不充分；民意表达路径不通畅。

为改善人大及其常委会民意表达职能作用的发挥，可行的措施有：

第一，人大及其常委会要有正确的民意观，要尊重民意，珍惜民智，努力调动民众的表达积极性。首先，要保障民众的言论自由，尊重每一个民意表达。其次，要扩大立法公开的范围，丰富公开的形式，让民众有更多、更好的机会参与立法活动。在立法活动面向社会方面，征求民意的过程可以更透明些，提供的信息更充分些，对法规草案不仅仅公布条文，还可以把制定法规的论证报告、立项报告、草案说明等信息予以充分公开，同时，应注意立法民意征集的回馈机制，要通过网络信息平台，把征集意见的采用情况、理由等向社会详细说明，没有采用的意见应正面说明。最后，建立相应的补偿机制，对直接参与立法活动的民众可给予适当补偿。

第二，要加大信息公开力度。在立法计划公开征求意见时，除了要公布拟列入立法计划的法规名称外，还应当介绍法规由谁起草提请，拟规范的主要内容，介绍地方立法的权限范围，避免有些民众提出超越地方立法权限范围的项目。法规草案征求意见时，除公布草案外，还应当介绍草案的立法依据、立法背景和争议的主要问题等重要内容。在公布法规时，不仅要公布法规文本，还要公开立法活动的一些议事记录，包括每个代表的全部发言记录。在信息发布媒体的选择上，要根据信息需求者的具体情况，做出有针对性的安排，注意通过互联网、电视、广播、都市报等平台，保证不同受众都能尽

可能快速、准确、全面地接收到立法信息，为民意的充分表达奠定必要基础。

第三，建立相应工作机制，在密切人大代表与选民、人大代表与立法机构之间的联系上下功夫。主要有：(1)规范立法计划编制工作，建立健全立法项目提出机制，建立代表议案筛选、调研、论证、立项等方面的工作机制，确保高质量的代表议案进入立法程序。(2)创新立法工作机制，保障代表参与立法渠道的畅通。尤其应该通过创新立法调研的形式和方法，以吸收更多人大代表，特别是来自基层一线人大代表参加立法调研论证会，以确保立法机关更多地掌握来自基层的、贴近现实的第一手资料。(3)改进常委会组成人员联系人大代表制度，让更多的人大代表对立法的建议，能通过常委会组成人员传递到常委会会议上，直接或间接地体现代表对立法的影响。(4)完善代表参与法规审议会议的制度，包括代表列席常委会会议审议制度，对代表所提建议进行研究并吸收进法规草案的制度，对代表所提建议进行反馈的制度，等等。

二、关于人大及其常委会行使监督权中的民意表达

人大及其常委会行使监督权的目的是确保宪法和法律得到正确实施，确保行政权和司法权得到正确行使，确保公民、法人和其他组织的合法权益得到尊重和维护。人大监督的主要内容包括两项：对一府两院的工作监督和法律监督。目前，北京市人大在监督权行使过程中发挥了一定的民意表达职能，比如，围绕民意确定监督项目、吸收公民参与执法检查、吸收公民参与对“一府两院”的工作评议，等等。但是，人大的监督工作实践中依然存在许多问题，表现在：时常轻视或忽略民意的收集，特别是对人民群众反映强烈的问题缺乏关注和回应的勇气，导致人大的监督工作偏离重心；对于一些人民群众关心的热点、焦点和难点问题，人大要么没有发声，要么工作缺乏持久性，这使得人大的监督或者避重就轻，或者流于形式，监督的空间较为有限，监督的实效大打折扣。可在以下几方面着力推进人大及其常委会在行使监督权中的民意表达工作：

第一，完善公民参与执法检查、工作评议等制度。探索建立一套公民参与执法检查、工作评议的制度。检查项目、被评议单位的确定要体现民意，人大常委会在年初制订年度工作计划、确定执法检查项目和被评议单位时，要深入调查研究，广泛听取群众意见，把事关发展大局和广大市民关注的热点难点问题作为执法检查或工作评议的重点；在检查或评议过程中，可以采取发放调查问卷、召开座谈会、建立意见箱、设立热线电话、利用网络平台等多种形式，广泛吸收公民参与；检查或评议结束后，要将检查或评议结果及时向社会公布，进一步提高监督实效。

第二，夯实人大监督的制度基础，围绕和督促政府解决群众最关心的问

题，进行具体、实质性的刚性监督。以教育、卫生、收入分配、食品安全、安全生产、就业、社保、住房、拆迁、农民工合法权益保障等民生领域为工作重点，抓住群众普遍关心、事关全市和谐稳定的突出问题，坚持开门纳谏，向全社会公开征集监督议题，并在新闻媒体预告人大代表的视察、调研和执法检查活动。

第三，拓宽定向民意受理主渠道。坚持把受理群众来信来访作为了解社情民意，掌握社会动态，促进勤政廉政，维护社会稳定的大事来抓，依法有序做好人大信访工作。应将信访中反映出来的重大问题和典型案件纳入人大常委会的监督视野，有针对性地选择典型信访案件组织交办、督办，大力健全现有的信访民意受理渠道。通过及时开展约谈联访、协商会访、通报促访等举措，真正使人大的定向民意受理渠道成为了解民情、关注民生、反映民声的重要渠道。

第四，完备人大及其常委会接受代表、选民监督的各项制度。建立人大常委会监督工作向代表通报和向社会公布制度，明确公布的主体、公布范围、形式和内容；完善常委会监督工作计划的确定和监督工作中听取、采纳代表和选民意见的制度。

三、人大及其常委会在行使重大事项决定权中的民意表达

依照我国宪法和相关法律规定，重大事项决定权是人大及其常委会的主要职权之一。人大及其常委会在行使重大事项决定权的过程中要特别注意吸收人大代表直接参与决策，同时要探索建立人民群众直接参与重大事项决定权的各项机制，多管齐下，保证重大事项决定的科学性和民主性。

改进重大事项决定权行使中的民意表达状况，可从以下几方面着力推进：

第一，逐步探索并完善人大代表参与重大事项决定的机制。人大代表参与重大事项决定是人大及其常委会行使重大事项决定权过程中吸收民意的主渠道。探索建立人大代表参与重大事项决定的工作机制，可以从以下几个方面着手：首先，要为人大代表参与决定重大事项提供保障机制。依法保障代表的知情权，建立向人大代表通报重大事项的工作制度，更多地向代表通报情况，重点是通报将要做的工作，通报内容应逐步从事后告知向事前集智转移，从通报结果向公布工作计划和方案转移。其次，人大常委会要积极为人大代表参与重大事项决定创造条件、搭建平台。人大常委会应当按照代表的职业特点或业务专长组建专业代表小组，按照人大常委会或党委、政府的工作重点组织开展特色鲜明、针对性强的代表活动，由常委会相关工作机构做好组织协调工作，并收集代表意见，反馈决策机关。再次，不断健全完善人大代表参与重大事项决定的机制，建立规范有序的工作程序。主要是进一步完善征求人大代表意见制度，探索建立决策研讨制度，以及探索建立人大代

表对重大事项决定的监督制度，等等。最后，从代表自身来讲，应当转变不敢参与、不愿参与的认识，更加积极主动地参与重大事项决定。人大代表认为属于重大事项的事项，就可以积极主动提出来，通过不同渠道积极反映，要求提交人大及其常委会讨论、审议或者决定。代表平时要多加强学习，提高参与能力，提高信息收集能力，准确把握经济社会的热点和难点。

第二，探索建立人大及其常委会在讨论重大事项中直接听取吸收民意的机制。人大及其常委会在审议重大事项、做出重要决定之前，可探索实行事前公告制度，通过各种传媒使公民了解人大决定重大事项的内容，并通过各种渠道，如电子信箱、网站留言、召开座谈会等形式面向社会，面向各个阶层充分收集、听取各种意见，以提高决定事项的科学化、民主化水平，保障人民群众在关涉切身利益的事项上的知情权和发言权。

四、人大代表与人大及其常委会民意表达职能作用的发挥

《代表法》第四条规定，代表应当与原选区选民或者原选举单位和人民群众保持密切联系，听取和反映他们的意见和要求，努力为人民服务。拓宽人大民意表达渠道的关键是不断完善以人大代表为主渠道的民意收集、整合机制。人大代表在发挥人大及其常委会民意表达职能作用的过程中扮演着至关关键的作用。因此，做好人大代表的选拔、考核，保障其依法积极履职，对人大及其常委会民意表达职能作用的发挥有十分重要的意义。

第一，加强代表选拔，优化代表结构与人大及其常委会民意表达职能作用的发挥。

按照德才兼备的原则，把代表政治素质放在首位。要把能够密切联系人民群众，听取和反映人民群众的意见和要求，善于学习和调查研究，掌握基本的法律和文化知识，具备一定履职能力，作为确定代表人选的必要条件。

同时，要高度重视人大代表的结构问题。代表结构是指构成人民代表大会组成人员的群体结构。优化人大代表结构，对于充分发挥人大代表的职能和人民代表大会制度的作用意义重大。目前的一个现实是，具有受人大监督的其他国家机关领导干部身份的代表在各级人大代表中占有相当高的比例，从而导致人大代表官僚化严重，人大的监督职能弱化，人大代表选举形式化。降低人大代表中的领导干部比例，可采取的措施有：在代表选举中引入公开竞争机制；适当减少人大代表的名额，使其成为精干、高效的权力机构；积极引导选民选出结构优化的代表。

第二，充分保障人大代表在人大闭会期间的民意表达作用的发挥。

密切代表与选民和市民的联系。人大常委会应积极搭建人大代表联系选民的平台，对代表联系选民提出明确具体的要求，积极创新代表联系选民的方式。可以借鉴的各地经验有：公开人大代表的联系方式等信息，推行“人大

代表工作站”制度，等。改进工作建议包括：不断丰富代表与市民、选民直接联系的形式，完善代表收集、反映民意的机制；建立人大代表向选民报告、述职的机制；可以对代表设立个人工作室、配备工作助手进行试点。

密切常委会与代表的联系。一是要健全完善常委会联系代表制度，建立和强化联络室等专门联络机构，密切常委会组成人员、专门委员会、常委会工作机构与代表的联系，使代表的意见和建议能顺畅地反映到常委会。二是要有效拓宽代表知情知政渠道，人大常委会要采取印发刊物、定期情况通报等形式，及时将常委会的工作思路、工作安排和工作进展反映给代表，提高常委会活动的透明度，使代表了解人大工作情况更加直接，知情知政渠道更加畅通，为其履职议政提供方便。

为改善代表履职情况，可以试点专职人大代表。兼职人大代表的优点是代表能比较真实、真切地了解到他周围的一些民意，弊端是因为忙于本职工作，代表所接触的范围比较小，往往只能与选民或选举单位发生一些“自然的联系”，很难主动、自觉地在更大范围内联系选民、了解民意。但代表专职化也是有利有弊，专职化使代表能更多时间、更大范围接触选民，发生“自觉的联系”，但也有脱离选民、脱离人民群众的可能。建议在权衡利弊基础上，可以在北京区县、市级人大代表中选拔部分代表先行试点，以总结经验逐步推进。

改进和加强人大代表视察和调查研究工作，注重对民意的提炼与甄别。改进和加强代表调研工作，需要注意以下几方面：一是必须丰富调查研究的方式和方法，可以尝试采取暗访、抽查、访谈等形式，可以运用问卷和民意调查的方法，还可以引入第三方研究调查机构，以增强调查的科学性；二是要明确调研的目的，重视调研的效果和调研成果的使用。

推进代表履职制度化。从促进代表履职、发挥人大及其常委会民意表达职能作用和完善人大代表制度的角度出发，应当结合实际制定人大代表履职的有关规定和办法，对代表履职提出明确要求，将实践中行之有效的各种形式的代表活动确立和巩固下来，严格相关责任，依法保障和促进人大代表积极认真履行代表职务，促进各级人大代表活动的法律化、制度化和规范化。

第三，密切人大及其常委会与人民群众的联系。

其一，不断完善公民旁听制度。(1)建立完善的公民旁听制度，使其制度化、程序化；(2)在旁听公民及旁听会议范围的选择上，要确保公民旁听的层次性；(3)提高公民参与旁听的积极性，包括简化报名环节、减少对公民旁听的限制、规范旁听公民意见的表达、处理和反馈等。

其二，充分利用互联网，提高人大工作的透明度和影响力。在互联网时代，应充分认识网络传递信息的迅捷，充分认识网络对人大工作的重要促进作用，人大应重视并善于利用网络加大信息公开力度，通过与人民群众的直接互动交流，实现人大与广大人民群众的直接接触，以开拓获取民意的新通道，不断提高人大工作的透明度和影响力。上海市人大的“人大网议日”就值得借鉴。但同时也应注意，网络民意并不都是善意、理性的，并不总是值得信赖的；网民不等于选民。面对网络民意，人大代表应该有清醒的认识：首先，要正视网络民意，要关注选民的诉求；其次，对网络民意要有辨别力；再次，不能迷信网络，更不能以网络代替现实，该深入基层调研的还要深入基层，该走访选民的还要走访选民。总之，网络民意可作为代表们掌握真实民意的一种参考。

参考文献

[1]Bernard C. Hennessy. Public Opinion，Mass，Duxbury Press，1985.

[2]王石番：《民意理论与实务》，台北：黎明文化事业股份有限公司，1995 年。

[3]王维国：《公民有序政治参与的途径》，北京：人民出版社，2007 年。

[4]王中汝：《我国现行利益表达机制运行中存在的问题》，《理论参考》，2006 年第 2 期。

[5]蔡定剑：《中国人民代表大会制度》，北京：法律出版社，2003 年。

[6]刘素华：《完善宪政制度下的民意表达与利益实现机制》，《中国党政干部论坛》，2007 年第 6 期。

[7]朱春湖：《地方人大代表构成中干部代表比例过高问题亟待解决》，《山东人大工作》，2004 年第 3 期。

[8]叶雷：《人大代表岂能官多民少》，《西部大开发》，2007 年第 5 期。

[9]史卫民、雷兢璇：《直接选举：制度与过程——县(区)级人大代表选举实证研究》，北京：中国社会科学出版社，1999 年。

[10]彭承尧：《关于全国人大代表数量和构成改革问题的建议和思考》，《魅力中国》，2009 年第 11 期下。

[11]孔繁军：《代表去官化：人大制度权力制约机制的内在要求》，《人大研究》，2010 年第 8 期。

[12]蔡霞：《动用立法权对改革说“不”?!》，共识网，http：//www. 21ccom. net/articles/2gyi/xzmj/article _ 2010082917090. html.

[13]张千帆：《人大常委会无权修改代表法》，共识网，http：//www. 21ccom. net/articles/2gyi/xzmj/article _ 2010090918130. html.

[14]杜光：《〈代表法〉：要前进，不要后退!》，中国改革网，http：//www. chinarefcrm. net/2010/0910/20956. html.

（作者：何　兵　中国政法大学教授）

教育学学科

项目名称：汉语国际推广新形势下汉语教师教育的问题和对策
项目编号：06BaJY021
项目负责人：江　新
项目信誉保证单位：北京语言大学

汉语国际教育新形势下汉语教师教育的问题与对策

内容提要：本研究报告首先考察我国汉语教师教育的基本情况，然后分析汉语教师教育存在的问题和原因，最后提出解决汉语教师教育问题的对策建议。本报告认为，目前汉语教师教育存在着师资紧缺与毕业生就业难之间的矛盾、课程设置缺乏教师专业特色、教育实习机制缺乏、汉语教师资格考试制度缺失等问题。主要原因在于汉语教学本科和研究生教育发展过快、学科发展不成熟、对新问题缺乏研究、行政权力干预过多、对教师专业化问题重视不够等。本报告提出：应适当控制汉语教学本科和研究生的招生规模，扩大博士层次的教育规模，建设跨学科的汉语教师教育师资队伍；课程设置凸现教师专业特色；建立长效的教学实习机制；发展汉语教师学历教育的国外生源、与海外合作培养本土汉语教师；尽快实施汉语教师资格制度。

汉语教师教育作为第二语言教师教育是一个涉及语言学、教育学、心理学等多个学科的交叉研究课题。汉语国际教育新形势下，汉语教师的需求量急剧增加，汉语教学的对象由过去的以来华成人学生为主，逐步转向国内和国外、儿童青少年和成人学习汉语并驾齐驱的局面，汉语教学呈现教学对象低龄化、教学层次多样化等特点。本课题首先研究我国汉语教师教育的现状，然后分析我国汉语教师教育存在的问题和原因，并提出解决问题的应对策略。

在国内，汉语作为第二语言的教师教育取得了一定的成果，但是长期以来多数对外汉语教师没有受过专业训练的状况至今没有根本性的改变，对外汉语专业和师资培训的课程设置、培训方式等与国际教师教育专业化发展、第二语言教师教育发展的趋势相去甚远，对外汉语教师在数量上和质量上都不能满足对外汉语教学事业发展的要求。与此同时，相对于国外第二语言教师教育研究，国内对外汉语教师教育在研究内容和研究方法上都存在较大差距，具有研究成果数量少、经验型研究居多而理论和实证研究缺乏等特点。针对汉语国际教育新形势下，汉语教师教育的研究更是罕见。

一、我国汉语教师教育的基本情况

(一)汉语教师学历教育已形成完整的学历教育体系

我国汉语教师培养始于1961年，至今已有五十多年的历史。1961年高等教育部从北京大学、北京师范大学、东北师范大学、华东师范大学等重点大学的中文系选拔优秀应届毕业生作为出国汉语储备师资(《人民日报·海外版》称他们为对外汉语教学的"国家队")进行培养。此后，从1985年北京语言大学(时为北京语言学院)等四所大学开始设立第一批对外汉语教学全日制本科专业，到1999年北京语言大学(时为北京语言文化大学)设立我国第一个对外汉语教学专业博士点(其二级学科为语言学及应用语言学)，经过半个世纪的发展，我国汉语教学师资的培养拥有了从本科生、硕士研究生到博士研究生的完整学历教育体系。

2007年，国家设立了汉语国际教育硕士专业学位，汉语教师的培养从学术性硕士的培养拓展到专业硕士的培养。

除了学历教育机构，汉语教师培养还有非学历教育机构。有些大学在进行汉语教学的同时，也进行汉语师资的培养，设置了短期的培训课程。例如，北京语言大学汉语教师进修学院常年进行师资培训工作。有些大学只有汉语教学而没有师资培养的工作。除了大学外，还有社会培训机构和组织也进行汉语师资培养工作。例如国家汉语国际推广领导小组办公室(以下简称"国家汉办")、国务院侨务办公室(以下简称"国侨办")、中小学汉语教师协会、公司、企业等。但是，迄今为止，设置汉语师资短期培训的大学、机构和任教教师的数量，我国尚无系统的统计数字。

(二)新形势下汉语教学和汉语教师教育遇到了前所未有的发展机遇

1. 中国综合国力的增强，引发全球汉语热持续升温

中国的发展越来越吸引全世界的目光。改革开放以来，中国经济飞速发展，综合国力和国际地位不断提高，由于经济发展迅速，我国在政治、经济、文化、科技、教育、体育、卫生以及旅游等各方面与国际社会的交流日益频繁，国际社会对汉语教学的需求正在迅速、持续地增长。汉语教学在世界范围内持续、快速的发展，使得目前世界许多国家都面临着汉语教师严重匮乏的问题。在中国综合国力增强、世界汉语热兴起的背景下，汉语教学和汉语教师教育遇到了前所未有的发展机遇。汉语教师的培养问题得到党和政府的高度重视。

2. 对外汉语本科和研究生专业发展迅速，招生人数迅速增长

随着汉语在世界各国的逐渐升温，以培养对外汉语教学师资为目标的对外汉语本科和硕士专业也在全国各地蓬勃发展起来，对外汉语专业逐步成为国家重视、社会关注的热门专业。全国开设对外汉语专业的高校已由最初的4

所激增到2010年的285所，每年计划招生人数达15 000人，对外汉语本科在校学生已达38 000人。

1986年，北京大学和原北京语言学院等院校开始培养对外汉语教学方向的硕士研究生。目前已有六十多所院校设立了对外汉语的硕士点。对外汉语教学分别在中国语言文学一级学科下的语言学及应用语言学、汉语言文字学，共设有27个一级学科博士学位授权点和40个一级学科硕士学位授权点；在外国语言文学一级学科下的外国语言学及应用语言学，共设有6个一级学科博士学位授权点和28个一级学科硕士学位授权点；在教育学一级学科下的课程与教学论等学科、专业，共设有10个一级学科博士学位授权点和20个一级学科硕士学位授权点。

汉语国际教育硕士招生院校由2007年的24所高校，至2012年已经增至82所高校，成为增长迅速的专业学位硕士点。

3. 汉语师资培训活动力度加大，成为我国为海外输送汉语教学师资的重要途径

近些年，我国每年都要花费大量的人力、物力和财力进行各个层次的汉语教师和汉语教师志愿者的选拔和培训工作。每年寒暑假短短两个多月时间里，在国家汉办/孔子学院总部的组织和高校的协助下，面向汉语教师志愿者、外派汉语教师、本土汉语教师等各个层次的培训活动全方位展开。培训工作不断提高针对性和实用性，为解决汉语师资短缺问题做出了有益的尝试。

二、我国汉语教师教育存在的问题

对外汉语专业迅猛发展的同时，对外汉语专业在发展规模、专业定位、课程设置、教学团队、教学实践以及就业出口等方面仍存在许多问题和制约瓶颈。

(一)教师荒与汉语教学专业毕业生就业困难之间的矛盾

汉语教师缺口很大，数量不能满足需求。外界舆论将对外汉语专业热捧为“香饽饽”。但是这种形势并不意味着对外汉语专业的学生具有良好的就业机会。在“汉语热”不断升温、汉语教师紧缺的背景下，对外汉语专业毕业生却面临着就业困难的问题，就业状况不容乐观。对外汉语专业毕业生就业状况不良集中表现为就业率低和就业专业不对口两个问题。对外汉语专业人才流失状况严重。据统计，现在每年走上对外汉语教学岗位的学生不足20%(林建萍，2007)。

对外汉语本科和硕士毕业生的主要去向可分为三大类：就业、继续深造、做志愿者。对全国41所大学对外汉语专业本科生毕业去向的统计结果显示，在2007年至2009年三年间，对外汉语本科专业的毕业生就业人数占毕业人数的比例分别为42%、68%、78%，继续深造人数占毕业人数的比例分别为

34%、22%、13%，做志愿者人数占毕业人数的比例分别为24%、10%、8%；就业毕业生中，从事对外汉语教学的人数在就业总人数中所占比例较低，约占五分之一，2007—2009年从事对外汉语教学工作的人数所占比例有上升趋势。毕业生就业的对外汉语教学机构主要有：国内中小学、国内国际学校、国内大学、国内其他培训机构和国外汉语教学机构，其中从事非教学工作的人数占就业人数比例一半以上(杨泉、朱瑞平，2012)。

对全国42所大学对外汉语专业硕士毕业去向的统计结果显示，在2007—2009年三年间，对外汉语专业硕士毕业生就业、继续深造和做志愿者人数占毕业人数的比例分别为66%、15%、19%；就业毕业生中，从事对外汉语教学的人数在就业总人数中所占比例比本科生高，占三分之一以上，但具有逐年下降的趋势；从事非教学工作的人数占就业总人数的比例低于本科生，占三分之一左右，但有逐年上升的趋势(胡秀梅、冯丽萍，2012)。

一方面是“汉语热”带来的国内外对外汉语师资紧缺的人才市场，另一方面是以培养对外汉语师资为主要目标的对外汉语专业毕业生找不到对口的工作。这两者之间形成了巨大反差，出现了所谓“外热内冷”的尴尬局面。这严重影响了以培养海内外汉语教师为目标的对外汉语专业的健康发展，也制约了海外孔子学院师资队伍的建设和汉语国际教育事业的推进。

(二)学界在对外汉语专业学科性质、培养目标、课程设置等问题上没有达成共识

汉语教师是汉语国际推广事业向前推进的关键，在这点上对外汉语研究专家学者和广大汉语教育工作者都已达成共识。但是，在对外汉语专业的学科性质、培养目标和课程设置等问题上，学界存在很大争议。争论集中于以下几个问题：第一，对外汉语专属于语言学、教育学还是文化学？第二，对外汉语专业培养目标为学术型人才还是实践型人才？第三，对外汉语专业和汉语国际教育专业的差异是什么？对外汉语硕士专业的学术型和实践型之争激烈，新设立的汉语国际教育硕士专业学位加剧了这一争论。

(三)汉语国际教育硕士专业学位的设立没有达到预期目标

我国设立汉语国际教育硕士专业学位，目的是解决合格汉语教师匮乏的问题。但是几年来的实践表明，专业硕士和学术硕士在教学实践能力和就业率方面未见有明显差异。和学术型硕士一样的是，该专业培养的毕业生仅有少数在读研期间(或毕业后)作为汉语教师志愿者(或者汉语教师)赴海外孔子学院从事汉语教学或相关工作，为缓解海外汉语师资匮乏的问题起到些许作用。与此同时，他们也和学术型硕士一样，毕业时也面临就业困难、就业率低、专业不对口等难题。毕业生或者选择在国内的一些汉语培训机构任教、在大学做兼职对外汉语教师，大多数选择转行。但是，不同的是，部分学术型硕士选择继续深造、攻读汉语作为第二语言习得与教学等相关专业博士学位，而汉语国际教育硕士毕业后能继续深造、攻读博士学位的人非常罕见。这预示着专业硕士在学术研究、专业素养方面的确比不上学术型硕士。

(四)各高校汉语国际教育专业的实际课程设置差异较大

在理论上汉语国际教育硕士培养目标和培养模式同学术型硕士既有联系，又有明显区别，但是在实际操作上却出现十分复杂的局面。虽然全国汉语国际教育硕士专业学位教育指导委员会秘书处组织专家制定了《全日制汉语国际教育硕士专业学位研究生指导性培养方案》(以下简称《方案》)，《方案》中明确了汉语国际教育的课程设置，但是，事实上，由于师资等种种原因，许多高校没有按培养方案为该专业的硕士生开设有关课程，培养方案形同虚设。各个高校在汉语国际教育硕士的实际培养工作中，其课程设置五花八门，差异较大，与对外汉语专业或界限分明，或混为一体，或因人设课。例如，有的大学汉语国际教育专业与对外汉语专业硕士点分属不同的学院(例如分属国际教育学院和中文学院)，两个专业各设各的课，教师资源几乎不共享，学生选课也不能跨专业，这就是所谓“界限分明”的做法；有的学校这两个专业的导师、授课教师、课程设置等几乎完全相同，不同的只是专业名称而已。有的大学基本上不考虑汉语国际教育硕士培养方案的意见，因人设课，开设了很多与汉语教学无关的课程，背离了教师培养的目标。

(五)对外汉语教学高层次人才培养不足，不能满足高校对高学历汉语教师的需求

目前许多院校对外汉语教师所学专业最多为中文，其次为外语，再次为对外汉语专业。大部分院校都承认对外汉语专业的毕业生在汉语教学中有优势，但是高校接受毕业生要求高学历、高学位，对外汉语教师进入高校的学历门槛过高，而且越来越多的高校只接受博士毕业生。因此高校接受不少非对外汉语专业的博士毕业生承担对外汉语教学工作，有的高校非常愿意接受不但能教授留学生对外汉语课程，而且能为对外汉语专业本科生或研究生开设对外汉语教学法、教育心理学或第二语言习得等有别于中文系的课程的毕业生，但是兼有专业对口和博士学位两个条件的毕业生寥寥无几。对外汉语专业培养了大量的本科生、硕士生，但是却没有培养多少有博士学位的能够进入高校传承衣钵的高层次人才；我国以培养大学汉语教师、汉语教学研究者、种子师资、专家型汉语教师等汉语教学高层次人才为目标的博士点很少；在现有的语言学与应用语言学博士学位论文中可以看到，真正以汉语作为第二语言学习与教学问题作为选题的论文很少；与汉语语言本体的博士学位论文相比，关于汉语第二语言学习和教学的论文不仅数量少，而且质量也不能令人满意；在大学承担汉语教学工作的教师，拥有汉语作为第二语言习得和教学研究博士学位的人极少。能够进入高校的承担对外汉语教学与研究工作的高层次人才的培养严重不足。这里既有对外汉语学科发展稚嫩的深层原因，也有决策部门对第二语言习得与教学这一学科领域的发展、博士点建设缺乏远见卓识、重视和投入不够的决策因素。

(六)汉语教师标准、汉语教师资格制度缺失，导致汉语教师专业化发展方向迷失，并影响汉语教师地位的提高

从1990年《对外汉语教师资格审定办法》的实施、2004年《汉语作为外语教学能力认定办法》的推行，到2007年《国际汉语教师标准》(以下简称《标准》)的颁布，我国的汉语教师资格制度建设取得了一些进步。但是令人遗憾的是，自2005年起，国家级的汉语教师资格认定工作一直处于停滞状态。教师专业标准的模糊，教师资格制度的缺失，必然导致教师专业化发展方向的迷失，从而影响汉语教学师资的培养质量，也影响汉语教师地位的提高，因而严重阻碍了汉语国际教育事业的发展。

教师专业化是国际上教师教育发展的必然趋势，也是真正提高教师地位的重要途径。教师专业化就是以合理的知识结构为基础，具有专门的教师教学实践能力，并能有效地、创造性地解决教育教学领域中的问题，其目标就是提高教师的实践性反思能力。教师专业化也是职业专业化的一种类型，是指教师"个人成为教学专业成员并且在教学中越来越成熟的转变过程"。20世纪下半叶，教师专业化成了全球教师教育改革的主要趋势。许多发达国家与地区在法律、经济、政策等方面担当起推进教师专业化责任的同时，也大都重视教师专业标准的制定和教师资格认证，意在通过建立教师专业标准和教师资格认证，加强教师队伍建设，提高教师质量，以指导教师专业化进程向着预期的目标发展。与发达国家相比，我国汉语教师标准制定和汉语教师资格认证制度存在标准模糊、认证缺失等问题，不能满足汉语教师专业化发展和汉语国际教育新形势的要求。

三、我国汉语教师教育产生问题的原因

(一)对外汉语专业本科和汉语国际教育硕士教育发展过快

高校对外汉语专业本科教育近些年发展太快，盲目发展和扩张，新开设本专业学校数量过多，且招生规模普遍过大。汉语国际教育硕士教育也存在类似的问题和趋势。许多院校实际上不具备设立汉语教师培养专业的资质。例如，一些院校没有相应的师资开设汉语教师培养的专门课程，一些院校没有教育实习的场所。对国内高校对外汉语教学机构人才培养类型的统计分析结果显示，在参加调查的123所招收对外汉语本科生的院校中，有40所院校没有留学生的学历和非学历教育，也就是说，没有真正意义上的对外汉语教学(冯丽萍、胡秀梅，2011)。

汉语教师培养专业发展过快所导致的结果是，汉语教师培养机构及其专业建设所需的师资、教育实习等客观条件不能满足培养目标的需求，造成所

培养的毕业生不能真正适合当前汉语国际教育的需求。同时，由于就业渠道不畅通，对外汉语专业本科生和研究生难以从事汉语第二语言教学或相关领域的工作，这在一定程度上造成了人才培养的浪费。

（二）对外汉语教学学科发展还不成熟，还处于稚嫩期

对外汉语教学学科本身仍处于比较稚嫩的发展期，还没有形成具有核心影响地位的学科理论，对对外汉语教学的学科性质、汉语教师教育规律缺乏足够的研究和正确的认识。因此，在师资培养这一对本学科事业进行上承下传的工作中，传承的衣钵分量不足，因而造成有传之形而少承之实的状况（李凌艳，2006）。

（三）对汉语国际教育带来的新挑战、新课题缺乏研究

汉语国际教育的新形势既为汉语教学学科的发展带来新的机遇，也给汉语教学学科发展和研究带来新的挑战、新的研究课题。但是学界对于这些新的课题缺乏足够的研究，难以为新问题的解决提供科学的依据。任何学科与专业的建设都必须具有前瞻性，汉语教学专业也不例外。在当前汉语国际教育新形势下，对外汉语专业和相关学科建设更应具有前瞻性。而这一切都需要以科学研究为基础。

（四）在学科建设中出现学术“缺位”、行政“越位”的现象

在对外汉语、汉语国际教育等以培养汉语教师为主要目标的学科建设上，在专业设置、专业名称和学位设立乃至课程设置上，缺乏专家、学者、教师的声音，出现专家学者“缺位”和行政管理者“越位”、用行政权力代替了学术权力的现象。例如，对外汉语本科专业名称改为汉语国际教育，在《全日制汉语国际教育硕士专业学位研究生指导性培养方案》、《国际汉语教师标准》的制定中，尽管有很多专家学者提出不同意见，但未得到采纳。事实证明无论是《方案》，还是《标准》都没有达到目的。

（五）受传统课程观念的束缚，对汉语教师专业化问题重视不够

现有的对外汉语教师专业课程设置受到了传统的课程观念的束缚，因此课程设置偏离了汉语教师培养和专业化发展的目标。这些传统的课程观念有：第一，重学术性，轻师范性。除了对外汉语教学概论、教学法、第二语言习得概论等两三门课程外，许多大学的对外汉语专业课程几乎与中文系、外语系的课程一模一样。第二，重理论，轻实践。不少对外汉语专业的课程脱离海内外汉语教学的实际，脱离汉语教师和教育管理工作者的将来职业的实际需求，甚至一些培养汉语教师教学能力所需的必备课程（特别是实践课程、教育实习课程）没有开设，学生没有机会理论联系实际，即通过教育教学实践来深化自己对课堂所学的理论知识的理解，体验理论对于教学实践的指导作用，并提高自己的实际教学能力。第三，重职前教育，轻入职和在职教育。汉语教师教育课程设置对汉语教师专业化发展目标的关注不够，还表现在缺乏在职汉语教师的培训课程(特别是入职培训课程)。不少汉语教师缺乏必要的汉语作为外语教学能力的专业训练，只凭借身为母语者和自身固有的知识体系投入对外汉语教学之中。进入讲堂之前，既无全面、系统、科学的岗前培训，工作之后又缺少系统、及时的在职培训与提高，不能随时充电，全靠实践中个人努力来适应日益增长的教学需求(赵金铭，2007)。汉语教师培养缺乏专业化、一体化模式，没有从教师成长的整个历程来促进教师专业化发展目标的实现。

四、解决汉语教师教育问题的对策建议

(一)适当控制汉语教学本科生和研究生层次的招生数量和规模

我国汉语教师的培养拥有从本科生、硕士研究生到博士研究生的完整的学历教育体系，但在过去10年中，汉语教学专业(即对外汉语专业、汉语国际教育专业)本科生和研究生层次的规模急剧扩大，招生数量急剧上升，这其中虽然有其合理的因素，但也不排除部分院校追逐经济利益而盲目跟风扩招成分。一些院校并不具备开设汉语教学专业的师资和教学实习场所等客观条件，但也盲目发展和扩张。汉语教学专业“大跃进”式的发展，不但不能使该专业培养的本科生、研究生达到合格教师的标准、真正满足汉语国际教育的需求，相反会阻碍汉语国际教育事业和学科的健康发展。因此，国家应合理控制汉语教学本科生和研究生层次的招生数量和规模，避免该专业盲目发展和扩张。

要设立汉语教师培养院校的资质认可标准和认可机构，对培养院校的资质进行审定和认可。专业教育机构的质量是汉语教师教育的质量保障机制的第一个重要环节。西方发达国家为解决专业教育机构的资质判断问题，制定了教师教育机构的认可标准，设立审定和认可机构，对教师教育机构进行专业规范、审定和认可。例如，美国必须经过国家教师教育鉴定委员会(NCATE)的认可，英国必须经过教育标准署(OFSTED)的认可。我们应当借鉴发达国家的经验，设立专门标准和专门机构对培养院校的相关资质进行审查和认定，保证设立汉语教学专业的院校具备相关资质，从而保证汉语教师的培养质量。

(二)扩大汉语教学博士层次的教育规模，建设跨学科的汉语教师教育师资队伍

汉语教学专业的人才培养目标是培养适合从事汉语教育教学、管理的专门人才，其师资队伍必须具备跨学科的知识结构，要有来自汉语、外语和教育教学等学科领域的教师组成。但我国目前从事汉语教学本科教育以及研究生教育的师资队伍主要是在原有中国语言文学、外国语言文学专业的师资队伍基础上发展起来的，教育学、心理学领域的师资明显不足，还没有组建起

具有跨学科知识结构的师资队伍。

为了能给高校的汉语教学本科和研究生专业输送合格的师资，应当注重建设汉语作为第二语言学习与教学的博士点，扩大汉语教学博士生的招生规模，培养从事汉语教师教育的高层次专业师资。当越来越多的汉语教师教育专业的博士毕业生进入大学工作后，对外汉语专业开设的课程才能真正突出特色，才能真正成为培养汉语师资的合格的专业机构。

(三)课程设置凸现教师专业特色，让汉语教师得到专业化培养

教师教育的专业化是当前教师教育改革关注的焦点。汉语教师的培养也应当像其他教师的培养一样，走专业化发展的道路。目前我国汉语教师的培养机构主要局限于语言类院系(例如中文或外语学院)，应采取开放式的教师培养模式，要让更多的高水平的综合性大学的教育类院系参与汉语教师的培养。要规定所有的培养机构都必须开设教师教育的专门课程(教育科学课程、语言学科教学课程)，增加教育科学课程以及教育实习实践课程在总课时中的比重。要考虑将汉语教师的培养课程与教师资格认证相结合。

(四)建立长效的教学实习机制

要建立汉语教学专业学生的教育实习制度，加快建立教学实习基地。以培养教师为目标的汉语教学专业，本质上是一种师范教育，教学实习是大学培养汉语教师的课程计划的重要有机组成部分，不是可有可无的或者可被其他社会实践活动替代的。教育实习不但具有加深学生对专业知识的理解与掌握，培养学生教学能力的作用，还具有培养专业思想的作用。要建立和完善教育实习制度，规范教学实习环节，明确实习的方式和时间长度，不能放任自流。要让汉语教学专业的学生深入到幼儿园、中小学校以及大学，深入到汉语教学的课堂，在有经验的教师的指导之下，参与班级的教学、学生的管理和学校的工作。要加强早期现场实践，使学生在接受学科教育的同时，有机会到附近学校观摩、见习。大学要与国内幼儿园、中小学、留学生汉语教学单位和海外教学机构形成合作关系，建立稳定的教育实习基地。要建立实习试用期制度，将实习试用期作为正规的学历教育的一部分，或者作为获得教师资格证的条件之一。

(五)理顺毕业生就业与海外汉语教师(含志愿者)派遣之间的关系

现阶段存在海外汉语教学师资紧缺与汉语教学专业毕业生就业困难的矛盾的尴尬局面，这种局面随着我国汉语国际教育的步伐不断加大，显得越来越突出，成为阻碍我国汉语国际教育工作进程的绊脚石。同时，高校汉语教学存在大量的兼职教师，说明高校依靠在编的汉语教师已无力承担日益繁重的留学生汉语教学工作。为此，应当调整高校留学生汉语教育体制，逐步将留学生中的非学历教育的“语言生”从高校的主体中剥离出来，由高校的附属学校或社会机构开设各种汉语进修学院或培训学院承担非学历教学，这既能使汉语教学专业毕业生获得专业对口的工作岗位，而且将来也可以从他们中间选拔汉语教师或汉语教师志愿者出国任教，避免人才流失。

应当建立有效的海外汉语教师派出机制，将汉语教学专业的毕业生作为外派汉语教师和志愿者的主要来源，选拔优秀的毕业生到海外从事汉语教学。要加强国际合作，在海外建立汉语教学专业学生的实习基地，使学生在校学习期间就有机会获得海外汉语教学实习的经历，为毕业后赴海外从事教学奠定良好的基础。

(六)发展汉语教师学历教育的国外生源，来华培养或海外合作培养本土汉语教师

本土汉语教师是海外汉语教学的主力军，是汉语国际教育可持续发展的可靠保证。在汉语国际教育背景下，发展汉语教师学历教育的国外生源，来华培养或海外合作培养本土汉语教师，有利于海外汉语教学事业的持续发展。应当制定政策支持和鼓励高校与海外机构合作，通过学历教育培养本土汉语师资。应当加强海外汉语教师的学历教育，依靠专业教育机构的学历教育而不是短期培训来培养本土汉语教师。

(七)健全和完善汉语教师标准，尽快实施汉语教师资格制度

执行汉语教师资格制度是建设高质量汉语教师队伍的保障，对拓宽教师来源，优化教师队伍和保证汉语教学质量等方面有着至关重要的作用。同时，汉语教师资格制度对于汉语教师的职业身份、法律地位及职业发展也有着实质性的保障意义。我国以往实行(现在停滞)的汉语教师资格考试和证书制度，存在不少问题，由于没有连续稳定地实行汉语教师资格制度，目前国家认可的汉语教师资格认证考试缺失，市场上出现名目繁多、质量参差不齐的汉语教师资格考试，直接影响到汉语教师资格证书的权威性。我们应当借鉴国外外语教师资格制度的成功经验，尽快研究制定科学有效的汉语教师标准，连续稳定地实行汉语教师资格制度。

国际汉语教师资格制度不仅涉及与国家相关部门的协调合作问题，在其实施上还受到其他国家和地区法律政策的制约。国际汉语教师资格制度还应考虑到各国在教师聘用、外教引进等方面政策的不同，强调资格认证制度的质量、信誉和灵活性，最终使国际汉语教师证书像 TESOL(对外英语教学)证书那样依靠自身的质量和信誉逐渐赢得社会认可。

(八)建立汉语教师培养的专业化、一体化模式，加强入职和在职教育

目前汉语教师培养缺乏职前教育、入职教育和在职教育一体化的专业化发展模式，没有从教师成长的整个历程来促进教师专业化发展目标的实现。要建立汉语教师培养的一体化模式，加强入职和在职教育，鼓励汉语教师专业化发展。教师职业生涯的头几年是决定新教师一生专业素质的关键时期，教师职业独特的教学专长往往是在此阶段奠定基础的，应该特别重视新教师的入职培训。在职培训应当在了解新教师与教学专家差异的基础上，在分析教师所处的发展阶段的基础上，设计有针对性的培训课程。在职培训要重视教师教学知识和教学观念的更新。要利用微格教学(Microteaching)和案例教学(Case Method)提高短期培训的效果。

(九)加强海外汉语教学和教师培养的研究

为适应汉语国际教育的需求，要将研究领域从传统的来华留学生的教学拓展到海外中小学汉语教学、汉语教师培养上，要研究课程设置如何满足教师从事海外儿童、青少年汉语教学的需求；要借鉴教育学对于各国的国民教育体系、教师教育体系以及外语教师教育体系的研究成果，设置符合海外中小学汉语教学需求的教师教育课程，提出本土汉语教师培养的方案和对策。

总之，应通过采取上述对策，解决我国汉语教师教育存在的问题，使之适应汉语国际教育新形势的需求。

参考文献

[1]林建萍：《调整就业心态，转变就业观念——对外汉语专业毕业生就业形势调查分析》，《北京教育》，2007年第2期。

[2]杨泉、朱瑞平：《全国对外汉语本科专业毕业去向调查分析》，《云南师范大学学报(对外汉语教学与研究版)》，2012年第1期。

[3]胡秀梅、冯丽萍：《对外汉语教学学术型硕士就业情况调查与分析》，《云南师范大学学报(对外汉语教学与研究版)》，2012年第1期。

[4]冯丽萍、胡秀梅：《国内高校对外汉语教学机构人才培养类型的结构分析》，《云南师范大学学报(对外汉语教学与研究版)》，2011年第6期。

[5]李凌艳：《汉语国际推广背景下海外汉语教学师资问题的分析与思考》，《语言文字应用》，2006年第S1期。

[6]赵金铭：《汉语作为外语教学能力标准试说》，《语言教学与研究》，2007年第2期。

[7]赵吉英：《对培养汉语国际教育专业硕士的思考》，暨南大学硕士学位论文，2010年。

[8]茅海燕、唐敦挚：《对外汉语教师及其培养模式探索》，《高等教育管理》，2007年第2期。

(作者：江　新　北京语言大学教授)

项目名称：关于构建优秀教师隐性知识交流与共享网络联盟的研究
项目编号：09BaJY056
项目负责人：张杰夫
项目信誉保证单位：中国教育科学研究院

优秀教师隐性知识交流与共享研究

内容提要：城市反哺农村是党和政府的一贯政策。北京是全国教育中心、数字化先进城市，拥有全国数量最多的优秀教师和最丰富的教育资源。然而，首都这样一个巨大的教育资源宝藏却一直未被挖掘。知识管理研究指出，隐性知识是教师最重要的知识，但这种知识不能“言传”，只能“意会”。远程直播教学模式是我国独创的一种教学模式，可以将城市优秀教师的智慧送到最需要的地方。在这个过程中，远端教师可以感悟、学习优秀教师的隐性知识，从而实现远端教师的专业发展。

人类在教育发展过程中始终摆脱不了一个悖论：最需要教育的地方，却最缺少好的教师。印度国家信息学院首席科学家苏加托·密特拉(Sugata Mitra)教授曾因做过“墙中洞”(Hole in the Wall)实验而闻名于世，他在一次TED[①]演讲中曾感慨地说：“今天在座的各位来自世界各个角落，如果你们想象一下自己国家的地图，总能在上面画出一些小圈，然后说：‘噢，这些地方优秀的老师是不愿意去的。’”我们国家的教育不也正面对这样的窘境吗？长期以来我国基础教育优秀教师资源分布极不均衡，呈现东部富裕、西部极度匮乏状况。成都七中东方闻道网校开展的远程直播教学，经过十多年的探索，改变了千百年来教师成长的途径和模式，找到了一条破解人类教育悖论、快速促进西部落后地区教师专业发展的道路，有外国专家称这种做法是“中国奇迹”。

一、建立东西部优秀教师隐性知识交流与共享的紧迫性

实现城乡教育一体发展是我国到2020年实现教育现代化的重大战略性任务。2010年7月，国家颁布《国家中长期教育改革和发展规划纲要(2010—

① TED是Technology、Entertainment和Design三个单词的首字母缩写，即技术、娱乐和设计，是社会各界精英交流的盛会，它鼓励各种创新思想的展示、碰撞。

2020年)》(以下简称《规划纲要》),从战略和全局高度为我国教育未来10年发展绘制了宏伟蓝图,明确指出:“均衡发展是义务教育的战略性任务。”“到2020年,全面提高普及水平,全面提高教育质量,基本实现区域内均衡发展,确保适龄儿童少年接受良好义务教育。”教育均衡发展的重点、难点都在西部。

西部基础教育落后其深层次的原因与西部文化落后和知识隔离密切相关。有学者在研究人类文明进程中发现:我国从长江上游、中游、下游到入海口,形成了不同的发展地带,依次发现从原始文化、农业文明、工业文明到知识文明四个阶段的典型特征,这就是著名的“长江模型”。① “长江模型”揭示出西部大部分农村、民族地区处于人类文明进程中最低端——原始文化中。随着知识社会的到来,原始文化遭遇了更大威胁——知识隔离。“21世纪最重要的发展要素是知识。而我国西部地区同东部相比,不仅在经济发展和社会发展上存在明显差距;更为关键的是西部存在着巨大的知识发展的差距。目前,西部一些地区、一些少数民族,已经面临知识隔离的危险。”②知识隔离对于教育来说,到底意味着什么?意味着阻断了西部贫困地区学生通过“知识改变命运”的期望。像四川省民族地区,“高中阶段教育发展滞后,毛入学率仅有36.2%”。③ 而同期我国高中阶段教育毛入学率达到82.5%④,两者相差两倍多。

为了有效解决西部教育均衡发展问题,《规划纲要》明确提出:“促进义务教育均衡发展和扶持困难群体,根本措施是合理配置教育资源,向农村地区、边远贫困地区和民族地区倾斜,加快缩小教育差距。”然而,这需要一股巨大的推动力,这股推动力就蕴藏在城市中小学名校中。北京是全国教育中心、数字化先进城市,拥有全国数量最多的优秀教师和最丰富的教育资源与先进信息技术设备。然而,这些优秀教师资源只使用了很小一部分,首都这样一个巨大的教育资源宝藏大部分却一直未被挖掘。一方面是对优秀教师资源的极度匮乏,另一方面却是优秀教师智慧“库存的贬值”、数字化资源的巨大浪费。如何打通城市名校与西部农村薄弱校之间优秀教师流通的渠道,是2020年我国实现教育均衡发展目标的重大战略性任务。

远程直播教学模式是我国独创的一种新型教学形态。新世纪之初,四川省委省政府为了解决少数民族地区教育落后状况,决定利用卫星技术打破时

---

① 中国现代化战略研究课题组、中国科学院中国现代化研究中心:《中国现代化报告概要(2001~2007)》,北京:北京大学出版社,2007年版,第4页。

② 胡鞍钢、熊义志:《西部开发应优先实施知识发展战略》,《领导决策信息》,2000年第34期。

③ 《四川省民族地区教育发展十年行动计划(2011—2020年)》,四川扶贫与移民网,http://www.scfpym.gov.cn/show.aspx?id=17405.

④ 《2010年全国教育事业发展统计公报》,http://www.moe.edu.cn/publicfiles/business/htmlfiles/moe/moe_633/201203/xxgk_132634.html.

空限制，将城市优质教育资源引向广大落后地区。2002年9月，成都七中成立了网校，向云、贵、川、藏、甘五省区的普通高中提供远程直播教学，开创了将城市优秀教师智慧送到最需要的地方的一种新型教学模式。远程直播教学通过卫星或网络等现代信息技术，实况直播或录播成都七中课堂教学，让成都七中的学生和远端学校学生同上一节课，实现了城乡学生“异地同堂”、共享优质教育资源的目的。远程直播教学对现有教学流程进行再造，创造性地提出了“四同时、五位一体”的教学模式，即“同时上课、同时备课、同时作业、同时考试”，最大限度地使远端学校与成都七中教学保持同步；同时采取“五位一体”的工作方式，将教学设计者、把关教师、授课教师、远端教师和技术教师组成教师协作团队，进行协同教学和提供教学服务。远程直播教学“四同时、五位一体”教学模式为优秀教师智慧传播发挥出巨大的作用。十年过去了，远程直播教学取得了巨大成绩，它改变了千百年来教师成长的途径和模式，创建了教师专业发展职前培养、在职教师培训和校本教研之后，借助信息技术而开辟了第三条教师专业发展道路。

二、认知学徒制视角下优秀教师隐性知识交流与共享的环境与机制研究

在教师专业发展研究中有三个理论有着重要影响，那就是：PCK理论(PCK是英文Pedagogical Content Knowledge的缩写，译为学科教学知识)、知识管理(隐性知识理论)和认知学徒制。PCK理论从庞大教师专业知识中将学科教学知识(PCK)分离出来，认为PCK对教师专业发展起着至关重要的作用。但教师PCK是一种实践性知识，本质上更多的是一种隐性知识。知识管理作为20世纪90年代兴起的一个理论，对隐性知识有着深入研究。研究表明，隐性知识是存储于人们头脑中的属于个人经验、诀窍、灵感的那部分知识，常隐含于人的行动之中，难以量化处理和传播。我们知道，教师的教学工作是一种创造性工作，“教学就是‘即席创作’”[①]。知识管理研究揭示，隐性知识是创造之源，因此，它是教师专业发展最需要的知识。不过，随着知识管理研究的深入发现，隐性知识很难通过“正规的”、“直接的”方式，特别是在以“客观知识”为主要内容的现代教育体系中直接传递，只能通过实践，通过“师傅带徒弟”形式加以传递。因此，人们普遍认为，“师徒制”是隐性知识传播最佳途径。知识管理虽然给出了隐性知识的最佳传播途径，但并没有告诉我们在现代环境下如何实现“师徒制”，而认知学徒制理论恰恰回答了这一问题。认知学徒制理论是一种在实践中学习的理论，对教师专业发展具有十

① [加拿大]马克斯·范梅南：《教学机智——教育智慧的意蕴》，李树英译，北京：教育科学出版社，2001年版，第209页。

分重要的理论价值和实际意义。认知学徒制是一种从改造学校教育中的主要问题出发，将传统学徒制方法中的核心技术与学校教育整合起来的新型教学模式。[①]认知学徒制的目的是在真实的情境中，在学生与专家在教学过程中通过沟通、交流，共同解决问题、分享学习资源，从而获取专家实践所需的思维能力、问题求解能力和处理复杂任务的能力。

(一)远程直播教学将远端教师置于真实的情境中学习

认知学徒制提倡在真实情境中的学习，通过示范、指导、反思、探究等技术和学习共同体中的合作及互动等来发展学习者解决真实生活中问题的能力。正如传统学徒制帮助学徒学会怎样使用某行业的工具一样，认知学徒制通过让学生参与真实的领域活动，来获得、发展和使用认知和元认知工具，从而帮助学生学会怎样运用终身学习所需要的认知工具。在远程直播教学过程里，远端教师浸润在优秀教师实践的情境中，并在优秀教师的指导和帮助下解决真实的问题，这样，远端教师不仅学会了一般的领域知识，还获得了优秀教师的高级思维技能和策略性知识。远程直播教学情境学习具有如下特征：

(1)远程直播教学教师的学习是植根于日常教学工作情境中的，而不是游离于这一教学过程单独进行的；(2)远端教师的专业化知识是情境性地获得的，因而，这种知识易于迁移到类似的情境中去；(3)远端教师的学习是通过活动而不是通过获取教师组织的相互分离的打包的信息。学习内容内蕴于任务的执行中，存在于由行动者、行动和情境所组成的有力的、复杂的社会环境中；(4)远程直播教学的学习是某个社会过程的结果，这个过程除包括学习陈述性知识和程序性知识外，还包括思考、洞察、问题解决和互动的方式；(5)学习由两难问题驱动，而不是内容驱动的。

(二)远端教师“在做中教，在教中学”的行动学习

行动学习又称“做中学”或称“干中学”，就是通过行动来学习。远程直播教学是一种“职场”的学习，“在工作中学习，在学习中工作”，将学习知识、分享经验、创造性研究解决问题和实际行动有机地融为一体。行动学习之所以在世界流行，主要的优点在于教师获得专业经验的最好方法是通过实际的团队项目操作而非通过传统的课堂教学。科斯金(Koskinen)等认为隐性知识的获取和转化可以通过下面两个途径：行动学习和技术创新中人们之间的非正式的交流。[②] 在远程直播教学中，远端教师通过观察、模仿和参与前端教师的教学实践，逐渐获得前端教师教学实践所需的思维、策略、问题求解和处理

① 高文：《教学模式论》，上海：上海教育出版社，2002年版，第342页。

② Kaj U. Koskinen，Hannu Vanharanta，The Role of Tacit Knowledge in Innovation Processes of Small Technology Companies. International Journal of Production Economics，2002，(80)，57—64.

复杂任务的能力，实现了教师专业学习与实际的工作环境完美结合。柯卡(Kerka)指出："关于人们在工作场所怎样学习的研究表明，(工作场所的)学习是建构性的、情境性的，常常通过认知学徒制发生。"[①]在这种教育意义丰富的学习环境中，前端和远端教师形成实践共同体，前端教师在其中充当"教练"角色，远端教师相当于"学徒"，学术和职业结合起来，消除了它们之间的鸿沟。

(三)向优秀教师学习

"榜样的力量是无穷的"，远程直播教学中前端的优秀教师成为远端教师学习的榜样。优秀教师的智慧是根植于教师的头脑中的隐性知识，通常情况下，这种"个人知识"是闭锁的，无法展示的。认知学徒制创设的解决问题的情境，可以让根植于优秀教师头脑中的个人知识在教学中充分展现出来，让优秀教师内部思维过程外显。在这个过程中优秀教师成为远端教师的示范和榜样，远端教师通过观察、模拟、习得并实践优秀教师处理复杂问题的思维过程和解决问题的策略。同时，远端教师通过课前共同备课、课中协作教学和课后反思，与优秀教师进行社会互动，也将自己的认识、思维过程清晰地展现出来，便于优秀教师有针对性地对其进行指导和帮助，从而有效促进远端教师的专业发展。

(四)认知学徒制适宜培养远端教师高级认知技能

在认知学徒制环境中，远端教师与运用高阶思维过程的优秀教师一同学习、工作，浸润在专家实践的情境中，接触到优秀教师的高阶思维过程，并在优秀教师指导下，解决真实的问题，运用高阶推理过程去探究新问题或从事新的发现，不仅能学会一般的领域知识，更能获得专家的高级思维技能和策略性知识，有助于培养远端教师的高阶思维能力。

(五)远程直播教学构建起城乡教师学习共同体

所谓学习共同体是指一个由学习者及其助学者(包括教师、专家、辅导者等)共同构成的团体，他们彼此之间经常在学习过程中进行沟通、交流，分享各种学习资源，共同完成一定的学习任务，因而在成员之间形成了相互影响、相互促进的人际联系。[②] 卫星、信息通信技术为远程直播教学搭建了一个信息平台，从而使得相距遥远的教师结成了学习共同体。在这个共同体中创造了优秀教师与远端教师深度合作、学习和实践的机会，使教师在群体学习中不断地实现自我超越，在不断的自我超越中提升自己的专业素养，并最终实现整个共同体教师队伍的专业化。

首先，共同体有一个共同的目标、愿景。教师学习共同体的共同愿景就

---

① 陈家刚：《认知学徒制研究》，华东师范大学博士学位论文，2009年。

② 张建伟：《试论基于网络的学习共同体》，《中国远程教育》，2000年(增刊)。

是每个成员真心向往并愿意为之奋斗的目标，共同愿景是推动共同体行动的内在动力。共同愿景建立在全员参与并沟通探讨的基础上。有了共同愿景，共同体成员才有可能精神振奋，并不断促进自己的成长和超越。其次，共同体提供了优秀教师与远端教师的互动。城乡教师学习共同体在前端优秀教师与远端教师之间有共同的主题和任务，他们之间建立起促进性的学习关系，相互间可以相互分享看法，进行思想和观点的碰撞，创造共享的知识。最后，共享智慧。获取实践性知识的最有效的途径和渠道是通过学校教师之间的对话和交流，诸如教师之间的教学实例研讨、教学经验介绍以及集体备课等。国外已有实证研究表明，“教师任教数月后，其态度与任教学校同事的相似性便已大于其受教学校的相似性；任教学校显然是比受教学校更具重要影响的教师职业社会化机构，任教学校的校长、同事及学生都是教师职业社会化的重要影响因素。”①因此，基于同伴合作交流基础上的知识共享是教师专业化发展的重要途径。②

三、优秀教师隐性知识交流与共享的效果研究

远程直播教学为西部薄弱校送去了城市优秀教师的智慧，培养了一大批优秀中青年骨干教师，促进了西部教育均衡发展。

(一)改变了远端教师的教育理念

远程直播教学传播的是城市先进的教育思想和教学制度，促进了远端教师教育观念的转变。著名现代化问题研究专家阿历克斯·英格尔斯(Alex Inkeles)说：“如果一个国家的人民缺乏一种能够赋予这些制度以真实生命力的广泛的现代心理基础，如果执行和运用现代制度的人自身还没有从心理、思想、态度和行为上都经历一个向现代化的转变，失败和畸形是不可避免的。”③康定中学校长陈军认为，远程直播教学对于薄弱校教师来说有几点作用：(1)传播了先进的教育教学理念；(2)传播了先进教学方法，包括信息技术的使用；(3)改变了学校的课堂教学管理。他说：“七中网校的教师不仅教学水平高，而且教育观念新。其教学课件的设计新颖，知识容量大，内容丰富，课堂教学效率高。长期坚持下去，对提高教学效果大有益处。”④

(二)提高了远端教师的教学能力

在与远端教师访谈中，大多数教师表示，与省内名师一起工作，大幅度提高了自己的教学能力。远端学校的管理者都将参加远程直播教学看作是本

---

① 吴康宁：《教育社会学》，北京：人民教育出版社，1998年版。

② 李春玲：《构建教师群体的知识共享机制》，《教师教育研究》，2006年第2期。

③ [美]阿历克斯·英格尔斯：《人的现代化》，成都：四川人民出版社，1985年版，第26页。

④ 王志坚：“四川成都七中东方闻道网校高中全日制远程直播教学研究”课题总报告(本课题是全国教育科学“十一五”规划课题：“信息技术环境下学与教方式变革与学习绩效研究”子课题)，2010年。

校教师提高专业能力的一次难得的学习机会。调查结果显示，将近80%的远端教师表示通过直播教学他们获得了优质的资源，并且使自己在教育技术能力、教学方法方面得到了很大提高，具体请见图1。有82.1%参与调查的远端学校的管理者表示，通过开展直播教学工作，远端教师的专业能力水平已经有了明显提高。①

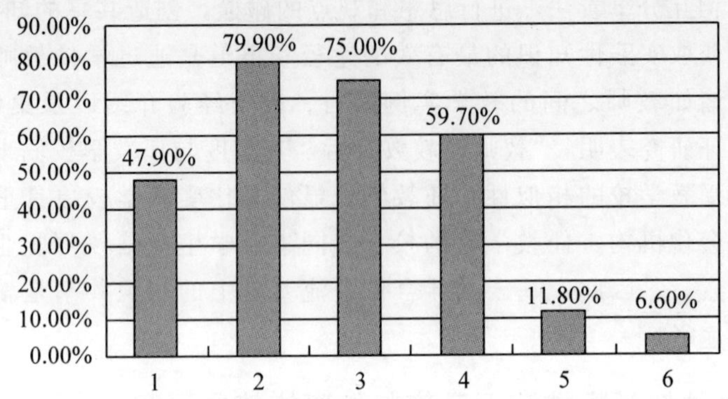

1. 学习成都七中名师优秀的教学方法；2. 获得成都七中优质的教学资源；3. 提升自己的教育技术能力；4. 获得更多的专业发展机会(如职称晋升等)；5. 使自己的知名度有一定提升；6. 让自己的学生有更好的发展

图1　远端教师直播教学收获自评统计图

(三)提高了远端教师应用与开发教学资源能力

远程直播教学通过“链式发展”，将优质教育资源直抵远端学校，使远端学校直接获得可以直接使用的有价值的资源，有效地解决了多年来我国教学资源生产者与使用者严重背离、教师难以找到适合的教学资源的问题。同时，优质教育资源蕴含着先进的教育理念、教学方法和教学策略，远端教师在长期接触和使用中受到潜移默化的影响，有效促进了他们的专业发展。

(四)缩短了优秀教师成长周期，培养出一批优秀教师

一般来说，由一名新教师成长为一名合格教师、优秀教师，甚至名师，需要经历一个漫长的发展周期。休伯曼(Huberman，M.)把教师的职业生涯过程归纳为五个周期：入职期；稳定期；实验和歧变期；平静和保守期；退出教职期。国外一些专家对于教师发展周期的研究结论一般处于教师正常的发展情况下得出的。在远程直播教学环境下，由于有优秀教师的引领，加快了远端教师的成长，打破了教师成长周期规律。一般情况下，远端教师成长会比休伯曼教师职业生涯周期快一到两个周期。从2002年远程直播教学开播以来，已经培养了一大批优秀教师。成都七中副校长、网校负责人罗清红认为：

① 李爽、王磊、白滨：《基于卫星的远程直播教学模式评价研究——以成都七中网校为例》，《开放教育研究》，2009年第4期。

"一般在个人比较努力的情况下，一位远端教师只要从高一到高三，跟着直播教学走过一轮三年，各种课型都了解了，就基本可以达到成都七中优秀教师标准。"能取得这样的突出成绩，是与远程直播教学创造的教师专业发展环境分不开的。在与成都七中远程直播教学前端教师座谈中，高二化学教师陈佳说："远程直播教学为青年教师成长创造了最快、最佳成长途径！七中本校都不具备这样的成长环境，我们七中许多老师非常羡慕远端教师。"

(五)重塑远端学校教师文化

什么是教师文化？教师文化是指，在学校环境里教师群体在教育教学活动中形成与发展起来的价值观念和行为方式。通过远程直播教学合作与交流，远端学校与成都七中"母体"血脉相连，血气相通，一种文化对另一种文化产生渗透和影响，并孕育和形成新的教师文化。教师文化内隐在教育者的内心，对受教育者起着潜移默化的影响；同时又外显于校风、教风，直接影响整个学校的发展。

四、促进优秀教师隐性知识交流与共享的策略

(一)转变思路，促进西部教师专业能力大发展

"教师是教育之本。有好的教师，才会有好教育。"[①]建设一支数量足够、素质优良、适应现代教育需要的教师队伍是西部教育实现跨越式发展的基础和保障。为此，要想促进西部农村、少数民族地区教育大发展，首先就必须突破传统思维方式和工作方法，敢于突破"梯度理论"的局限，运用最先进的技术手段，使处于经济和技术最低梯度的西部农村和少数民族地区教育，跳过传统的特定发展阶段，实现跨越式发展。一位多年从事教育扶贫的专家说："通过九年的教育扶贫我们发现，计算机及其他电化设施并不能改变教育落后的面貌。那些欠发达地区的农村所欠缺的不是计算机，也不是电化教学设备，最欠缺的是具备基本素质的教师，是学校、教师对教育本质的理解。"[②]其实，单纯重设备、重资源而忽视人的培养的做法已经显现出弊端。有些学校反映："头上很多天线，屋顶上一片大锅，资源不配套，难以发挥作用。"其实，我国在长期的扶贫工作中，早得出一条宝贵经验："输血"不如"造血"，教育也是如此。送设备、优质教育资源犹如"输血"，而送"优秀教师智慧"犹如"造血"，"授人以鱼不如授人以渔"。

(二)建议在西部农村、少数民族地区实施"农远工程"二期工程

"农远工程"是新世纪党中央、国务院站在全局和政治高度，为了国家长

① 《温家宝强调提高农村教师待遇 把农村教育办得更好》，人民网，http://edu.people.com.cn/h/2011/0909/c227696—2080433356.html.

② 杜子德：《信息技术不能从根本上改变中国教育》，《中国青年报》，2010年5月7日。

治久安、实现教育公平而采取的重大战略举措。工程按照城市教育帮助农村教育发展的战略构想，形成了一套完整的政策、组织和运行机制，为构建西部农村、少数民族地区远程教育体系提供了宝贵的经验。建议在此基础上实施“农远工程”二期工程，大力开展远程直播教学工作，由国家牵头，制定西部农村、少数民族地区远程直播教学发展规划。

制定规划，首要任务是进行系统设计，确立远程直播教学层级目标和任务。现有远程直播教学模式主要针对的是那些在农村和少数民族地区中那些生源和办学条件较好的薄弱学校，而对于绝大多数条件较差的学校并不适合。因此，未来需要在多个层面建立远程直播教学，以适应不同学校的需要，具体应有三个层面：第一层级是最高层面，针对边远地区最好的学校；第二层级是中等层次，针对边远地区大部分比较薄弱学校；第三个层级为基础层次，针对那些因缺少教师，难以正常开展教学工作的最薄弱学校。针对这三个层级的学校，对教师进行全员培训，大幅度提升教师专业水平，力争五年内实现西部优秀教师比例基本达到全国平均水平以上。

(三)建立“政府引导、名校参与、企业建设”的工作机制

企业是远程直播教学健康、持续发展的重要保障。远程直播教学模式的运行需要专门企业提供教学服务和学习支持服务工作，具有一定教学服务能力的企业是远程直播教学成功开展的关键。东方闻道公司在成都七中网校多年实践中所积累的首周服务、巡回服务和专题服务等受到了远端学校的高度评价，教学服务不仅协助教师和学生适应直播模式，而且协助远端学校对直播教学的管理。开展远程直播教学工作，应形成政府制定发展规划、名校提供优质教育资源、企业建设和运营的模式和运行机制。政府为投资主体，为民族地区学校购买优质教育资源和信息化服务，并逐渐形成多方参与的远程教育市场。

(四)建立东部城市名校与西部薄弱校远程直播教学联盟

建立城乡一体，形成教育共同发展机制一直是党和国家积极推动的解决西部教育均衡发展的重要措施。时任国务委员的刘延东同志在不同场合多次强调：“推进体制机制创新，为义务教育均衡发展提供长远保障。要探索形成城乡和区域义务教育共同发展机制。”[①]“要形成城乡和地区义务教育共同发展机制。各地要把城市学校与农村学校共同发展、优质学校与薄弱学校共同提高作为重要政策取向，建立教育资源向困难地区、农村地区和薄弱学校倾斜的动态机制。要通过整合、重组、结对帮扶等多种途径，打破校际和城乡之

① 刘延东：《推进均衡发展是义务教育的战略性任务》，《中国教育报》，2009 年 11 月 7 日，第 1 版。

间的分割，促进区域内优质学校与薄弱学校之间形成稳定的共建机制。”[①]这为解决西部教育均衡发展指明了发展方向。

按照远程直播教学层级目标要求，应建立东部城市名校与西部薄弱校远程直播教学联盟，以促进西部教育实现跨越式发展。联盟采取东部城市包片方式，将西部农村、少数民族地区学校分片承包，就像汶川地震灾后恢复重建国家采取的支持政策措施一样，进行教育智慧大支援。

（作者：张杰夫　中国教育科学研究院副研究员）

① 刘延东：《优化资源　促进公平 加快义务教育均衡发展——刘延东国务委员在全国推进义务教育均衡发展经验交流会上的讲话》，《中国教育报》，2009 年 12 月 1 日，第 1 版。

[illegible]

[illegible]

[illegible]

[illegible] 2009年 [illegible]

社会学学科

项目名称：社区矫正的理论与实务——北京市社区矫正模式研究
项目编号：06AaSH004
项目负责人：范燕宁
项目信誉保证单位：首都师范大学

社区矫正的理论与实务

——北京市社区矫正模式研究

内容提要：社区矫正是与监禁性刑罚方式相对应的非监禁性刑罚执行活动，也是我国司法制度改革的重大尝试。北京市作为社区矫正的首批试点省市，具有独特的社区矫正工作模式和丰富的工作经验，亟待人们加以认真总结。

本研究报告选择从社区服刑人员社会处遇状况的视角，对北京市社区矫正的理论与模式进行比较独特和深入的研究。从北京市社区服刑人员的社会处遇状况问题入手，采用质性研究与量化研究相结合方法，对北京市有关社区矫正的政策制定过程、主要内容、价值理念、实施主体、实施流程等问题进行了系统研究，对社会各界对社区服刑人员社会处遇政策的不同反映、评估意见、北京市司法社会工作者队伍及其提供的相应社会服务的状况等问题进行了系统研究。

一、研究的主要内容

本研究从社会政策制定及执行过程的层面，对北京市有关社区服刑人员的社会处遇政策及实施过程做出了较深入的分析。研究报告针对当前中国社区矫正试点过程中社区服刑人员的社会处遇状况问题，采用质性研究方法，对北京市有关社区服刑人员的社会处遇政策的制定过程、主要内容、价值理念、实施主体、实施流程等问题进行了系统研究，对社会各界(政府机构、基层工作者、社会志愿者、社区矫正服刑人员及亲友等)对社区服刑人员社会处遇政策的不同反映、评估意见、北京市司法社会工作者队伍及其提供的相应社会服务的状况等问题进行了系统研究。

本研究包括三方面主要内容：

第一，在理论研究方面：对社会处遇理论的产生发展的过程、理论的基本内涵、社会处遇理论与犯罪人及其社会福利保障的关系等问题进行研究和梳理。

第二，在实务研究方面：对北京市有关社区服刑人员的社会处遇政策的提出演化的背景、过程、政策的主要内容、核心理念、实施过程、社会评价及效果情况进行研究，并且对北京市社区服刑人员社会处遇状况的整体状况做出分析，对如何完善北京市社区服刑人员的社会处遇政策提出一定的政策性建议。

第三，对矫正社会工作在中国城市的存在状况进行分析，包括矫正社会工作在当前中国城市社区的起步发展状况、存在形式、被社会接受采纳的程度、遇到的困难和问题等进行初步分析。

二、主要的研究方法

本研究采用文献研究与焦点小组定点调研、半结构式个案访谈相结合的质性研究方法开展研究工作。

(一)文献研究

笔者广泛收集整理了国内外学者围绕罪犯处遇、犯罪原因、犯罪人社会处遇以及社会政策的执行及实施过程方面的大量研究成果，尤其是社会功能主义、社会结构主义对犯罪的社会原因问题的研究，受益颇多。然而，笔者在对现有成果的研究中发现，在目前可以收集到的研究资料中，对在社区中服刑的罪犯的处遇以及从社会政策实施层面对犯罪人尤其是社区服刑人员社会处遇状况进行研究的成果并不多见。笔者还广泛收集整理了北京市在实施社区矫正过程中所产生的各种工作文件，在此基础上，对已有文献资料进行深入分析研究。

(二)焦点小组定点调研

2006—2008 年我们在北京市当时的 18 个区县中，选择西城区、丰台区和房山区三个区县作为开展定点研究的区县。请这三个区县的司法局协助，分别在这三个区邀请街道、城镇一级负责社区矫正执行工作的公安干警 1 人、监狱干警 12 人、司法局干部或司法助理员 14 人、阳光社区矫正服务中心工作人员(志愿者)4 人、社区居(村)委会工作人员及社区矫正志愿者 9 人，召开了 5 次焦点小组调研会，被邀请参加调研会的总人数为 40 人，其中有 3 人重复参加两次以上会议。焦点小组参加者围绕北京市社区服刑人员社会处遇政策及执行情况，各抒己见，提出评价及建设性意见。

(三)半结构式个案访谈

2006—2008 年我们选择西城区、丰台区、房山区作为北京市城区、近郊区(城乡接合部)、远郊区的代表性区县，分别对 3 个区县中的 13 名不同类型的社区服刑人员及 3 名社区服刑人员的亲友进行了半结构式个案访谈。访谈的目的是了解社区服刑人员本人及亲友对北京市有关社区服刑人员社会处遇政策的认识、评价及感受。

2008—2011 年我们对上述当时参与调研的部分监狱干警、司法助理员以及少量社区服刑人员进行了回访，同时又补充增加了少量调研对象，进行了新的访谈。

三、主要研究结论与思考

(一)社会政策的制定方、实施方、适用方对于社会政策的实施效果具有不同的评估视角

1. 政策制定方视角

所谓“政策制定方视角”，又可以被称为社会政策的“上位评估视角”，是一种站在政策制定方立场自上向下“俯视”社会政策实施效果的“上位下视”视角。这种评估视角及方法关注“先前的政策决定中所确定的目标”[①]，强调政府的投入、运作及效果。

笔者认为，如果选择这一视角作为分析北京市有关社区服刑人员社会处遇政策及其实施状况的评判依据，那么，可以说北京市这项社会政策的实施情况是非常良好甚至可以说是很成功的，很好地体现了社区矫正的法制化、人性化、个别化原则。

2. 政策实施方视角

所谓“政策实施方视角”，是社会政策实施过程中的“中位评估视角”。这种视角是站在政策实施方立场上，对政策评估的“上位视角”和“下位视角”的聚焦和整合，反映了政策制定方、政策实施方以及政策适用方三方意志的碰撞与结合，因而在社会政策研究中占有极为重要的地位。

笔者认为，如果选择这一视角作为分析北京市有关社区服刑人员社会处遇政策及其实施状况的评判依据，那么，可以说北京市这项社会政策的实施情况开局良好，但存在着不少困难和问题，亟待得到调整和解决。

3. 政策适用方视角

所谓“政策适用方视角”，是社会政策实施过程中的“下位感受视角”，即从社会政策的对象方或适用方的立场上对社会政策的执行状况，进行反馈和评估的视角。由于这种视角带有较多的个人感受特征，每个人的价值观、文化背景、情感取向等个人化的因素在其中起到很大的作用，因此这种评估意见往往带有较多的表面性、情感性甚至是偏颇性因素。

笔者认为，如果选择这一视角作为分析北京市有关社区服刑人员社会处遇政策及其实施状况的评判依据，那么，可以发现北京市社区服刑人员对自

---

① ［英］米切尔·黑尧：《现代国家的政策过程》，赵成根译，北京：中国青年出版社，2004 年版，第 110 页。

己社会处遇的状况的评价意见具有较大的分化倾向：缓刑、管制、监外执行(保外就医)者中的绝大多数人、假释中的一部分人，对自己当前的社会处遇的整体状况给予了比较肯定的评价；经假释进入社区矫正中的一部分服刑人员和附加剥夺政治权利的社区服刑者中有一部分人对自己当前的社会处遇状况感觉一般或不好，困难较多或意见较大，有不同程度的负面评价，但这部分人的比例并不是很大。

(二)社会政策的实施效果在很大程度上会受到政策因素之外的社会文化因素的影响和制约

影响北京市有关社区服刑人员社会处遇政策实施效果的政策性因素主要包括：社区矫正法律体系的完善、社区矫正的基本原则和价值取向、社区矫正政策的实施主体、社区矫正的对象、社区矫正的工作流程、社区矫正的政府拨款、社区矫正的连带政策(主要包括安置社区服刑人员的户口、低保、求学、就业等方面的有关规定)等在政策范围内可以控制和调整的因素。从这些方面看，北京市关于社区服刑人员社会处遇政策的制定和调整会受到来自两方面背景因素的影响：一方面，从维护国家安全、打击犯罪、维护公共安全、保护受害者及广大人民群众的生命财产安全的角度考虑，必须使社区服刑者作为犯罪人在社区矫正的过程中受到法律的惩罚、改造和教育；另一方面，从保护社区服刑者的合法权益的角度、从人权保护及国家对犯罪人的改造的角度考虑，在社区矫正政策制定实施的过程中又必须体现出对社区服刑者的接纳、宽容和改造的人性化、科学化、个别化的理念。社区矫正的多元主体之间的沟通协调不够充分，政策的贯彻执行的渠道不够畅通，不同区县、不同系统的政府工作部门在执行政策的过程中对政策的把握具有一定的差异性。

1. 社会成见

一些社区服刑者抱怨自己的就业问题解决不了，是由于政府工作人员对自己“不管不问”。笔者访问过的不少社区矫正基层工作人员告诉笔者，他们作为政府部门的工作人员曾经多次出面为一些社区服刑人员联系工作，但只要一听说是服刑人员，很多单位都会抱“宁缺毋滥”的态度坚决拒绝。目前，在北京市的一些基层单位办理低保、聘用工作人员都需要居民或村民举手表决或公开征集意见，每到这些时候，社区服刑人员很难过“举手关”或“公示关”。很多普通百姓认为，办低保、找工作这样的事，“好人都难全轮上，哪能轮上这些社区服刑人员”[①]。所以，很多时候即使政府部门的工作人员为解决社区服刑者的社会救济、临时救助、办理低保、求职就业等问题多次协调和努力，也左右不了普通民众对社区服刑者的固有成见。

① 社区矫正工作人员：房山4(2006)，房山区社区矫正工作人员刘某2006年12月4日在焦点小组调研会上的访谈记录。

2. 地区经济发展水平

经济发展水平是影响社区服刑者社会处遇状况的重要社会背景条件。笔者在调查中了解到，在经济发展水平较高的区县、街道、乡镇社区服刑人员的社会安置情况也比较好。比如，北京市丰台区卢沟桥乡为本乡的每个成年乡民都提供了就业机会，不用乡里安排工作的人员每月均可领取500元生活费，60岁以上的乡民均可领取乡里提供的养老保险。所有在卢沟桥乡的社区服刑人员均可享受与其他乡民同等的待遇。在这种情境下，卢沟桥乡的社区服刑人员不满生活状况、试图重新犯罪的比例极低，政府及社会各方面对社区服刑人员的教育改造工作也收到了比较好的成效。相反，丰台区长辛店地区经济不够发达，二七机车车辆厂等国有大企业下岗待业的人数多，可以安排社区服刑人员就业的机会少，社区服刑人员对自己的社会处遇状况的感觉也远不如经济发达的卢沟桥乡的服刑人员的感觉好。关于这一点，国内有学者曾进行过深刻分析："如果矫正机构所在的地区有较高的失业率，也会制约犯人的工作机会，因为工作机会会优先被失业人员所利用。如果犯人与失业人员竞争机会，就会引起其他方面的麻烦。"[①]有的社区服刑人员也说过："即使都是参加社区矫正，也分在哪里被矫正。在一个富地方服刑，服刑人员的生活也会好一些。在一个穷地方服刑，社区服刑人员也就跟着受穷。"[②]

3. 家庭关系与经济状况

笔者所调查及研究中的许多事例表明，家庭关系对于社区服刑人员顺利渡过矫正期是一个至关重要的因素，在社区服刑人员的社会处遇系统中占有首要地位。正如有的社区服刑人员所说，"经过这个事后感觉到，钱多钱少无所谓，家庭能和睦平安就好。"[③]许多社区服刑者之所以能对自己的社会处遇状况表示满意或基本满意，究其基本原因是因为得到了家庭亲友的谅解和接纳，社区服刑者从家庭的关心和帮助中得到了深切的安慰和鼓舞，因而也获得了改过自新、重返社会的信心和勇气。反之，某些社区服刑人员的社会处遇状况极差，没有住房，没有经济帮助，没有精神安慰，在内心深处充满了无助感和失望感，究其基本原因无不具有夫妻离异、家庭经济条件极差、生活极度困难、服刑人员家庭或亲友拒绝接纳服刑者等方面的情况。在社区服刑过程中生活最艰难、情绪最失落的社区服刑者，也必定是家庭关系和经济条件最差的服刑者。然而，这种情况很难单纯依靠政策或政府的力量得到解决。

---

① 郭建安、郑霞泽：《社区矫正通论》，北京：法律出版社，2004年版，第257—258页。

② 社区服刑人员及亲友：西城2(2006)，西城区社区服刑者张某2006年11月28日个案访谈记录。

③ 社区服刑人员及亲友：西城2(2006)，西城区社区服刑者张某2006年11月28日个案访谈记录。

4. 社区服刑者本人的素质与能力

社区服刑者本人的素质与能力是导致社区服刑者面临不同社会处遇的另一重要的社会因素。笔者在研究中发现，由于社区服刑者在价值观、社会经历、文化背景、社会交往能力、心胸境界、技能技术、对法律法规认知程度、对社会环境的适应能力等方面的主体素质与能力情况有很大差异，因而他们在应对由于社会发展变化、自身犯罪刑罚历史以及社区矫正处遇时，也表现出完全不同的应对压力和挫折的能力。“社会经历和能力在服刑人那里体现的很明显，一些人一听说要出监狱了就兴高采烈，不发愁；还有很多人一听说要出监狱了就很发愁。在监狱里他还有饭吃，出了监狱第二顿饭到哪里吃他都不知道。有的人就是没有其他办法，最后为了一顿饭又去抢劫的。”[①]有的社区服刑人员认为“找工作的事情是我自己的事，应该由自己解决，不用给也不能给政府和社区添麻烦”[②]；有的社区服刑者则认为，“找工作的事自己怎么解决啊？自己根本不可能有办法解决，只能靠政府”；有的社区服刑者表示只要能自食其力，不给家庭社会添麻烦，即使几百元一个月的工作也可以先做一段时间；相反，有的则表现出“高不攀、低不就”的倾向，认为“如果找一份工作一个月工资没有1 000元以上，还不如没有的好[③]；有的社区服刑人员认为，现在的社会十分开放，“挣钱的机会哪里都有”，“只要不犯法，只要肯吃苦，肯动脑筋，哪里都有钱可挣”，“养活自己和家庭不成问题”[④]；与此相反，少数社区服刑者面对快速变化的社会生活感到极不适应，寸步难行，一筹莫展，孤助无奈，悲观绝望，甚至试图通过结束生命或重新犯罪的方法，改变自己当下的处境。可见，社区服刑人员的自身素质和能力状况也是制约其社会处遇状况改善的极为重要的社会因素。

5. 社会服务设施

面向社区服刑者的社会服务设施的完善程度也是影响社区服刑人员社会处遇状况的一个重要因素。美国、加拿大、澳大利亚、中国香港等发达国家和地区，在开展社区矫正社会服务方面有许多宝贵的做法和经验，值得我国认真学习。比如，美国明尼苏达州将市场经济机制引入社区矫正，允许在社区矫正中“存在市场准入和退出；存在投入和产出的效益比；存在财政援助和

① 社区服刑人员及亲友：西城2(2006)，西城区社区服刑者张某2006年11月28日个案访谈记录。

② 社区服刑人员及亲友：西城4(2006)，西城区社区服刑者张某2006年11月28日个案访谈记录。

③ 社区服刑人员及亲友：西城1(2006)，西城区社区服刑者张某2006年11月28日个案访谈记录。

④ 社区矫正工作人员：房山1(2006)，房山区司法局社区矫正工作主管领导在2006年12月4日房山区社区矫正工作人员焦点小组调研会上的发言记录。

费税支付；存在产业协会；存在标的物(监管)的购买、租赁和转让；存在固定资产投入；存在购买服务”①。加拿大在对罪犯的矫治方面，除注重对服刑者开展一对一的教育及多种形式的矫治项目外，还“在对罪犯的帮助和服务方面，为罪犯提供不同形式的培训，包括建筑、环境清洁、厨师、电脑维修等项目，同时积极帮助犯人寻找工作，还通过一些公司的帮助，为犯人提供就业机会，为生活贫困、工作暂时不能解决的罪犯提供临时性的吃住场所”②。

相比之下，北京市的社区服刑者的社会服务设施起步较晚，服务体系很不完善，许多社区服刑者在刚接受社区矫正时，对社会矫正中的社会服务项目给予了较高的希望，认为“现在的社会与过去不一样了，现在很多事情都有人管了”③，但当他们真的回到社区，在感受到政府工作部门对服刑者态度理念发生了变化的同时，却很少接受面向社区服刑者提供的专门化的社会服务，这使得社区服刑者感到理想和现实具有较大的反差，甚至产生了孤立无助、希望破灭的感觉，导致一部分社区服刑人员对自己的社会处遇状况产生较为负面的感受。

(三)司法社会工作起步发展的状况对有关社区服刑人员社会处遇政策的实施效果具有极为重要的影响

考察北京市有关社区服刑人员的社会处遇政策及其实施状况，使笔者在社会工作的专业发展方面感到格外欣喜，因为笔者从中看到了矫正社会工作在北京、在中国的萌生和发展过程，感受到了社会工作的专业手法以及矫正社会工作者专业队伍的建立。矫正社会工作的专业化建设正在被政府逐步列入社会政策视野和统筹范围之中，这对北京市有关社区服刑人员的社会处遇政策的调整和完善起到了很重要的推动作用。其中，“半专业性质的”社会工作者队伍的出现、“3＋N 模式”，即“监狱干警 ＋ 司法助理员 ＋司法社工＋各界社区矫正志愿者”矫正队伍以及阳光社区矫正服务中心和司法社会工作者队伍的初步建立、社会工作理念和方法被北京市接受认同，构成了北京市社区矫正理念与方法的重大进步。

综上所述，当前北京市社区服刑人员的社会处遇状况的整体情况良好，社区服刑者作为犯罪人的基本权利得到了国家法律及社会的尊重和保障，大多数人对自己当前的生活状况持满意或肯定态度，对自食其力、改过自新、回归社会抱有较充分的信心。

---

① 杨彤丹：《美国明尼苏达州社区矫正法评析》，《青少年犯罪问题》，2004 年第 1 期，第 70 页。

② 社区矫正考察组：《加拿大社区矫正概况及评价》，《法治论丛》，2004 年第 3 期，第 90 页。

③ 社区服刑人员及亲友：西城 1(2006)，西城区社区服刑者兰某 2006 年 11 月 28 日个案访谈记录。

少数社区服刑者受多方面复杂因素制约和影响，目前社会处遇状况不佳，缺乏稳定居所，不能获得亲友原谅、接纳及援助，没有固定经济来源，缺乏谋生能力和手段。一些社区服刑者在办理户口、低保、求学、就业等方面，受到政策性因素或社会性因素制约，陷于无奈、无助、无能状态。极少数人具有重新犯罪的危险性。社区矫正工作部门对此必须保持高度的警惕和防范。

社会成见、地区经济发展状况、社区服刑人员的家庭关系与经济状况、社区服刑者本人的素质能力、社会服务设施的完善程度等因素，是影响社区服刑人员社会处遇状况的深刻社会文化因素。这些社会文化因素是社会政策因素之外的影响服刑人员社会处遇状况的主要因素，同时往往是造成社区服刑人员无奈无助、孤立绝望的最直接最深刻的社会原因。对于这些影响社区服刑人员社会处遇状况的社会因素不可能完全依靠行政干预的方法来解决。

影响社区服刑人员社会处遇状况的社会政策因素主要有社区矫正法律体系的完善性、社区矫正基本原则和价值取向的正确合理性、社区矫正政策实施主体的有效沟通情况、社区矫正使用对象的合理选择、社区矫正工作流程的可操作性、充足的政府拨款、教育改造安置社区服刑人员的连带政策及连带设施状况。政府对于投入相当数量的犯罪人在社区中服刑所带来的各种后设性问题，必须要有更加充分的准备和及时有效的调整措施。

北京市社区矫正政策制定方、实施方、适用方对当前社区服刑人员的社会处遇状况具有不同的评判意见，不同利益群体出于各自的感受和考虑，会对同一政策实施过程做出内容迥异的社会评价。对于来自社会政策实施方、适用方的呼吁和感受，社会政策的制定方必须予以充分的注意，以便对于社会政策的完善做出适时地调整。

大批社会工作者加入到社区矫正专业队伍的行列，从事有关社区服刑人员的教育、改造、管理工作，不仅缓解了政府部门及工作人员的工作压力，而且也使广大社区服刑者获得更多的社会专业服务，大大改善了他们的社会处遇状况。不仅如此，司法社工专业队伍的初步建立还有更深刻的社会意义，标志着以往由政府独立承担改造罪犯责任的“国家改造责任模式”，正在向政府、社会、家庭、个人共同承担罪犯改造责任的“国家—社会—家庭—个人改造责任模式”发生转变，同时也预示着面向犯罪人群体的特殊社会服务体系已经在中国悄然出现，这对于推动中国社会整体和谐发展，以及中国社会工作事业的发展都具有十分重要的社会意义。

研究者在充分调研和思考的基础上，对进一步改进北京市社区服刑人员的社会处遇状况提出如下政策性建议：(1)推动国家社区矫正立法，确保社区矫正工作在国家法律保障的基础上加大工作力度。(2)从社区矫正政策的实施环节入手，下大力气调整公安机关、检察机关、行政司法机关、监狱、民政部门、劳动与社会保障部门等多家政府部门的关系，促进社区矫正的政府多元实施主体之间的密切配合。(3)认真学习国内外不同国家和地区司法、矫正社会工作的经验和做法，推进司法社会工作者职业资格认证工作及司法社会工作者专业队伍的建立，积极发展针对社区服刑人员及其亲友的地方性社会服务设施。(4)运用社会工作的增能(赋权)理念和方法，加强对社区服刑人员自立自强意识的教育和引导，同时加大对社区服刑人员的职业培训和就业指导，减少其再犯可能性，帮助其顺利回归社会。(5)进一步加强对社区矫正社会意义的宣传，引导社区服刑者亲友及社会各界提高对改造罪犯的社会责任的认识，提高对犯罪人权利保障意义的认识，扩展社会的改造整合能力，推动社会健康和谐发展。

参考文献

[1][英]米切尔·黑尧：《现代国家的政策过程》，赵成根译，北京：中国青年出版社，2004年。
[2]社区矫正考察组：《加拿大社区矫正概况及评价》，《法治论丛》，2004年第3期。
[3]王思斌：《社会政策实施与社会工作的发展》，《江苏社会科学》，2006年第2期。
[4]杨彤丹：《美国明尼苏达州社区矫正法评析》，《青少年犯罪问题》，2004年第1期。
[5]杨伟民：《社会政策与公民权利》，《江苏社会科学》，2002年第3期。
[6]陈孚西：《社区为本的志愿性违法人士服务的社区矫正角色与功能》，《社区矫正研究——2006年北京国际论坛论文集》，首都师范大学社区矫正与社区发展研究中心、北京市司法局内部资料，2006年。
[7]范燕宁：《北京市分类管理分阶段教育的社区矫正模式研究》(研究报告)，北京市哲学社会科学规划项目《社区矫正的理论与实务——北京市社区矫正模式研究》阶段性研究成果，内部使用，2005年。
[8]社区服刑人员及亲友：房山3(2006)，房山区社区服刑者吴某2006年12月5日个案访谈记录。
[9]社区服刑人员及亲友：丰台1(2006)，丰台区社区服刑者张某2006年11月14日个案访谈记录。
[10]社区服刑人员及亲友：丰台2(2006)，丰台区社区服刑者张某2006年11月14日个案访谈记录。
[11]社区服刑人员及亲友：丰台8(2006)，丰台区社区服刑者张某2006年11月21日个案访谈记录。
[12]社区服刑人员及亲友：西城1(2006)，西城区社区服刑者兰某2006年11月28日个案访谈记录。
[13]社区服刑人员及亲友：西城2(2006)，西城区社区服刑者张某2006年11月28日个案访谈记录。
[14]社区矫正工作人员：房山1(2006)，房山区司法局社区矫正工作主管领导在2006年12月4日房山区社区矫正工作人员焦点小组调研会上的发言记录。

(作者：范燕宁　首都师范大学教授)

项目名称：京郊农村社区工作模式探究
项目编号：09BaSH047
项目负责人：许　斌
项目信誉保证单位：北京科技大学

京郊农村社区工作模式探究

内容提要：本研究基于功能主义、诠释主义和社区主义的研究范式，以京郊农村社区工作类型模式为研究对象，从专业社区工作的视角对京郊农村社区工作的类型与运作方式进行研究。通过对京郊农村社区工作模式的理解、比较与分析，对现行的工作方法及内容提出了相应的思考与回应。本文认为，以社区为本的农村社区工作应强调以人为本，以社区为本，突出专业社会工作者的政策传递者与倡导者的角色，关注民生、服务民众，根据农民的现实需求，将宏观价值、理念与微观介入有机地结合起来，从而使专业社区工作有所不同。而专业社会工作者介入农村社区的可能障碍主要表现为：对乡村文化的无知与迟钝；方法与技术的偏向与独断；国家与农民价值诉求相冲突时，面对的两难困境。

随着社会快速发展和急剧变迁，专业社会工作的应用越来越广泛，也越来越得到政府和社会的认可和接受，社会工作的运作机制、管理机制以及制度体系都得到了相应的建设和发展。

北京作为我国政治、经济和文化中心，其郊区农村的变化引人关注。随着城市圈的不断扩大，城市对农村的影响变得越来越直接，越来越显著。北京城市社区工作日趋成熟，加上政府部门的有力推动，正在形成独特的工作模式。这也为农村社区社会工作的介入与推进提供了坚实的基础，成为新农村建设和社区建设中具有重要价值的实践探索。

一、北京农村社区基本现状及特征

总体而言，北京地区农村人口结构处于年轻型人口结构状态，劳动力资源相对充足，就业状况近些年来也不断得到改善；农民收入增幅较高，但区域间差距、行业间差距都比较明显，产业结构、集体经济状态对农民收入都具有很明显的相关性。另外，农民的消费能力不断提升，消费结构趋于合理，但区域消费水平差异明显。农村集体经济实力持续发展壮大，私营个体经济有较快发展，农民专业合作组织呈多样化特点，主要表现为：合作形式多样；与主导产业、优势产品紧密结合；经营服务内容不断丰富；市场销售和服务能力提升；运行管理逐步规范。农民文化需求较高，参与度也高。农村卫生，尤其是新型农村合作医疗发展较快。同时，农村社会保障事业发展较快，新型农村社会养老保险工作及其他社会保障工作成绩都比较突出。

二、社区发展模式探究——以房山区的扶贫模式为例

农村贫困是当前全球面对的最关键议题之一，国际农业发展基金(IFAD)发布的《2001 年农村贫穷报告》指出，消除贫困的工作必须集中在农村。北京作为首善之区，2010 年人均 GDP 以 70 251 元名列全国第三，而 2011 年 1—11 月人均现金收入达 15 932 元，比去年同期增长 13.8 个百分点，1—12 月农村居民人均纯收入达 14 736 元，比去年同期增长 13.6%,[①] 但是，改变农村低收入群体生存状态，依然是农村社区工作的重要内容之一。北京市政府不断探索促进低收入农户增收的有效措施。综合来看，当前全市共探索出 16 条促进低收入农户增收的途径。

(一)房山区的“百村帮扶工程”运作模式

从 2008 年开始，房山区在全区范围内启动了“百村帮扶工程”，共计有 111 个区直属机关、企事业单位与 200 个经济薄弱村结成了帮扶对子，以产业项目建设为主，全面开展了帮扶工作。该工程的主要运作模式可概括为：(1)充分整合运用城乡资源，健全帮扶机制；(2)培育壮大薄弱村集体经济，着重于产业建设；(3)提升农村基层组织引领经济发展、服务群众能力。其主要成效主要表现为：(1)推动农村集体经济发展；(2)提升农村基础设施建设水平；(3)促进农村的和谐稳定；(4)巩固农村基层党组织的执政地位。

(二)社区发展模式的比较与思考——基于视角的不同

1. 社区发展模式的运行逻辑

社区发展强调民主参与的重要性，认为只有通过互助合作，建立和谐的社区关系，增加居民的归属感，才能解决社区问题。其直接目标是：(1)协助社区认识他们的共同需要；(2)协助社区运用各种技术援助；(3)协助社区动员他们的社区资源；(4)协助社区改善他们的生活环境。其终极目标是：(1)经济发展：发展居民职业的、技术的能力，以增加物质的建设，提高生活水准；(2)社会发展：倡导居民互助的、合作的精神，以协调社区的力量，改进人群关系；(3)政治发展：发展社区居民的组织，以训练居民的自治能力与自助精神；(4)文化发展：文化发展亦即伦理建设，推行生活教育，举办休闲

---

① 北京市统计局，国家统计局北京调查总队：《2011 年北京市农民人均现金收入》，北京统计信息网，http://www.bjstats.gov.cn/tj2n/mcjs/201103/t20110316_197890.htm.

活动，提倡敦亲睦邻，建立和谐的社会秩序。[①]

社区发展模式的运行逻辑因为视角的不同而不同，体现在农村社区扶贫策略上则主要表现为缺乏视角和优势视角基础上的扶贫策略差异。

(1)缺乏视角下的扶贫策略

缺乏视角下的扶贫策略通常关注农村社区中的不足和缺乏。比如，该视角下的贫困归因通常是人口素质的不足、自然资源匮乏、农业生产技术落后、地理位置偏远及交通不便等。因此，该视角下的扶贫策略是：①直接救援，比如输血式扶贫；②基础设施建设，比如帮助贫困地区铺路、挖井、建学校等；③贷款和发展商品经济，比如通过工业化、市场化提高贫困人口人均收入。

(2)优势视角下的扶贫策略

优势视角恰恰与缺乏视角相反，该视角下的扶贫策略会从农村社区丰富的资源和当地农民的自身能力出发，致力于挖掘农村社区的优势，协助民众寻找资源，从而使农村社区居民及工作者对自我及社区充满信心。优势视角下扶贫策略的运行逻辑在于：从发掘社区民众的能力开始，与当地民众一同寻找社区的资源，建立他们的项目归属感，培养他们的组织及合作的能力，尤其是项目管理能力和应对市场冲击的能力，从而最终使农民成为项目延续且长远发展下去的主体。

2. 比较与思考

从“百村帮扶工程”的缘由来看，是由于农村集体经济薄弱的问题越来越成为制约农村发展、影响党的执政地位的瓶颈，为此房山区政府及时启动了“百村帮扶工程”，积极组织区直属机关、企事业单位与经济薄弱村成帮扶对子，充分发挥各自优势，帮助村子发展集体经济，助推新农村建设，提升村级组织引领经济发展、服务群众的能力。

“百村帮扶工程”是典型的缺乏视角下的社区发展模式。其运行逻辑是自上而下的运行逻辑。解决贫困地区的温饱问题是头等重要的事情，而工业化或农业市场化是提高贫困人口人均收入的重要途径。在此，需要谨慎思考的是：工业化和市场化也许会对农村社会带来巨大的伤害。古学斌等在云南东北部的农村个案研究表明：“农村商品化改变了农村经济的内涵，农民的生产不再是为了自己，他们的产品不是为了生存的缘故而生产，而是变成了在市场出售的商品。农业商品化虽使部分农户收入增加，但也使农民在面对更大的不确定性和市场的不稳定性时，失去了对自己生计的控制能力，因为市场

① 夏建中：《社区工作》，北京：中国人民大学出版社，2005年版，第84—85页。

上的商品价格决定了农民的收入。"①

诺贝尔和平奖获得者孟加拉格莱珉银行创始人穆罕默德·尤努斯(Muhammad Yunus)及其团队推出了全世界最成功的小额信贷项目。1983 年，尤努斯创建了格莱珉银行，专注于向最穷困的孟加拉人提供小额信贷款。他的目标是帮助穷人实现个体创业，从而使他们永远摆脱贫困生活。这个理想诞生于 1976 年，那天，他自己拿出 27 美元借给村子里 42 个制作竹凳子的农妇。只需要这一点儿钱，她们就足够买原料，从而做起生意。尤努斯坚信，贷款是一项基本的人权，他提出了简单而充满智慧的解决贫困方案：为穷人提供适合他们的贷款，教给他们几个有效的财务原则，然后他们就可以自己帮助自己。尤努斯的理论被证实了，如今，有二百五十多个机构在近 100 个国家扩展和复制格莱珉模式。②

很显然，格莱珉模式的运作逻辑是一种优势视角下的扶贫策略，它充分尊重贫困者的个人权利和意愿，相信贫困者具有潜在的发展能力，并赋予其发展的能力，从而使其能够成为持续发展的主体。这一点值得政府部门在制订扶贫策略和计划时理解并认可。

三、社区服务模式探究

推进农村社区服务建设，是贯彻落实科学发展观、统筹城乡发展、逐步实现基本公共服务均等化、城乡居民共享改革和现代化建设成就的必然要求和重要措施。而处在全国农村发展前端的京郊农村，其社区服务体系经过几年的发展已渐趋完善。

(一)京郊农村社区服务概况及其主要问题

社区是提高农村居民生活质量、增进农村社会和谐发展的平台，社区服务在其中发挥着重要作用。经过近几年的发展，京郊农村的社区服务已经渐趋完善，较之城市社区服务，它的内容更为广泛，是一种涵盖经济、文化等方面的综合性服务，主要包括以下四种类型：

1. 选择型的保障服务

老年人、儿童、残疾人等群体是需要特别帮扶与照顾的弱势人群，维护和保障这些弱势群体的权益是社区服务的一项重要功能。由于对象具有明显的特殊性，且更为强调对服务对象权益的维护与保障，因此，此类服务可称作选择型的保障服务。比如朝阳区平房乡石各庄村为了解决村民子女存在"人

---

① 古学斌、张和清、杨锡聪：《地方国家、经济干预和农村贫困：一个中国西南村落的个案分析》，《社会学研究》，2004 年第 2 期，第 86 页。

② [孟加拉]穆罕默德·尤努斯：《穷人的银行家》，吴世宏译，北京：生活·读书·新知三联书店，2006 年版。

托难”的问题，积极与通州贝乐康一级二类幼儿园合作，扩建石各庄村幼儿园，总面积增加了154.8平方米。

2. 基础型的设施服务

基础型的设施服务通常是面向所有社区居民，广义上涵盖了硬件环境的维护、改善和软环境的营造。在调查走访的两个农村社区中，可以看到城乡结合村的拥挤，却没有看到想象中的脏乱。这一方面得益于村里雇用的专门环卫人员，另一方面得益于一套细致、严格的保洁制度和执行标准。比如朝阳区金盏乡马各庄村，该村建立了党员卫生包片制度，即把村内的街道划分成若干片区，片区内的卫生状况由一名党员干部全权负责，既调动了党员的积极性，同时也激发了环卫人员的干劲。

3. 普惠型的便民服务

从更普遍意义上说，社区服务是为社区居民日常生活提供服务，如物业中心、便民服务站等。在集体经济实力较强的京郊农村，这种普惠型的便民服务无论是硬件设施还是管理规范都相对成熟，为社区内的居民带来了实实在在的便利。

4. 发展型的文化服务

在京郊农村的社区服务中，不仅包括了对群众物质生活需求的满足，还充分考虑到了居民的精神生活需求，如人口学校和人口文化大院等。这些文化设施为群众的精神文化生活提供了必要的活动空间和基本的物质支持。

(二)存在的主要问题

与全国其他地区的农村相类似，京郊农村的社区服务布局也多是自上而下的政府行为，市场服务和自我服务还相对薄弱。

1. 服务体系不完善，缺少对居民生产需求的满足

有效的社区服务应该是基于居民的社区需求，从人的发展角度看，社区居民可以分为生活需求和生产需求两种。目前的社区服务大部分是对社区居民生活需求的满足，而缺少对其生产需求的考虑，如传递科技致富信息、为劳动力提供技能培训等。

2. 居民参与程度不高，社区意识较弱

在参与社区服务的过程中，社区居民通常扮演的角色是服务的接受者，而非提供者，这一点在年轻人中尤其明显。居民的参与程度不高一定程度上源于参与机制的不完善，可以说，社区居民的参与情况在很大程度上与他们对社区事务的了解程度相关，即他们不知道自己在社区生活中可以提供什么服务。

3. 流动人口归属感缺乏，参与意识不强

京郊农村相比于北京市区，房租便宜，生活成本相对较低，因此吸引了很多外来务工人员。流动人口对居住地的期望值普遍不高，只是当作一个落

脚的地方，他们的精神寄托不在此处，在该地的生活目标只是工作、挣钱，没有长久居住的打算。除了房东之外，与当地人基本没有联系，也并不想融入当地的生活，更没有归属感。这些人平时的人际往来多是限于老乡之间。

(三)思考与建议

社区是居民生存发展的环境，社区服务对于居民的生存质量和发展机遇具有重要意义。而要进一步完善农村社区服务，需要从以下几方面努力：

1. 关注居民生存能力，增强其发展潜质

社区环境是居民能力提升的重要条件，居民也正是社区发展的原动力。通过现代农村社区，建立政府主导、市场运作、部门协作、企业参与的农村劳动力培训机制，尽快形成城乡统一的劳动力市场和公平竞争的就业机制。要充分发挥城市的教育资源优势，加快发展面向农村的职业技术教育，使广大农民尽快地从单一的体力型的劳动者，向技能型、专业型和知识型的劳动者转变。社区服务只有以人为本，保障和支持人的发展需求，提升居民的生存发展能力，当地的经济社会发展才会有强劲的动力和可持续性。

2. 引导居民深度参与，增强社区凝聚力

现代农村社区建设就是要在社区服务的开展过程中，使社区居民在一定程度上组织起来，团结起来。因此，社区服务不仅在于通过解决社区现存问题满足居民需求，也在于注重居民的社区参与、合作、潜能开发等因素。通过居民能力建设，提升居民的价值感和认同感，从而增强社区自身的凝聚力。应注重调动社区居民参与社区事务的积极性，引导其转化角色，从服务的接受者转为服务的提供者。如利用老年人的时间资源和经验资源组织老年协会，除开展常规的文艺活动，改善老年人的文化生活外，还倡导、鼓励他们参与居民纠纷调解、治安联防等社区事务。一方面可以解决社区服务人力资源不足的问题，另一方面也提升了老年人的价值感和认同感。

3. 增加流动人口生活福祉，培育其归属感

居住在城乡结合村的流动人口是城市设施建设的主要力量。但由于流动性强、参与渠道不畅等因素，流动人口对所居住的区域极度缺乏归属感。可以从以下三方面做出努力：首先，管理流动人口最好的办法就是让流动人口本身参与到管理中来。因此，构建参与平台，激发流动人口的参与热情，能在一定程度上促进其社区共同体意识和社区情感的形成。可以考虑在村委会中加入流动人口的代表。其次，村财政可以考虑为这些作为“财富创造者”的外地人增加一点儿福利，以改善他们的生活，增强其归属感。最后，在加强管理的同时，要突出对流动人口权利的维护，切实解决流动人口在就业、社会保障、子女入学等方面的实际困难。

四、社区照顾模式探究——以北京房山区X村社区为例

(一)X村“五保”老人养老状况及其特点

X村位于北京市房山区西南部山区，隶属风景宜人素有“北方小桂林”之称的十渡镇，属于典型的依太行山而建的北方农村，村民约有362人。X村“五保”老人是该村老年人中一个特殊的亚群体，调查过程中发现，该群体的共同点主要表现在：经济上缺乏独立性，生理和心理上比较无助，缺乏主体意识及社会参与能力，几乎可以算是该村最贫穷、最弱势的群体，而且边缘化现象严重。

其主要特点为：(1)分散供养为主。(2)健康状况堪忧。“五保”老人健康状况值得担忧，不仅表现在其身体机能上，也表现在其心理上。(3)经济状况较差。他们的收入来源除去早年的积蓄外就只有每个月600元的“五保”金，衣食住行就只能靠它。(4)对近亲属依赖性较大。(5)维权意识较差。虽然《农村五保供养工作条例》和《最高人民法院关于对经济确有困难的当事人提供司法救助的规定》中都有关于“五保”老人权利维护的条款，但是通过访谈得知，他们对这些条款并不熟悉。(6)社会参与能力弱。

其存在的主要问题为：(1)供养对象落实不实。(2)政策落实不实。比如村民L实际上是符合“五保”户对象的要求的，其法定赡养人无赡养能力，但是村委会并没有将其上报，只能每月享受200元养老金，不能享受“五保”户的福利待遇。(3)“五保”内容单一，日常照料被忽视。(4)供养对象的近亲属负担较重。

(二)基于社区照顾模式的反思

1. 关于社区照顾

社区照顾是在反院舍化的基础上产生的。从定义上看，社区照顾是指整合全部社会资源，运用正规照顾和非正规照顾网络，为需要照顾的人士在家庭或社区中提供全面照顾，帮助其过正常人的生活。一般而言，可以从四个不同层面进行界定：(1)行动照顾，即提供饮食的照顾、打扫居所、代为购物等；(2)物质支援，即提供衣物家具和现金、提供食物等；(3)心理支持，即问候、安慰、辅导等；(4)整体关怀，即留意生活环境、发动周围资源以支援等。由此，社区照顾涉及行动、物质、心理和环境等各个层面。

从类别上看，社区照顾可以分为“社区内照顾”和“由社区照顾”。其中“由社区照顾”主要是非机构式的、非住宿式的、非隔离式的照顾方式，受助人在家接受政府、社会、家人、朋友、邻居及社区内专业、非专业的支援者所组成的综合性照顾，是一系列的支援性服务。

“由社区照顾”的实践表明，必须选择合适的社会支持网络发展策略，通过建立、强化及维系社会支持网络，促使这些网络发挥支持性作用，从而帮

助需要照顾的人士解决所面临的问题。[①]

2. 针对“五保”老人的社区照顾模式运作逻辑

通过对X村“五保”老人生存现状的调查，使我们发现仅仅依靠政府的力量是不可能达到使“五保”老人善养、善终的目标的。除了政策的力量，相关部门仍要鼓励发动民间社会力量，参与构建社会支持网络。鼓励新闻媒介成为“五保”老人提高社会参与能力的渠道；鼓励民间公益社会组织充分发展，促使其发挥辅助弱势群体的作用，弥补国家供养，政府救济的不足；指导发挥农村自治组织对“五保”养老的补充作用；鼓励邻里关怀、心理辅助、亲情慰问，并尽可能支持社会工作者介入相关领域，形成良性的社会支持网络。

由此，需要围绕“五保”老人形成以下几种社区支持网络：(1)个人网络，即强化“五保”老人现存的人际关系，同时注意发展其生活环境中可能为其提供支持的成员关系。具体而言，既要注意形成自愿联结网络，形成一对一的相对固定的服务关系，又要形成邻里援助网络，强化“五保”老人和其邻居的援助关系。(2)互助网络，即把“五保”老人组成互助小组，建立彼此之间的联系，使他们能以自助助人的方式相互支持。(3)紧急支援网络，以便帮助“五保”老人预防突发事件。其运行结构如图1所示：

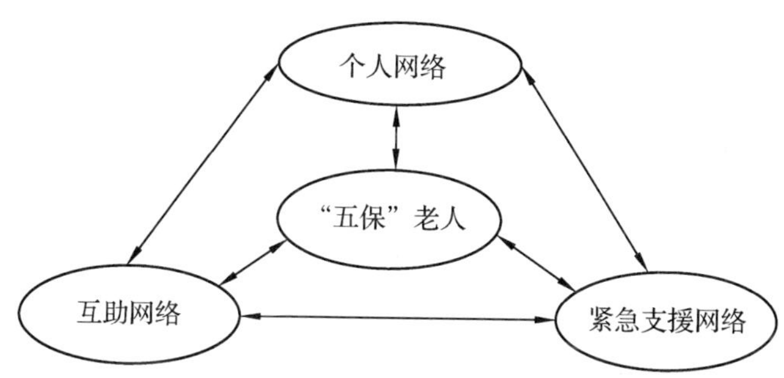

图1 “五保”老人的社会支持网络结构

五、结论与思考

农村社区工作是以农村社区为依托，在社会分析理论、意识形态理论以及社区发展理论的指导下，运用社区工作的理念、模式、方法、技巧解决农村社区发展中存在的结构性或非结构性问题，从而促进农村社区有序、持续、和谐运行。农村社区社会工作的有效介入，发挥作用，必须以农村社区为基础，依据农村社区的特殊历史环境、文化传统、乡规民约、道德规范、社区结构等，理解农民的思维及行动方式，并与社区工作的专业理念相结合，继而形成一套因地制宜的模式、方法与技术。

① 夏建中：《社区工作》，北京：中国人民大学出版社，2005年版，第137—148页。

(一)农村社区工作对社区工作者的介入要求

农村社区是以从事农业为主的村民聚居的区域，相对于城市而言，人口密度较低，对自然环境的依存性较强，建立在血缘、地缘基础上的人际关系相对密切，社会组织、社会制度相对简单，文化具有浓郁的地方特色。因此，农村社区工作对社区工作者的介入有着特殊的要求。

首先，社区工作者应该努力在社区层面构建好自身与政府和农民的合作伙伴关系，在农村社会政策的制定、实施与完善中发挥重要的作用。在社会工作中，社会政策是联系政府与农民的纽带，而社会工作者则是社会政策的传递者、倡导者和实践者。

其次，以社会经济、社区动员、社区参与和增权等为介入策略的社区工作，目的在于调适社区成员关系，增强社区居民解决社区问题的能力。因此，农村社区工作者应当积极扮演好协调者、教育者、参与者的角色，建立社区民众与政府间的合作关系，维护社会稳定，建立社区正常发展所需的社会环境，实现以社区民众自身力量增强而形成的社区团结与社区共识，积极倡导社区居民参与社区事务。

最后，努力让专业社区工作的运行模式适应中国社区建设理念，号召社区民众组织起来，团结起来，共同应对社区问题，满足社区发展和社区稳定的需求。要积极倡导社会福利服务的集体主义精神，推崇社区层面和组织内部的互助精神，重视家庭和社会支持网络的作用。

事实上，农村社区工作越深入，越需要社区工作者融入社区，践行专业的社区工作理念和价值观，恰当地运用专业方法和技术，服务于农村社区的发展与改变。以社区为本的农村社区社会工作强调以人为本，以社区为本，突出专业社会工作者的政策传递者与倡导者的角色，关注民生、服务民众，根据农民的现实需求，将宏观价值、理念与微观介入有机地结合起来，从而使专业社区工作有所不同。

(二)专业社区工作者介入农村社区的可能障碍

1. 对乡村文化的无知与迟钝

与城市社区工作相比，农村社区具有极强的特殊性。由于城乡二元结构、城乡发展的不平衡性等因素的影响，农村社区的现代化进程滞后，致使农村由传统向现代行进的过程中，传统文化、道德规范、风俗习惯等对农民的影响较大，这对于农村社区工作者而言是个极大的挑战。因此，专业社区工作者介入农村社区的可能障碍之一就是对乡村文化的无知与迟钝。这就是说，农村社区工作者必须对乡村文化有足够的敏感性，在工作的过程中必须能够在专业伦理与乡村文化之间寻求到恰当合理的平衡点。

2. 方法与技术的偏向与独断

从国内外农村社区社会工作的实践模式来看，“系统主义”被普遍接受并认同。该观点要求农村社区社会工作的实践方法没有偏向性，在充分考量了社区状况后再进行介入才是合适的。因此，从某种意义上讲，对社区工作者提出了更高的要求，力求社区工作者能够成为一个"通才"，而不是一个"专才"。农村社区工作者要能很好地理解社区的特殊性、差异性，整合使用各种方法与技术，既要遵循社区工作的价值理念，又要尊重农民独特的价值观和逻辑思维；既要尊重农民的意愿，又要运用专业方法解决问题，实际上是专业方法与传统智慧的有机结合才能造就农村社区问题的解决，满足农民的各种需求。

3. 国家与农民价值诉求相冲突时，面对的两难困境

当政府决策及其价值诉求与农民价值诉求相冲突时，农村社区社会工作者该如何选择？当面对精英取向的社会政策，农村社区社会工作者难以影响政策改变，却又要坚守社会工作者的价值追求时，又当作何取舍？这些困境不仅需要实践中的发现，更需要社会的进步与完善。

参考文献

[1][德]斐迪南·滕尼斯：《共同体与社会》，林荣远译，北京：商务印书馆，1999年。

[2]胡锦涛：《胡锦涛在中国共产党第十七次全国代表大会上的报告(全文)》，中国共产党新闻网，http：//cpc. people. com. cn/GB/104019/104099/6429414. html.

[3]胡锦涛：《中共中央关于构建社会主义和谐社会若干重大问题的决定》，中国共产党新闻网，http：//cpc. people. com. cn/GB/64093/64094/4932424. html.

[4]国务院研究室：《扎实推进社会主义新农村建设》，人民网，http：//theory. people. com. cn/GB/40557/49139/49146/4652612. html.

[5]The World Bank：Social Analysis Source book，Incorporating Social Dimensions into Bank-supported Projeets. http：//www. worldbank. org/socialananlysis.

[6][美]安东尼·奥多姆：《政治社会学——主体政治的社会剖析》，张华青、孙嘉明等译，上海：上海人民出版社，1989年。

[7]蔡宏进：《社区原理》，台北：三民书局，2005年。

[8]曹传柳：《农村社区建设的四种模式及其选择》，《中国民政》，2009年第6期。

[9]陈向明：《质性研究：反思与评论》，重庆：重庆大学出版社，2008年。

[10][美]丹尼尔·贝尔：《社群主义及其批评者》，李砚译，北京：生活·读书·新知三联书店，2002年。

[11]党国英：《拆迁并居：别把好事变坏事》，《新京报》，2010年9月18日，第B06版。

[12]丁元竹：《社区是什么，不是什么?》，《社区》，2006年第7期。

[13]费孝通：《江村经济——中国农民的生活》，南京：江苏人民出版社，1986年。

[14]费孝通：《小城镇，大问题》，《费孝通文集(第九卷)》，北京：群言出版社，1999年。

[15]甘炳光、梁祖彬、陈丽云、林香生、胡文龙、冯国坚、黄文泰：《社区工作——理论与实践》，香港：中文大学出版社，1994年。

[16]何海兵：《关于社区制的几点思考》，《广西社会科学》，2003年第11期。

[17]贺爱琳:《农村社区建设的基本思路》,《农村工作通讯》,2008年第1期。
[18]贺雪峰:《乡村治理的社会基础——转型期乡村社会性质的研究》,北京:中国社会科学出版社,2003年。
[19]胡宗山:《农村社区建设:内涵、任务与方法》,《中国民政》,2008年第3期。
[20][美]黄宗智:《华北的小农经济与社会变迁》,北京:中华书局,1986年。
[21]黎熙元、何肇发:《现代社区概论》,广州:中山大学出版社,1998年。
[22]李宝龙、张彦敏、胡勇:《京郊农村现代化进程中的社区功能研究》,《北京农学院学报》,2006年4月增刊。
[23]李培林、渠敬东、杨雅彬:《中国社会学经典导读(上册)》,北京:社会科学文献出版社,2009年。
[24]梁漱溟:《乡村建设理论》,上海:上海人民出版社,2006年。
[25]刘豪兴、徐珂、刘长喜:《农村社会学(第二版)》,北京:中国人民大学出版社,2004年。
[26]马芒:《农村社区发展的特征与功能》,《中国发展观察》,2005年第10期。
[27]马晓河:《建国60年农村制度变迁及其前景判断》,《改革》,2009年第10期。
[28][法]H. 孟德拉斯:《农民的终结》,季培林译,北京:中国社会科学出版社,1992年。
[29]戚学森:《农村社区建设:理论与实务》,北京:中国社会出版社,2008年。
[30]汪大海、魏娜、郇建立:《社区管理》,北京:中国人民大学出版社,2005年。
[31]王宁:《代表性还是典型性?——个案的属性与个案研究方法的逻辑》,《社会学研究》,2002年第5期。
[32]王绍光、潘毅、潘维、贺雪峰、强世功、张静、单世联等:《共和国六十年:回顾与展望》,《开放时代》,2008年第1期。
[33]王霄:《农村社区建设与管理》,北京:中国社会出版社,2008年。
[34]温铁军:《"三农"问题与制度变迁》,北京:中国经济出版社,2009年。
[35]吴鹏森、章友德:《城市社区建设与管理》,上海:上海人民出版社,2007年。
[36]吴新叶、董江爱、董文琪、陈金英:《社区管理学》,北京:北京大学出版社,2008年。
[37]夏国忠:《社区简论》,上海:上海人民出版社,2004年。
[38]夏建中:《社会学的社区主义理论》,《学术交流》,2009年第8期。
[39]夏建中:《社区工作》,北京:中国人民大学出版社,2005年。
[40]夏周青:《中国农村建设:从乡村建设运动到农村社区创建的兴起》,《云南行政学院学报》,2010年第2期。
[41]项继权、袁方成、吕雁归:《农民要的与政府给的差距有多大?——对我国农村社区居民公共需求的调查与分析》,《理论与改革》,2010年第1期。
[42]项继权:《从"社队"到"社区":我国农村基层组织与管理体制的三次变革》,《理论学刊》,2007年第11期。
[43]项继权:《当前农村社区建设的共识与分歧》,《中共福建省委党校学报》,2008年第9期。
[44]徐永祥:《社区发展论》,上海:华东理工大学出版社,2001年。

[45]徐勇：《“再识小农”与社会学小农的建构》，《华中师大学报(人文社会科学版)》，2006年第3期。

[46]徐勇：《在社会主义新农村建设中推进农村社区建设》，《江汉论坛》，2007年第4期。

[47]徐震：《社区发展——方法与研究》，台北：中国文化大学出版部，1985年。

[48]于水：《农村公共产品供给与管理研究——从农村基础设施建设决策机制考察》，《江苏社会科学》，2010年第2期。

[49]俞可平：《社群主义》，北京：中国社会科学出版社，2005年。

[50]袁方成：《“两型”社区——农村社区建设的创新模式》，《探索》，2010年第1期。

[51]曾旭正：《台湾的社区营造》，台北：远足文化事业股份有限公司，2007年。

[52]张肖虎、杨桂红：《权力、文化与科层现象——对组织社会学法国学派思想的评述》，《云南社会科学》，2010年第6期。

[53]周运清、沈芸：《构建和谐农村社会的理论与实践——基于秭归县杨林桥和谐农村社区建设的个案考察》，《中南民族大学学报(人文社会科学版)》，2007年第1期。

[54]古学斌、张和清、杨锡聪：《专业限制与文化识盲：农村社会工作实践中的文化问题》，《社会学研究》，2007年第6期。

[55]张和清、杨锡聪、古学斌：《优势视角下的农村社会工作——以能力建设和资产建设为核心的农业社会工作实践模式》，《社会学研究》，2008年第6期。

[56]Lohmann, N & R. A. Lohmann. Rural Social Work Practice. New York: Columbia University Press, 2005.

（作者：许　斌　北京科技大学副教授）

项目名称：后单位社会与社区民间组织发展方案之研究
项目编号：09AbSH060
项目负责人：于显洋
项目信誉保证单位：中国人民大学

政府购买服务与民间组织项目化运作机制之研究

内容提要：政府购买服务的一个突出特点是以服务项目作为行动单位，它要求民间组织改变管理思路，通过项目化运作来适应变化，实现快速发展。形成政府购买服务与民间组织项目化运作机制，需要实现民间组织和政府的良性互动，构建新型合作伙伴关系；需要增加政府购买服务机制的透明度，减少购买行为“内部化”现象；需要精简政府和准政府机构，为民间组织让出发展空间；需要加强民间组织自身建设，积极尝试项目化运作机制。

一、问题的提出

政府购买服务(Purchase of Services)是一种新型的社会服务和组织合作方式，是指由政府直接拨款或公开招标，交由民间组织完成的社会服务。其中包括三个方面的含义：其一，政府是社会服务的责任主体，根据服务的数量和质量向合作方(民间组织)支付服务费用；其二，民间组织是服务项目的运作方和服务的直接提供者，负责满足服务对象的特定需要并履行与政府签订的合同责任；其三，政府购买服务中的消费者是符合法律规定、有资格获得某种社会服务的居民或人群。

政府购买服务最初是作为福利国家的一项制度改革方案提出的，旨在社会服务领域引入市场竞争机制，提高公共财政资金的使用效率，改善20世纪后半叶欧美诸国社会福利捉襟见肘的状况。在我国，政府购买服务则是在社会转型的背景下出现的，后单位社会对民生保障社会化的紧迫需要，各类民间组织在数量、规模和功能上的积极变化，以及“服务型政府”、“小政府、大社会”等社会管理理念的转变，迅速推动了政府购买服务的产生和发展。

民间组织是政府购买服务的合作方也是经办机构，民间组织在政府购买服务中有着不可或缺的角色作用。在我国转型社会的语境当中，民间组织也称为社会组织(NGO或者NPO)，指那些具有民间性、自治性、慈善性、志愿性、非营利性等特征的非政府类公益组织。民间组织的发展是社会转型的需要，在政府购买服务过程中，民间组织直接面对包括社区居民和各类社会群体真实的服务需要，具有整合社会资源、发掘服务项目的主动性、动机以及能力。2010年温家宝总理指出，应该更多地利用社会资源，鼓励社会资本投资建立非营利性公益服务机构，建立购买服务的机制；要逐步做到凡适合面向市场购买的基本公共服务，都采取购买服务的方式；不适合或不具备条件购买服务的，再由政府直接提供。[①] 可见，能否实现民间组织的良性运行，发挥民间组织的积极性和创造力，是决定政府购买服务成效的关键因素。

同时，民间组织自身也有必要在新的制度、政策环境中调整组织方式与行动策略。政府购买服务的一个突出特点是以服务项目作为行动单位，这就要求民间组织改变管理思路，通过项目化运作来适应变化、实现发展。所谓“项目化运作”，是将服务项目作为制订工作任务和目标、建立组织结构的依据，在有限的资源条件下有效达成既定工作目标。在国外和中国台湾、中国香港等地区，民间组织的项目化运作程度已成为从政府获取经费支持的重要条件。因此，在社会组织和管理创新的现实背景下，研究、探讨政府购买服务与民间组织项目化运作机制，具有重大的理论和实践意义。

二、理论基础

(一)公共经济学的视角

公共经济学发展出公共产品私人提供的视角，成为政府购买服务的理论基础之一。该理论认为政府购买服务实际上是公共产品的私人生产，公私合作是社会分工的一种拓展形式。公共经济学理论试图说明，某些公共产品由私人生产比政府生产效率更高，提供公共产品并非政府的专利。技术进步及其实施成本是公共产品私人生产的基本条件，通常技术进步可以把那些原来只能作为公共产品的商品或服务转移到私人领域，而经济成本的降低使得这种市场的商品或服务在现实中成为可能。公共产品的私人生产，使政府就由公共产品的生产和提供者，转变成公共产品的策划和提供者。这种视角重新安排了政府和市场的职能，区分出政府购买服务的角色分工。

(二)新管理主义的视角

20世纪70年代，欧美福利国家普遍遭遇财政危机，英美等国政府开始推动社会福利改革，新管理主义理论应运而生。新管理主义强调市场和责任在社会服务中的意义，从而建立一种明确的责任、产出导向和绩效评估机制。该理论提出政府官僚机构要变得尽可能小，一些事务活动要尽可能转移到私人部门；应推动竞争行为和(准)市场的运作方式；项目规划和拨款标准要朝

---

① 李明岩：《政府购买服务不能盲目跟风》，和讯网，http：//news.hexun.com/2012－11－26/148326470.html.

以下方向调整：要强调产出、要确保明确清晰的责任划分和责任承担；应促进消费者的选择权和顾客的权利；应通过新的管理技术，如以工作绩效为基础的薪水支付、生产激励等来实行的高效方式。新管理主义倡导社会管理上的分权结构，经过引入市场机制，引入私人部门的管理、技术和工具，通过责权下放和市场化运作来优化和改善社会服务。在新管理主义看来，社会服务不仅可以通过契约关系由志愿性质的民间组织承担，甚至干脆可以交付市场私营组织完成。

(三)社会选择的视角

该视角源于社群主义理论，强调在市场模式下积极促进公民权的发展，使民间志愿者和服务接受者拥有切实的“社会性市场”的选择权。社会服务的市场化进程一旦开始，无论是机构还是个人的权力不对称就会得到矫正，志愿结社的民间组织会迅速适应不断变化的经济和社会环境，对客户的需要做出有效反应。他们将有权选择资助来源(包括政府的、社会的和市场的)去发展、选取和运作自己的项目。作为消费者，人们则有权选取自己想要的服务项目。责任向服务项目的直接提供者下放，将确保对消费者需求的敏锐反应，从而确保服务项目的高质量。

(四)社会合作的视角

该理论认为所谓社会管理是一个上下互动的过程，即政府、民间组织和个人通过建立合作、协商的伙伴关系，获得价值认同、确定共同目标，继而实现对公共服务等事务的管理。社会合作是管理的核心理念，强调社会多主体对公共事务的共同参与，这些主体不仅包括政府和其他公共机构，还包括私人部门和公民社会组织。社会合作的形式既包含一系列协商、对话机制，也包括一套完整的合同、契约机制，民间组织因此得到自治而可持续地发展。

(五)关于项目化运作的理论

项目化运作作为组织社会学和管理学理论，在 20 世纪 80 年代后遍及经济社会的各个领域，其核心观点是以项目作为独立的组织单元，通过项目的形式来保证组织的灵活性和管理责任的分散，以及以目标为导向解决问题。该理论强调各类社会组织通过项目化运作，充分、高效地利用组织内外的有限资源，通过整合提高组织效率。项目化运作具有灵活性特点，可根据项目实施各个阶段的具体需要，适时地配备来自不同职能部门的工作人员，在项目阶段完成或全部完成后，项目成员可依据需要投入到另外的项目工作之中；项目化运作还具有目标导向的明确性，每个项目以及项目中的各任务都具有明确的目标，引导项目管理人员逐一解决问题，最终确保项目的完成和组织战略的实现。项目化运作提供了跨职能部门、甚至跨组织的平台，把不同部门、不同组织、不同知识和技能的人集中在一个特定的动态团队中。在民间组织的项目化运作中，具有突破科层分工、突破部门职能局限等意义。

三、机制的形成与发展

我国政府购买服务始于20世纪90年代，深圳市借鉴香港经验于1994年在罗湖区试点政府购买服务，1998年通过了第一部关于政府采购的地方性法规，并于1999年扩大了试点范围；上海市于1996年也开始试点政府采购服务。"十一五"到"十二五"期间，政府购买服务逐步在深圳、上海、北京、无锡等地推广。与此同时，我国民间组织快速发展，截至2010年年底，民政部门登记注册的各类社会组织达44万个①，另有数百万未登记注册的草根组织分布在社会的各个领域，为政府部分职能社会化、市场化以及政府购买服务提供了基础条件。2005—2006年中国政府第一次以公开竞标的形式向非政府组织购买公共服务，"NGO与政府合作实施村级扶贫规划试点项目"宣布向非政府组织开放扶贫资源，通过公开招标的方式购买公共服务。2006年上海浦东新区8个政府部门分别与民办学校、慈善救助社、街道老年协会等8家民间组织签订了购买服务的协议。而从1994年试点至今，深圳市已经将大量公共事务委托外包给非政府机构。

2006年北京市政府首次向民间组织购买养老服务，开展了民间组织接受委托管理国有养老机构的第一次实验；2007年北京市民政局在春节期间公开招募社区服务志愿者，并尝试用政府购买一部分服务的方式，满足孤寡老人、空巢老人、残疾人等特需人群的需要，以缓解家政服务的短缺；同年，北京市政府出资近亿元购买服务，该项政策惠及二十多万老人。② 2010年以来，北京市加快了向民间组织购买服务的步伐，本文将以此为案例，描述并分析政府购买服务与民间组织项目化运作机制的形成和发展。

(一)合作伙伴关系的建立："社会组织服务民生行动"

近年来北京市民间组织与政府的关系从"单向度"关系逐步发展为合作伙伴关系。从最初的政府组织培训，到政府邀请民间组织参与公共服务项目，再到目前的政府购买服务。在行动过程中，民间组织和政府通过互动习得了相互合作的能力。2010年年初，北京市民政部门发起了"社会组织服务民生行动"，统一规划社会组织公益项目，建立系统的合作框架。"社会组织服务民生行动"主要发动社团、民办非企业单位和基金会、社区社会组织等，围绕与市民生活密切相关的领域开展活动和服务，项目主要包括扶贫救助、扶老助残、医疗卫生、文化体育科普、妇幼保护、服务三农、法律援助、支教助学、

---

① 《截至2010年底44万个社会组织，在民政部门登记注册》，中国网，http://news.china.com.cn/txt/2011-07/08/content_22949416.htm.

② 《北京政府出资1亿元为20万老人购买养老服务》，新华网，http://news.xinhuanet.com/society/2007-07/09/content_6349935.htm.

生态环境、促进就业等10大类。活动中有1 846个社会组织申报了2 706个社会公益服务项目，“社会组织服务民生行动”成为社会合作的良好平台，政府通过向民间组织购买服务，为那些优秀项目、真正方便百姓的项目提供资金支持。

通过该行动，政府把民间组织非营利公益项目纳入统一规划，可对民间组织公益资源与政府公共服务资源进行有效整合和对接。另外，民间组织和政府的合作伙伴关系也在制度层面得到加强，北京市已建立了社工委，将民间组织建设纳入全市经济社会发展规划，同时，在民间组织的准入方面，北京市民间社工机构在社会组织登记制度改革进程中，首先摆脱“双重管理”约束改为直接在民政部门登记，从而减轻了民间社工机构的登记困扰和运作负担。

(二)“协商—对话”机制：资源配置大会

2010年3月北京市东城区政府首次公开面向社会招纳公共服务供应商，为老年人服务、青少年教育、下岗就业等15类共计18项政府购买服务项目公开面向社会招标。东城区政府首次从各委、办、局收集大量公益性服务项目，采取市场化竞争方式，招募具备公共服务资质且有意愿从事公益事业的民间组织参与竞标。民间组织运作项目的相关费用由相关部门进行评估后，东城区政府按照评估数额给予一定的资金扶持。

2010年7月北京市举办了首个由地方政府搭台、公益项目参与展示的资源配置大会。250家民间组织携近500个公益项目进行“摆摊儿”推介，介绍各自公益项目的服务内容、受益人群、可提供的资源等，并与政府部门洽谈购买。在资源配置大会专门设置的“政府资源配置区”中，北京16个区县下属的部分街道、乡镇、社区展示了本单位的资源和需求，向民间组织介绍政府想购买的服务。在专门设置的“基金会洽谈区”中，基金会与民间组织签约或与有合作意向的民间组织进行进一步商谈。

每个区、县都有需要引进的服务项目，如海淀区希望引进社区服务、社区饮食、文化服务、停车环境优化项目等；西城区希望引进社区安全项目、服务高龄空巢老人项目、残疾人社区康复项目等。“社会组织提供的项目符合我们的需求，我们协商好了，就会与社会组织合作给予资金支持。”①在政府需要购买的部分项目中，怀柔区的“扶老助残项目”比较典型，怀柔区泉河街道要购买“扶老助残”、“社区建设”两个公益项目，估计资金为20万，同时怀柔还可为社会组织提供文化活动场地、汽车修理技能培训等。

在民间组织推销的项目中，较典型的有“聋儿入户康复训练”项目，该项目计划对全市0—6岁聋儿开展社区康复指导，使家长掌握科学的聋儿康复训练方法，并推广建立全国聋儿入户指导体系，需要资金支持；又如“帮助‘蚁

① 陈荞：《政府亿元购买300项民生服务》，《京华时报》，2010年7月13日，第10版。

族’就业”项目，北京高校毕业生就业促进会计划帮助北京“蚁族”解决就业问题、提升大学生就业能力，预计将有15 000人可受益，需要资金支持和20名志愿者。多数民间组织都需要资金支持，也有不少民间组织需要技术支持、场地支持、专业志愿者等资源。

(三)“合同—契约”机制：购买公益服务

2010年北京市、区两级财政出资近亿元，向民间组织购买300个公益服务项目，每个项目可获得3万至30万元不等的资金支持。300个公益服务项目从申报的2 706个民间公益服务项目以及支持性组织(对政府购买的公益服务项目进行绩效评估、业务指导、资金审计等)、“枢纽型”社会组织(如市妇联等组织，负责日常管理、组织开展公益活动、参与政策法规制定等)中选择购买。其中，从社会公益服务项目中购买的比例占到80%，支持性组织和“枢纽型”社会组织中购买的比例各占10%。

北京市将政府购买服务分为4种形式：一种是全额购买，如政府通过全额购买民办图书馆等机构的服务，以此让这些机构免费向老年人和青少年开放；第二种是仅购买服务成本，即民间组织运作非营利性质项目时已募集到部分资金，政府在核算时则计入这部分资金，花较少的钱购买服务；另外两种形式是资助补贴和项目奖励，即民政部门通过电视竞标、专家和社会评审方式，评选出百个最优秀、最受公众欢迎的公益项目给予奖励。

2010年7月，在北京市政府购买社会组织公益服务项目推介展示暨资源配置大会上，共有35个项目正式签约，签约资金为881.6万元；158个项目达成合作意向，涉及资金为819.33万元。大会现场共有386个社会组织和单位协商洽谈了328个项目。① 2010年北京市共运用社会资金2亿多元，累计购买了扶贫、济困等20类三百多个公益性服务项目，取得了很好的服务效果和社会效益。②

2011年北京市细化了购买社会公共服务项目，在注重“急需”和“新需”的原则基础上，购买了300个公共服务项目，涵盖社会基本公共服务、社会公益服务、社区便民服务、社会管理服务、社会建设决策研究及信息咨询服务5大方面40个类别，其中包括“一刻钟服务圈”便民服务拓展项目、社区“一老一小”照护服务项目、社区管理及村庄社区化管理服务试点项目等。北京市还将在“十二五”期间规划建设北京市社会组织交流服务中心，作为民间组织服务产品的展示平台。

---

① 《北京市政府亿元购买公益服务涉及300个民生项目》，中华人民共和国中央人民政府，http://www.gov.cn/gzdt/2010－07/14/content_1653582.htm.

② 《2011年本市再买300项公共服务首次为“枢纽型”社会组织购买管理岗位》，首都之窗，http://zhengwu.beijing.gov.cn/bmfu/bmts/t1158742.htm.

(四)"考核—监督"机制：第三方社会组织评估机构

政府购买服务是一种"政府承担、定向委托、合同管理、评估兑现"的新型的公共服务提供方式，政府作为服务的责任主体担负着监督责任。北京市民政部门对民间组织实行"宽审批、严监管"的管理策略，主导建立民间组织信息披露制度、公开承诺制度和重大事项报告制度。同时，配合政府购买服务建立起民间组织的信用等级制度，以其财务和运作信息公开和透明、便民惠民的服务质量来衡定信用等级。民间组织的信用等级制度，决定其是否能获得政府购买服务资格、能否承接政府原有职能、能否参与项目合作，甚至包括能否获得社会捐赠。信息透明、信用等级高，民间组织和枢纽型社区组织有同等资格获得公共财政的资助。

北京市政府为加强对购买项目的监管，先后制定《北京市政府购买社会组织公益服务项目试点工作意见》、《政府购买社会组织公益服务项目考核管理办法》等多项政策，对购买项目范围等进行规定。同时，市民政部门还通过公益招标选定第三方社会组织评估机构，对项目进行全程指导监督。民政部门还建立了资质审查、跟踪监视、绩效评估、资金审计等监管程序和措施，确保政府购买服务的质量和实效。目前，本市已成立了北京市社会组织建设与发展专家委员会，对每个项目进行评审论证。北京市还计划将社会建设专项资金，用于购买社会组织服务项目，统一由枢纽型社会组织进行汇总和申报，并负责对项目落实和资金使用情况进行监督管理。

(五)项目化运作机制："枢纽型"社会组织——"养事不养人"

在推进民间组织项目化运作方面，2011 年北京市政府购买服务中对民间组织的类别和管理方式都有了新的规范。社会管理服务类别里增加了"社会组织'枢纽型'管理服务项目"、"专业社工管理岗位项目"。2009 年，北京市曾认定了 10 家人民团体为第一批市级"枢纽型"社会组织，分别是市总工会、团市委、市妇联、市科协、市残联、市侨联、市文联、市社科联、市红十字会、市法学会，其特点是分别负责各领域内社会组织的联系服务和管理工作。目前，北京市共有团市委、市科协等 27 个"枢纽型"社会组织，每个组织下属二三百个学会或协会。北京市通过购买社会组织公共服务项目的方式，支持"枢纽型"社会组织发挥龙头带队作用，以社会需求为导向，充分发挥社会建设专项资金的引导作用。

从 2011 年起，北京的社会组织管理将逐步推广"养事不养人"原则，政府通过"枢纽型"社会组织购买管理岗位，即由政府出资，通过公开招聘的方式，录取社会组织信任的专职人员，形成专业的管理队伍。2011 年北京市政府购买了团市委、市科协等 22 个"枢纽型"社会组织下属协会的岗位，如秘书长、办公室主任等，公开招录专人具体负责协会日常工作等。这些社会组织的管理岗位都将由专职社工担任，他们的奖金、补贴由政府的专项资金承担，从而改变以往这些组织的秘书长、办公室主任等主要负责职务，多由相关领域内威望较高的资深人士、学术专家兼职担任，没有专职工作者负责组织、联络、管理，组织管理方式不够规范的状况。

四、经验与启示

（一）实现民间组织和政府的良性互动，构建新型合作伙伴关系

民间组织与政府在购买服务过程中形成的合作伙伴关系，并非领导与被领导关系而应是相互合作的平等关系。尽管北京市在准入等方面开始对社会组织“松绑”，但这种平等的合作关系尚未建立，各种行政管制以及购买服务中政府部门的权力角色作用，使民间组织不得不采取依附于政府的行动策略。在真正的合作伙伴关系中，政府主要负责制定公共服务的发展方向、合理的资金支持以及监督和评估服务；民间组织则很大程度地保持自身的独立性和专业性，把注意力放在发现社会的需要，创新服务的内容与形式，不断提高服务质量以获取社会更多地认同，甚至打造出自己的服务品牌。只有在新型合作伙伴关系中，民间组织才能保持其民间性的特点和专业性的服务水平，从而避免把精力过多投入到与相关部门发展特权关系上，尽量规避政府资助中产生的权力风险。

（二）增加政府购买服务机制的透明度，减少购买行为“内部化”现象

正常情况下，政府在购买服务过程中会对民间组织进行评选，考查能力强弱、素质高低、完成项目的能力等，使民间组织之间形成公平竞争，从而激发各民间组织的活力，促进民间组织实现自我提升。尽管政府购买服务取得了显著进展，但是在具体操作中仍然存在购买行为“内部化”现象。有些民间组织事先与政府购买部门私下沟通，在投标、竞争过程中运用非正当手段获得优势或特权。该现象表明政府购买服务的机制有待进一步完善，竞标程序有待进一步规范，操作过程的透明度有待进一步增强。政府购买服务的标准往往比较模糊，虽然服务的类别比较容易确定，但是服务的质量标准等难以明确，因此在程序层面、具体操作层面都还有许多可以细化之处，同时法律规范的适时建立也变得尤为重要。

（三）精简政府和准政府机构，为民间组织让出发展空间

政府购买服务基于“小政府、大社会”的社会管理理念，其内在逻辑是：政府越精简、政府职能越精练，政府需要购买的公共服务就越多，民间组织提供公共服务的机会也就越多，民间组织的发展空间也就越广阔。因此，唯有加快政府改革和政府职能转变，精简政府和准政府机构（包括行政化、及官办的社会组织），才能为民间组织让出更多从事公共服务的机会，公共服务的状况才能有质的飞跃。政府要解放思想，放弃为了政绩而搞项目、为了招标而招标，主动剥离那些与民争利的权力部门，进而创造宽松的制度环境、放

手让民间组织运作。

事实上，民间组织在我国的迅猛发展正是为了回应社会变迁的需要。专业的社会工作组织通过个案工作、小组工作等其服务手段，与服务的对象间建立起平等的专业关系，正在逐步取代传统上行政管理和救助的对象的关系，发挥了政府难以发挥的社会调节功能，这是解决社会问题和发展社会服务的根本途径。

(四)加强民间组织自身建设，尝试项目化运作机制

在政府购买服务的背景下，加强民间组织自身建设变得尤为紧迫。民间组织负责人的专业知识和组织理念、领导能力和社会资本，民间组织员工的能力、教育背景、接受培训的机会以及组织创新持续发展的能力等，都决定着事业的成败。此外，在获得政府资金、场地和行政上的支持的同时，能否坚持自身的民间性、专业性和独立性，也是一个民间组织能否实现可持续发展的关键。在管理方式、人力资源使用、组织激励以及服务的灵活性方面，民间组织应不断创新，才能在不同的制度、政策环境中健康发展。

在尝试项目化运作机制方面，应以项目管理作为核心，积极发现新的组织目标和手段。项目管理是利益相关者的合作，因此在项目选择上，要积极洞察服务对象的多样化需要，制订合理的项目筛选方案；要注重项目策划的细节，把项目作为精致的艺术品来设计；要善于把项目分解为多个子任务，并发挥专家、志愿者和管理者的作用，从而形成项目运作的系统支持。只有这样，民间组织的项目化运作才能发挥出组织优势。

参考文献

[1][澳]柯文·M·布朗、苏珊·珂尼、布雷恩·特纳、约翰·K·普林斯:《福利的措辞——不确定性、选择和志愿结社》，王小章、范晓光译，杭州：浙江大学出版社，2010年。

[2][英]大卫·G·格林:《再造市民社会——重新发现没有政治介入的福利》，邬晓燕译，西安：陕西人民出版社，2011年。

[3]罗观翠、王军芳:《政府购买服务的香港经验和内地发展探讨》,《学习与实践》，2008年第9期。

[4]杨宝、王兵:《政府购买公共服务模式的中外比较及启示》,《甘肃理论学刊》，2011年第1期。

[5]韩俊魁:《当前我国非政府组织参与政府购买服务的模式比较》,《经济社会体制比较》，2009年第6期。

[6]刘庆元:《社会工作机构项目化运作的探索与思考——从资金来源角度看青少年服务的项目化运作》,《社会工作上半月(实务)》，2009年第8期上。

(作者：于显洋　中国人民大学教授
王欣剑　黑龙江省社会科学院副研究员)

项目名称：戏剧文化在人文北京建设中的作用研究
项目编号：10BeSH095
项目负责人：陈秋淮
项目信誉保证单位：中共北京市委《前线》杂志社

戏剧文化在人文北京建设中的作用

内容提要：本课题从文化社会学的角度，解析“人文北京”建设的理念和内涵，探究戏剧文化与“人文北京”建设之间的关系，在我国推动文化发展繁荣的大趋势下，具有现实意义。

调研从对北京历史文化考察出发，追溯了北京作为政治文化中心的历史渊源和突出地位，概述了近现代以来北京戏剧文化的发展生态，通过与国际大都市的比较，论述了北京在戏剧文化发展方面所具有的独特优势和有待开拓的空间。对近年来北京戏剧文化的新发展及国有、民营剧团运作情况，对其艺术特征、不足之处等，均进行了有理有据的分析论证并提出对策建议。提出戏剧文化在“人文北京”建设中，有着思想引领、精神提升、交流互动、文化传承、情绪调整等不可忽视的重要作用。

北京是享誉世界的历史文化名城。丰富的历史资源、壮丽的古都景观、浓郁的京味文化，彰显着首都独特的风貌与文化魅力。作为当代中国的政治、文化中心，东方文明的标志，北京最大的优势是文化，而这座城市发展进步的灵魂是人文。

北京丰厚的历史文化底蕴，滋养着北京戏剧。戏剧融合了文学、音乐、绘画、雕塑、建筑、舞蹈等多种艺术成分，通过演员的表演，将生动的人物形象和真挚的情感表现给观众，使观众获得戏剧美感与精神陶冶。在我国进一步推动文化发展繁荣的大趋势下，认真关注与探究戏剧文化在“人文北京”建设中的作用，具有现实意义。

一、“人文北京”的建设理念

当2008年北京奥运会成功举办时，“人文奥运”的理念已深入人心，这充分说明“以人为本”的文化精神，契合了当今时代进步的潮流。同年，北京市提出“人文北京”这一重要理念，并将其置于“人文北京、科技北京、绿色北京”三大理念之首，充分体现出“人文北京”在未来城市发展中的核心地位和关键意义。2010 年北京市颁布《“人文北京”行动计划》，进一步明确了“人文北京”建设的指导思想和工作目标，这是践行“人文北京”发展理念、增强北京文化软实力和国际影响力的重要举措。

“人文”之义，在中国文化传统中包含了人和社会发展的意义。《易传》有言：“文明以止，人文也。观乎天文，以察时变。观乎人文，以化成天下。”在“人文北京”建设的理念中有四大支柱内容，即改善民生、弘扬文明、繁荣文化、构建和谐。其核心是要“以文化人”，不断提高北京市民的人文素质，提升北京城市的文明程度。而首都的戏剧文化，作为当代北京参与者众、覆盖面广、影响力大的现代舞台艺术形式，与这四项内容均具有密切关系。优秀的戏剧所体现的核心价值和审美意识，会对观众产生积极的心理影响和文化陶冶，这无疑有利于提高市民的文明程度和幸福指数，促进社会和谐发展。

二、北京的戏剧文化生态

建都 800 年的北京城，在辽、金、元、明、清五个朝代积淀了深厚的精神传统和丰富的文化遗产，与戏剧结下了不解之缘。无论是古代戏曲、近代时事新剧抑或现代话剧，都曾在此孕育生成、蓬勃兴盛。戏剧艺术不仅延续了浓厚而鲜明的艺术传统，而且优化了首都的文化生态。

(一)北京作为戏剧文化中心的历史沿革

元代的文化标志是元杂剧。当时的元大都成为文化之都，源于这里汇集了关汉卿、马致远等一大批戏剧家，他们创作的《窦娥冤》《救风尘》《单刀会》等大批元杂剧流传至今。明清之际，昆曲艺术传入北京，出现了“京师所尚戏曲，一以昆腔为贵”的局面。在“四大徽班进京”之后，徽剧演员在当时京城浓厚的戏曲演出氛围中博采众长，形成了“京剧”这一影响广泛的剧种。如今，昆曲成为联合国的非物质文化遗产保护项目，京剧艺术更被誉为“国粹”享誉世界。

近代以来，在中西文化的交流与互动中，话剧引入中国，同时带来了先进的民主科学思想。自 1909 年以来，以开启民智、提倡文明为号召的新剧团体春阳社，就在北京演出《徐锡麟》《爱国手》《血手印》等新剧。1917 年，作为中国新思潮之主要阵地的《新青年》杂志从上海迁入北京，大力提倡富有现代精神的写实派的戏剧艺术，在新文化运动以及五四运动中发挥了思想引领作用。1925 年，国立北京艺术专门学校建立，戏剧艺术开始进入我国高等教育之列。无论是抗战前夕熊佛西、白杨、张瑞芳等人参与的北京校园戏剧，还是抗战后期由共产党领导的祖国剧团，戏剧都以现代艺术的种子，传播文明的精神，充当思想的排头兵。

1949 年新中国的成立，为戏剧发展和衍生提供了一个崭新的社会环境。戏剧艺术家们满怀着对新中国成立的喜悦和当家做主的情怀，各个剧种创作排演的新剧目如雨后春笋般成长，如《青年民主进行曲》《红旗歌》《龙须沟》等。到国庆10周年之际，仅北京人艺一个院团，就推出《蔡文姬》《骆驼祥子》《雷雨》《日出》等8台献礼大戏。郭沫若、老舍、曹禺、焦菊隐、欧阳山尊、梅阡、夏淳、刁光覃、朱琳、于是之等一代戏剧家们为首都观众奉献出一台台具有中国气派的经典剧目，观众在被剧中人物对真善美的追求所感动的同时，人生也因戏剧的体验而变得充实美好。

“文革”期间，北京戏剧发展曾经历了许多曲折。1978年，党的改革开放之举使我国发生了深刻变革，社会文化环境逐渐走向宽松和谐，戏剧生态发生了巨大变化。北京戏剧界率先创作演出了《枫叶红了的时候》《丹心谱》《小井胡同》《报童》等一批优秀剧目，在改革开放初期，得到了社会各界的热烈回应。之后，《红白喜事》《狗儿爷涅槃》《桑树坪纪事》等剧目，从观念到戏剧艺术形式不断创新发展。戏剧家们更冷峻地审视当代人的生存环境，剖析当代人的内心情感和文化情结。党的十七大以来，随着政府不断加大对文化的扶持和投入，推动了文化事业和文化创意产业的发展，北京戏剧艺术焕发出新的生机，优秀剧目不断涌现。现代科技与文化的融合，使得戏剧舞台更加绚丽多彩，北京戏剧显现出欣欣向荣的态势。

（二）北京作为国际戏剧大都市的发展趋势

每个现代都市的发展与繁荣，都必定伴随着它独有的艺术追求和文化生成。举目当今世界上许多国际大都市所拥有的国际知名度，不仅来自国家的政治和经济实力，也来自各自具有的文化品位和艺术风貌，城市的文明及现代化程度，在其戏剧艺术中得到鲜明的呈现。

在莫斯科，戏剧艺术是莫斯科文化的重要内容，近两百个剧院和演出团体，每晚近百场的各类演出，满足着观众观赏的需求；在纽约，百老汇、外百老汇、外外百老汇每晚数以百计的戏剧演出，将“戏剧之都”装点得魅力无穷，“百老汇”已成为美国戏剧艺术的代名词，戏剧演出业已成为纽约的支柱产业之一；在伦敦，有与纽约百老汇齐名的另一世界戏剧中心——伦敦西区，它不仅以丰富的戏剧活动闻名遐迩，更是表演艺术交流与汇聚的国际舞台；时尚之都巴黎，也是法国戏剧上演最集中的城市之一，在那里，有被尊崇为延续法国戏剧传统的圣殿——法兰西喜剧院和举世闻名的巴黎歌剧院，上演着国家级的经典剧目，除此之外，还有小工作室、咖啡馆、地下室，也在不断上演小众的娱乐或先锋实验戏剧；在东京，上百家掩映在街巷、楼宇中的小剧场里，上演各式各样风格迥异的戏剧，让人们领略到日本的现代性社会特征。

在北京，戏剧演出活动已经延续了几百年，如今更是剧团集聚、剧场林立。首都剧场、长安大戏院、国家大剧院等成为北京的文化地标。这里有国家级水准的院团常年演出，有全国各地乃至世界各地来京表演的优秀剧目，还有遍布京城的小剧场演出，可谓精彩纷呈。近年来，北京市委市政府提出，要将北京建设成为中国特色社会主义先进文化之都和具有世界影响力的文化中心城市。这一战略目标不仅符合首都北京的城市定位，也顺应了市民的新期待。在北京重点建设“天坛演艺区”“天桥演艺区”近百个剧场等有力举措的引领下，必将推动北京发展成为国际戏剧大都市。

(三)北京的戏剧发展现状

1. 国有剧团的示范引领

我国的国有剧团一直得到国家政策上的扶持、财政上的补助和人才上的保障。如中国国家话剧院、解放军总政话剧团、中国儿童艺术剧院、北京人民艺术剧院、北京儿童艺术剧院等一大批国家级院团，以其丰富多彩、气势恢宏的戏剧演出，在北京乃至中国的戏剧艺术发展上发挥强大的引领作用，为“人文北京”的建设做出重要贡献。

以北京人民艺术剧院为例，在北京市委市政府的大力扶持下，建院60年共上演了三百多台剧目，《龙须沟》《茶馆》《雷雨》等一大批优秀剧目已成为戏剧经典。北京人艺成功地实现了话剧艺术从舶来品到民族化的转化，创立了中国人自己的戏剧艺术风格和表演学派，其艺术成就凝聚了几代艺术家的戏剧梦想。在20世纪80年代，北京人艺《绝对信号》作为小剧场剧目在国内首次出现，又一次引领戏剧走入小剧场演出的时代。

2. 民营剧团的蓬勃发展

伴随着我国社会经济的发展变化，国有戏剧院团独占鳌头的局面被逐渐打破，流行文化、商业戏剧逐渐兴起。2005年开始，民间资本介入北京小剧场戏剧，民间剧团蓬勃发展，出现剧场资源短缺。北京蜂巢剧场、蓬蒿剧场、繁星戏剧村、木马剧场等近20个民营剧场应运而生。

进入21世纪以来，在北京的戏剧演出总量中，民营剧团所占的比重越来越大，如戏逍堂、龙马社、开心麻花等，他们以小剧场演出为主，投资小、见效快。一些文化演出公司，也加入到戏剧演出阵营。据统计，截至2010年，经北京区县文化委员会备案的营业性文艺表演团体共有372家，其中民营团体330家，占88.7%。然而，民营剧团上演的剧目娱乐特征十分明显，如《恋爱的犀牛》《翠花，上酸菜》等；多为描写青年婚恋生活、反映社会矛盾或人性劣根性，如《有多少爱可以胡来》《剩女郎》《两只狗的生活意见》等。民营剧团的出现，撬动了趋于保守的传统戏剧生态，在艺术话语权、市场分割等方面与传统戏剧资源互为补充，从而丰富了北京戏剧演出的总体格局。

3. 校园戏剧的活跃局面

中国话剧的历史，肇始于学生演剧，校园戏剧是中国话剧发展历程中不可或缺的成分。在校学生是校园戏剧的创作主体，他们所需资金一般自筹或由学校部分赞助，其艺术目的重在探索与实验。年轻人通过戏剧展示自己的艺术才华，自娱自乐以及相互交流。这种业余的、非职业的、非功利的戏剧艺术追求，是校园戏剧的重要特性。

回顾20世纪80年代，是新时期校园戏剧的第一个高潮。1986年，本着“普及话剧、宣传剧院、培养观众”的宗旨，北京人艺首先发起组织了“北京人民艺术剧院之友联谊会”，由著名演员于是之先生担任理事长。“人艺之友”把开展校园戏剧作为培养观众的一项重要工作。北京师范大学的“北国剧社”和北方工业大学戏剧社，都是艺术家们经常去讲课和排戏的地方，他们还定期举办学生戏剧夏令营。这些剧社的毕业生们虽然分布于各个行业，却依然是戏剧爱好者。他们认为，从戏剧中学到的首先是如何做人，获得的人生观、价值观的提升让自己获益终身。如今，高校的话剧社更加普及，并定期举行“大学生戏剧节”，戏剧对大学生的德育、美育起到了不可替代的重要作用。

4. 丰富多彩的涉外演出

北京的中外戏剧艺术的沟通交流，近年在开放和包容的社会背景下开展得密切而又顺畅，民营的国际戏剧经济公司的出现更便利了外国剧目的引入，政府举办的众多戏剧节以及扶持优秀剧目走出国门，都使得戏剧交流日益频繁。涉外演出一方面能不断扩大中国文化在世界上的影响力，另一方面，也使国内艺术家以及观众开阔眼界、开放胸襟，在直接的交流对话中取长补短，推动戏剧艺术不断发展进步。

近年，莫斯科艺术剧院在首都剧场演出《樱桃园》《白卫军》和《活下去，并且要记住》，得到专家和观众的普遍好评。国家大剧院举办的“歌剧演出季”中《托斯卡》《漂泊的荷兰人》《艺术家的生涯》等，不仅吸引了歌剧爱好者，同时也在提高普通观众的审美水平。北京市文联等单位主办的“北京青年戏剧节”，给青年戏剧人创建了一个属于自己的节日，提供了一个国际性的展示舞台。《钢琴家PK大提琴手》《红菱秀》等23部外国戏剧轮番上演，展现了五彩斑斓的异域文化，丰富了北京人的文化生活。

三、戏剧文化在人文北京建设中的作用

纵观世界戏剧文化发展史，戏剧文化的兴盛能够带动整个城市的文化发展，而一座城市的领先地位也必将促使戏剧文化更加繁荣。戏剧文化在人文北京建设中具有不可忽视的重要作用。

(一)思想引领

戏剧文化可以培养情操，涵养人文，发挥教育引领作用。陈独秀在“五四”时期曾经说过，“剧院者，普天下之大学堂也；优伶者，普天下之大教师也”，充分说明戏剧的教育引领作用。1949年老舍先生创作的话剧《龙须沟》，描写了生活在同一地域的人民在新、旧社会的不同生活感受，歌颂了共产党和人民政府关心群众、为民谋利的伟大业绩。创作完成后有人认为太政治化，

而周恩来总理却认为这恰恰是党所需要的：政权要在城市里巩固发展，光让人们学习社论不行，需要文艺作品为观众提供精神食粮。焦菊隐导演和北京人艺的艺术家们将其打造成一部现实主义的经典，教育了几代人。戏剧所发挥的思想引领作用，在潜移默化中完成了重要使命。

(二)精神提升

人文北京的建设需要强化市民的精神内涵，而戏剧特有的心理净化作用符合这一建设的需要。早在古希腊时期，哲学家亚里士多德提出了戏剧的“卡塔西斯”(Catharsis)效应，即认为戏剧，尤其是悲剧，它所展现的情境，具有令人恐惧、悲悯、宣泄、净化的作用。在观剧时，观众自然而然产生对于悲剧英雄的认同感和敬仰之情，在心理上对于卑琐、庸俗、浅薄、自私等开始鄙弃，在潜移默化中自觉摒弃。在悲剧英雄的不幸遭遇中，观众认识了奉献、牺牲、崇高、坚定的意义。近现代戏剧大多表现普通人的生活，它同样让人们思索人的存在、处境、价值和意义等哲学命题，通过戏剧精神内涵的揭示，让人们思考严肃的人生命题，保持积极的人生姿态和高尚精神。

(三)交流互动

一个没有文化魅力的城市是没有亲近感的城市，也是一个没有生机与活力的城市。而戏剧艺术正可以让来自东西南北的人们济济一堂，为同一部剧目而感动，哭在一起，笑在一处。通过看戏，人们可以了解到这一地方的风俗习惯，这一城市的文化思想，增进彼此了解，带动不同文化之间的对话、交流与合作。一个多世纪以前，美国人对中国存在一定的偏见，对中国戏剧非常排斥。当 1930 年梅兰芳访美演出成功后就有了很大的改观，美国人不仅对中国戏剧那美轮美奂的艺术呈现大为赞叹，还对中华民族朴素的社会道德、伦理观念有所了解。1980 年北京人艺《茶馆》剧组应邀赴西德、法国、瑞士三国访问演出轰动了西欧，被称之为“东方舞台上的奇迹”。它不仅让西方人感受到剧中有深刻的人文关怀，一些观众还理解了中国人不得不革命的道理。由此可见，戏剧文化的影响力和传播力是巨大的，它潜入人心，深刻而持久。

(四)文化传承

一个城市戏剧演出总貌，不仅是社会经济和社会情绪的晴雨表，也是一座现代化大都市精神风貌的展现和文化传统的体现。北京自古就是百戏汇聚发展的中心，拥有深厚的戏剧文化传统，其传承首先要靠从事戏剧艺术的人，其次要靠艺术成果的发展和演进。戏剧演出的形象魅力，能给予观众对于历史和传统的认知。人们通过《蔡文姬》，了解了西汉时期中原与匈奴的关系，认识到民族团结融合的历史和其重要性；通过《龙须沟》中的程疯子、小妞子理解了百姓对旧社会的愤恨以及对新社会的期待。在戏剧形象的链条中，人们接续出时代发展的路径，体现出贯穿在人们生命意绪里的精神轨迹。

（五）情绪调整

如今的北京，现代化的步伐越来越大，工作生活节奏越来越快，各种信息纷至沓来，种种心象、物象纷纭变换。这种快节奏更替，给人们的社会心理带来了无形的压力，令人焦虑、恐慌，以致精神迷失。戏剧自古就是人生的一面镜子，正所谓“戏剧小天地，人生大舞台”，它提供了世间百态、盛衰荣辱、起伏跌宕的各样人生。作为观众，也许你再悲哀也比不上秦香莲，再坎坷也赶不上哈姆雷特，再愤怒也抵不过李尔王。根据观众心理学的观点，当人们无法接受现实中的自己时，可用情绪投射的方式，接受在戏剧中被表现的与己相关的事物，通过认识和理解典型化、艺术化的人与事，在悲剧审美中释放自己的悲哀，在喜剧审美中实现情绪的愉快，达到负面情绪的自我消解，心理平衡的自我调整。戏剧的审美作用，有益于社会成员之间的相互理解，缓解社会情绪的波动，促进全社会和谐发展。

四、戏剧文化在人文北京建设中的主要问题及对策

（一）北京戏剧文化发展中的主要问题

1. 戏剧发展繁荣背后的隐忧

随着经济的快速发展，政府对于戏剧文化的投资逐年递增。同时，从国家到各省、市为戏剧办节设奖的积极性逐年高涨，众多奖项的评比在很大程度上促进了戏剧创作。然而，在这种投资多、奖项多、剧目多、演出多的丰厚条件下，戏剧的物质化、市俗化倾向十分明显。获奖和票房成为众多戏剧作品的终极价值取向，而戏剧的精神一再地被忽视甚至抛弃。但在戏剧繁荣的大背景下，以人文精神和批判精神为核心的、具有深刻思想内涵的当代优秀戏剧作品为数不多。同时，北京戏剧演出的总场次与国际水准相比明显偏少，能够常年驻场演出的剧目更是屈指可数。

2. 发展戏剧文化的体制机制有待健全

市场经济给戏剧艺术的发展带来了机遇和活力，同时也存在着不利于戏剧艺术发展的问题。其中，演出票价普遍过高就是阻碍观众进入剧场的大问题。在于是之作为第一副院长主持北京人艺工作时，曾要求票价制定以“大学生能买得起”为标准。目前一些剧场的戏剧演出票价动辄几百上千，让普通观众望而却步。票价涉及剧场场租偏高的问题，剧场是政府投资、用纳税人的钱来建造，但剧场数量少，场租的定价没有监管，必然造成票价居高不下。政府对戏剧文化的补贴，难以落实到普通观众的手中。

3. 戏剧艺术在民众生活中普及得不够

在文化艺术多元发展的北京，戏剧依然是能够给人以最好的人文滋养的艺术形式之一。戏剧艺术的生命力有赖于观众来维持，据统计，北京人观看戏剧演出的人数比例偏低。戏剧缺少新的原创作品，加之一些剧目脱离实际、

缺乏现代意识、缺乏艺术水准甚至媚俗，难以挽留观众。高雅艺术进校园、进乡村依然需要加大力度。社区戏剧近年来有所发展，但还较为薄弱，其易聚易散的组织特性使得社区戏剧缺乏长久发展的条件，不利于戏剧艺术在民众生活中的普及、提高。

(二)关于加强戏剧文化在人文北京建设中的对策与建议

1. 思想统领：以先进的思想观念引导戏剧文化的发展

中国现代戏剧从诞生之日起，就不是“为艺术而艺术”的奢侈品，也不是娱乐的消遣物，而是饱含着对国家和民族的忧患意识。中国共产党的伟大精神也在于关注人的利益、满足人的需求、促进人的发展，体现出强烈的人文关怀。戏剧艺术的生产作为一种创造性的精神劳动，需要以先进的思想观念引导。通过戏剧艺术，弘扬以爱国主义为核心的民族精神和以改革创新为核心的时代精神，把艺术创作融入改革开放和社会主义现代化建设伟大实践中。

2. 政策支持：以更完善的政策制度推动戏剧活动的开展

戏剧院团在经历了体制机制变革的阵痛之后，新型戏剧运作模式正在形成，民间独立制作人等剧场经营手段的出现，激活了多元的戏剧文化，但仍需进一步完善市场化运营和监管机制。在增强国有演出单位的经营活力，切实发挥其主体和主导作用的同时，大力扶持民营剧团和个体演员的发展，鼓励推动社区戏剧和乡村戏剧的发展。在政府补贴方案上，需要向观众倾斜。如借鉴国外的经验，政府以每张售出的戏票为依据予以演出补贴，吸引百姓走进剧场。

3. 环境优化：以更良好的市场环境保证戏剧氛围的营造

戏剧文化活动是首都人文精神建设的重要途径。和谐宽松的文化生态，有利于创造出一个良好的戏剧艺术氛围。这不仅需要建立一个活跃、公平、健康的市场环境，对观众反映强烈的低劣演出进行监督和管理，同时建立由专家、媒体、戏剧爱好者和行业协会共同组成舆论体制，并发挥文艺批评的作用。对文化的尊重和文化的互相理解更多地以一种宽容、包容的方式去优化环境。通过戏剧文化活动，引领道德风尚，提高北京城市文化品位。

4. 人才扶植：以优秀的戏剧人才保障戏剧艺术的发展

在首都北京，戏剧前辈们留下了丰厚的文化遗产，郭沫若、老舍、曹禺等大批艺术家早已成为人文北京的艺术标识。业以才兴，戏剧人才的多少与戏剧事业的兴衰是成正比的。根据戏剧人才发展特点，营造宽松人才生长环境，拓宽人才培训渠道，提供年轻人担纲的机会，将有利于戏剧人才的成长和观众培养。回顾历史，当大批的戏剧艺术人才为观众所喜爱之时，就是戏剧文化大繁荣之日。

5. 内容出新：以更丰富的戏剧精品带动人文北京的建设

戏剧是以创作为中心，艺术创作又有其自身的规律和特点，按艺术规律办事是创作精品的必要保证。加大对北京戏剧原创作品的扶持力度，努力打造出具有强烈的时代精神，具有一定的思想深度、文化品位和感染力的戏剧精品，充分发挥戏剧文化在人文北京建设中的重要作用。

（作者：陈秋淮　中共北京市委《前线》杂志社副总编辑、编审
宋宝珍　中国艺术研究院话剧研究所副所长、研究员）

城市学学科

项目名称：生态区位理论与城市饮用水源区协调发展研究
项目编号：06BaCS009
项目负责人：张贵祥
项目信誉保证单位：首都经济贸易大学

首都跨界水源地经济与生态协调发展新探

内容提要： 官厅水库流域张家口市域部分是北京市跨行政区界的饮用水源生态功能区。该区发展既要实行节水生态环保型经济发展模式，又要得到科学的生态补偿。区域内部围绕水质目标，积极发展绿色产业和循环经济，改进节水与清洁生产技术，搞好生态恢复与重建，经济增长方式由粗放型向集约型转变。区域外部要积极争取北京市、河北省、首都圈及国家的补偿与合作。按照生态区位理论，按照水生态服务功能价值与空间结构规律，水源保护区要分级分区，核心保护区要重视人工湿地、森林生态系统建设。城乡居民点或建成区、以致供水河道要重视污水处理、清污分流工程建设。

北京市是重度缺水地区，水资源成为首都北京实现可持续发展的最大制约因子。在进入“十二五”的新时期，北京市可持续发展将面临新的形势，这对北京市水资源保障、首都跨界水源地的建设发展带来机遇和挑战的同时，也提出了新的更高的要求。

北京是我国的政治和文化中心，但随着经济的快速发展和人口的飞速增长，北京地区的水资源与水环境问题作为制约经济社会可持续发展的重要因素日益突出。2011 年，北京市水资源总量约 26.81 亿立方米，按照 2011 年末常住人口 2 019 万人，加上流动人口 240 万人计算，北京市年人均水资源占有量 119 m^3，远低于国际公认的年人均水资源占有量 1 000 m^3 的缺水警戒线，是世界上最严重缺水的特大城市之一。[①] 仅新中国成立以来，北京就曾发生过多次对社会经济发展产生深刻影响的水危机，而且部分水质逐步恶化。人们寄予厚望的南水北调工程，2014 年长江流域的水进京实现供水后，北京市可利用水资源量年增加 10 亿立方米，只能缓解却无法改变人均水资源低水平的局面。北京市内配套工程建成后，将实现本地水、外调水、地下水的联合调

① 石敏俊、张卓颖、周丁扬：《京津水资源承载力研究——基于水足迹视角》，文魁、祝尔娟等，《京津冀发展报告(2013)：承载力测度与对策》，北京：社会科学文献出版社，2013 年版，第 176 页。

度，有利于提升城市供水系统的安全保障能力。

京张区域系统矛盾的焦点在于，官厅水库的特殊地理位置，虽库区及其汇水源地(流域)大部分位于张家口市境内，却因库区在张家口市下游，而使其不具有张家口市集中式饮用水源功能，主要是北京市的重要水源地。所以在某种意义上，生态补偿中，受偿的张家口市本身并不能代表官厅水库水源功能的利益主体，可以代表部分风沙源生态利益的受益主体。加之，两地经济差距较大，行政区跨界、财政横向转移支付的复杂性、艰难性，等等诸多问题，决定了两区的合作协调机制更加重要和有效。

一、生态区位理论与水源地空间管制的分区分级

城市生态区位与级差生态成本理论。不同等级水源保护区级差生态地租与级差水污染防治费规律。水源保护区一般划分为：一级、二级、三级保护区等，随着与水源保护区距离的靠近，保护等级提高，生态敏感性增加，级差生态成本(或生态地租)提高，级差防排污费率迅速提高。在理论上，在一个整体水源流域空间，各类自然生态、产业生态和人居生态系统，按照支付水生态环境成本的能力及其水生态服务功能价值参数，围绕饮用水源保护区周边形成圈层状分布，从内向外依次为：湿地、森林等自然生态防护区，有机农业，生态农业，生态旅游区，生态人居与生态城镇，生态工业区。

非自然生态建设的同类产业(如工业或城镇建设)用地的级差生态成本(地租 Le)，与其超标排污治理费(P)、超额耗水费(W)、破坏生态罚金(Sf)成正相关，与用地单元的生态服务功能价值的相对缺失或标准差(V)成正相关，与其离水源地的空间距离(D)成反比(或负相关)，与用地单元的水源生态系统保护等级数(K)成反比。即，计算公式为：

$$Le=\frac{K\times(P+W+Sf+V)}{D\times d}$$，(K 为参数，d 对三级保护区分别取值 1、2、3 或不限)

上式中，$\frac{K}{D\times d}$相当于不同等级水源保护区(或称生态区位)的级差调节系数。

该生态成本相当于我国现行的赔偿惩戒型、法规强制型生态补偿模式，只是进一步深入细化到空间自然区位，兼顾区位生态功能的科学性、合理性。

级差生态补偿费 B 与退耕还林还草(Tg)、退田还湖(Tt)、平原行洪(Ph)等的经济损失成正相关，与用地单元的生态服务功能价值增值(Vz)、自然生态保护区的天然林预防保护费(Fh)成正相关，与其离水源地的空间距离(D)、与用地单元的水源生态系统保护等级数(d)成反比。即，计算公式为：

$$B=\frac{K\times(Tg+Tt+Ph+Vz+Fh)}{D\times d}$$，(K 为参数，d 分别取 1、2、3 等)

该级差生态补偿相当于我国现行的生态修复型、预防保护型生态补偿模式。

水源地空间分异与分区管制。根据上述生态区位理论，水源保护流域区总体上可大致分为两个区域：一个是核心保护区（一级、二级保护区），以自然生态系统保护及水源生态（卫生）服务功能为主，以湿地、森林等生态恢复、建设为重点，适度发展生态农业、生态旅游，人口密度、经济规模受限制，生态乡村高度注重污水处理、垃圾处理，尽可能雨污分流、污水导流；另一个是三级保护区，以复合生态系统结构为特色，以节水、生态经济、生态人居系统及山坡地森林自然保护及水源涵养区为主，生态人居注重污水处理、垃圾处理，生态工业园尽可能延长产品生命周期，循环利用，达标排放。

一、二、三级水源保护区，不同区位生态敏感度有差异，级差生态成本也有差异，除了应有不同的最佳用地模式。人口、产业的合理布局，应服务于一级水源保护区及山地自然保护区水源涵养林等的建设与发展、服务于有利于城镇污染的集中有效处理，除了人口总量整体控制外，积极推进人口、产业的适度集中与城镇化，积极推进生态移民、扶贫移民措施，积极推进水源生态县、生态市的建设也是重要路径。

二、水源功能区节水生态型产业结构模式

流域产业结构向节水型、生态型转变。提出围绕水源目标的工业项目排序的综合优势度指标与模型。即对二、三级水源保护区，强调控制单位工业产值的化学需氧量（COD）排放、单位工业产值的水资源消耗量，提高资源环境经济社会效益。生态区位理论中，针对水源地不同空间区位对于污染的敏感性差异，提出分区调节系数（或参数）。另外，重视发展循环经济、废物综合回收与资源再生利用技术，建设生态工业园；鼓励发展新能源、清洁能源、可再生能源，如：太阳能、风能、沼气、生物质能，等等。

农业对水资源的影响主要表现在用水量过大和化肥、农药的面源污染及污灌上。对农业项目排序的综合优势度指标，除了考虑优先支持森林涵养水源、防风固沙、治理或防护风沙源的生态服务功能价值外，种植业内部结构调整应更多地考虑：有利于保护区控制单位农业产值的农药施用量、化肥施用量及单位农业产值（或单位面积）的灌溉用水量，重视并尽可能发展有机农业、生态农业，鼓励节水农业技术工程。实施稻改旱工程，有利于节水农业的发展。而林业生态工程，还应进一步重视森林防治病虫害的生物措施，避免一级水源保护区农药的施用。

第三产业，更加重视发展生态旅游、生态文化产业、（生态、环境）教育产业、环保服务业（如垃圾分类、回收），倡导生态科学技术的普及、宣传，生态环境意识的提高。另外，要重视保护区垃圾、污水的处理。

(一) 工业的排序与取舍

要根据排序性指数决定工业发展的取舍，重视发展生态型工业，发展循环经济。流域三级水源保护区工业结构的调整，即根据饮用水源保护目标，把水资源作为稀缺生产要素，对现状重点工业企业和新建重点项目，围绕水资源(耗水系数、排污系数)分别进行项目排队和宏观论证。要体现有舍有保，有限的水资源及环境容量，优先保哪些项目，舍弃哪些项目，据综合优势度排出需要关停并转的企业名单。制定工业布局的资源环境准入门槛(生态阈值指标)。具体指标如：耗水系数(W)、排污系数(P)、经济效益(E_e)、社会效益(E_S)、生态环境效益(E_h)、产品竞争力与前景(M)、综合优势度(y)。其中，耗水系数(W)指标包括：万元 GDP 耗水、万元工业产值耗水，等等；排污系数(P)包括：万元 GDP 污水排放量、万元工业产值污水排放量，等等；经济效益(E_e)包括：人均 GDP、人均工业增加值、工业产值增长率、工业产值利税率、工业资金利税率，等等。

计算公式：$y=\dfrac{K\times E_e\times E_s\times E_h\times M}{W\times P^{\alpha}}$，($K$ 为参数，α 刻划模糊度，$\alpha=1\sim2$)

对选定的项目给予政策和投资上的双倾斜，并考虑规模经济效益，要对耗水大、排污高、效益不高的企业给以限制或转产。如冶金、化工、造纸工业，耗能高、耗水多、排污量大、污染负荷高。要把国家利益与地方利益、近期利益与长远利益结合起来，协调好。

官厅水库流域张家口市域部分优先发展的工业，如高科技产业、机械、电力等；需关停并转或限制发展的工业，如(小)造纸、化肥、农药、皮革等。另外，该区域工业内部结构调整的内容还包括，围绕发展壮大轻工食品、能源、化工医药、冶金矿山和机械制造五大支柱行业，采取技术复合、设备更新、嫁接改造等多种形式，应用先进技术、信息技术、高效节水减污和节能技术，加快传统产业的改造，实现优化升级。培育新兴产业，依靠体制创新和科技创新推进工业经济结构升级。

同时，区域工业、城镇布局适度集中，以便于污染的集中而有效治理。区域外部要积极争取下游中心城市北京市、天津市及国家向该区资金、技术、市场和项目的支持与协作，尤其是节水生态型产业、技术的转移与扩散，如机械配件工业、生态旅游等，加大自然生态建设和生态补偿、生态移民的力度。

(二) 发展生态教育旅游与生态文化创意产业

要积极发展生态文化创意产业，要拓展生态旅游新功能，赋予生态旅游以生态教育与实习、生态科技普及、生态体验、生态志愿者服务(绿色天使)等功能，对游客寓游于教、寓教于乐，强化其多功能服务。

生态旅游(Ecotourism)，即具有保护自然环境和维护当地人民生活双重责任的旅游活动，它是由国际自然保护联盟(IUCN)特别顾问谢贝洛斯·拉斯喀瑞(Ceballos-Lascurain)1983年首次提出。当时给出两个要点：一是生态旅游的物件是自然景物；二是生态旅游的物件不应受到损害。在全球人类面临生存的环境危机的背景下，随着人们环境意识的觉醒，绿色运动及绿色消费席卷全球，生态旅游作为绿色旅游消费，迅速普及全球，其内涵也得到了不断的充实。针对目前生存环境的不断恶化的状况，旅游业从生态旅游要点之一出发，将生态旅游定义为"回归大自然旅游"和"绿色旅游"；针对现在旅游业发展中出现的种种环境问题，旅游业从生态旅游要点之二出发，将生态旅游定义为"保护旅游"和"可持续发展旅游"。同时，世界各国根据各自的国情，开展生态旅游，形成各具特色的生态旅游。本文旨在对生态旅游赋予新的功能，即生态教育、实习、生态科普、生态文化的传播。

广义生态文化体系：包括生态文化(狭义)、生态道德、生态法制、生态教育、生态消费、生态技术、生态政策与制度文化、生态文化示范等领域。发展生态文化创意产业，依靠生态文化的发展、传播与弘扬，让首都北京及张家口市整个社会、全体市民的思想、观念、精神，即意识形态领域，以及人们的行动都要实现生态化。

生态教育是关于保护自然和保护环境的教育。它是生态文化建设的重要组成部分。现在，许多国家已经形成以保护环境和改善环境为任务的科学研究体系和教育体系，并把生态教育作为全民教育。它使用各种教育形式和传播媒介，使受教育者获得关于人与环境的关系、人在自然界的位置、人对环境的作用、环境对人和社会的作用，以及如何保护和改善环境，如何防止环境污染和生态破坏等方面的知识，实现社会与自然的协调发展。国外生态教育以"绿色自然"的兴办和迅速发展为特点。绿色大学设置生态学概论等课程，如生态平衡、经济与生态的关系、分析生态系统、替代能源、生态农业、天然食物和废物后处理等课程。总之，生态教育有着极为丰富的内涵，涵盖各个教育层面，包括学校教育、社会教育、职业教育。

笔者建议把官厅水库水源功能区(主要指一级、二级饮用水源保护区)建成大型国家生态教育旅游景区，建成首都生态教育实训基地，作为高校及中小学进行城市短缺而脆弱的水资源保护教育、风沙化生态与湿地生态教育实习与生态科普基地，作为公众生态旅游观光新项目开发的区域。使生态旅游附加生态教育功能，本文可称之为生态教育旅游。这里除了美丽的官厅水库、绿色的康西草原、野鸭湖湿地公园，还有著名的黑土洼人工湿地(中德合作湿地净化水质工程)、天漠(沙漠公园)，另外还有北京官厅风电场。野鸭湖公园就属于水库一级水源保护区内，这里除了芦苇等植物，还有野鸭、天鹅等许多鸟类动物，还有具有生态教育功能的展览馆，让人体验到湿地生态系统的特殊魅力；"黑土洼人工湿地工程"(北京与德国勃兰登堡州政府间的合作项目)可以让前来参观的游客或实习学生了解到湿地净化水质的工程技术及特种植物，该工程是官厅水库恢复饮用水源地功能的核心工程，将成为永定河入官厅水库的第一道生态屏障；天漠在官厅水库之南，北京西山之北，这里离北京市中心城区 80～95 公里，却天然形成两个巨大的沙丘，使人深感到首都北京城离沙漠如此之近，更加强化了人们生态危机意识和防止土地荒漠化的紧迫感，是城市生态风险教育的理想地。官厅风电机组那美丽而巨大的风叶，形成了一道独特的风景线。远望，它们就像一个个排列有序的玩具风车。这里的风电除了向北京提供绿色电力，还有培训功能，由于风机形式的特别，未来将建成一个行业的培训基地。水库所在的延庆县作为循环经济示范区，即国家生态县与生态产业园教育基地。水库所在的怀来县作为跨界生态经济合作、水权交易、与生态补偿的示范区与教育基地。

三、动力机制与对策建议

以科学合理的生态成本(资源环境费税、价值投入、价格等)政策，促进和谐、健康的人与自然生态空间结构、节水生态型产业结构，以保障水源功能区水资源的涵养、保护及其持续利用，进而实现水源区与其城市的全面协调可持续发展。另外，要根据水体功能分区结果和水源保护区等级及其纳污能力、水质标准，对比水质监测结果和实际排污量是否超标，若超标则及时制定相应的污染负荷削减量要求和措施。

(一)建立官厅水库水源环境保护专项资金

借鉴绍兴市(小舜江汤浦水库)的经验，每年安排资金 300～500 万元，专项用于保护和改善库区周围的生态环境。按官厅水库供水量每吨 0.015 元计算，由北京市水务集团在每年 12 月底前一次性将资金划入专项资金账户，该资金纳入供水成本，专项用于官厅水库水源环境保护区范围内生活垃圾处理、生活污水处理、农业农村面源污染综合治理、自然生态恢复、环境保护科研等项目的补助。

(二) 控制流域人口数量、生态移民、人口适度集中

降低水源保护区的人口与经济密度，通过补偿、减低人口密度等机制，来保证这一区域的发展公平权和满足百姓提高其生活水平的要求。

(三) 建立节水环保型产业结构与发展模式，并使经济增长方式由粗放型向集约型转变

区内资源以保护为主，适度开发利用。禁止污染型工业发展，积极发展生态旅游、休闲度假、生态科研实验、生态教育实习、会议事务、生态农业、观光农业等。

(四) 建设水源涵养区，产业布局合理集中

建设并扩大自然生态保护区、水源涵养区。三级水源保护区产业与人口

布局合理集中，有利于污染的集中处理。

（五）建设“节水减污”与清污分流工程

宣传推广家庭“节水减污”生活模式。城市、城镇、建成区、社区等不同层次的生活垃圾、污水采取资源化回收利用，创新中水回用方案；建设城镇供水、分质排水、污水处理工程系统。控制农田面源污染；饮用水源保护区、建成区，采取清污分流，建设污水截流、清水导流管道，保护水源。

（六）流域限批

对一、二级水源保护区以内的污染工业，提高污染排放标准，也可借鉴流域限批的做法，建立环境经济政策体系。所谓“流域限批”，是国家针对较大流域内重污染企业及污水处理厂实行的“挂牌督办”，是国家对某个河流流域限制新的污染企业数量。当前全国水污染持续恶化的趋势已非分割的治水管理体制所能解决，应该尽快建立跨区域、跨部门的流域污染防治机制和新的环境经济政策体系，以完成减排目标。

与“区域限批”和“行业限批”比较起来，“流域限批”从规模上讲是升级了，但最关键的区别是，“流域限批”除了要求限批对象关停整改外，还要力图使后续的治理机制进一步深化。第一，就是所有限批城市必须立即启动城市发展和流域开发的规划环境评估，结合流域环境承载力，明确本流域和区域主体功能和生态功能定位。第二，不光使用行政手段，还探索用市场的力量，也就是环境经济政策来遏制污染。第三，要建立公众参与的“环境后督察后评估机制”，为公众提供环境监督的平台，让公众充分行使监督权。

（七）张家口市创建生态市、延庆、怀来县创建生态县的机制

张家口市政府于 2006 年 12 月制定完成生态市建设规划。该规划根据《河北生态省建设规划纲要》，提出以“打造区域性生态型循环经济示范区，建设资源节约型和环境友好型社会”为目标，解决制约经济社会发展的突出问题，全面增强经济和社会的可持续发展能力，提高城市综合竞争力，把张家口市建设成为经济繁荣、社会文明、生态良好、宜居兴业的生态市。延庆、怀来县创新机制，创建生态县与 ISO14000 国家示范区的机制。除以上机制外，合作协调机制还包括，可以把张家口市划为北京生态经济协作区，等等。

参考文献

[1]张贵祥：《首都跨界水源地经济与生态协调发展模式与机理》，北京：中国经济出版社，2010 年。

[2]张贵祥：《城市水源生态区位理论构想》，文魁主编：《应用经济学前沿（Ⅰ）》，北京：首都经济贸易大学出版社，2010 年。

[3]张贵祥：《首都跨界饮用水源功能区环境经济协调发展模式研究——以官厅水库流域张家口市域部分为例》，祝尔娟主编：《京津冀都市圈发展新论（2007）》，北京：中国经济

出版社，2008年。

[4]张贵祥：《首都与跨界水源生态经济特区合作协调机制研究——以京张合作为例》，《生态经济》，2010年第2期。

[5] 张贵祥：《2007'京津冀都市圈发展高层论坛的新视角》，《首都经济贸易大学学报》，2008年第2期。

[6]张贵祥：《水资源风险与水安全对策》，段霞、孟祥青主编：《城市安全：首都国际化进程研究报告2010》，北京：中国经济出版社，2010年。

[7] 张贵祥：《北京绿色奥运与宜居城市建设的持续推进》，段霞主编：《奥运后首都国际化进程的新趋势与新挑战》，北京：中国经济出版社，2009年。

[8] 张贵祥：《绿色奥运与生态文化》，段霞主编：《首都国际化进程研究报告》，北京：中国经济出版社，2008年。

[9]张贵祥、杨志峰：《广州市生态可持续发展水平对比评价》，《生态学报》，2003年第10期。

（作者：张贵祥　首都经济贸易大学教授）

项目名称：西城区城市空间承载力研究
项目编号：11DCB03
项目负责人：刘　洋
项目信誉保证单位：中共北京市西城区委宣传部

西城区空间承载力及功能协调研究

内容提要： 西城区空间承载力研究的主要目的是在促进土地收益的同时，解决不同土地利用下的空间不协调问题。本研究用空间经济理论和空间分析方法，侧重分析了金融区和核心商业服务区的空间承载能力。本研究的主要结论是：第一，提高西城区空间承载力的重点是提升西城区龙头行业即金融和商业的空间承载力。本研究建议，以土地置换和产业置换的方式，为金融业、高端商业服务业的扩展提供土地，从而获得这两个行业的空间集聚效益，即在用地面积不变的情况下，总体提升西城区单位土地的经济效益。第二，在扩大西城区的金融区、高端商业区面积的同时，注意内部各类用地的协调，以保证金融区和高端商业区的品质。第三，在提升西城区单位土地的经济承载力的同时，不降低绿地、交通、教育资源的使用公平性，不破坏文化遗产的历史价值。保持和优化历史文化空间承载力关键在于合理规划经营，促进历史文化空间与商业空间的功能匹配；教育资源的空间布局可以采取用地置换的方法避免和重点发展地区的冲突，并实现区域间教育资源的平衡，实现双赢；绿化空间采取集约式、立体发展的模式，提升局部的绿色环境的品质；交通方面，除了配合全市的交通规划、提倡绿色出行之外，应该注重局部地区的交通微循环设计和交通管制，可以改进局部节点地区的交通状况，实现交通功能与其他功能的匹配。

一、核心城区空间承载力研究

（一）城市空间承载力的定义

一般认为城市承载力是城市的资源禀赋、生态环境、基础设施等要素能够承载的人口数量及相应的经济社会总量的能力。[①] 由于城市的面积在一定时期是固定的，因此城市承载力也可以视为城市空间的承载力，它的高低由“承

① 任通先：《城市承载力研究进展浅析》，《技术与市场》，2009年第10期，第48页。

载物”和“承载体”决定。“承载物”既可以是人口数量，也可以是经济产值、交通规模、污染物排放量等。“承载体”通常是生态环境系统和社会人文系统，如图1所示，前者如水资源、环境自净能力、绿地等，丰沛的水资源、较高的环境自净能力、大面积的绿地都是支撑城市扩大经济和人口规模的基础。后者如社会文化心理、社会自组织能力。人们心理上对人口密度的接受度越高，消费文化越倾向低能耗、低物耗，社会分配资源的有序性越好，则城市可承载的经济和人口规模则越大。承载物和承载体之间存在相互作用关系，如人类活动产生的废弃物和污染物进入生态环境支撑系统中，使得环境容量下降，无法支撑起相应的承载物，同时也会对社会人文系统造成一定非正面的影响如图1所示。在不同的空间尺度和地理背景下，支撑系统对承载物的约束作用也不同。

对于西城区而言，承载体中的自然要素在一定时期内是不变的，若要提升承载力，就要提升社会人文系统对经济和人口的承载力。因此，本研究主要讨论如何通过功能区的空间重置(资源的管理和分配)提升西城区的空间承载力。

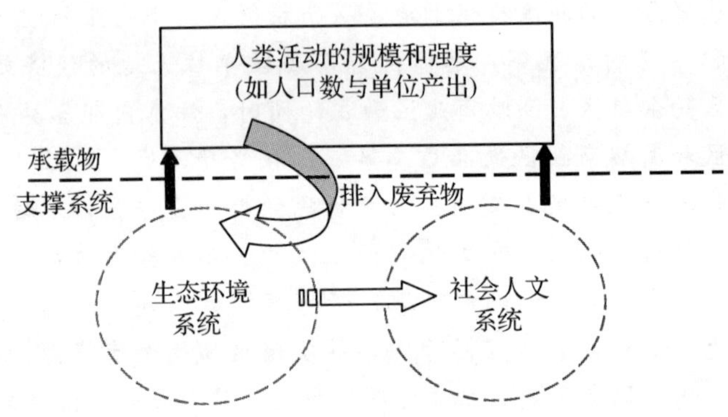

图1　城市承载力的构成

根据承载体的分类，城市空间承载力可以划分为要素承载力和综合承载力①。城市要素承载力，指的是在一定社会经济技术条件的约束下，以可持续发展为前提，单个要素所决定的城市所能承载的人类活动规模和强度。例如，水资源承载力，就是城市目前水资源利用水平所能承载的城市内，各项人类活动的强度。

城市综合承载力是指城市在不产生任何破坏时所能承受的最大负荷②，是指城市的资源禀赋、生态环境、基础设施和公共服务对城市人口及经济社会

① 中国科学技术协会:《中国城市承载力及其危机管理研究报告》，北京：中国科学技术出版社，2007年版，第4—5页。

② 李东序:《提高城镇综合承载能力》,《城乡建设》，2006年第5期，第46—48页。

活动的承载能力。它是资源承载力、环境承载力、经济承载力等单个要素系统承载力的有机结合体。城市的综合承载力是由上述几个单要素承载力决定的，但是并不是单个要素的简单加和，而是有机结合。从这个角度来说，空间承载力的另一种表述则为空间功能的匹配度。

本研究对西城区空间承载力的研究侧重于社会人文系统的承载力。主要有以下几点原因：首先，城市内部的资源和生态环境效益具有一定的外部性。北京中心城区内的资源和生态环境承载力比较低，但是郊区的生态环境服务功能可以部分覆盖到中心城区，例如西部生态区、水源涵养区。北京不同区域享受到这些环境物品的服务有差异，因此我们将不考虑核心城区的环境承载力。其次，西城区的产业结构以第三产业为主，承担着高端商业、高端金融业的功能，因此工业排放也不是重要的环境问题。

（二）城市功能分区与空间承载力内部差异

西城区是北京城市内部的一部分，本研究不讨论整体性要素对西城区空间承载力的制约，只考虑在限定的空间边界内的承载体对承载物的制约。已经有学者尝试过做城市内部一个区域的承载力分析，例如对常州市内不同地区城市承载力的空间差异[①]。

城市是多功能土地利用的密集区，不同区域空间承载力的职能不同。这是因为在城市内部，局部地区的功能可以溢出到其他区域，因此各个区域彼此服务，形成一个有机的整体。就西城区而言，它的高端金融业、高端商业的功能可以覆盖全市域，就如同西部生态区的环境功能覆盖到全市一样。

位于北京核心区的西城区，其空间承载力相对较高，其主要原因有三：第一，人类的一些经济活动，对于区位要素十分敏感，例如商务金融和高端商业在空间上有着很强的集聚特征。第二，商务金融和高端商业为盈利要占据最便利的区位，以获得最大的门槛人口。因此，在任何城市，它们都占据城市核心区的位置，而工业和居住也要求便利区位，但是由于土地付租能力不如金融业和高端商业，因此将最好的区位让位给后者。第三，城市内部有不同功能区。对于不同功能区，提高区域承载力的途径和标准也会有差异。西城区作为城市最核心的中央商务区所在地，资本密度远超出其他地区，从而使得建筑占地规模、建筑容积率都要高出其他区域。

结合西城区的主要功能，本研究主要关注其高端商业服务和高端金融业，通过分析两者与其他类型用地的匹配关系，探索提高空间承载力的路径。

（三）城区空间承载力的分析框架

西城空间承载力体系如图 2 所示。提高西城区空间承载力的途径是，通

① 王丹、陈爽、高群、严玲：《城市承载力空间差异分析方法——以常州市为例》，《生态学报》，2011 年第 5 期，第 1419—1429 页。

过规划协调各类用地，使得产业用地、历史文物用地、公共服务用地、绿化用地的配合达到最优。本研究分别对这四类用地中的代表性功能区进行了实地调研和数据分析。产业用地调研的主要对象是金融街，商业用地的调研对象是四类商圈；历史文物用地的调研对象是历史文化保护街区和重点文物建筑；公共服务用地的分析对象是基础教育用地，绿化用地的分析对象是城市公园和主要绿化带。本研究着重分析了这些系统和西城区人口、交通状况等功能的互相协调。如前文所述，西城区的城市空间承载力考量的重点在于各个承载力子功能匹配程度。扩大承载体，增加承载物与合理布局以实现空间功能匹配，将会是提高西城区承载力的主要途径。

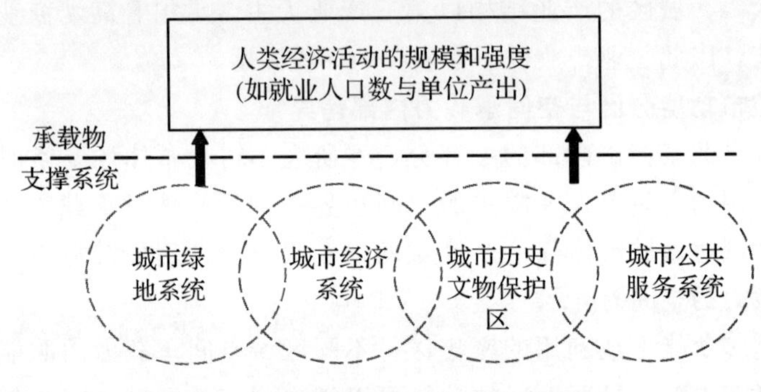

图 2　西城区城市承载力系统的构成

二、西城区空间承载力与功能匹配现状分析

西城区发展空间具有四个特点：(1)空间区位的固定性：西城区的核心区位，使得其中心商业功能、商务功能、行政办公职能不断得到巩固。(2)空间总量的有限性：西城区土地的供给总量是一定的，建筑的总量供给也快达到上限，未来不太可能大幅度增加土地和建筑面积的供给。(3)空间用途需求多样化：城市中心区也是混合居住的地区。为满足各个收入阶层的日常生活之需，中心城区也是基础教育、医疗卫生、文化事业等公共服务用地的多样化地区。因此这些设施用地势必与高端商业区扩展、中央商务区扩展发生冲突。如何协调第三产业发展用地与公共服务用地是一个重要的问题。(4)独特的文化遗产空间具有稀缺性：西城区的土地价值不单来自其核心区的区位，同时来自历史积淀下来的许多宝贵的地上不可移动文物。这些文物赋予所在区域无形的文化资本，从而提升了西城区土地的价值。它们使得土地价值提升的主要形式是，带动了其附近房地产的机制提升。此外，这些文物还成为社区居民地方认同的对象、社区精神的体现、爱国主义教育基地等。贯穿西城南北的六海水系，就为西城带来的酒吧街的商机；增加了该区域房地产的价值；此外还带来了美化环境、调节局地小气候的生态环境效益，这些虽然难以用

价值直接衡量，但是不可或缺。西城拥有许多具有唯一性的历史文物，在城市产业用地扩展过程中都会遇到“消失的危机”，但是如何将表面上的不利转化为有利，这便是西城区功能协调的课题要回答的。

(一)西城区土地利用规划与功能定位

评价和优化西城区的空间承载力，首先，要了解本区土地利用和功能定位。根据2010年统计年鉴数据和《北京城市总体规划(2004—2020年)》的指标，我们得知，2020年西城区的居住用地、公共设施用地、工业用地、绿地等用地面积将被压缩，仓储用地、教育科研用地以及金融商业用地的面积将扩展。其次，需要分析西城区产业结构。西城区已经形成高端金融业的集聚区。原西城区金融业基础好，发展快，对全区经济发展贡献远大于其他产业，具有明显的产业发展优势，与原东城区、朝阳区相比，西城区的高端金融业也有较强的规模优势。鉴于此，高端金融业是西城区未来的主导产业。《北京市西城区国民经济和社会发展第十二个五年规划纲要》明确指出，按照首都功能核心区行政区划调整的新要求，结合本区资源禀赋和发展方向，西城区的功能定位有五方面：(1)国家政治中心的主要载体；(2)具有国际影响力的金融中心；(3)传统与现代融合发展的文化中心；(4)国内外知名的商业中心和旅游地区；(5)和谐宜居健康的首都功能核心区。这样的功能定位表明，优化西城区空间承载力所面临的主要矛盾是产业空间与公共服务设施匹配的矛盾，具体而言就是金融业用地与其他公共服务设施用地的矛盾。

(二)西城区空间承载力现状评价

通过查阅西城区和北京市2010年的统计数据，并对这些数据进行统计计算，我们得到北京市和西城区各项空间承载力的指标，如表1所示。从而对比出西城区空间承载力的特色。

表1　2010年西城区和北京市各指标值

	指标	西城区指标值	北京市指标值	西城区与北京市各指标之比
经济承载力	单位用地GDP(亿元/km^2)	39.34	0.84	46.86
	金融商业单位用地GDP(亿元/km^2)	206.26	120.27	1.71
	居民人均可支配收入(元)	31633	29073	1.09
人口承载力	常住人口密度(万人/km^2)	2.46	0.0766	32.11
	就业人口密度(万人/km^2)	1.6	0.0377	42.78

续表

	指标	西城区指标值	北京市指标值	西城区与北京市各指标之比
公共服务设施承载力	万人拥有医疗床位数	106.36	74.73	1.42
	万人公共图书馆藏量	10860.8	35387.2	0.31
	万人文化馆数	0.16	0.16	1.00
	万人体育馆数	2.57	4.89	0.53
	万人中普通中小学在校人数	921.09	770.75	1.20
文化承载力	历史文化保护区个数	18	2.38	7.63
绿地空间承载力	人均绿地面积(m^2)	3.3	10.1	0.33

注：文化承载力一栏“北京市指标值”指的是北京市每个区县平均拥有的文化保护区个数。宏观来看，北京市 18 个区县共 43 个历史文化保护区，平摊到每个区县即平均每个区县拥有 2.38 个历史文化保护区。西城区仅一个区县就拥有了 18 个历史文化保护区，是历史文化保护区的集中分布区，即文化承载高值区

数据来源：《北京市 2010 年国民经济和社会发展统计公报》①，西城区“十一五”时期经济发展主要数据汇编(西城区内部资料)

本研究初步评估了西城区的空间承载力的现状，我们发现：(1)西城区的经济承载力水平和人口承载力水平在全市属于领先水平，这符合其城市核心功能区的定位。(2)西城区的城市公共服务水平相对较高，吸引人口留居此区，某种程度上阻碍了居住区向其他功能区的转换。(3)较高水平的经济承载力和人口承载力，给西城区的基础设施、绿地空间带来了压力。

城市空间承载力则会遵从“短板理论”，即城市的空间承载力由经济、资源、环境、人口四个子系统中的最严格的约束条件来决定。西城区作为城市内部的一个区域，有些资源是对外开放的，例如水资源供给、污染物处理场地、飞机场用地等无需本区提供，土地是最为重要的短板。因此土地，以及延伸出来的建筑面积是约束西城区空间承载力的短板。根据指标数据的测算，西城区经济承载力水平在全市属于领先水平，历史文化保护区占了全市大半比重；但常住人口密度、就业人口密度较大，并造成的人均公共服务设施、绿地面积水平远低于全市平均水平。由此可以认为，西城区空间承载力的核心问题是城市公共服务、文化设施、绿地的用地与产业用地之间的矛盾。这个矛盾制约了西城区空间承载力的提高。为此，提高空间承载力的方式主要

① 北京市统计局、国家统计局北京调查总队：《北京市 2010 年暨“十一五”期间国民经济和社会发展统计公报》，http://www.bjstats.gov.cn/xwgb/tjgb/ndgb/201102/t20110221_196297.htm.

有两种：(1)增加西城区内公共服务设施数量以及绿地面积，在水平面积无法增加的情况下，增加公共设施的建筑面积和垂直绿化的面积；(2)适当控制西城区内的常住人口，从而降低西城区公共服务设施和绿地压力，从而实现西城区整体功能的提升。

西城区的功能定位是：国家政治中心所在地、国家金融中心所在地、北京古都传统文化和风貌的展示区、高端现代服务业集聚区。在这四项定位中，传统文化保护区的面积不能减少；国家政治职能用地面积不能减少；重点调整的就是高端商业服务业和金融业的面积，以及这两类用地与其他功能用地之间的关系。其他次要功能的用地的规划目标是促进西城区经济增长，促进社会和谐，提升环境品质，保护城市文化资本。在后面，我们将具体分析西城区次要功能用地与主要功能用地在空间上的匹配。

三、各功能区承载力优化分析

(一)金融空间承载力及功能匹配分析

金融业在西城区占重要地位，其空间布局特征是高度集中于金融街。随着未来北京高端金融业的发展，这种集中的趋势还会加剧。因此西城区金融街的经济规模和就业规模必然要扩大。根据产业集聚理论，金融业适当集聚必然能提高产业效率，因此适当扩大金融街的面积是符合高端金融业布局规律的。

西城区金融街的规划与发展体现了高端金融业高度集聚带来效益的规律。高端金融业高度集聚的内在机制是金融企业之间的交易信息即时共享、业务活动即时交叉、人际网络信任体系构建、区域品牌共享等方面要求彼此靠近。高端金融业的空间集中对金融企业发展带来如下好处：第一，金融企业共享外部环境，实现规模经济。第二，金融企业之间享受彼此的外溢信息，彼此学习典型知识。第三，金融企业之间的面对面交流促进知识和制度创新。第四，金融企业集中可以降低管理成本，例如通过建立行业联盟，促进与金融管理机构的协调。金融产业集群对金融业本身、对所在区域经济的发展有很大的促进作用。金融街本身是一个正在发展中的金融产业集群。这就要求金融街办公空间能够进一步拓展和整合。由于金融街扩展面积有限，需要通过其他有效途径进一步提高金融街空间承载力。针对这一问题，本研究提出两个解决思路：第一，以土地置换或产业置换，实现金融区的连片发展。第二，用空间上泛化的“金融区”概念，替代原来的“金融街”概念，从而带动广安产业园的发展。

本研究用案例类比分析的方法，分析了北京CBD、纽约曼哈顿地区、英国金融城、新加坡金融区内部办公空间的特征、分析了这些中央商务区办公空间与交通、绿地、商业三类空间匹配的特征。在此基础上提出西城区金融街内部办公空间与交通、绿地、商业三类空间的匹配思路。针对金融街内部功能匹配的问题，提出三条建议：第一，借助城市交通系统，配合金融街内部的微循环交通，降低上班族停车需求和路面交通压力。第二，通过发展多元绿化方式，提高金融街环境质量。第三，发展小规模、分散的餐饮服务业以满足区域就业人口基本需求，在金融街辐射区配套高端商务设施进一步优化商务环境，改善金融街的总体商务环境。

(二)西城区高端商业区与居住、交通空间的匹配

西城区高端商业区的承载力可以用其占地面积与居住区面积和交通用地面积的比来刻画。高端商业区面积与居住区面积的比值越大，表明本区居民享受的商业服务越好；高端商务区面积与交通用地面积的比值越大，表明交通的压力越大。如何确定这两个值是一个规划难题。但是规划的逻辑目标是清晰的。高端商业区面积与居住区面积的比值不是越大越好，在北京城市建成区不断扩大、城市常驻、暂住、流动人口都在增加的情况下，城市核心区的高端商业区的面积一定会扩大，但是不能达到周围的居民锐减，使得高端商业区夜晚成为“鬼城”，城市其他地区消费高端商务区的商品和服务的交通成本过高。高端商务区面积与交通用地面积的比值也不是越小越好，便利的交通可以将外围的消费者吸引到这里，但是交通用地挤压了商业楼的建设面积，则会使商业区总体规模受限制，反而不能吸引更多的消费者。

本研究依据克里斯塔勒(Walter Christaller)的中心地理论(Central Place Theory)，划分出西城区四个等级的商业中心，以及它们的空间覆盖范围。对比它们实际的覆盖范围，分析出西城区各级商业中心与常驻居民的匹配的情况。研究结论是：(1)作为一级商业中心的西单商业区，目前的商品和服务等级还需要提升，高端化是其发展的必然。高端化的目的是，在与全市其他高级商业中心的竞争中，保持其重要的市场份额。作为准一级商业中心的大栅栏商业区，其发展方向是逐渐向文化旅游消费区转型，依赖外地与本地旅游人口，发展文化体验商业区。(2)西城区的多个二级商业中心与其覆盖范围内的人口匹配较好，未来具有规模扩张潜力的二级商业中心位于广安门外等人口增幅较大的地区。(3)三级、四级(社区级)商业中心由于受到内城人口离心化和交通便利化的影响，将有不同程度的萎缩，部分内城的三级商业中心可以定位为柔性专业化的商业区。

本研究还分析了各级商业中心与交通的匹配问题。分析结论是：西城区多数交通拥堵路段与商业中心的分布没有直接关系，但是在一级和准一级商业中心的地段，要改善公共交通、优化路网、合理开发地下空间、配置停车场的规模和位置、构建综合交通体系改善目前的交通拥堵状况；针对什刹海休闲娱乐区的拥堵问题，建议在保护历史文化资源的前提下，在区域内部提倡步行和自行车方式，在地铁无法抵达的情况下，开辟出租车上下客人停靠区，以改善交通秩序。最后，本研究对西城区商业中心的发展提出建议：什刹海地区发展高端成熟的文化创意产业；西单商业区的商品定位以中高端商品为主，逐步剔除低端商品；“积水潭—宣武门”沿线的三级商业中心需要进行柔性专门化规划。

（三）西城区历史文化保护区功能匹配研究

提高历史文化保护区空间承载力的度量方法的思路比较独特，商业区、金融区的空间承载力是用单位土地面积的营业额、国内生产总值、税收等度量。但是由于城市内部许多历史文化保护区也是居住区、行政办公用地、公园，因此度量历史文化保护区的空间承载力的方法，不是衡量单位面积上的经济产出，因为居住区、行政办公用地和公园基本上是没有按年度计算的经济产出的（这里不考虑土地出让金）。因此本研究确定的衡量历史文化保护区承载力是否提高的方法是，度量历史文化保护区的价值提高幅度。历史文化价值被发掘得越深入，它们给所在居住区的房地产就带来更多的隐含价值，给所在的商业区带来更多的广告价值，给行政办公区带来更多的文化资本。因此凡可提高历史文化保护区价值的途径，就是增加历史文化保护区空间承载力的途径。

本研究首先根据研究需要，结合历史文化保护区的传统特征和现状条件，将西城区 18 片历史文化保护区分为四类，分别是以传统居住文化为主的保护区、以传统商业文化为主的保护区、以发挥首都职能为主的保护区和综合发展类型的保护区。其次，基于资源环境经济学中资源价值的评价原理，刻画了历史文化保护区的价值评价体系，分为三个方面：使用价值、社会价值和历史价值。再次，分析了西城区历史文化保护区居住区改造和商业区更新过程中历史文化区的价值的变化，并且指出在这个过程中历史文化保护区功能协调方面存在的问题。最后，提出了围绕不同类型历史文化保护区的性质，凸显其文化符号价值提升的措施，才能做到历史文化保护区与其他城市功能的空间匹配和协调。针对以居住文化为主的保护区，本研究的建议是深入发掘历史文化保护区的文化价值，以之强化社区认同，注重历史文物的使用价值和社会价值的双提升；针对与商业区重叠的历史文化保护区，要切实保护地上不可移动文物，以历史文化作为商业发展的正面形象，提高商业区的文化品质；针对以发挥首都职能为主的历史文化保护区，本研究的建议是通过LOGO凸显历史文化的韵味，通过媒体展现深藏围墙之内，不为百姓了解的文物真貌，从而彰显如今的首都行政职能与数百年的城市文脉息息相关。针对什刹海这样的混合了居住、商业、休闲、园林等用地的历史文化保护区，要正确引导文化创意产业的进入，通过这样的模式，保证民间资本投入到历史文化保护区中的那些政府文物保护资金尚不能覆盖的建筑保护中。在法源寺地区，要以宗教文化和会馆文化为基础，通过组织在法源寺广场的社区文化活动，恢复过去寺庙为民间公共活动空间的文化传统。

(四)西城区绿地承载力及与其他功能的匹配研究

本研究分析了西城区绿地建设现状、发展趋势和发展难点。在此基础上，根据民意调查、GIS缓冲区分析等方法对西城区绿地承载力进行了评估，综合分析了西城区绿地建设与居住区、办公区、商业区的功能匹配状况，提出西城区提高绿地空间的思路。西城区绿地建设现状为：(1)西城区居住区内绿地配置较好，公园绿地可进入性好，由于极度缺少新建或拓建公园的空间，大面积增加绿地有难度。(2)金融街办公区绿地建设与金融街发展需求不匹配，要增加绿色空间的配套建设。(3)西单商业街的绿地率3.88%，绿地与商业区匹配程度比较低。

根据对西城区绿地承载力与功能匹配的评估结果，结合《北京市绿地系统规划》以及《北京市西城区国民经济和社会发展第十二个五年规划纲要》要求，本研究提出西城区“十二五”期间提高绿地承载力，加强与居住区、办公区匹配度的主要思路是：(1)加大居住区绿地标准化、网络化建设；(2)推进商务区内绿地立体化、集约化建设；(3)按照城市有机体理念统一规划绿地建设。

(五)西城区教育承载力及与其他功能的匹配研究

与北京市其他城区相比，西城区的基础教育资源最为丰富，是本区重要的公共服务资源之一。本研究首先对西城区的基础教育资源分布进行空间分析，发现西城区基础教育资源南北不均，优质基础教育资源北多南少。其次，本研究通过对西城区各级各类学校空间承载力的研究，发现西城区学校占地面积普遍较小，建筑面积达标率北部高于南部。再次，研究比较了西城区居住人口密度、就业人口密度和教育资源的匹配程度，发现常住人口高的地区与在校学生分布密集地区偏离，部分人口密集的街道教育资源较少；就业人口分布密度高地区与在校学生分布密度高的地区重合；学生就学与金融街、高端商业区扩展存在矛盾。增加教育用地是提高教育资源空间承载力的主要方式，不过在西城区目前的功能分区和土地利用现状下很难实现。目前可以实施的措施有以下几种：一是考虑地块置换，譬如与金融商业用地有冲突的学校搬迁至西城区南部教育资源相对缺乏的地区，以此使教育资源的布局更为合理。二是在西城区南部教育资源相对缺乏的地区建立分校，并适当增加南部学校的建筑面积。三是借鉴美国的经验，考虑建立跨越街道辖区的学区，整合利用教学资源。

四、结论与建议

本研究首先将空间承载力的分析与城区功能定位结合起来，本研究分析了西城区在北京城市中的区位和功能，认为西城区承载力优化面临的主要矛盾是产业空间与公共服务设施匹配的矛盾，将提高承载力这一问题转化为实现空间功能的匹配的问题。其次，本研究运用了空间经济的理论(中心地理论、空间集聚理论)、空间分析方法解决城区各项功能对应的承载力优化的问题。从空间布局协调方面进行综合分析，对西城区空间承载力的优化提出了系统、具体而有针对性的解决方案。本研究的不足之处是，尚未对西城区用地调整的成本和效益，尤其是长期经济波动下的土地机会成本进行深入分析。

(作者：周尚意　北京师范大学教授
吴莉萍　北京合众思壮导航技术有限公司工程师)

历史学学科

项目名称：明清时期北京书院研究
项目编号：10AbLS050
项目负责人：赵连稳
项目信誉保证单位：北京联合大学

明清时期北京书院研究

内容提要：明清时期的北京书院达到了北京书院史上的顶峰，无论是书院数量，还是书院的教学活动、制度建设，都进入了成熟阶段。身处政治中心地区的北京书院，受到的政治力量的影响比其他地方都要大得多，表现在书院的创办和改制、经费来源、师生构成与图书来源等方面，均显示出政府力量的强大。明清时期的北京书院在培养人才、促进教育、传播理学等方面发挥了重要的作用。通过对明清时期北京书院的研究，发现书院的一些做法仍然对当今学校教育具有借鉴意义。

北京地区古代书院诞生于五代，最早的书院当属后周时期的窦氏书院①，经过元朝的发展，至明清时期，北京古代书院迎来了发展高潮，尤其是到了清代，北京书院更是达到了鼎盛时期。北京古代书院的历史、类型、特征、藏书、供祀和教学活动、管理制度以及地位和作用等问题，值得认真研究。

一、主要观点

北京地区的古代书院主要存在于明清两个朝代，尤其是存在于清朝时期。明清时期的政治现实和文教政策对北京书院兴衰产生重大影响。由于这一时期北京是国家的政治中心，所以明清时期北京书院的兴衰受政治因素的制约比任何地方都大，无论是从明朝的首善书院的兴衰，还是从清末书院改制过程来看，无不受到政治因素的强大制约和党争、政争的巨大影响，这一点比任何地方政治因素对书院的制约作用都要大得多。因此，北京的各级官员对书院教育的态度受到朝廷政策的影响甚大，当朝廷重视书院教育的时候，他们就会闻风而动，反之亦然。清朝时期，朝廷支持书院教育的发展，于是北京地区的官员们不仅积极倡导创办书院，而且率先垂范，捐资助学，和其他地方的书院相比较，北京地区的古代书院经费来源中官府拨付和官员捐献的

① 赵连稳：《窦禹钧及其书院考辨》，《北京社会科学》，2013年第2期。

比例较大，上至皇帝、直隶总督，下到各县的知县、教谕，都对北京书院的发展从经费上予以大力支持。

作为全国政治和文化中心，北京的书院院长、教师和生徒也来自全国四面八方。明清时期的北京汇集了全国有名的学者，使得书院主办方或官员在选拔书院院长时，标准更高，视野更宽，北京书院也因此出现了一批闻名遐迩的院长；而且会试和殿试都在北京举行，那些遥居外地的落榜举人，往往选择在北京的书院，主要是金台书院复读，以备再考，因此，北京的书院往往有一些非顺天府的学子。

明清时期书院教学的基本内容没有太多变化。由于理学盛行，书院主要讲授已经理学化的儒家经典。明朝中后期北京书院的大发展主要是王学传播的结果。王学倡导思想自由，采取讲会的形式授课。清朝时期，由于统治者的大力提倡，程朱理学大行其道，加上书院教育的科举化，北京书院讲学内容主要固定在“四书”“五经”及其注疏上，外加“二十四史”。

北京书院的藏书在培养人才、传播理学和保存文化典籍等方面发挥了重要作用。明清时期北京书院藏书的来源大致有购置、赐书和出版几个途径，其中购置是主要渠道。为使藏书更好地服务于书院师生，北京书院大都有一套比较严格的藏书管理制度。

北京书院促进了文化教育的发展，扩大了教育的覆盖面，带动了北京周边地区书院的发展。由于理学的研究和讲授是书院教育教学的基本内容，所以书院又是理学传播和发展的重要阵地。

明清时期北京书院有着自己的特征：一是书院兴衰受政治环境的影响大；二是书院经费来源中，官府拨付和官员捐献所占比例大；三是书院师生来自全国各地，在文化传播方面有着特殊意义。

二、主要内容

(一)明清时期北京书院的历史演变

明朝前期，官学发达，书院沉寂。明中后期以降，随着官学的衰落，特别是王学兴起，和全国一样，北京地区的书院也迎来了快速发展时期。明朝北京的书院有通惠书院、杨行中书院、白檀书院、闻道书院、双鹤书院、后卫书院、叠翠书院和首善书院共 8 所，其中 4 所在通州。明朝末年创办的首善书院，是由在朝廷做官的东林党人发起、创办的，其建设费用全部来自十三道御史的捐资，史载：“书院在大时雍坊十四铺，贸易自民间，赀一百八十两，皆五厅十三道所输。经纪其事者，司务吕君克孝、御史周宗建。以天启二年月日开讲。”[①]

---

① (明)叶向高:《首善书院记》,(清)李鸿章、(清)黄子寿:《畿辅通志》卷一一四，光绪十年刻本。

王学的传播，使北京书院有了较大发展；党政又使北京书院受到重大打击，特别是明朝末年，中原有农民起义，东北地区有女真族首领努尔哈赤的侵扰，可谓内忧外患。天启初年，在万历朝党争中失利的东林党人陆续回到朝廷执掌政权，一时间，朝政欣欣向荣。东林党人认为重塑封建伦理纲常，培养为朝廷、为国家效力的人才，是当前首要的“政治”，只有如此，才能挽救国家危亡。史载：“天启二年，邹南皋、冯少墟两先生起废至京，正值兵火震撼，人心披靡。两先生忧之，谓亲君死长之义，非以道学提撕之不可。”[①]因此他们在北京创办的首善书院，其讲学内容并没有抨击时政，而是向人们灌输封建伦理道德。所谓“不谈朝政，不谈私事，不谈仙佛，千言万语，总之，不出父子有亲、君臣有义、夫妇有别、长幼有序、朋友有信五句及高皇帝圣谕孝顺父母、尊敬长上、和睦乡里、教训子孙、各安生理、毋作非为六言”[②]。它被封杀是因为不久以后再次兴起的党争，而并非书院本身讲学的原因。魏忠贤等人为了控制朝政打压东林党人，便无中生有，造谣说东林党人利用首善书院攻击朝政，因此所谓首善书院抨击朝政不过是魏忠贤打击东林党的借口罢了。以往一些学者在谈及首善书院被禁毁的原因时认为是书院抨击朝政，引起阉党的嫉恨所致，这种观点是站不住脚的。

清朝对书院采取了积极扶持的态度，天子脚下的北京书院得到较快发展，这一时期是北京书院的鼎盛时期，主要书院有：金台书院、云峰书院、燕平书院、卓秀书院、潞河书院、蒙泉书院、近光书院、温阳书院、白檀书院、冠山书院和缙山书院。由此可见，朝廷的书院政策对书院的影响之大。

由于清代政府对书院采取大力支持的态度，地方官员往往成为书院创建的发起者、组织者，大都带头捐俸捐廉，并且劝捐，为书院筹集资金。例如光绪五年(1879)金台书院大修时，顺天府府尹周家楣广泛发动，大小官员纷纷捐献，竟然筹措到 14 631 两银子。位于通州的潞河书院的多次修缮，都是当地官员自捐清俸，再约诸君各捐清俸，鸠集工匠，悉加修葺。又如道光十三年(1833)十二月至十四年(1834)二月，密云县令李宣范发动当地绅士捐廉几千两白银，对白檀书院进行了重建。

关于北京书院改制为学堂的问题，研究发现，在北京书院改制的整个过程中，清末政局对书院改制的影响颇大。传统书院的学习内容、考课内容和服从于科举考试的教育模式，已经不能适应社会变化的需要了。书院改制成为大势所趋。戊戌变法和清末新政使书院改制的过程一波三折。光绪二十一年(1895)闰五月，顺天府府尹胡燏棻《条陈变法自强疏》中就建议首先把省会

---

① (清)孙承泽：《书院考跋》，(清)李卫：《畿辅通志》卷一一二，上海古籍出版社影印文渊阁《四库全书》本。

② (明)冯从吾：《都门移·语录》自序，《冯恭定全书续集》卷二，康熙刻本。

书院改制为学堂，数年以后，加以推广，再将府州县的书院改成学堂。[①] 1898年6月11日，光绪皇帝颁布《明定国是诏》，宣布变法，到9月21日慈禧太后发动政变为止，变法历时103天，史称“百日维新”。而在光绪帝正式宣布变法前，北京已经有变法的大潮在涌动。五月二十二日，光绪帝发布上谕，要求各地两个月内把书院全部改制为学堂，金台书院是光绪二十四年(1898)八月改制为学堂的，虽然没有在皇帝规定的时间内完成改制，但和其他地区相比较，还是在变法期间比较早地完成了改制。然而，由于光绪帝的政令出不去北京城，故而北京郊区的书院并没有进行改制，北京郊区的书院都是在清政府“新政”后进行改制的，原因是慈禧太后此前对书院改制没有表态支持，各级官员在等待观望，加上变法很快失败，使书院改制戛然而止。光绪二十七年(1901)，慈禧太后牢牢控制了朝政，推行“新政”，又下令书院改制，光绪三十一年(1905)，朝廷废除科举，官员们看到慈禧太后支持书院改制，特别是朝廷宣布废除科举制度，表明了中央政府改制的决心，北京的书院改制才迅速推开，几年内所有书院便都改制成了学堂。

(二)明清时期北京书院的三大功能

教学、藏书及祭祀是中国古代书院的三大功能，也是古代书院的主要活动内容。这里，着重从教学、藏书及祭祀等方面探讨一下明清时期北京书院的活动。

明朝和清朝时期，尽管时代不同，书院的教学内容也有些许差异，但是，基本内容没有变化，由于这一阶段，理学盛行，所以，老师讲授的都是已经理学化了的儒家经典，这是和宋朝理学产生以前所不同的。至于明朝和清朝又有区隔，明朝中后期书院的大发展是王学传播的结果，王学反对程朱理学，倡导思想自由，反对程朱理学的僵化，故明朝书院讲学内容虽然是儒家经典，但比较自由发挥，以采取讲会的形式授课，如叠翠书院、通惠书院、双鹤书院和首善书院等。在这类书院中有重大影响的是首善书院。首善书院的听众既有缙绅，又有一般民众，王阳明心学认为，理学可以向凡夫俗子灌输，任何人只要接受了理学，都能够成为圣人。这类书院不以科举为目的。另外一类是考课型的书院，如白檀书院。明人黄辉《白檀书院记》记载：“于是拔士之隽者，讲诵游息其中，身自课之。其后为社学斋房，以训童子。”[②]知县康丕扬选拔有识之士讲学白檀书院，并且亲身对生徒进行考课。

清朝时期，由于统治者的大力提倡，程朱理学大行其道，加上书院教育

---

① (清)胡燏棻：《条陈变法自强疏》，朱有瓛：《中国近代学制史料》第一辑下册，上海：华东师范大学出版社，1983年版，第473—485页。

② (清)黄辉：《白檀书院记》，(清)周家楣、(清)缪荃孙：《顺天府志》卷六十二《书院》，北京：北京古籍出版社，1987年版，第2198页。

的科举化，书院讲学内容主要固定在“四书”“五经”及其注疏上，外加“二十四史”。总之，经史是书院教学的主要内容。

金台书院生徒主要学习和习作八股文，临摹法帖，时而讲授经书义理。延庆的冠山书院诸生年龄在15—20岁之间，属于全日制学校。课程有《三字经》《千字文》“四书”“五经”《性理字训》《童蒙须知》。既有童生的课程，又有生员、举人的课程。近光书院授课内容也是“四书”“五经”“二十四史”等。最终目的全是奔着科举而去。

北京的书院讲学十分重视德育教育。路德平《平谷县创建渔阳书院记》记载：

书院者，所以化未成之鄙夫，驱之于仁贤英俊之路者也，不惟此也，凡竟内之人不读书、不入书院者，亦将以教士子者，波及之周南之野人游女，岂尝释菜鼓箧于学校中哉。濡染使之然也，曩与尹论及此，尹与余有同心，余因以是知之，然则教之之法，当如何，余知之矣。先德行，后文艺，课诵读，勤讲贯，谨礼仪，杜骄慢，省勤惰，察静躁，厘真伪，辨廉贪。[①]

书院不仅能够使人品鄙陋、见识浅薄的人走上仁贤英俊之路，而且对那些不能进入书院学习的贫苦人家的子弟，也能够起到耳濡目染的作用。近光书院(即渔阳书院)把培养生徒的德行、礼仪、勤奋和识别真伪、贪廉的能力作为首要任务。

明清时期北京书院藏书，来源大致上有购置、赐书、出版和征集几个途径，其中购置是其主要渠道，大都是经史子集方面的图书。根据雷致亨的《燕平书院章程》记载，昌平的燕平书院“买置书籍器具，除造册报销外，另缮清册一本，盖用州印……”[②]说明该书院自购了相当多的图书，以至于要登记造册。清末的房山云峰书院还购买了部分近代科学方面的书籍；另外，金台书院利用自身的特殊优势，通过皇帝下诏向南方诸省征集了部分图书。[③] 北京古代书院藏书在培养人才、传播理学和保存文化典籍方面发挥了重要作用。

书院供祀的目的是唤起诸生对先圣、先贤的敬仰之情，是对诸生进行传统美德教育的重要形式，在生徒心中树立起典范人物形象，知礼仪、明廉耻。北京古代书院几乎都设有祀祠、祀像和牌位，供祀先圣、先贤和先师，或供祀理学大师，如房山的文靖书院供祀刘因；或供祀先圣、先哲，如通州的通惠书院和首善书院，首善书院后院三间供奉先圣的牌位，此处即为“愿学祠”，

---

① (清)周家楣、(清)缪荃孙：《顺天府志》卷六十二《书院》，北京：北京古籍出版社，1987年版，第2204页。

② (清)雷致亨：《燕平书院章程》，(清)吴履福、(清)缪荃孙、(清)刘治平：《昌平州志》卷十二《学校》，光绪十二年刻本。

③ (清)周家楣、(清)缪荃孙：《顺天府志》卷六十二《书院》，北京：北京古籍出版社，1987年版，第2190页。

奉祀孔子，祠名愿学，取自孔子“所愿则学”之意；或供祀乡里名宦，如昌平的谏议书院供祀的就是昌平人、谏议大夫刘蕡；或供祀书院创办人，如密云的白檀书院建造祠堂，祭祀书院创办人李宣范；或供祀文昌帝君、文曲星和魁星，如通州的潞河书院；金台书院的供祀对象则为孔子，等等。

(三)明清时期北京书院的管理制度

北京书院在师资、生徒、藏书和经费等方面，都有一套比较严格的管理制度，以保证书院的正常运转。

院长是书院的学术带头人、主讲者兼行政首脑。明清书院山长，官府礼聘者有之，地方公众延聘者亦有之。书院名声越大，对山长的品学要求就越高。金台书院，“顺天府主其事，每延京朝官有文望者为山长。”①乾隆十九年(1754)，陈兆仑任顺天府府尹，他先后延聘了顾镇(号虞东)、姚汝金(号砺圃)做金台书院的山长，被称为“得人最盛”。

许多书院还要求山长具备进士出身的资格，有的书院对山长的出生地也有规定，如冠山书院院长的任职资格，“必须外州县及外省甲榜乙榜出身，品学优长者。”②燕平书院院长则可以聘请附近的品学兼优、科甲出身的绅士者担任。雷致亨《燕平书院章程》曰：“院长由州延请附近文行兼优，科甲出身之绅士，务期馆政克勤，士心翕服。其有他处推荐者，概不得延入主讲，致开冒滥之端。”③

清代加强了对书院院长的管理，对于所聘院长，由学臣管理，各地要将院长姓名、籍贯、更换到馆日期，造册详报抚藩衙门查核，以杜徇情延请之弊。④

北京的书院生徒既有举人、贡生，也有童生，招生范围一般是本州、本县的童生、生员和举人等，金台书院除招收顺天府的童生外，全国各地的举人、贡生、生员和监生也在此学习，“凡京师以及各直省举贡生监肄业于是，设有学长、学副、上舍等额，顺属童生，亦并收课。”⑤

对生徒的管理一是对教学秩序的规范。如燕平书院规定任何人不许在书院居住，否则，罚钱后仍令其迁出，更不准作为各种差役的公馆。冠山书院要求生徒安分学习，不准参与外界的事情，有事外出，必须请假。二是通过考课来管理。书院每年年初举行录取生徒的考试，根据成绩优劣，把生徒分

---

① (清)胡理：《书农府君年谱》，道光刻本。

② (清)屠秉懿、(清)胡振书、(清)张惇德：《延庆州志》卷五《学校・书院》，引《冠山书院章程》，光绪六年刻本。

③ (清)雷致亨：《燕平书院章程》，(清)吴履福、(清)缪荃孙、(清)刘治平：《昌平州志》卷十二《学校》，光绪十二年刻本。

④ 清官修：《清高宗实录》卷976，乾隆四十年二月癸巳。中华书局1987年彩印本。

⑤ (清)周家楣、(清)缪荃孙：《顺天府志》卷六十二《书院》，第2189页。

成正课、副课和外课等级别，此为“甄别”。金台书院是“每季甄别”，燕平书院是“每岁甄别”。正课是成绩最好的生童；副课是成绩属于第二等的生童；外课指成绩属于第三等的生童。平时的考课，每月均有官课和斋课，只是次数有所不同。冠山书院每月初三官课一次，十三、二十三是斋课日。无论官课、斋课，都要闭门进行，不准领取考卷后到书院外答题。燕平书院则是每月课试两次，初三是官课，十八日是斋课。官课由州、道按月轮流主持，斋课由院长主持。按照考试内容，北京书院的考课分为正课、经文、策问、诗、赋、史等。书院的考课根据其成绩分为超等、特等、一等；童生则分优取、上取、次取。名单在书院张榜公布。

藏书目的不仅是为了保藏，更是为了方便生徒使用，为了使藏书更好地服务于书院的师生，北京古代书院都有一套比较严格的藏书管理制度，如燕平书院对图书的购置、储藏和借阅都有严格规定。书院藏书楼将书籍造册盖上州印，交给董事负责管理，任何人不得将书籍借出。斋夫和看役等负责日常管理，每日要开窗通风，打扫卫生；每月还给书橱通风数次；每年夏季最炎热的时候，都要将书籍暴晒一次。如果发现图书残缺，不随时修理，甚或听其散失，一旦查出，令董事赔偿。如果有人私自把书携出，董事查出禀告知州，除追回外，官绅士人照书籍原价罚钱，杂役人员，立予责惩，仍追回原物。而如果董事、斋夫私借与人，则分别加倍罚责。①

经费对书院的存亡关系至大，关于明代北京书院经费的管理问题，目前研究缺乏资料。清代北京书院经费的管理权，从总体上讲，清中期以前，经历了一个由民管到官管的过程，清朝中后期则出现由官管移交至民管的转化。由官方拨付给书院的经费，都由官府直接经管。如金台书院、燕平书院。昌平知州雷致亨的《燕平书院章程》规定，凡皇帝赏赐的官地租息，由昌平“州经管，每年将收支及实存钱数开列清单，张贴书院，仍于年终造册呈道署备查。如不足用，道、州捐廉垫办；如有盈余，归下年支销。”②由民间捐输给书院的那部分经费，平时让书院董事会管理，年终由政府监督。如云峰书院、冠山书院和缙山书院，等等。房山知县黎德符和诸绅士商议，把云峰书院经费交与“本邑公正绅士，公同管理”。“士绅义捐地亩，系专为士人膏火之资，勿得指名挪用。”“书院房屋地亩租，倘有侵亏损坏，惟经理人是问。”③

（四）明清时期北京书院的历史地位

明清时期的北京书院，在培养人才、促进教育、传播理学等方面发挥了

---

① （清）雷致亨：《燕平书院章程》，《昌平州志》卷十二《学校》，光绪十二年刻本。

② （清）雷致亨：《燕平书院章程》，（清）吴履福、（清）缪荃孙、（清）刘治平：《昌平州志》卷十二《学校》，光绪十二年刻本。

③ （清）黎德符：《云峰书院条例序》，廖飞鹏、高书官：《房山县志》卷八《艺文》，民国十七年铅印本。

重要的作用。

北京的书院对于人才的培育做出了很大贡献。首善书院培养了许多讲求气节的士大夫。清朝时期，北京的书院生徒数量创历史新高，特别是金台书院成为京外各省士子为参加科举考试进行准备的主要场所，在历届会试中，该院生徒均有数十人中进士，众多士子由这里荣登龙门，或者成为官吏，或者成为学者。有时会试中进士的多达百人。书院促进了文化教育的发展，书院和其他教育机构一起构成古代北京地区的教育系统，吸纳了众多肄业士子，有的规模还大于府学、县学，扩大了受教育的覆盖面，进而带动了北京周边地区书院的发展。由于理学的研究和讲授是书院教育教学的基本内容，故书院又是理学传播和发展的重要阵地。

三、几点结论

通过对明清时期北京书院的研究，我们得出对当今学校教育仍然具有借鉴意义的几点结论。

第一，德育是学校教育的灵魂。北京地区的书院始终把德育放在首位，希望能够为国家和社会培养出道德楷模、谦谦君子，其讲学内容主要向学生传授封建伦理道德，培养学生的“恻隐之心”、“羞恶之心”、“是非之心”、“辞让之心”。这和官学以培养官吏为直接目的不同。另外，在考课题目、书院章程、条规、课规、学训、祭祀等活动中，甚至书院的对联、匾额中都贯穿着品德的“教化”。

第二，政府和官员的重视、支持是学校教育发展的重要保证。从北京书院发展历程中，我们清楚地看到，政府支持书院的发展，各级官员就会闻风而动，采取各种具体的措施来发展书院教育，或捐资，或倡建，或拨款拨地，或物色山长，甚至亲自到书院讲学。反之，他们就会设置重重障碍，阻止、破坏书院的发展。北京书院在明朝中后期和清朝乾隆时期以后的几次发展的高潮，无不和政府对书院的支持密切相关。

第三，教学方法得当对提高教育质量至关重要。书院教学的特点是以自学为主，优游读书，实行启发式教学方式；师生之间提倡争鸣，盛行自由民主的讲会；教学与学术研究相结合；尊师爱生，师生关系水乳交融，而这些都是当代学校教育所缺失的。

第四，精简高效的管理是提高办学效益的内在要求。古代书院管理大都精简高效，院长和师生共同管理学校，书院仅有少量的管理部门，配备少量的管理人员。

参考文献

[1](清)李卫：《畿辅通志》，上海：上海古籍出版社影印文渊阁《四库全书》本。

[2](清)张廷玉:《明史》,北京:中华书局,1974 年。
[3](清)沈德符:《万历野获编》,北京:中华书局,1959 年。
[4](明)张居正:《张太岳集》,上海:上海古籍出版社,1984 年。
[5](明)沈应文、(明)张元芳:《顺天府志》,北京:明万历刻本。
[6](清)黄成章:《通州新志》,北京:雍正二年刻本。
[7] 臧理臣:《密云县志》,北京:京华印书局,民国三年本。
[8](明)刘侗、(明)于奕正:《帝京景物略》,北京:北京古籍出版社,1983 年。
[9](清)周家楣、(清)缪荃孙:《顺天府志》,北京:北京古籍出版社,1987 年。
[10]周志中、吕植:《良乡县志》,北京:民国十三年刻本。

(作者:赵连稳 《北京联合大学学报》编辑部副主编、编审)

语言·文学·艺术学科

项目名称：北京话与普通话语音差异的调查研究
项目编号：10BdWY069
项目负责人：江海燕
项目信誉保证单位：首都师范大学

北京话与普通话语音差异的调查研究

内容提要： 普通话的语音规范标准立足于北京话语音规范标准，但这只是建立在音系层面上的。该项目对存在较大差异的异读词项逐一梳理了其古音来源，通过查阅《汉语大字典》里所记载的《说文》《广韵》《集韵》等古韵书、词典，基本理清这些异读的发展演变情况，通过与《国语辞典》所记录的民国时期的北京语音情况对比，来看近期异读的演变；将《普通话异读词审音表》与《现代汉语词典》《现代汉语规范词典》《新华字典》等有代表性的词典对异读词的处理对比，探讨今异读读音规范处理情况的优劣；此外，我们选取受教育水平相对较低的普通人，进行有关异读情况的调查，得出了一定的调查数据，希望能对普通话推广后若干年的收效及存在的问题有一个相对精细的反映。

一、研究的缘起

语言文字是交际工具和信息载体，在信息化程度越来越高的当今社会，加强语言规范化研究是适应现代社会发展的需要。社会发展跟语言文字规范工作密不可分，因为人须臾离不开语言交流，比如政策和法令的颁布和施行、社会交往、经济社会的繁荣、科技的发展进步、文化教育的提高、信息化技术的日新月异，等等都离不开规范的、全国通用的民族共同语。

近些年来，汉民族共同语，各方言区赖以交流的工具——普通话已经得到大力推广，普通话以北京语音为标准音，以北方话为基础方言。北京话的地位非其他方言可比，甚至很多人认为，普通话就是北京话，其实不然。普通话以北京语音为标准音，毋庸置疑，北京口语读音对普通话语音标准有着重要的参照作用和检验作用，但真正的老北京话有很多土语土音成分，而且北京话是一种活的口语，是在不断发展变化着的，有些曾经的“规范读音”由于脱离口语实际，已经很难被广大群众所接受了。比如《普通话异读词审音表》(以下简称《审音表》)自 1985 年颁布以来没有随着语音发展变化而修订，造成“人造标准”与实际读音的脱节，比如“悄(qiǎo)默声儿的”“被煤气熏(xùn)着了”，今天很少有人这样读了，但在教学中仍然强调这是正确读音，高考语文试卷的字音题也是照此为标准来考查的。很多学生为了应试的需要死记硬背，这就造成了学的是一套，用的却是另外一套，这种情况无疑增加了语言使用的混乱。所以普通话语音教学非常需要制订出切实可行的语音规范，同时普通话测试也非常需要有一套切实可行的参照标准。

与此同时，有些普遍误读也说明了一些潜在问题。究其原因，一些媒体也存在误读现象，以讹传讹，导致大众的普遍误读。如“冠心病”的“冠”被误读为“guàn”，“应届”的“应”被误读为“yìng”等。应重点规范各类媒体对这些词语的读音，进而影响大众，从而使大众的读音趋于规范。又比如北京话的轻声和儿化，哪些词该读轻声、哪些词该读儿化音，普通老百姓、电台的播音主持和词典都不能统一。近些年大量外来词涌入汉语，包括大批字母词，这些词该怎么读，也有不同意见。类似这样的例子还有很多，这无形中给语音教学带来了很多不确定的因素，在对外汉语教学不断发展的今天，在语言规范化工作占社会生活比重越来越大的当今社会，这些问题越来越突出地显现出来，成为亟待解决的问题。

关于北京话的研究，有很多集中在北京话的词汇和语法部分。关于北京语音的研究，老一辈语言学家，比如张洵如(《北平音系十三辙》，1937)、徐世荣(《试论北京话的“声调音位”》，1957)等都有一定的研究。胡明扬先生等做的一系列北京话研究也颇多创见(《北京话研究》，1992)。20世纪八九十年代北京大学、北京语言文化大学也曾经对北京话做过一定的调查和分析研究。另有《北京话音档》概括记录了北京话的口语语音。此外李荣先生于1990年发表过《普通话与方言》，周祖谟(《普通话的正音问题》，1956)、高名凯(《语音规范化和汉字正音问题》，1956)、周定一(《对〈审音表〉的体会》，1965)等老一辈语言学家都曾经关注过这个领域的很多问题。曹先擢先生在语音规范化领域的研究既有广度又有深度，提出了很多有见地的观点，比如他于2002年发表的《普通话异读词审音》就是一篇代表性文章。但这些研究一是多以局部问题为研究对象，很多具体的读音规范问题并没有涉及，二是随着近些年社会的快速发展，过去的一些调查研究已经远远不能适应当代语言生活的变化进程。正如曹先擢先生所说“问题是这项研究做得很不够。在20世纪60年代初曾有少量审音问题的文章发表，而以后的几十年几乎没有研究文章发表，尽管在80年代《审音表》正式公布，但未引发和推动审音问题研究的开展。这并不等于说没有可研究的问题，恰恰相反，可研究的问题很多……”①

《普通话异读词审音表》颁布实施于1985年，于今已近三十年，而这二十

① 曹先擢：《普通话异读词审音》，《中国语文》，2002年第1期。

多年来我们国家社会生活各个方面都发生了很大的变化。《审音表》的作用是确立普通话语音规范的标准，曾经为我们语言生活中的读音规范工作做出了很大的贡献，今天我们循着规范的轨迹去查看当年《审音表》出台时的一些读音规范标准，从今天的一些规范情况去反观当时的规范制订，应当说确实取得了很好的规范效果，比如我们在社会生活中曾经“波(bō)浪”“波(pō)浪”并存，“教室(shì)”“教室(shǐ)”共用，但现在的社会生活中已经很少听到那些被去除的异读读音了，类似的成功规范的例子还有很多，因此我们既要看到《审音表》在当今社会所面临的问题，也要对其曾经取得的规范作用给以客观的评价。

但是，由于我国语言生活随社会生活发生巨变，在20世纪60年代发表的《普通话异读词审音表(初稿)》和《普通话异读词三次审音总表(初稿)》进行修订的基础上，出台于20世纪80年代的《普通话异读词审音表》的读音规范已经难以满足今天语言生活的需要。

一些读音标准需要重新审定，《普通话异读词审音表》需要重新修订。而国家语委也在2010年开始实施“普通话普及情况调查”，这说明，普通话的审音工作已经纳入国家语委在新时期的工作计划，已经开始为普通话更好地普及和使用做准备。2011年《语言文字应用》杂志上发表了介绍“普通话普及情况调查分析”的系列文章，介绍了“播音界”“辞书界”“教育系统”等不同领域对审音工作的呼声都很强烈〔参见《普通话普及情况调查分析》《普通话审音工作分领域(播音界)意见调查分析》《普通话审音工作分领域(辞书界)意见调查分析》《普通话审音工作分领域(教育系统)意见调查分析》等〕。

普通话的语音规范标准立足于北京话语音规范标准，但这只是建立在音系层面上的一个方向性规范，并不是把北京话里所有的具体读音照单全收。在异读的问题上，普通话与北京话的语音差异这个领域还有很多没弄清楚的问题。2012年，第六版《现代汉语词典》出台，这是语言规范化工作的重要事情，但《审音表》的存在依然是从规范角度讲的唯一标准，词典编纂与《审音表》的订音取舍差异更加重了语音规范问题的迫切性。而且，一个国家的语言文字规范工作绝不是一两本字典就能解决问题的。

二、研究概况

在这种大的背景之下，我们申请到北京市哲学社会科学“十一五”规划青年项目“北京话与普通话语音差异的调查研究”。在该项目的支持下开展了普通话与北京话异读情况的调查。用调查数据说明语音使用的真实状况，从而使语音规范有据可依。此外，我们也梳理了现代汉语异读词的读音演变过程，从中古时期的读音开始，一直到近代词典中所反映出的读音现象逐一比对，查考每一组异读现象的“前世今生”。

我们的调查报告对217个字、342个被调查词项逐一梳理了其古音来源，通过查阅《汉语大字典》里所记载的《说文》《广韵》《集韵》等古韵书、词典，基本理清这些异读的发展演变情况是否符合语音演变规律；通过与《国语辞典》所记录的民国时期的北京语音情况对比，来看近代异读的演变；将《普通话异读词审音表》与《现代汉语词典》《现代汉语规范词典》《新华字典》等有代表性的词典对异读词的处理对比，探讨今异读读音规范处理情况的优劣；从音理上对可能造成异读的原因及消除异读的办法进行分析。

通过对这些异读语音的研究，我们对一些涉及审音理论问题的系列异读做了个案分析，其中，以"石"字的异读情况、"薄"字的异读情况及"粳"字的异读情况为例进行了专门研究，从而对古今读音问题、文白异读问题、方言异读对普通话的影响等涉及审音理论的问题着重论述。所写论文《从"石"字谈古今读音》《说"薄"》均已发表，《是"粳 jīng 米"还是"粳 gěng 米"》待发表。儿化是北京话和普通话里都有的重要音变现象，《从"小偷儿"说开去》论述了儿化词的发展情况，待发表。有关"石"字、"薄"字、"粳"字的异读问题在调查报告的"异读词个案分析"里都有体现。

为了对当下普通话老百姓对异读词读音使用情况有一个比较客观的了解，我们选取来自北京及其他地区受教育水平相对较低的普通人，进行有关异读的调查，希望能对普通话推广后若干年的收效有一个相对精细的反映，并对一些仍然存在较大差异的读音进行调查和分析，希望能够由此得到一些有关新时期语音规范的线索。

三、异读调查概况

此次调查我们以所选择的217个字、342个词作为被调查项，是在《普通话异读词审音表》的基础上选出的。

被调查人包括：外地工作人员(106位)和北京本地工作人员(89位)[①]，北京大学生(133位)，外地学生(包括中学生、大学生101位)。通过初步比较，外地人异读情况更严重，北京本地读音确定性较强：

外地工作人员有明确读音倾向的(90%以上)有72个词。

北京本地工作人员有明确读音倾向的(90%以上)有95个词。

外地工作人员毫无读音倾向，读音完全混淆(即两读音选择比例在40%～50%)的有48人。

北京本地工作人员毫无读音倾向，读音完全混淆(即两读音选择比例在40%～50%)的有29人。

① 这里所列的"工作人员"，无论是北京本地还是外地的都是与"学生"相区别的，文化程度均在大专以下，也可以说是"非学生"，本文均以"工作人员"作为其类别名。

两地读音有明确读音倾向的统一在以下 60 个词：阿胶、碉堡、手臂、黄骠马、屏风、宝藏、颤动、杯水车薪、横冲直撞、遗臭万年、畜生、蓄养、创造、绰绰有余、伺候、报答、答应、钢铁大王、颠倒、翻箱倒柜、的确、打的、理发、结发妻子、服毒、站岗、估计、坐过了站、喝令、拉饥荒、纪律、雪茄、间谍、独角戏、不仅、卡车、发卡、脑壳、地壳、溃烂、烙印、劳累、连累、淋巴、落枕、蔓延、婀娜、荨麻疹、悄悄的、活塞、半身不遂、收缩、纤维、晕倒、记载、惭愧、粗糙、从容、澎湃、侵权。

当地、当年、豁亮、按摩、尿尿、弄堂、煤气熏着了、摇曳、嫉妒、咆哮、驯服、亚洲 12 个词是北京人没有明确倾向性(虽然有倾向性但数据达不到 90%)，而外地人反而有明确倾向性(即 90%以上)。①

以下 35 个词是北京人有明确倾向性而外地人没有明确倾向性的：挨个儿、稀薄、屏住呼吸、剥削、停泊、胳膊、差不离、参差、车马炮、澄清问题、说话很冲、一打十二个、大夫、颠三倒四、口供、骨朵、冠心病、蛤蟆、哈达、随声附和、咀嚼、总结、卡片、勒住马缰绳、蒸馏水、络腮胡子、风靡全球、萎靡不振、模型、好似、调皮、应邀出席、作坊、诸葛、危险。

完全混淆的集中在以下 11 个词：万箭攒心、山岗子、一会儿、茶几、饭夹生、秘鲁、模样、搭载、高涨、潜入、弦乐(我们的统计只集中在 40%～50%，在这个范围附近的都没有统计进来，这可能是造成两地一致混同的词很少，只有 11 个的原因，倾向性明确的好统计，但混同的就比较模糊，如果界限放宽，结果不会这么少。)

北京人完全混淆而外地人有一定倾向性的 18 个：过磅称、冷得打战、场院、处决、倒粪、五更、骨头、骨碌、寒号鸟、矩形、溃脓、模具、抛弃、晕车、档案、卑劣、解剖、自作自受。

外地人完全混淆而北京人有一定倾向性的 37 个：挨打、尖嘴薄舌、薄田、薄地、复辟、矿藏、把水澄清了、创伤、这包是革的、掺和、混合、夹竹桃、结果子、结婚、龟裂、炮烙、镏金、笼统、露天电影、捋袖子、绿林好汉、影片、唱片、相片、两栖、草苫子、苫布、似的、星宿、削减、载歌载舞、轧钢、惩罚、咄咄、脊梁、穴位、召开。

在所有的被调查词中，有下列词在生活中很少被用到，被调查人不解其意，也难以确定读什么：脾气很拗、场院、冲床、倒粪、掇了一条板凳、估衣、巷道、虹吸式、可可儿的、碌碡、排子车、迫击炮、草苫子、瓦刀、芫荽、轧钢、压轴子、大轴子戏。

---

① 北京人既包括北京学生也包括北京工作人员，外地人既包括外地学生也包括外地工作人员，下同。

这些词在《现代汉语词典》(第六版)中的读音及意义如下[①]：

脾气很拗(niù)：固执；不随和；不驯顺。另音 ǎo：〈方〉使弯曲；使断；折。

拗(ào)：不顺，不顺从：拗口，违拗。

场院(cháng)：有墙或篱笆环绕的平坦的空地，多用来打谷物和晒粮食。(这种现象对于没有农村生活经历的人来讲可能不清楚。)

冲床(chòng)：金属冲压机床，主要用来使金属板成型或在金属板上冲孔。(工业生产用语，离日常生活较远。)

倒粪(dào)：把粪弄碎。(《普通话异读词审音表》解释，《现代汉语词典》没收该词。)

掇(duō)：〈方〉用双手拿；搬(椅子、凳子等)。属江淮方言。

估衣(gù・yi)：出售的旧衣服或原料较次、加工较粗的新衣服。

巷道(hàngdào)：采矿或探矿时在山体中或地下挖掘的大致成水平方向的坑道，一般用于运输和排水，地下的也用于通风。

虹吸现象(hóng)：液体从较高的地方通过虹吸管，先向上再向下流到较低地方去的现象。[②]

虹(jiàng)：义同"虹"(hóng)，限于单用。(《普通话异读词审音表》这两个音是文白异读。)

可可儿的(kěkěr・de)：〈方〉恰巧；不迟不早，正好赶上。

碌碡(liù・zhou)：一种农具，用石头做成，圆柱形，用来轧谷物，平场地。也叫石磙。

排子车(pǎi・zichē)：用人力拉的一种车，没有车厢，多用于运货或搬运器物。也叫大板车。

迫击炮(pǎijīpào)：从炮口装弹，以曲射为主的火炮，炮身短，射程较近，轻便灵活，能射击遮蔽物后方的目标。

草苫子(shān)：用草做成的盖东西或垫东西的器物。阴平为名词，去声为动词，但苫布为去声。《审音表》明确区别了这两个音一个用于名物义，一个用于动作义。

瓦刀(wà)：瓦工所用的工具，多用铁嵌钢制成，形状略像菜刀，用来砍断砖瓦，涂抹泥灰。

瓦(wà)：铺(瓦)；盖(瓦)。

芫荽(yán・suī)：一年生或二年生草本植物，羽状复叶，小叶卵圆形或条形，茎和叶有特殊香气，花小，白色。果实球形，用作香料，也可入药。

---

① 第六版未收录的引自《现代汉语词典》其他版本或《普通话异读词审音表》。

② 被调查词语为"虹吸式"，是为了更贴近生活，更易为被调查人理解。

嫩茎和叶用来调味。通称香菜，也叫胡荽。

轧钢(zhá)：把钢坯压制成一定形状和规格的钢材。

轧(yà)碾：滚压；排挤。(此音还用于以下词：轧场、轧道车、轧道机、轧花机。)

轧(gá)：〈方〉挤；结交；核算，查对。

压轴子(yāzhòu·zi)：把某一出戏排为一次戏曲演出中的倒数第二个节目(最后的一出戏叫大轴子)；一次演出的戏曲节目中排在第二的一出戏，现也指一场演出排在最后的较精彩的节目。

大轴子(dàzhòu·zi)：一次演出的若干戏曲节目中排在最末的一出戏。也叫大轴。

有些词是书面语或旧读、方言音的遗留，比如：骠勇、乳臭未干、忖度、龟裂、婀娜、摇曳、咄咄等，这些词距离人们的日常生活已经比较远了，换句话说，不是口语常用词，这些词的异读存在情况也比较严重。

四、语音梳理概况

对各组异读情况进行必要的梳理，梳理主要侧重以下几个角度：第一，古音来源，通过查阅《汉语大字典》里所记载的《说文》《广韵》《集韵》等古韵书、词典这些异读词的读音情况，基本厘清这些异读的发展演变，是否符合语音发展演变的历史，今异读跟中古音是什么关系，是继承关系还是发展关系？第二，通过《国语辞典》(这是记录民国语言的第一本词典，由语言学家黎锦熙倡导编写。收录字、词、词组、熟语、成语等共四万多条。)把当代异读与民国时期的读音相比较，看相比之下的异读发展演变情况。《国语辞典》标音采用的是注音符号和国语罗马字，本文一律换成汉语拼音。第三，将《普通话异读词审音表》所审定的读音与传统读音相比较，另外主要以《现代汉语词典》(第五版及第六版)和《现代汉语规范词典》(第二版)对异读词的处理为参照，这两部词典可以说一定程度上代表了当代读音规范，从而探讨今异读词读音规范处理情况的优劣。第四，从音理上对可能造成异读的原因及消除异读的办法进行探讨。

对各组异读词的辨析，每一组都是先列出要辨析的异读词，每个词项中可能发生异读的音节用小括号括起来，并后注《审音表》规定的标准读音。字同义不同的视为一组，有的一组词相互影响的程度小，就分别辨析，比如“阿胶”和“阿弥陀佛”；有的一组词内部的各成员间有一定的相关性，就合并辨析，如“挨打”和“挨个”。

每组异读词的辨析内容一般列于一横行格或多横行格内，组与组之间以空格行隔开。

异读词条目中注明的读音为依据《审音表》所定的规范读音。

参考文献

[1]曹先擢:《汉字定音工作断想》,《语文建设》,2000年第11期。

[2]曹先擢:《关于普通话文白异读的答问》,《辞书研究》,2001年第1期。

[3]曹先擢:《普通话异读词审音》,《中国语文》,2002年第1期。

[4]曹先擢:《浅谈普通话异读词审音的研究》,《语言文字应用》,2008年第3期。

[5]陈重瑜:《北京音系里文白异读的新旧层次》,《中国语文》,2002年第6期。

[6]陈章太:《语言规划研究》,北京:商务印书馆,2005年。

[7]符淮青:《同义词研究的几个问题》,《中国语文》,2000年第3期。

[8]黄伯荣、廖序东:《现代汉语》,北京:高等教育出版社,1991年。

[9]靳光瑾:《北京话的文白异读和普通话的正音原则》,北京大学硕士学位论文,1990年。

[10]侯精一:《现代汉语方言音库》,上海:上海教育出版社,1998年。

[12]李荣:《普通话与方言》,《中国语文》,1990年第5期。

[13]鲁允中:《普通话的轻声和儿化》,北京:商务印书馆,1995年。

[14]钱乃荣:《汉语规范之我见》,《语文建设》,1991年第6期。

[15]唐作藩:《破读音的处理问题》,《辞书研究》,1979年第2期。

[16]王力:《论审音原则》,《中国语文》,1965年第6期。

[17]徐世荣:《〈审音表〉修订追记(一)》,《语文建设》,1993年第2期。

[18]徐世荣:《〈审音表〉修订追记(二)》,《语文建设》,1993年第3期。

[19]徐世荣:《〈审音表〉修订追记(三)》,《语文建设》,1993年第4期。

[20]徐世荣:《〈审音表〉剖析》,《语文建设》,1995年第11期。

[21]徐世荣:《普通话异读词审音表释例》,北京:语文出版社,1997年。

[22]周有光:《现代汉字中的多音字问题》,《中国语文》,1979年第6期。

[23]周祖谟:《普通话的正音问题》,《中国语文》,1956年第5期。

[24]普通话普及情况调查项目组:《普通话普及情况调查分析》,《语言文字应用》,2011年第3期。

[25]普通话审音工作宣传与意见征集研究课题组:《普通话审音工作分领域(播音界)意见调查分析》,《语言文字应用》,2011年第3期。

[26]普通话审音工作宣传与意见征集研究课题组:《普通话审音工作分领域(辞书界)意见调查分析》,《语言文字应用》,2011年第3期。

[27]普通话审音工作宣传与意见征集研究课题组:《普通话审音工作分领域(教育系统)意见调查分析》,《语言文字应用》,2011年第3期。

(作者:江海燕　首都师范大学副教授)

项目名称：20 世纪北京传统工艺美术的传承与保护
项目编号：10BaWY077
项目负责人：吴明娣
项目信誉保证单位：首都师范大学

20 世纪北京传统工艺美术的传承与保护

内容提要：北京传统工艺美术是中国工艺美术的杰出代表，20 世纪其走过了颇不平坦的发展道路。从清末至改革开放，伴随着社会的变迁，加之受战争、思想观念、意识形态、生产方式、生活方式等多方面因素的影响，北京传统工艺美术的发展几经波折，其生存境遇存在显著的差异，面貌也不断丰富。但无论是处于顺境还是逆境，它的传承未曾中断，因而得以生生不息，绵延至今，这与其来自社会各界多方面的保护密切相关。百年间北京传统工艺美术的传承与保护，取得了令人瞩目的成就，也存在一些问题值得反省。

传统工艺美术是工艺美术的核心组成部分，既是中国传统文化的重要载体，承载着物质文化和非物质文化，又是传播传统文化的特殊媒介。中国传统工艺美术生产遍及全国，知名产区星罗棋布，名品不胜枚举。其中，产品种类、数量最多，最富盛名的有京作、苏作、广作。京作巧手云集，博采众长，自成一格，具有深厚的传统文化积淀，是中国工艺美术的杰出代表。20 世纪北京传统工艺美术承载着北京传统文化，也是北京地域文化的独特标记，留下了无法抹去的文化记忆。

20 世纪北京传统工艺美术主要品种有：象牙雕刻、骨雕、玉器、雕漆、金漆镶嵌、景泰蓝、金银花丝镶嵌、地毯、刺绣、绒花、绢花、绢人、料器、风筝、泥塑、面塑、鬃人等，既有宫廷工艺(辛亥革命后称特种工艺)，又有民间工艺。

本成果首先通过实地调研、对大量文献资料及图像(含影像)资料的挖掘与整理，初步厘清 20 世纪北京工艺美术发展演变的基本线索。然后，分门别类地对北京传统工艺美术进行较为全面而系统的考察与细致而深入的分析。本成果约五十余万字，三百余张图片，图文结合，共分十五章。

第一章为“20 世纪北京传统工艺美术的发展历程”，对 20 世纪北京工艺美术进行了宏观考察，将百年间北京传统工艺美术的发展分为承袭期(1900—1911)、拓展期(1912—1937)、衰败期(1937—1948)、复兴期(1949—1966)、嬗变期(1966—1978)、扩张期(1979—1989)、转型期(1989—1999)七个不同的阶段。并对这七个阶段北京传统工艺美术所处的时代背景与特定的政治、经济、文化环境简要地加以叙述,阐明各个阶段北京传统工艺美术的生产方式、生产规模、经营状况、产品面貌等方面的基本特征,论述了影响北京传统工艺美术生存与发展的各方面因素,进而指出20世纪北京传统工艺美术发展较为兴盛的阶段为拓展期、复兴期及扩张期。在这三个阶段,中国的政局相对平稳,这为中国传统工艺美术的发展提供了有利的前提条件,使得北京传统工艺美术赢得了良好的发展空间,并取得了较为突出的成就,不仅产生了具有广泛社会影响力的优秀传统工艺美术作品,而且培养了为数不少的能工巧匠及创作、设计人员,在北京乃至中国传统工艺美术的发展过程中发挥了承前启后的作用。如玉器艺人何荣、张云和、潘秉衡、王仲元、刘德瀛,牙雕艺人王彬、耿润田、胡凤山、邓文利及杨士惠、杨士忠兄弟,雕漆艺人吴瀛轩、周长泰、董茂林、孙彩文、杜柄臣,景泰蓝艺人李庆禄、李砚章、乔德富、金世权、钱美华、张同禄,花丝艺人毕尚斌、吴可男、瞿德寿、绒花艺人夏文富、绢花艺人金玉林等。

第二章至第十四章为成果的主体部分,分别对象牙雕刻、骨雕、玉器、雕漆、金漆镶嵌、景泰蓝、金银花丝镶嵌、地毯、刺绣、绒花、绢花、绢人、料器、风筝、泥塑面塑、鬃人等北京传统工艺美术的代表性品种做具体的考察,围绕着行业概况、传承与保护三个方面进行论述,并对北京传统工艺美术的各个门类在传承与保护方面所取得的成绩、经验教训加以总结。指出上述北京传统工艺美术品种,在传承与保护方面成就相对突出的有景泰蓝、雕漆、金漆镶嵌、象牙雕刻、玉器,这些品种不仅传承有序,在传承技艺、丰富其表现题材和表现形式的同时,其相料取材、工具制作、加工程序、技术手段、操作规范及传承方式等各个方面都得到显著的提高与改进。它们不仅在北京传统工艺美术行业内赢得了普遍的赞誉,而且在国内乃至国际上均具有广泛的影响力,使"京样"、"京货"、"京式工艺"名扬天下,在中国工艺美术史上写下了辉煌的篇章。

在第二至十四章的论述中,行业概况部分涉及了20世纪北京传统工艺美术各门类的发展演变历程、生产方式、人员构成、行业规模、作坊及企业建制、分布区域、产品种类、经营模式、销售对象及范围、社会影响等多方面细节。

传承部分,分别从技艺传承与艺术传承两方面切入,既论述对古代传统的继承,又对其在继承传统的基础上所做的探索与创新加以关注,并着重介绍了具有代表性的传承人及其流派、作品。如牙雕工艺中对"敬业斋"为代表的牙雕传流派做了较为细致的分析解读,强调牙雕作品的"文墨气"和"雅气"。在论述玉器工艺的传承方面,对玉器"四怪一魔"(王树森、何荣、潘秉衡、刘德瀛、刘鹤年)、“鸟儿张”、“水上漂”鼻烟壶等具体流派及名家名作均加以介绍。在论述景泰蓝工艺时对优秀设计人员钱美华、张同禄等设计的作品做了详细的介绍，如 20 世纪 60 年代初，钱美华设计了金地狮顶罐，其造型以传统的将军罐为蓝本，以勾子莲为主要装饰纹样，填以蓝色、绿色的釉料，底色为金地儿，罐顶又以铸铜的狮子作为装饰，有鲜明的民族风格。这些细节描述有利于加深读者对北京传统工艺美术技艺的认识。

保护部分，分别就政府、行业及社会各界有识之士为北京传统工艺美术所做的保护工作进行挖掘、整理，既论述直接保护，也兼及间接保护，这样有利于对传统工艺美术保护做尽可能全面的考察评估。如在牙雕一章关于党和国家领导人对于北京牙雕行业的关怀与指导的叙述具体而微，他们对艺人们的亲切关怀和对于北京工艺美术发展前途的高瞻远瞩，为北京工艺美术的发展引领了方向。毛泽东同志的一句“杨士惠是搞象牙雕刻的，实际上他是很高明的艺术家”[①]，既是对精湛的北京牙雕技艺的认可，更是对牙雕艺人的推崇与肯定。在各章的有关保护的部分均有诸如此类的记述，这使得不少鲜为人知的史料得以披露，有的是撰稿人的实地采访所得，弥足珍贵。

第十五章为“20 世纪北京传统工艺美术教育”，主要针对 20 世纪北京传统工艺美术教育加以探讨，在掌握了丰富的档案资料的基础上，对各个阶段北京传统工艺美术教育进行较为细致的梳理，分别对新中国成立前以师徒传承为主的培养模式、新中国成立后的工艺美术研究所师徒传承培养人才与学校教育培养人才等几种不同的培养方式进行了全面而深入的分析，使不同历史阶段传承方式的更迭清晰呈现。学校教育在 20 世纪北京传统工艺美术教育方面发挥的作用最为显著，1958 年 7 月成立的北京市工艺美术学校、1974 年 6 月组建的北京市工艺美术技校、1983 年初成立的北京工艺美术品总公司职工大学及企业开办的职工大学所培养的人才成为 20 世纪及 21 世纪北京传统工艺美术传承与保护的中坚力量。

本成果的最后一章“结语”，对 20 世纪北京传统工艺美术的得与失，分为三个部分对其做了全面的总结与论证。第一部分，一，总结了 20 世纪百年间北京传统工艺美术的传承所取得的重要成就，指出：经过千百年发展演变的北京传统工艺美术品种、技艺，在 20 世纪得到了全面的继承，首先，传承了代表中国传统工艺美术的最高水平并体现皇家审美风范的景泰蓝、金银花丝镶嵌、玉器、牙雕、雕漆、金漆镶嵌等宫廷工艺，涉及相料取材、工具制作、加工程序、技术手段、操作规范等各个方面。其次，传承了凝结着北京都市民众审美情趣且与民俗活动紧密相连的风筝、泥塑、面塑、鬃人等民间工艺

① 毛泽东：《加快手工业的社会主义改造》，《毛泽东选集(第五卷)》，北京：人民出版社，1997 年版，第 265 页。

技艺。再者，在宫廷工艺和民间工艺中均占有重要地位的刺绣、地毯、料器、骨雕、绒花、绢花等工艺技艺也得以传承。这一部分，还着重阐述了20世纪北京传统工艺美术传承方式的演变，分别就家族式传承、作坊式传承、企业式传承、学校式传承四种传承方式进行了论述，表明20世纪北京传统工艺美术的传承实现了由传统向现代的转变。二，指出20世纪北京传统工艺美术在传承方面存在诸多不能回避的问题亟待解决，主要体现在以下三个方面：重工巧，轻意匠；重形式，轻内蕴；设计观念滞后，精英意识缺失。

第二部分，对整个20世纪北京传统工艺美术在保护方面所做的工作做了较为翔实的论述，对各级政府、行业自身及社会有识之士为该行业的保护工作做出的努力给予充分的肯定。如早到20世纪初的黄思永、黄中慧父子及张謇等名士，迟至20世纪后半叶的费孝通、梁思成、林徽因、郭沫若、邓拓、叶圣陶、沈从文、徐悲鸿、高庄、郑可、雷圭元、柳维和、张仃、钱绍武等文化艺术界精英。尽管他们各自的身份及社会地位不同，但他们均以不同的方式关心支持北京传统工艺美术事业，为传统工艺美术的发展献计献策。尤其是在北平和平解放后至1966年“文革”爆发前，是文化艺术精英们对该行业倍加关注的阶段，也是20世纪北京工艺美术行业恢复发展的最好时期。

第三部分，是关于对策的思考，针对20世纪北京传统工艺美术的传承与保护存在的问题提出了建设性的意见。指出：中国社会生产方式、生活方式在20世纪90年代经历了巨大的转变，手工业基本完成了其历史使命，中国已经大踏步地进入工业时代、信息时代，传统工艺美术被边缘化是不可改变、无法逆转的趋势。保护传统工艺美术主要是为了保护文化多样性、保护其所承载的内涵丰富的传统文化，而并非执着于保护其生产方式，使之恢复到农耕时代的生产状况。因此对北京传统工艺美术的保护必须站在文化发展的战略高度。在这样的前提下，一方面采取切实有效的措施对北京传统工艺美术加以保护，要做到有的放矢，有所为而有所不为，保护传承人与保护作品并重，动态保护与静态保护并重，非物质保护与物质保护并重。对具体保护措施也提出了可操作的建议：作为政府及相关管理部门可制定政策法规，加大对传承人的保护力度，使主要传统工艺品种的传承人都能够得到重视，从而将传统技艺传承下去；另一方面，传统工艺美术行业的从业者，除了从事传统工艺美术生产以外，还应重视作品的保护，定期收藏传统工艺美术作品，使收藏制度化、规范化。与此同时，还应采用各种手段展示宣传北京传统工艺美术，使公众更多地了解传统工艺美术与传统文化的紧密联系，增强保护意识，进而使更多的传统工艺美术品为消费者认知并接纳，使普通大众成为传统工艺品的消费者，使财富人士、文化精英也成为高档传统工艺品的收藏者。

在“结语”的最后部分，还呼吁更多的有识之士关注传统工艺美术的发展，重视传统工艺美术的传播，将其作为重要的文化课题来研究，视为不可推卸的历史责任来承担，不仅关注它的前世，更要重视它的今生与未来。指出：尽管20世纪传统工艺美术的保护存在这样或那样的问题，但其生存状况仍优于今日；不少当时尚存续的传统工艺美术品种、技艺今日已人亡艺绝。即使部分尚在维持生产的品种，其技艺水平大多今不如昔，且人才储备严重不足，后继乏人，不仅如杨士惠、潘秉衡那一代老艺人般的能工巧匠已不多见，而且像沈从文那样热爱、重视北京传统工艺美术的学人、专家愈加稀缺。因此，加大对传统工艺美术的传承与保护力度并且使该行业获得更好的生存与发展环境，是当务之急。

成果还附有“20世纪北京传统工艺美术大事记”，严格按时间顺序将20世纪北京传统工艺美术发展过程中重要的事件逐一梳理，择要记录，使之脉络更加清晰地呈现，不仅为当今关注北京传统工艺美术发展的有识之士提供有价值的信息，而且为后来的传统工艺美术研究者及相关专家学者提供便利。

由于本成果内容丰富，涉及的传统工艺美术品较为庞杂，且各品种大小不同，所占的份额不一而足，容易顾此失彼。项目组成员尽可能对每一传统工艺美术品种加以梳理，厘清其发展演变的基本线索，使之成为一个相对完整的系统。同时，还注重各个品种之间的关联性，彼此照应，避免相互割裂。如牙雕、骨雕、玉器之间的联系相对紧密，艺术面貌有相近之处，因而，将这部分主要以雕塑形态呈现的品种作为传统工艺美术的重要组成部分加以考量。而将景泰蓝、金银花丝镶嵌这两个以金属为主要原材料的品种前后相临，并且注意到多工艺相结合的品种，如集景泰蓝与象牙、金银花丝镶嵌及金银花丝镶嵌、景泰蓝、玉雕于一身的作品，对于这类作品的分类，难以确立标准，主要根据作品主体部分的取材确定归属，如将“牙景人”(脸部为象牙、身体为景泰蓝)归入景泰蓝。

成果主要围绕着传承与保护这两个核心议题加以探讨，具有较强的针对性。在论及不同品种的传承与保护方面面临的问题时，也考虑到各个品种之间的差异，如象牙作为特殊的雕刻材料，其原料主要来自非洲、南亚等国家，受到相关组织及国际条约的影响，原材料进口受阻，对象牙工艺造成了严重的影响。针对这一问题，在论及牙雕工艺的传承与保护时，就不能像对待骨雕、玉雕那样，不得不考虑诸多复杂的因素。在论述传统工艺美术的传承方面，既从技艺传承的角度加以考察，又从艺术传承方面做出评估，避免将二者混为一谈，使解决问题、提供对策时更具有针对性。20世纪北京传统工艺美术的传承过程中各个时期的能工巧匠功不可没。在论述传承人的过程中，不是一味地只关注这部分艺人在工艺技巧上所做的贡献，还对主要从事产品设计、接受过专业艺术教育的设计师所做的工作加以肯定，他们也为20世纪北京传统工艺美术的传承发挥了不可低估的作用。如在论述金银花丝镶嵌工艺的传承部分，将制作技艺高超的毕尚斌、翟德寿、张广和和从事产品设计的吴可男这两类艺人均加以描述，充分肯定他们各自的价值，也能够针对他们的不同特点加以论述。

此外，对于20世纪北京传统工艺美术中存在的问题也有针对性地提出解决办法。如在传统工艺美术的传承方面，由重技艺传承转向技艺传承与文脉传承并重，在传承技艺的同时将传统工艺美术的丰富的表现题材、表现形式传承下去而不局限于仅传承采用天然原材料和手工制作的品种。如京绣中用化纤面料取代丝织品，机器刺绣代替手工绣制，皆有益于更好地传承京绣艺术，扩大其应用范围，使更多的消费者能够拥有。再如，用铸漆制品模仿手工雕漆，它们的艺术效果相近，一般消费者难辨真伪，而铸漆制品价廉，对传统雕漆艺术的推广功不可没。这类批量生产的产品，有利于北京传统工艺美术在新时代的传承与发展，其所承载的传统文化能得到更广泛的传播。

在对问题的探讨与论证过程中注意做到纵横兼顾，通过纵向梳理与横向比较使问题的分析、阐释更加全面、细致、深入，避免肤浅与片面，如在论及玉器制作技艺时对不同题材、不同流派的制作技艺均加以介绍，同时指出各个流派的共性与个性，在此基础上还将玉雕作品置于所处时代的艺术背景下加以考察，将玉雕作品的表现题材、表现形式与同时期的绘画、雕塑及相关艺术进行联系。在论及20世纪后半叶著名玉雕大师王树森的创作方面，注意到他的代表作品如《兄妹开荒》《毛主席视察十三陵水库》《毛主席像》等作品的造型既具有传统玉雕的特点，又融入了西方写实雕塑的艺术元素，这与他在50年代在中央美院进修接受雕塑家刘开渠的指导有关。其中《毛主席像》是受到国画家刘旦宅的《河清有日》作品的启发所创作的。牙雕艺人尚延年创作的《红领巾》还得到了画家徐悲鸿的指点。揭示了20世纪的玉雕艺术、牙雕艺术受到同时期绘画、雕塑的影响较为显著，其创作水平已达到了前所未有的高度，与主流美术家的作品相比，也毫不逊色。

在刺绣、地毯这类原本主要作为实用装饰品的传统工艺品的设计方面，也体现除了对绘画、雕塑及相关艺术的吸收与借鉴。这类传统工艺品往往以绘画为蓝本，这是自宋代以来即形成的传统。在20世纪，设计者们将这一传统发扬光大，除移植传统题材的绘画外，还将现代作品运用到装饰设计中，如羊毛挂毯《雷锋像》即是由刺绣设计家崔洁与织毯艺人共同完成的具有鲜明时代特色的作品，《南京长江大桥》《遵义会议光辉照前程》这类在“文革”时期的绘画作品中热衷表现的题材也被运用到刺绣、金漆镶嵌、金银花丝镶嵌等传统工艺品的装饰与造型中。

除了将20世纪传统工艺美术创作设计与各个时期的绘画、雕塑等相关艺术加以比较外，还注意到在20世纪中外文化交流、中西艺术碰撞融合的前提下，北京传统工艺美术也不可避免受到外来艺术的影响。加之20世纪传统工艺美术品主要销往海外，在新中国成立后的一段相当长的时间内，承担着出口创汇支援国家经济建设的重要使命，其与外来文化艺术存在着千丝万缕的联系。早在清末民国前期，景泰蓝、金银花丝镶嵌、刺绣、地毯、内画等诸多特种工艺品乃至民间工艺品都或多或少地采用了外来艺术的题材与形式，如景泰蓝曾经为教会制作十字架、圣餐杯，内画壶上出现了洋人的肖像，地毯中有融入波斯及西亚艺术样式的所谓“东方式”图案，还有在纹样构成及配色方面具有法国地毯特点的所谓“美术式”的图案等。在分析这类作品时，既看到外来艺术特征，同时又将其与外国同类产品做认真细致的比较，指出北京传统工艺品在面对外来艺术时不是全盘接受，而是有选择的接纳并加以改造。

本项目成果除文字部分外，另一个重要的组成部分为图片，图片包括 20 世纪各个时期重要的具有代表性的传统工艺美术作品，既有象牙、玉器、雕漆这类主要供陈设的特种工艺品，也有小到绒花、绢花、内画壶、风筝、泥塑、面人等具有浓厚生活气息的装饰品，这些作品除见于博物馆、收藏及图录外，还有相当一部分是项目组成员多方搜集、亲自拍摄的照片，还有部分图片为艺人肖像或工作照，企业作坊及各类工艺美术生产研究教学管理机构的图片也有所撷取，因有关传统工艺美术的历史遗存保存甚少，绝大部分已无迹可寻，仅留下有限的图像，尽管有的图片质量不佳，但保存了珍贵的历史遗迹，具有十分重要的史料价值，除上述以摄影照片为主的图片外，还选择了部分设计图样，包括手绘线描图，因 20 世纪传统工艺美术的设计主要依赖手绘，在作品无存的情况下，设计图稿最能真实的反映作品的面貌。如刺绣、地毯、绒花、绢花、绢人等因原材料不易长久保存，比起牙雕、玉雕等工艺品，遗存数量十分有限。为了弥补这部分资料的不足，本项目组成员借助 20 世纪存世的相对有限的出版物，从中搜求相关图像。其中，有些是选自当时发行的供对外宣传的明信片、画报中，还有部分来自供创作设计人员参考的内部资料。刺绣部分所附的图片就有北京市轻工业局挑补绣花研究所编的《挑补绣花图案集》，以及著名刺绣设计师崔洁所绘的刊登在北京工艺美术研究所编的《北京工艺美术》上的设计稿。本项目成果中为了说明“京式”地毯“四菜一汤”[①]的布局特点，也附有相应的图片。此外，为了说明传统工艺美术在设计制作方面的特征，还通过图像加以佐证，如相料取材是玉器、牙雕这类特种工艺品设计制作的重要环节，必须因材施艺，论及潘秉衡设计制作的珊瑚《六臂佛》作品时，将珊瑚原料与制作完成后的作品照片同时呈现，由此更能深切地感受到设计者匠心独运的构思，巧夺天工的制作。而在论及头大身小的牙雕“棍子人”时，将牙雕原料与所设计的仕女形象并列，这样使“棍子

① 指“京式”地毯装饰图案中，中心为奎龙，四角有角隅插花的典型布局形式，意在“一统四方”。

人”的特征一目了然，也加深了读者对其形成原因的理解。因此，该成果图文紧密结合，图随文出，使成果的内涵更加丰富，进一步增强了文字的说服力，更加贴近当今读图时代对研究成果的要求。

这项成果是项目组成员在获得了大量第一手资料的基础上得以完成的，是目前所见有关20世纪北京传统工艺美术研究最为全面、翔实的研究成果，在一定程度上弥补了现当代北京工艺美术研究的不足，解决了部分悬而未决的问题，有争议的问题提出了自己的见解及建设性的意见，有利于北京传统工艺美术的传承与保护工作更好地开展。

（作者：吴明娣　首都师范大学教授）

综合学科

项目名称：志愿精神与奥运会志愿服务研究
项目编号：07AbZH006
项目负责人：魏　娜
项目信誉保证单位：中国人民大学

志愿精神与奥运会志愿服务研究

内容提要：在当前志愿服务事业蓬勃发展的大背景下，本文围绕志愿精神、志愿服务理论和奥运会志愿服务实践做了比较深入的研究与探讨。首先，对历届奥运会志愿服务工作经验进行总结；其次，对北京奥运会志愿服务工作中的社会参与机制、组织运行机制、人文关怀与有效管理的方法等进行了系统的总结和提炼，总结了北京奥运会志愿者工作取得的成功经验；最后，课题报告对我国志愿服务的发展进行了展望，并对后奥运会时代促进我国志愿服务发展提出了建议。

一、奥运会志愿服务发展与经验借鉴

奥运会志愿服务的兴起缘于奥林匹克主义与志愿精神的高度契合。国际奥委会作为奥林匹克运动的最高权力机构也是一个“国际性、非政府、非营利、无期限”的组织，这种组织性质决定了奥林匹克运动是一项非营利的公益性事业。奥运会志愿服务作为志愿服务的特殊形式，彰显了“奉献、友爱、互助、进步”的志愿精神。

(一)奥运会志愿服务的发展历程[①]

1. 兴起阶段

志愿服务发展的进程与奥林匹克运动的发展是相辅相成的。奥运会志愿者的历史可以追溯到19世纪末，早在第一届现代奥运会举行时就出现了九百多名志愿者，他们大多数从事的是与奥运会相关的外围工作。1912年，在斯德哥尔摩举办的第五届奥运会上，为奥运会提供志愿服务的童子军和军队第一次出现在奥运会的正式报告书中。此后几届奥运会，童子军一直发挥着重要作用。

---

① 第29届奥林匹克运动会组织委员会组织编写，北京奥运会志愿者工作协调小组办公室编撰，魏娜主编：《北京奥运会志愿者读本》，北京：中国人民大学出版社，2006年版，第41页。

2. 发展阶段

1952 年的赫尔辛基奥运会是奥运会志愿服务发展的里程碑。组委会开始动用大量志愿者来承担各种工作，并首次进行培训。这一时期的奥运会志愿者由童子军和军队扩展到青年组织、学生等，其服务内容与组织形式也发生了很大变化。1980 年的普莱西德湖冬奥会是奥运会志愿服务发展中的另一个重要转折点。6 703 名志愿者组成了历史上第一支正规的符合当代志愿者特征的奥运会志愿者团队，它标志着奥运会组委会开始把志愿服务纳入组委会的整体规划之中。1984 年的洛杉矶奥运会成立了专门的志愿者部，志愿者不仅在组委会中获得了一席之地，并且在组织管理方面有了长足的发展。奥运会志愿者这个概念第一次被清晰地界定出来是它作为奥运词汇出现在 1992 年巴塞罗那奥运会的官方报告上："奥运会志愿者是在举办奥运会过程中，以自己个人的无私参与，尽其所能，通力合作，完成交给自己的任务，而不接受报酬或索取其他任何回报的人。"这无疑明确了志愿者在奥运会组委会中不可或缺的地位。巴塞罗那奥运会后，奥运会志愿者开始朝着组织化、专业化、个性化的方向发展。

3. 成熟阶段

1996 年亚特兰大奥运会的 60 422 名志愿者、2000 年悉尼奥运会的 46 967 名志愿者都意味着大规模人力资源的运行，迫切需要一个高层次的组织来对志愿者进行招募和培训，给他们分配任务并管理他们的活动。悉尼奥运会志愿者工作经验是：把志愿者和付薪职员同等对待；不过分美化志愿者的工作，用现实主义的态度告诉志愿者工作是辛苦甚至是单调和乏味的；向每名志愿者平均支付了大约 700 美元的培训、服装、餐饮、交通等方面的保障；重视对志愿者的激励，为志愿者建立了永久性的"志愿者碑林"。[①] 2004 年，雅典奥组委专门成立了与人力资源部平行的志愿者部，管理着两类重要的志愿者团队：一部分是由雅典奥组委组织的以服务奥运会为目的的志愿者，人数约 45 000 名；另一部分是由雅典市政府组织的、以为游客提供咨询服务为主的志愿者队伍，人数约 3 000 名。这样的安排基本形成了赛会志愿者与城市志愿者分离的模式。

(二)奥运会志愿服务经验借鉴

从历届奥运会志愿服务工作的发展历程来看，奥运会志愿服务经历了一个从零散、自发的志愿服务到逐渐正规化、组织化、专业化的过程。在这个过程中，各主办城市在奥运会志愿者管理上的做法主要体现在志愿者的招募、培训和激励三方面。

---

① 2000 年悉尼奥组委首席执行官桑迪·豪威(Sandy Hollway)在"志愿服务与人文奥运"国际论坛主论坛上的演讲。

1. 志愿者的招募

如何对志愿者进行招募和动员是每届奥运会必须面对的问题。一项对历届奥运志愿者招募形式的研究概况了以下三种主要模式：①

(1)国家动员模式。这一形式始自1936年柏林奥运会，1948年伦敦奥运会和1980年莫斯科奥运会以及1988年汉城奥运会都采取了这一模式。这几届奥运会的共同特点是：政府高度重视奥运会的组织工作，整个民族和国家机构都被动员起来以保证奥运会的成功举办。

(2)通过非政府组织招募。利用非政府组织招募奥运会志愿者是奥林匹克运动一开始就采用的形式。虽然当时的社团体系还不完善，社会影响力比较小，但是随着时间的推移，到20世纪中后期，非营利组织和非政府组织大量涌现，对奥运会志愿者的招募贡献巨大。其特点是动员已经存在于本地、国家甚至家庭层面的民间协会组织参与到志愿服务中去。最能体现此种招募模式特点的是1996年亚特兰大奥运会，组委会在1992年4月宣布其将组成一支由来自佐治亚州的民间、社区和商业团体组成的"奥运力量"。他们愿意超越其平时的活动层面为奥运会做出贡献。超过1 600个民间团体——从登山俱乐部到行业协会，到文化组织，再到花园俱乐部都加入到由奥组委引导的这支"奥运力量"，他们承担了大量的志愿服务项目。

(3)社会招募。社会招募是奥组委直接面向社会公布奥运会志愿者的需求信息，人们通过规定的方式自由申报。这一模式被最广泛地用在20世纪90年代的奥运会中。1992年巴塞罗那奥运会充分体现了这一模式的特点。组委会希望所有人从一开始就能团结合作，因此建立了一个开放和共享的志愿者招募机制。组委会首先对志愿者招募计划进行广泛宣传，奥林匹克巴士车挂着"值得参与，做一名志愿者"的大幅标语，穿梭在西班牙的大街小巷，向市民宣传这一计划。在宣传的同时，组织者也开始对志愿者进行招募。此项活动在当年快结束时，有约102 000人报名。

2000年悉尼奥运会采取了以上三种方式相互结合的办法进行志愿者招募。大约有3万名志愿者都是由专业机构招募。同时，组委会很好地利用了学校的力量，招募6 000名大学生从事与其专业相关的赛事志愿者工作。除此之外，悉尼奥组委还采取其他灵活的方式对志愿者进行单独的招募：个人自愿报名、通过赞助商和供应商招募、根据工作需要进行专家型志愿者的招募等。

① Ana Belen Moreno，Miquel de Moragas and Rual Paniagua，The Evolution of Volunteers at the Olympic Games，Paper Presented at the Volunteers，Global Society and the Olympic Movement Conference，Lausanne，November 24—26，1999.

2. 志愿者的培训[①]

随着奥运会竞赛项目与参赛人数的剧增，奥运会志愿者的技术性工作也相应增加，这对志愿者的培训工作提出了更高的要求。1952年的赫尔辛基奥运会首次对志愿者进行培训，为奥运会志愿者以后的迅速发展奠定了基础。1960年的罗马奥运会将志愿者的选拔与培训结合在一起，即对招募来的志愿者进行初步培训，再根据规定的标准对其进行筛选，对于入选的志愿者再做进一步的强化培训。1976年的蒙特利尔奥运会在志愿者培训方面有所创新，将奥运会志愿服务与学校的部分课程结合起来，不仅促使大量年轻人参与奥运会的组织工作，而且为奥林匹克大家庭的成员提供了各种帮助。这种结合既满足了组委会的人力需求，又丰富了学校的课程资源，不失为奥林匹克运动与教育结合的良策。2000年悉尼奥运会在志愿者培训方面采取了与专业机构进行合作的办法。悉尼奥组委认为，由于培训工作的繁重和成本的昂贵，选择合作伙伴(供应商)来提供培训方面的服务是恰当的、有益的。2004年雅典奥运会志愿者的服务领域涵盖了除物流以外的各个部门。志愿者的工作安排首先尊重本人的意愿，同时考虑工作需要和本人的专长。人员按岗位初步安排后，便分批接受培训，培训中表现不佳和不合格者退回奥组委志愿者部，另行安排工作或劝退。志愿者的培训内容首先是服务意识，其次是业务培训，最后是专业技术培训。

3. 志愿者的激励

由于志愿服务是建立在自发、自愿的基础上，志愿者提供的服务通常是无偿的。正是由于志愿服务具有这种特点，志愿者并不像薪酬人员那样具有约束性。志愿者可以根据自己的意愿，选择留下服务，或者随时离开岗位。因此，组织者必须善于了解志愿者的参与动机，采取有效的激励机制，让志愿者在志愿服务中实现自己的目的，使得志愿者更好地提供志愿服务。

早在1912年斯德哥尔摩奥运会上，国际奥委会就采取颁发奖章的办法对志愿者进行精神上的奖励。一位瑞典妇女瓦萨尔(Versall)的六个孩子全都参与到了斯德哥尔摩奥运会中去，最小的孩子作为童子军成员承担了维持秩序和发送信件的任务。国际奥委会为了表彰这位瑞典妇女为奥运会做出的特殊贡献，给她颁发了一枚特殊的奥林匹克奖章。1992年巴塞罗那奥运会组委会为志愿者设计了一个独特的标志，专门为志愿者制作了一系列产品。同时，组委会把对志愿者的激励与志愿者培训结合起来，选派一定数量的志愿者去国外学习语言。2000年悉尼奥运会组委会对志愿者非常尊重，把他们和带薪工作人员同等看待，把他们视为奥运会组织工作中不可缺少的一分子，对他

---

① 第29届奥林匹克运动会组织委员会组织编写，北京奥运会志愿者工作协调小组办公室编撰，魏娜主编：《北京奥运会志愿者读本》，北京：中国人民大学出版社，2006年版，第47页。

们的工作给予认可，这在精神上就是对志愿者的一种鼓励。同时，组委会为每名志愿者在培训、服装、休息场所、食品饮料、交通等方面平均支付了大约700美元，在志愿者提供服务时给予基本的物质保障。2004年雅典奥运会组委会除招聘个别稀有人才外，对志愿者既不发给薪水，也不提供住宿，但每个志愿者均可在服务期间享受免费用餐、交通和保险，以及免费或优惠的赛事入场券。除此之外，每人还可领到具有收藏价值，印有雅典奥运会标志的服装、手表、腰包、手机等只有志愿者才有的纪念品。奥运会结束后，奥组委还举办各种表彰活动，颁发奥运会志愿者证书等。①

二、北京奥运会志愿服务的经验——“北京模式”

北京奥运会、残奥会的志愿者工作正是在吸收历届奥运会志愿者工作经验的基础上进行的又一次突破性尝试。期间形成了大型活动志愿服务的宝贵经验即奥运会志愿服务的“北京模式”，是奥运会志愿服务发展史上一个新里程碑。

“北京模式”是中国政府和北京奥组委在遵循国际惯例的基础上，结合中国国情进行实践创新所形成的一套奥运会、残奥会等大型活动的志愿者管理工作思路、组织运行机制和活动体系。

(一)遵循国际惯例和奥运规则，加强国际合作

北京奥运会志愿者工作坚持遵循奥运规则，充分借鉴历届奥运会志愿者工作的有益经验，以开放自信的胸怀引进和吸收国际通行的思想观念、方式方法和运行机制。如：制定和发布赛会志愿者的报名条件、工作保障、激励措施和岗位运行等通用政策；开通网络报名系统，作为接受申请人报名的必要渠道之一；对志愿者进行培训、管理和激励等。同时积极吸纳国际友人参与奥运志愿服务，接受国际志愿服务机构的合理化意见和建议，接受相关国际机构对奥运会志愿服务的考察和评估。

奥运会是国际的盛会，在北京奥运志愿者工作中，“加强国际合作”一直是中国政府和奥组委强调的重点。2007年7月25日，“通过2008年北京奥运会促进中国志愿服务发展合作项目”正式启动。项目合作方包括北京奥运会志愿工作协调小组办公室、北京市志愿者协会、商务部中国国际经济技术交流中心、联合国开发计划署和联合国志愿者组织。项目为期三年，旨在汲取国内外优秀的志愿服务管理经验，宣传志愿精神，提升北京奥运会志愿者服务水平，推动中国志愿事业的发展，从而为实现千年发展目标和小康社会做出贡献。三年来，通过合作项目，一批先进项目被引进到北京。如：骨干志愿

① 第29届奥林匹克运动会组织委员会组织编写，北京奥运会志愿者工作协调小组办公室编撰，魏娜主编：《北京奥运会志愿者读本》，北京：中国人民大学出版社，2006年版，第50页。

者培训;“保护北京雨燕”活动;邀请悉尼奥运会志愿者工作总干事大卫·布莱特(David Brete)来京指导奥运志愿者工作等。

(二)充分发挥高校在志愿者工作中的作用

在北京奥运会、残奥会志愿者工作中,作为志愿者的主要来源单位,北京高校在志愿者的招募、选拔、培训、管理和保障等方面发挥了极其重要的作用。通过场馆对接的方式让高校承担赛会志愿者工作的任务,可以有效发挥高校的人力资源优势和后勤保障优势。同时,高校借助承担志愿者工作的机会,使大学生获得锻炼和成长。北京奥运会、残奥会期间,各高校积极协调教学、后勤、学生工作等相关部门,为志愿者的培训、食宿、医疗、交通、管理、激励等方面提供了坚实有力的保障。各高校按照“以竞赛为中心、以场馆为基础、以属地为保障”这一基本运行模式的要求,积极主动配合场馆团队开展工作,很好地承担起了志愿者工作。馆校对接机制在北京奥运会志愿者工作上取得了巨大成功,是北京奥运会志愿者工作的一大亮点。

(三)首次确立了城市志愿者、社会志愿者项目

城市志愿者和社会志愿者项目的确立基于三方面的考虑。一是北京奥运会顺利举办的需要。北京奥运会 24 个竞赛场馆群、15 个非竞赛场馆、23 个独立训练场馆分布在北京的八个城区和一个郊区(顺义区),地点较为分散,环境也十分复杂,为了给奥林匹克大家庭成员、国内外媒体记者、观众、游客提供优质、便捷的服务,需要大量的志愿者。二是广大民众参与热情高、报名人数多,通过城市志愿者和社会志愿者项目满足他们的参与愿望。三是借奥运会之机为志愿服务事业的发展培养更多的人才,留下固定的和常态化的志愿服务队伍。

实践证明,北京奥运会的城市志愿者和社会志愿者项目在倡导和宣传奥林匹克精神和志愿精神、弘扬中国传统文化、促进和谐社会建设、在更大范围内提供志愿服务并为社会留下志愿遗产等方面发挥了不可替代的作用。

(四)科学有效的志愿者管理体制

1. 志愿者招募:自愿报名、广泛参与与依托组织体系招募相结合

奥运会期间志愿者招募工作的主要目标是:以北京地区高校学生为主要来源,同时面向全国各省(区、市)居民、港澳同胞、台湾同胞、海外华人华侨和外国人招募约 10 万名赛会志愿者,组建一支规模宏大、参与面广、代表性强、服务水平高的志愿者队伍,为北京奥运会、残奥会提供“有特色、高水平”的志愿服务。同时,通过招募宣传和动员活动,营造全民参与奥运、服务奥运的浓厚社会氛围,促进中国志愿服务事业发展,为构建社会主义和谐社会做出积极的贡献。赛会志愿者的招募流程主要包括申请人报名、材料审核、面试及测试、岗位分配、背景审核、发放录用通知。

根据志愿者招募工作原则,在社会各界广泛参与、自愿报名的基础上,

赛会志愿者招募工作注重发挥组织体制优势，在北京奥组委和北京奥运会志愿者工作协调小组的统一领导下，构建以共青团组织为基础，各相关部门共同参与的、覆盖各个领域的招募工作组织体系和完善的工作机制。依托政府相关部门，分别成立了港澳台及海外地区志愿者招募工作协调小组、京外省(区、市)志愿者招募工作组等专门工作机构，委托成立或设置招募中心和招募实施机构，具体负责各类志愿者招募选拔工作。

依托组织系统实施志愿者工作是北京奥运会的一大特色，这是基于中国人口众多、志愿者报名热情高涨、中国志愿服务还不够发达的现状而实施的。实践证明，依靠组织系统开展招募工作在保证了大众参与奥运、服务奥运的基础上，运行组织更为有序、有效，并且为志愿者的宣传和培训工作奠定了良好的基础。

2. 志愿者培训：以点代面，发挥骨干志愿者的带头作用

志愿者部在开展培训工作时，分阶段、分类别开展培训，培训类型主要有通用培训、专业培训、骨干培训、外语培训、场馆岗位培训和扶残助残专项培训。由于北京奥运会志愿者来源不同、教育背景不同、对志愿服务的理解存在差异，很难保证大面积的统一培训能带来良好的效果。因此，志愿者部特别注重对骨干志愿者的培训。通过充分发挥骨干志愿者的带头作用，带动更广大的志愿者群体积极学习服务本领，投身志愿服务工作。

例如，北京奥运会马拉松服务团队的骨干志愿者在参加各项培训后，通过团队活动和在网上创办"马拉松团队博客"等形式，影响和带动更多赛会志愿者参加培训、积极工作，增强了志愿者与管理人员、志愿者与志愿者之间的互动，从而为赛事服务打造了一支素质过硬的队伍。奥运会结束后，该服务团队在所属学校团委的领导下，以"以老带新"的方式吸收更多志愿者加入，继续传承志愿精神，参加了2009年北京国际自盟场地自行车世界杯赛等多项志愿服务活动。

3. 志愿者保障和激励：发挥团队的作用

北京奥运会志愿者的保障和激励工作，除了基本物资服务保障以外，还包括对志愿者的精神激励和物质激励两部分，以精神激励为主，物质激励为辅。具体可以细分为物品激励、宣传激励、团队激励、表彰激励等，其中尤其注重场馆团队在保障和激励方面的重要作用。志愿者部向各场馆团队拨付经费近1 500万元，作为场馆团队开展个性化的保障激励和应急保障的经费。各场馆团队根据自身运行的特点，设计个性化的保障和激励措施，如建立"志愿者之家"，为志愿者提供温馨的服务，给志愿者以归属感。同时，通过适当的方式邀请各类客户群参与到志愿者的团队建设活动中，不断鼓励志愿者。在团队中，志愿者容易找到自己的定位，更能获得从事志愿服务的满足，从而产生工作积极性。据统计，北京奥运会、残奥会期间，志愿者每日出勤率

始终保持在99.5%以上,[①] 这样的高上岗率与有效的团队激励是分不开的。

(五)"两个奥运同样精彩",高度重视残奥会志愿者工作

"两个奥运,同时筹办,同样精彩"是中国向国际社会的庄严承诺。残奥会不仅是一场体育盛会,更是一场使所有参与者共同体验人文奥运理念和人道主义精神的文化盛宴,加深参与者对人尊严和价值的理解与尊重。

北京残奥会是历届残奥会中参赛国家和地区最多、规模最大的一次世界体育盛会,残奥会各类服务对象的服务需求具有更强的特殊性。同时,残奥会志愿服务突出强调对人的尊重和关怀,更需要志愿者的真心奉献和真情服务,更注重志愿者与服务对象的彼此理解与互动交融。因此,残奥会对志愿者提出了更高要求。

北京奥组委十分重视残奥会志愿者工作。在招募方面,80%以上的奥运会志愿者继续服务残奥会,同时选拔一定数量的残疾人参与残奥会志愿服务。在培训方面,注重培育志愿者的人文情感,注重示范教学,注重实践锻炼。在运行方面,充分吸收奥运会志愿者工作的宝贵经验,保留奥运会志愿者的工作运行机制和管理体制。残奥会期间,志愿者的综合素质、服务水平和精神风貌为"两个奥运,同样精彩"的实现做出了积极贡献。

(六)坚持以人为本,促进志愿者的全面发展[②]

北京奥运会志愿者工作倡导尊重、保护、发展志愿者,力争使每一名志愿者在服务中体验快乐,收获成长。为促进志愿者自身发展成才,北京奥组委非常重视培训。邀请悉尼、雅典奥运会志愿者项目专家、联合国志愿人员组织专家到北京开展志愿者培训。各类志愿者均接受了专门培训与考核。组织骨干志愿者到国外志愿服务机构学习锻炼,积累了丰富的理论知识与实践经验。残奥会志愿者还参加了助残理念、知识、技能和残奥竞赛项目等方面的专项培训,提高了综合素质。

除培训外,北京奥组委还特别重视志愿者的内心感受。除为全体志愿者提供基本的工作保障外,还从细节上关心志愿者,如专门研制发放"志愿者清暑凉茶",为志愿者提供防暑安全保障;奥组委开设了志愿者12355热线,听取志愿者的意见,配合各部门、各场馆解决志愿者个性化问题,不断改善志愿者的工作环境和工作条件,帮助志愿者获得有价值、令人愉快的工作经历。

在奥运会、残奥会闭幕式上,志愿者代表接受新当选的国际奥委会、残奥委会运动委员会委员的献花,令所有志愿者终生难忘,奥运会志愿者的工

---

① 北京奥运会志愿者工作协调小组办公室、共青团北京市委员会、北京奥组委志愿者部、北京志愿者协会:《奥运先锋》,北京:人民出版社,2009年版,第9页。

② 北京奥运会志愿者工作协调小组办公室、共青团北京市委员会、北京奥组委志愿者部、北京志愿者协会:《奥运先锋》,北京:人民出版社,2009年版,第296页。

作得到了肯定，一大批服务奥运会的志愿者成长为合格的公民和全面发展的人才。

三、展望与建议：志愿服务的常态化发展

北京奥运会、残奥会志愿者工作是奥运会、残奥会成功举办的可靠保障，对我国经济社会发展具有重要价值，对志愿者、志愿组织及社会公众产生了深远影响。结合我国志愿服务事业的发展现状，从政府在志愿服务发展过程中所扮演的角色出发，本文认为应从以下几个方面来促进志愿服务的常态化发展。

(一)坚持开展弘扬志愿精神的宣传普及工作

由于历史原因，我国大陆地区规范化、制度化的志愿服务起步较晚，社会公众的志愿意识不强仍是我国志愿服务发展中的一大桎梏。志愿精神和志愿文化的弘扬，不能仅仅通过奥运会这样的大型活动来进行，而应通过常规化、规范化的形式长期宣传普及。具体而言，可以通过以下几种方式来普及志愿精神：利用每年的国际志愿者日、中国志愿者日等节庆活动宣传志愿精神；通过每年的全国性和地方性的优秀志愿者表彰活动，增进社会对志愿服务的了解；通过编撰志愿服务教材，纳入中小学课程，使学生从青少年时代培养自身的社会责任意识和志愿服务意识。

(二)健全志愿服务组织协调体系，发挥枢纽型组织的作用

目前我国志愿服务管理体系包括共青团、民政部、精神文明办以及城市综合治理办公室等公共部门。这种自发产生的分散的管理体系虽有利于志愿服务的多元发展，但缺乏整合，各自为政，存在制度体系难以建立，难以吸纳草根性民间志愿者组织等缺陷。借鉴国外志愿服务组织协调体系建设的做法，针对目前分散的志愿服务管理体系，本研究认为应尽快成立全国性的协调性志愿服务指导委员会，以克服各志愿服务管理体系的部门本位主义，共同推进中国志愿服务事业的发展。在委员会职能设置上，大体应包括以下五个方面：(1)志愿服务理念推广；(2)法制保障与政策支持；(3)资源支持；(4)监督评估；(5)推进国际国内志愿服务交流，等等。北京奥运会后，北京志愿者协会提升为北京市志愿者联合会，作为指导全市志愿服务工作的枢纽型组织。这一转变体现了协调体系建设的思路。

(三)强化政府对志愿服务的资源支持，弱化政府的具体管理

志愿者参与志愿服务虽然不求经济报酬，但志愿服务本身的运作还是需要成本的。由于志愿者组织的非营利性，常会导致其资金来源不稳定，所以经费问题一直是困扰我国志愿服务事业发展的最大难题之一。实践中，国际上志愿服务的经费的获取渠道主要有五个方面：政府资助、项目经费、政策支持、企业公民的投入、社会捐赠。其中，政府资助的比重最大。因此，要

进一步推进我国志愿服务的发展，就必须加强政府对志愿服务的资源支持，切实落实政府对志愿服务资金支持的相关规定，豁免志愿者组织所得税，同时，政府还应通过立法搭建起鼓励企业、社会组织以及公民个人捐款支持志愿服务的制度平台，以拓宽志愿组织的资金来源渠道，推进志愿服务的发展。政府应大力培育民间志愿者组织，推进志愿服务事业的社会化，弱化对体制内志愿者组织的具体管理，以体现志愿服务的民间性、自治性。

(四)完善志愿者组织的监督评估体系

政府在加强对志愿服务发展的资金支持的同时，还应该完善对志愿服务的监督评估机制。首先，政府改革现行的社团登记许可制度，适度放宽志愿者组织设立的标准，同时，强化对体制内志愿者组织的财务收支状况的监管。在这方面不妨借鉴英国的COMPACT(《政府与志愿及社区组织关系协定》，英文全称：The Compact on Relations between Government and the Voluntary and Community Sector)，实现监管的契约化。其次，还应健全社会监督机制，强化舆论监督，建立起第三方评估机制，建立起适度的志愿者组织间竞争机制，以提供更全面的监督渠道。最后，健全志愿者组织的自律机制，提高其社会公信力，最终形成政府、社会监督与志愿者组织自律相结合的志愿组织问责机制。

(五)完善志愿服务立法

我国志愿服务事业深入、持久的发展，需要良好的法律和政策环境。迄今为止，我国已有12个省(市)和10个城市制定了志愿服务地方性法规，但尚没有一部全国性的法律来规范志愿服务活动。因此，为推进志愿服务事业步入了规范化、法制化轨道，我国急需一部全国性志愿服务法律，以确立志愿者招募、注册、培训、评估、激励等日常管理机制以及志愿者权益保障机制、志愿者组织经费保障机制等，厘清志愿者、志愿者组织与受助者之间的权责，保护志愿者权益，规范志愿者组织运作，保障志愿者组织资金来源，明晰志愿组织与政府之间的关系等。除了制定专门的《志愿服务法》之外，还应该进一步完善《社团登记管理条例》等志愿组织管理以及公益事业捐赠、基金会管理等方面的法律法规和相关配套措施，为培育志愿组织、发展志愿服务营造良好的法制环境。

(六)倡导“服务学习”理念，把志愿服务纳入学校教育中，与育人相结合[①]

青年是志愿服务的生力军，学校是开展志愿服务教育的主阵地。北京奥运会结束后，如何使大学生这种服务热情继续保持下去，使志愿服务真正成为他们人生成长的一部分，其中一个重要的途径就是把志愿服务贯穿学校教育之中，使之成为一项重要的学习内容。建议我国学习西方国家以及我国香

---

① 魏娜：《后奥运的志愿服务思考》，《现代教育报》，2008年12月13日。

港、台湾地区的经验，在高校教育中推行青年学生志愿服务活动，并将其纳入学校的德育课程体系，使广大学生在志愿服务中学习，在志愿服务中实现个人发展。

参考文献

[1]第 29 届奥林匹克运动会组织委员会组织编写，北京奥运会志愿者工作协调小组办公室编撰，魏娜主编：《北京奥运会志愿者读本》，北京：中国人民大学出版社，2006 年。

[2]丁元竹、魏娜、谭建光：《北京奥运志愿服务研究》，北京：北京出版社，2009 年。

[3]陈武雄：《志愿服务理念与实务》，台北：扬智文化事业股份有限公司，2004 年。

[4]邓正来、[英]J. C. 亚历山大：《国家与市民社会：一种社会理论的研究路径》，北京：中央编译出版社，1999 年。

[5]丁元竹、江汛清：《志愿活动研究：类型、评价与管理》，天津：天津人民出版社，2001 年。

[6] 北京奥运会志愿者工作协调小组办公室、共青团北京市委员会、北京奥组委志愿者部、北京志愿者协会：《奥运先锋》，北京：人民出版社，2009 年。

[7] Ana Belen Moreno，Miquel de Moragas and Rual Paniagua，The Evolution of Volunteers at the Olympic Games，Paper Presented at the Volunteers，Global Society and the Olympic Movement Conference，Lausanne，November 24—26，1999.

[8] Miguel de Morngas，Ana BeLen Moreno and Raul Paniatgua，The Evolution of Volunteers at the Olympic Games. Volunteers，Global and Socitey and the Olympic Movement，International Symposium，Lausanne，1999.

[9] 魏娜：《后奥运志愿服务思考》，《现代教育报》，2008 年 12 月 13 日。

（作者：魏　娜　中国人民大学教授）

项目名称：建设人文北京、科技北京、绿色北京决策研究
项目编号：10AbZH162
项目负责人：王力丁
项目信誉保证单位：首都社会经济发展研究所

推动首都科学发展 建设“人文北京、科技北京、绿色北京”

内容提要：从“绿色奥运、科技奥运、人文奥运”到“人文北京、科技北京、绿色北京”，不是简单的套用和照搬，也不是顺序上的简单调整和变化，而是科学的丰富、升华和发展，蕴含着对科学发展观的新认识、新理解、新体会，体现着首都发展的新理念、新思路、新战略。建设人文北京，在政府执政理念上，要充分体现对人的尊重和关怀，重点推动文化事业和文化创意产业大发展，培育城市的文化品格，进一步发展和完善食品安全、教育、卫生、就业、社会保障等方面的制度和保障体系。建设科技北京，要建立和完善鼓励支持创新的体制机制环境，整合首都科技创新资源、切实增强自主创新能力，重点推进中关村科技园区建设国家自主创新示范区的各项工作。建设绿色北京，要确立以高端服务经济为主导的全新产业结构，大力发展循环经济，全面提升京郊都市农业的复合功能，推进低碳生态城市建设。

胡锦涛在北京奥运会、残奥会总结表彰大会上的讲话中明确指出贯彻三大理念是北京奥运会、残奥会最鲜明的特色，是北京奥运会、残奥会成功举办的关键，也是贯彻落实科学发展观的具体体现。胡锦涛的讲话，深刻论述了奥运三大理念与科学发展观之间的内在逻辑关系，为进一步推动首都科学发展指明了方向。全市上下在总结奥运经验的基础上，从首都发展面临的新阶段、新形势、新任务以及首都工作特点出发，结合“深入开展学习实践科学发展观”活动，创造性地提出建设“人文北京、科技北京、绿色北京”的战略构想，并对“人文北京、科技北京、绿色北京”的内涵展开深入探讨，为全面推动首都科学发展奠定了坚实的理论和实践基础。

一、进一步深化对首都科学发展内涵的认识

(一)正确把握首都科学发展与建设“人文北京、科技北京、绿色北京”之间的关系

建设“人文北京、科技北京、绿色北京”是继续推动首都科学发展的重要

抓手。从"绿色奥运、科技奥运、人文奥运"到"人文北京、科技北京、绿色北京"，不是简单的套用和照搬，也不是顺序上的简单调整和变化，而是科学的丰富、升华和发展，蕴含着对科学发展观的新认识、新理解、新体会，体现着首都发展的新理念、新思路、新战略。建设"人文北京、科技北京、绿色北京"是继续推动首都科学发展的重要抓手，是落实科学发展观的进一步实践。

建设"人文北京、科技北京、绿色北京"的过程是进一步丰富和深化首都科学发展内涵的实践过程。与北京奥运会的筹办和举办过程相类似，建设"人文北京、科技北京、绿色北京"的过程，是不断深化首都科学发展规律和特点的认识过程，也是对首都科学发展道路的再探索过程。随着"人文北京、科技北京、绿色北京"建设的不断推进和深入，首都科学发展的目标、实现路径会更加清晰完整，首都科学发展的内涵会得到进一步充实和完善。因此，从一定意义上讲，建设"人文北京、科技北京、绿色北京"是当前和今后一个时期首都科学发展的重要方向，但并不是终极目标。

需要指出的是，"人文北京、科技北京、绿色北京"建设是一个有机的统一体，人文北京是基础、科技北京是支撑、绿色北京是保障，绝不能将"人文北京、科技北京、绿色北京"割裂开来，单项推进。"人文北京"建设离不开科技创新，更要以"绿色北京"为基础；"科技北京"倡导的科技创新要始终体现以人为本，要重点打造符合绿色生态要求的高科技；"绿色北京"建设需要进一步转变经济发展方式，需要牢固确立以人为本的发展理念，需要通过科技创新为经济发展方式转变奠定坚实的物质技术基础。

(二)建设"人文北京、科技北京、绿色北京"是科学发展观指导下的首都创新实践

科学发展观是立足社会主义初级阶段基本国情，深入分析我国发展的阶段性特征，总结我国发展实践，借鉴国外发展经验，适应新的发展要求所提出的重大理论创新，是马克思主义关于发展的世界观和方法论的集中体现。科学发展观第一要义是发展，核心是以人为本，基本要求是全面协调可持续，根本方法是统筹兼顾。作为理论层面的科学发展观要真正落到实处，最终依赖于各区域的创新实践。也就是说，只有把科学发展观的理念和内在要求与各区域的区情有机结合起来，才可能探索出符合不同区域区情的科学发展之路，这也符合科学发展作为普遍规律与各区域科学发展的特殊规律之间的辩证关系。同时，各区域推动科学发展的创新实践，也是对科学发展观理论的实践和拓展，进而推动科学发展观不断向前发展。建设"人文北京、科技北京、绿色北京"是在科学发展观指导下的首都创新实践，对丰富和深化首都科学发展的内涵具有重大的理论意义和现实意义。

(三)进一步深化对首都科学发展内涵的认识

首都科学发展不仅要反映科学发展观的共性要求，也必然要体现出首都的特点，以鲜明地区别于一般区域的科学发展。立足于首都由中等发达城市向发达城市迈进的阶段性特点，立足于首都国际化水平不断提升，功能不断完善的迫切需要，立足于首都科学发展面临的严重资源环境约束等因素的制约，首都科学发展需要赋予以鲜明的时代内涵。

“服务立市”是首都科学发展的核心内涵。首都科学发展必须要服从和服务于国家战略的需要，主动从国家层面谋划首都未来发展的科学蓝图，而不能局限于北京市域的发展。首都科学发展必须服从服务于城市发展定位，即“国家首都、国际城市、文化名城、宜居城市”。首都是否实现了科学发展，关键要看城市发展的四个定位是否落到了实处。首都科学发展的基础在于通过搞好“四个服务”，凝聚发展资源，以服务内容和方式的不断创新，不断提升首都科学发展的层次和水平。此外，首都实现科学发展必须转向服务立市，是构筑更加高端、高效、高辐射的现代产业结构体系的现实需要，也是彻底解决以往追求城市功能多元化导致首都人口资源环境持续紧张、城市管理难度日益加大等现实问题的迫切需要。

“创新立市”是首都科学发展的动力内涵。首先，北京拥有全国顶级、最密集的创新资源和创新人才，具有推动文化创新、科技创新、产业创新、管理体制机制创新等一系列重大创新的优越条件，为推动首都科学发展储备了潜在的强大动力。创新是首都科学发展的题中应有之意，更是必由之路。其次，首都科学发展的根本路径在于充分挖掘现有创新资源的潜力，不断创造出更高端、更高效的发展资源，不断增强对区域性、全球性发展资源的控制和配置能力，以螺旋式上升的方式不断提升首都的发展水平。再次，将潜在的创新资源转化为现实的生产力、管理力有赖于政府对各类资源的创新性整合，这种整合体现了政府推动科学发展的能力和水平，是决定首都科学发展水平的最为关键的环节。同时，创新是国际城市的重要特征之一，是体现首都国际化程度的重要标志，也是代表首都科学发展水平的重要标尺。

“文化立市”是首都科学发展的重要精神内涵。首都文化名城的发展定位，内在要求北京要在振兴国家文化软实力方面扮演排头兵的角色，担当起推动中国主流文化价值观对外传播与交流，扩大中国文化在世界的影响力和认同感的历史重任。首都科学发展离不开文化的支撑，特别是文化事业和文化创意产业的繁荣与发展是首都科学发展不可或缺的重要组成部分，也是首都克服资源环境约束，提升发展质量和水平的客观需要。此外，“文化立市”体现了首都科学发展的人文价值取向，符合文化传承与发展的现实需要，可以大大提升首都科学发展的品质，赢得良好的发展口碑。

“生态立市”是首都科学发展的重要支撑性内涵。离开良好的生态环境支撑，首都科学发展的目标就将全部落空，宜居城市的发展定位也将难以实现，实现生态环境的可持续与良性循环是首都科学发展的自然基础。当前首都发展的特定阶段及未来发展的需求也对生态环境提出了越来越高的要求，生态环境已经成为进一步提升首都科学发展水平的先决条件。如果说"绿色奥运"的主要内涵是提高首都环境质量，确保奥运期间的环境水平能够适应国际奥委会的要求，保障奥运会顺利举办的话，"生态立市"则要求首都发展模式进行彻底的转型，首都要成为真正意义上的绿色产品制造基地、绿色产品出口基地、绿色服务的提供基地、绿色技术的创新基地，借以实现经济发展与持续改善首都生态环境的双赢。

总之，对新时期首都科学发展的内涵要有更加全面深刻的认识，及早确立"服务立市"是主方向，"创新立市"是主抓手，"文化立市"是主旋律、"生态立市"是主根基的发展思路，从整体上推进"人文北京、科技北京、绿色北京"建设，实现首都科学发展。

二、进一步深入探索首都发展的特点和规律

(一)积极探索在新的国际政治经济秩序背景下首都发展的特点和规律

一方面随着中国的逐步崛起，首都的科学发展一定意义上代表了全球社会主义发展的成败，北京不仅是中国的首都，也是全球社会主义的象征，具有重大的国际影响力。如何充分利用首都特殊的政治地位，推动首都在新的国际政治秩序背景下扮演更加重要的角色，无疑成为首都科学发展的重要内容之一。另一方面在积极应对当前金融危机的过程中，"北京的声音"受到前所未有的重视和关注，如何化危机为机遇，推动首都在国际经济新秩序的构建过程中发挥更加重要的作用，同样也是推动首都科学发展的重要内容。首都如果能够充分把握好、利用好以上两大战略性机遇，首都的国际化功能、国际化水平将会取得质的飞跃，对全球发展资源的调控和配置能力也将获得显著提升。

(二)积极探索首都从中等发达城市向发达城市迈进特定阶段性背景下的特点与规律

从中等发达城市向发达城市的迈进，不仅仅是经济总量和人均占有量的进一步增长，必然会对城市特定功能的提升、城市经济结构调整与空间布局优化、城市管理内容与方式的创新、社会建设与社会发展的完善、城市本身与周边区域的发展关系提出新的要求。充分考虑和满足这些新的要求，进一步转变城市经济的发展方式，全面优化城市发展的内外部体制机制环境，成为推动首都科学发展，建设"人文北京、科技北京、绿色北京"的重要切入点和突破口。

(三)积极探索在统筹城乡发展，推进城乡一体化的背景下首都发展的特点和规律

围绕筹办和举办奥运会，城市中心区的大规模建设已经基本完成。今后

一个时期首都城市发展的重点是顺应统筹城乡发展的战略需要，大力推进城乡一体化建设。作为首都，推进城乡一体化的目标和路径具有一定的特殊性。从目标上看，首都的城乡一体化不仅仅是解决农业、农村和农民问题，更是进一步拓展和完善城市功能，改善城市生态环境，减轻城市人口资源环境压力的重要途径，首都统筹城乡发展，推进城乡一体化的过程中应该统筹兼顾多重目标。从路径上看，首都的城乡一体化需要更多借助外来力量的强力推动，以替代农村地区自我发展能力和水平的局限，防止城乡之间经济循环上的相互脱节。

(四)积极探索在区域竞争日益加剧和合作日益加深的大背景下，首都发展的特点和规律

首都作为特大型城市，本身是一个高度开放的经济系统，在发展的过程中始终离不开区域合作。积极面对天津滨海新区的崛起，正确处理与河北等经济相对落后区域之间的关系，是首都科学发展过程中不可回避的重要问题。与强者竞争和合作是提升自我发展水平的需要，主动帮助相对落后区域的发展，也是提升自身发展质量的重要途径。正如刘淇所指出的，必须进一步认真总结在奥运筹办工作过程中开展多领域、多层次区域合作的成功经验，按照区域功能特点，优势互补，合理分工，进一步加强与周边地区在能源资源、环境治理、经济分工、安全稳定等各方面的合作，推动区域科学发展，实现多方共赢。

三、全面把握首都科学发展面临的突出矛盾和问题

科学的发展是经济、政治、文化、社会、生态的全面发展，协调发展和惠及子孙后代的发展。首都推动科学发展，也必须要从上述五个方面认真查找其中存在的主要矛盾和问题，进一步增强推动首都科学发展的针对性。

经济结构有待进一步优化和提升。2008 年，北京第三产业的增加值7 682亿元，增长 11.7%，占地区生产总值的 73.2%，比 2007 年提高 1.1 个百分点。但是，以信息传输、计算机服务和软件业，金融业，文化、体育和娱乐业等首都重点发展的现代服务业的总量还不够大，发展的稳定性不强。其中，与奥运最为紧密的文化、体育和娱乐业增加值仅 293.9 亿元，占第三产业增加值的比重仅为 3.82%；金融业受外界金融危机的影响，实现增加值1 493.6亿元，增长 9.2%，低于第三产业平均增速 2.5 个百分点，增速比 2007 年回落了 13.1 个百分点。同时，首都强大的科教资源优势，还没有真正转化为创新优势，在科研院所集中的中关村，申请专利的企业只占到 10%，高科技企业的年利润率只有 4.7%。

城乡之间、区域之间、区域内部的发展差距显著。由于城市中心区与郊区、南城与北城、平原和山区，北京与周边区域的发展差距过大，一方面导

致发展资源过度集中和过度短缺并存，另一方面也严重制约了首都城市整体功能的提升和空间结构的优化。特别是南城、京西南地区以及生态涵养区的发展滞后问题，还没有得到妥善解决。此外，城乡结合部地区的产业发展水平低、基础设施和公共服务不到位等矛盾还比较突出，一定程度上制约了城乡和区域一体化进程。

首都的文化软实力还没有充分挖掘出来。北京高质量的文化设施、文化机构、文化人才多，但文化事业和文化创意产业的发展水平与资源禀赋和潜力并不相称，尤其是缺乏具有自主知识产权、具有较高思想性的文化产品或服务品牌，贴近普通市民的文化消费市场也还没有真正形成规模。首都文化资源禀赋和文化魅力还没有切实转化为经济增长的强大推动力。

人口资源环境的压力进一步加大。由于大量外来人口的涌入，经济发展方式的转变还需要一个过程，加上居民生活水平进一步提高后对资源的消耗和对环境质量要求的提升，都会进一步加剧北京人口资源环境的压力。

关系群众切身利益的就业、就学、医疗、住房和社会保障等问题还没有妥善解决。这些问题不仅仅关系社会的稳定和谐，同时，也间接影响到首都经济发展方式的彻底转型和竞争力的提升。同时，随着不同社会群体利益需求的分化和多样化，城市管理和社会建设领域的新老矛盾和问题相互交织在一起，一定程度上也增加了政府加强城市管理和推进社会建设的难度。

转变政府职能、建设服务型政府还有许多工作要做。政府履行的管理职能过多，服务职能还比较欠缺，推动经济社会协调发展的政策还不够协调完善，实际工作中上下政策冲突、部门政策冲突的现象依然存在，造成政策内耗和相互消解。

四、推动首都科学发展，建设"人文北京、科技北京、绿色北京"

(一)推动首都科学发展，建设"人文北京"的对策建议

1. 在政府执政理念上，要充分体现对人的尊重和关怀

一方面要着力塑造政府与市民之间相互沟通、和谐互动的关系，充分尊重和关照各方面的意愿和利益，积极争取和赢得各方面的理解和支持，虚心听取各方面的意见和建议，择善而从，将政府在关系人民群众切身利益的政策决策上集思广益，提高决策的科学性，尽快走出政府"好心办坏事"的怪圈；另一方面，要在城市资源环境承载能力范围之内，本着更加开阔的胸怀妥善处理大量外来流动人口的基本公共服务问题，展示首都开放、包容的鲜明形象。

2. 重点推动文化事业和文化创意产业大发展

一方面要按照公共文化均等化的原则，加大公共文化的投入，满足普通大众的精神文化需求，以文化事业的繁荣和发展提升市民的文化素养；另一

方面要打破束缚文化创意产业发展的政策瓶颈，发挥文化创意产业投资基金的放大效应，示范和引领社会资本投资文化创意产业，促进文化创意产业大发展、大繁荣。要在深入挖掘中国文化元素的核心精神、核心价值的基础上，着力提升文化产品和服务的品质，向国际社会展示中国文化和中国历史中健康的、积极的、为世人所普遍接受的价值观念，提升首都文化的软实力。

3. 重点培育城市的文化品格

“人文北京”建设既是对城市优秀历史文化的继承和发展，同时也是城市不断创造新的文化内涵的历史过程。在“人文北京”建设过程中，要重点突出首都的城市文化品格特征，要在对历史文化精华提炼和概括的基础上，随着经济社会发展不断丰富和提炼首都城市新的文化品质特征，从而逐步树立具有中国特色，体现首都特点，具有鲜明时代特点的城市文化品格。以城市文化品格的塑造和完善，在潜移默化之中培育和提升市民的文化素养，提升整个城市的文明程度。

4. 重点培育一批有分量、有影响的思想家、理论家群体

建设“人文北京”仅靠物质投入是不够的，它需要一批一流的思想家、理论家、文艺家来引领和塑造良好的公众精神。建设“人文北京”的一个重要目标在于提升首都的“思考力”，以绝对或相对超前的精神文化理念为先导，不断引领城市发展。因此，政府在推进“人文北京”建设的过程中，要把培育、造就和吸引一批有分量、有影响的思想家、理论家群体作为一项重要的任务抓紧抓实。

(二)推动首都科学发展，建设“科技北京”的政策建议

1. 建立和完善鼓励支持创新的体制机制环境

建设“科技北京”，关键在创新，创新关键在人才，人才的创新潜力能否最终发挥出来，关键在有没有一套鼓励和支持创新的体制机制环境。一方面要大力推进改革创新，努力构建充满活力、富有效率、更加开放、有利于科技创新的体制和机制；另一方面要在全社会营造鼓励创新，鼓励潜心关注重大创新，允许和宽容失败的社会氛围，切实扭转过度专注短期效益、追求“短、平、快”的重复性，非关键领域的一般性科技创新。同时，要建立和完善新的科技创新成果评价体系，统筹考虑科技成果的创新价值，科技成果的转化效益，变单纯的政府即期评价评奖为长期、社会参与式评价，用发展的眼光正确看待和鼓励潜在的重大科技创新成果。

2. 充分整合首都科技创新资源，切实增强自主创新能力

一方面，要遵循“服务立市”的主方向，积极做好对国家科研机构、科研项目的服务工作，积极争取国家中长期重大科技专项落户北京，推进首都科技成果向全国的辐射、推广；另一方面，要主动搭建首都科技创新公共服务平台，以更加灵活的体制机制为支撑，依托首都丰富的创新资源，吸引跨国

公司及国外的著名研究机构共同参与重大项目的科技联合创新攻关。

3. 重点推进中关村科技园区建设国家自主创新示范区的各项工作

一方面要着眼于服务国家自主创新战略的高度，从北京建设现代化、国际性大都市对产业结构调整升级的现实需要出发，明确中关村自主创新的重点领域和关键环节，集中优势兵力打攻坚战，力争在一些重点领域和关键环节上取得重大突破，为加快全市、乃至全国的经济结构调整和经济发展方式转变创造条件。另一方面，要依托中关村科技创新高地科技创新成果多、科技成果转化要求多的特点，加快建立全国性的技术交易中心，促进科技成果的及时转化运用。

4. 要把最新的科技创新成果运用到城市管理和群众生活之中，提高城市管理的效率和群众生活的方便舒适程度

要围绕解决城市快速发展导致的交通拥挤、绿化不足、环境污染以及其他公共服务配套不足等群众关心的重点、热点问题，及时对重大公共服务设施末端梗塞的难题进行集中攻关，提高整个城市运行管理水平，充分展示“科技北京”的魅力。

（三）推动首都科学发展，建设“绿色北京”的对策建议

1. 确立以高端服务经济为主导的全新产业结构

调整产业结构是建设“绿色北京”的重要前提，因为不同的产业结构对能源和原材料的消耗，对环境的影响存在显著的差异。据统计，重化工业万元GDP的能耗是服务业、金融业的十几倍、一百多倍。2006年到2008年，北京连续3年完成节能减排目标，一个重要的原因在于通过产业结构调整，服务业已经占据主导地位，并且快于GDP的增长。为了进一步巩固北京第三产业主导经济发展的良好局面，实现“绿色北京”的发展目标，下一步关键是要确立以高端服务经济为主导的全新产业结构，把发展的重点转向调整和升级第三产业内部结构，重点向产业链的高端环节延伸拓展。重点发展金融服务业、文化创意产业、以高科技研发和信息技术服务为主的生产性服务业以及以重大装备技术制造和现代生物医药产业为主的高科技现代制造业。

2. 大力发展循环经济

要率先在全国落实《循环经济促进法》，要求每个地区、企业、社区制定循环经济规划、措施和办法。推进产业发展园区化，园区发展按照循环经济设计和运行，做到零污染排放，禁止污染和高耗能企业发展。要尽快实施绿色产业、绿色企业、绿色区域、绿色交通、绿色住房、绿色消费战略等一系列绿色战略，同时建立和完善与之相适应的绿色投资、绿色信贷、绿色保险等一系列配套政策，为全方位保护生态环境，建设绿色北京创造条件。

3. 全面提升京郊都市农业的复合功能

一方面要全面认识京郊都市型现代农业的产品供应、旅游休闲服务、生

态环境保护等多重功能，通过现代农业科技的推广运用，进一步提升京郊都市农业的经济、社会和生态效益；另一方面要借助京郊都市农业的发展，不断推进农业人口向非农产业的转移，提升京郊农村接受更高层次产业转移的能力，最终实现城乡一体化发展目标。

4. 开拓思路解决人口持续增长的压力

一方面针对当前人口老龄化问题，要跳出传统的就地养老模式，在广泛征求老龄人口养老意愿的基础上，实行分类引导，鼓励部分有异地养老意愿的老龄人实现异地养老，以减轻城市人口和公共服务设施建设的压力；另一方面针对外来流动人口大量聚集问题，要结合产业结构的调整升级和区域合理分工，积极推动低端产业向周边地区转移，以产业和就业区位的转移，缓解外来人口压力。

参考文献

[1]马仲良、王鸿春、黄亚玲：《人文奥运研究》，北京：北京体育大学出版社，2005 年。
[2]刘淇：《建设“人文北京、科技北京、绿色北京”》，《求是》，2008 年第 23 期。
[3]郭金龙：《建设人文北京　科技北京　绿色北京》，《前线》，2008 年第 11 期。
[4]辛向阳：《“三个北京”的三点思考》，《城市管理与科技》，2009 年第 2 期。
[5]北京市统计局、国家统计局北京调查总队：《北京市 2008 年国民经济和社会发展统计公报》，北京统计信息网，http：//www.bjstats.gov.cn/xwgb/tjgb/ndgb/200902/t20090209_136443.htm.

（作者：“建设人文北京　科技北京　绿色北京决策研究”课题组
首都社会经济发展研究所联合课题组）

项目名称：世界城市与北京社会建设研究
项目编号：10AaZH200
项目负责人：张　坚
项目信誉保证单位：中共北京市委社会工作委员会

世界城市与北京社会建设研究

内容提要： 建设中国特色世界城市，是北京长期的重大战略任务。本研究通过与纽约、伦敦、东京的比较分析，从社会建设角度阐释世界城市的基本特征，指出与世界城市相比北京社会建设工作的成绩、差距与不足，为北京社会建设工作提供了新的思路和政策参考。即：建设中国特色世界城市，北京需要认真借鉴世界城市社会建设的成功经验和做法，进一步加强和改进社区建设，加快推进社会组织发展，切实加强社会工作队伍建设和志愿服务长效机制建设，大力加强社会心理服务，不断加强和改进人口宏观调控和管理，努力构建起“社会服务更加完善、社会管理更加科学、社会动员更加广泛、社会环境更加文明、社会关系更加和谐、社会领域党建全覆盖”的社会建设工作体系。

以圆满完成北京奥运会、新中国成立60周年庆祝活动和成功应对国际金融危机为标志，北京的现代化建设进入了新的发展阶段。北京市委市政府基于对国际国内形势的科学判断，围绕提升首都科学发展水平，明确提出了将北京建设成为充分体现人文、科技、绿色特征的中国特色世界城市的战略目标。建设中国特色世界城市，是建设“人文北京、科技北京、绿色北京”发展战略的深化和提升，是打造国际活动聚集之都、世界高端企业总部聚集之都、世界高端人才聚集之都、中国特色社会主义先进文化之都、和谐宜居之都的战略选择和高端目标。建设世界城市，为首都各项事业发展提出了更高标准和要求，加强北京社会建设不仅是建设世界城市的重要领域和方面，对于整体推动建设世界城市也具有重大意义。根据北京社会建设需要，本研究通过与纽约、伦敦、东京在社区建设、社会组织发展、社会工作队伍管理与建设和志愿服务、社会心理服务和人口调控等方面的比较分析，从社会建设角度阐释世界城市的基本特征，指出与世界城市相比北京社会建设工作存在的主要差距与不足，为北京工作提供新的思路和政策参考。

一、从社会建设的角度看世界城市的基本特征

“世界城市”是在国际城市概念的基础上提出的一个更高层次的概念，基本内涵界定为：世界重要的政治、经济、文化中心，主要的金融中心、贸易中心、人才集聚中心。从理论界的研究成果以及国际公认的纽约、伦敦、东京三大世界城市来看，世界城市的基本特征包括四个方面：一是经济的控制力；二是文化的引领力；三是科技的创新力；四是社会的聚合力。具体到从社会建设的角度看，世界城市主要具有如下基本特征：

(一)世界城市的社会运行具有强固的基础

社区是城市社会服务管理的最基本单元，是城市运行的基础，在作为世界城市的纽约、伦敦和东京，社区建设都受到政府的高度重视。总的来看，世界城市在夯实社会运行基础方面有以下做法：一是发挥行政力量推动社区发展。纽约社区建设是在政府、社区委员会、非营利组织三位一体基础上展开的，市、区两级政府都承担着社区建设的行政职能。伦敦政府部门在规划指导、法律环境、项目组织和资金支持等方面发挥着重要作用。东京社区组织町内会经费来源以政府补贴为主，区政府通过向町内会、区町联、地区联发放辅助金补贴工作经费。二是借助社会力量促进社区建设。2008 年金融危机以来，伦敦市政府加大政策扶持吸引更多居民和组织参与社区建设，与政府共同承担责任、履行义务。纽约社区建设形成了一种市区两级政府行政参与、社区委员会自主治理、社区居民广泛参与的完整体系，社区建设各方参与者职责明确，以《城市宪章》形式予以法制化。三是加强组织建设助力社区发展。纽约每个社区都成立一个社区委员会，每届任期两年，50 名委员交错换届，每次换届 25 人，社区委员会关注社区需求、沟通与协调、社区规划、提交报告、编制预算以及评估与监督 6 个方面 21 项职责。东京社区组织町内会(自治会)设置在地方自治体(市町村)区域范围内，町内会采用金字塔形组织结构，将所在区域所有住户、企业组织起来，通过解决所在区域公共问题，代表所在区域的居民自治组织。

(二)世界城市的社会运行具有充沛的活力

在作为世界城市的纽约、伦敦和东京，社会组织都是社会生活中最活跃的因素之一，不仅是提供社会公共服务的重要力量，也是公民参与公共事务的重要平台。三个城市社会组织发展比较充分，具有较大的影响力，表现出以下几个重要特征：一是社会组织发育比较充分。纽约非营利组织(NPO)仅在 20 世纪 90 年代数量就增加了 57%，还有大量的社区草根组织，比如黑人团体、宗教团体和其他类型的团体等。东京作为世界城市，社会的组织化程度已达到较高水平，具有法人资格的各类社会组织逾万个，草根型、地缘性民间组织更是数量繁多。二是社会组织提供大量社会服务。纽约活跃着大量

社区小型民间组织，这些草根民间组织通常更加专业化，针对特定社区群体提供专项服务，这些组织很大程度上决定着纽约的生活品质。在伦敦，提供社会服务的主体是多元的，在各类成人社会服务中，除成人安置计划外，都是由私营机构、志愿组织和慈善组织提供。三是社会组织自主建立、自主发展。伦敦社区民间组织非常发达，这些民间组织在组织和资金上不依赖政府，但十分注重同政府及其他各种组织建立合作关系。东京非营利组织数量众多，活动范围广泛，但这些非营利组织不涉及政治及宗教，不以支持或反对政治派别或政党为目的。四是许多社会组织具有一定的国际影响力。纽约不乏享誉世界的非营利组织，包括美国自然历史博物馆、纪念斯隆—凯特琳癌症中心等，这些机构都在各自领域内具有世界领先水平。在伦敦，诸如国际妇女同盟、国际行动援助、无国界医生等都发源于此。在日本，非政府组织特指从事国际公益活动，与国际协作相关，作为政府部门补充力量的组织。

（三）世界城市的市民具有较高的参与自觉

纽约的社会工作系统发达，社工人数众多，提供大量的社会服务，同时纽约市民以志愿服务的形式参与社会工作和社会事务的自觉性极高，这都给北京建设世界城市提供了宝贵的经验和借鉴。一是纽约社会工作者专业化职业化水平较高。纽约社会工作者在社会福利、社会救助、矛盾调处、权益维护、心理疏导等领域，为市民提供专业社会服务。根据工作领域不同，社会工作者可划分为儿童、家庭和学校、精神健康和药物戒除、医疗和公共卫生、政府雇员、高校教师和研究人员六大类。社会工作者管理主要包括法律管理和行业管理两部分，社会工作者入行的首要条件是学历，且最低学历是本科，其次是执照或证书要求，社工执业必须持有执照，由纽约州政府统一颁发。二是纽约市民参与志愿服务自觉性较高。纽约是全美志愿服务典范，运行机制比较成熟。主要有五个特点：公民对志愿服务的认同度高，政府在促进志愿服务方面发挥了很好的助推作用，志愿服务是美国社区文化的重要特征，适度运用促进和奖励机制以及提供差异化的志愿服务机会。

（四）世界城市的人口具有合理的规模

人口压力问题是世界上任何一个国际大都市在发展过程中都不得不面临的问题。这些城市的政府部门并没有放任城市人口自由发展，而是无一例外地通过一系列的人口调控政策和措施来应对人口压力。从目前来看，纽约、伦敦、东京的人口都具有合理的规模，从而适应经济社会的发展需求，适应资源环境的承载力。世界城市人口调控政策措施可以归纳为四个方面：一是制定城市规划对人口进行调控。1944 年伦敦颁布了著名的《大伦敦规划》直接对本地区人口的规模、分布做出规划，提出“控制市中心区、发展分散新城”的规划模式，规定规划区面积为 6 731 平方公里，人口为 1 250 万人。二是建立城市新区分流城市人口。纽约通过纳入邻近行政区域减缓中心城区人口压力。伦敦在20世纪60年代时重新制定伦敦区域布局模式，改变了《大伦敦规划》中同心圆封闭布局。日本根据《建成区改建法》对东京进行改建，把东京由原来的一点集中型发展为多心型城市结构。三是以产业转移带动人口向外疏散。纽约市通过税收等优惠条件将一些外来人口比较集中的劳动密集型产业迁出中心城区，打造各区核心产业，增强新兴城区对人口的吸引力。四是制定生活质量标准鼓励人口迁移。1901年，纽约出台《1901年出租房屋法案》，对电灯、卫生、通风设备和使用期、新住房维修、建造不合格房屋制定了严格的强制条款，在新兴城区配套实行税收和住房优惠措施，促进外来人口向郊区迁移。

(五)世界城市的社会心理服务比较完善

世界城市生活节奏快、社会压力大，市民心理健康需求日益增多，心理健康服务已经成为世界城市社会生活的重要组成部分。世界城市心理健康服务起步较早，特别是在心理咨询职业化、专业化发展方面积累了丰富的经验。一是社会心理服务机构日益专业化。伦敦20世纪70年代起就开始了心理咨询专业化探索，涉及注册心理咨询师和特许咨询心理学家两种认证体系。纽约社会心理服务机构主要有公立精神病院、综合医院精神科、私立精神医院与护理机构、心理学者心理咨询和治疗机构、社区心理健康服务五类，呈现出多元化、多层次以及行政监管与行业自治相结合的特点。二是社会心理服务从业人员职业化程度高。在英国，成为心理咨询师需要严格的认证程序，申请人需完成八项程序三个环节。美国规定了精神病学、心理学、护理学和社会福利工作四种心理卫生服务专业领域，纽约心理服务由相关心理健康专业人员、普通内科医生和辅助专职人员进行。三是社区社会心理服务日益成熟和完善。伦敦具有完善的社区卫生服务体系，社区居民可以享受完全免费的心理健康服务。纽约除了医院和大中小学心理咨询工作者外，心理健康咨询者和社区心理咨询者成为最大的社会层面心理服务群体，心理健康服务重心也逐渐从住院服务转移到门诊服务，从看护式服务转为预防和治疗模式。

二、以世界城市为参照看北京社会建设面临的问题和挑战

(一)北京社会建设现状

多年来，特别是党的十七大以来，北京市委市政府高度重视社会建设工作，坚持一手抓顶层设计、深化社会体制改革，一手抓夯实基础、推动社会服务管理创新，每年召开一次大会，每年出台一系列文件，每年推出一系列重要举措，社会建设、改革、治理取得了初步成效。

1. 坚持抓顶层设计，深化社会体制改革

一是创新体制机制，形成社会建设工作领导小组及其办公室抓综合协调，社会工委、社会办牵头抓总和纵向到底(社区)、横向到边(“两新”组织)全面

覆盖的工作网络。二是创新工作体系，确立了社会服务、社会管理、社会动员、社会环境、社会关系和社会领域党建的社会建设“六大体系”目标任务。三是创新政策体系，形成“1+4+X”的政策体系，并逐步向法制化方向转化。四是创新方式方法，在城市推行社会服务管理网格化，在农村推行村庄服务管理社区化。五是创新运行模式，社区服务管理试行社区党建、社区服务、社区自治“三位一体”模式，社会组织服务管理试行“枢纽型”社会组织工作模式，商务楼宇服务管理试行社会工作站、党建工作站、工会工作站、共青团工作站、妇联工作站“五站建设”模式，等等。上述五个方面的改革创新，把党务、政务、社务工作延伸拓展到社区、社会组织和非公经济组织，使具有时代特征、中国特色、首都特点的社会建设体系不断完善。

2. 坚持抓夯实基础，推动社会服务管理创新

按照抓住“一个龙头”(社会领域党建)、夯实“两个基础”(社区建设、社会组织建设)、建设“两支队伍”(社会工作者、志愿者)、推动“三维互动”(政府、市场、社会)、实现“两个覆盖”(党建工作、社会服务管理)的工作思路，扎扎实实夯实基础，切切实实推动社会服务管理创新。一是通过在全市各街道(乡镇)建立社会工作党委，在“枢纽型”社会组织建立健全党建工作委员会等“3+1”机制，在商务楼宇建立健全“五站建设”机制，基本实现社会领域党建工作全覆盖。二是通过开展社区规范化建设、社区基本公共服务体系建设、“一刻钟社区服务圈”建设、社会服务管理网格化建设，逐步夯实社区服务管理基础。三是通过构建社会组织“枢纽型”工作体系、建立政府购买社会组织服务机制、建立社会组织孵化“一中心、多基地”、开展社会组织“公益行”活动，逐步夯实社会组织建设基础。四是通过实施“大学生社工计划”、五年三次大幅度提高社区工作者待遇、培育社工事务所、购买社工岗位、实施全员轮训计划，使社工专业化、职业化格局基本形成。五是通过及时转化奥运志愿服务成果、建立长效性和应急性志愿服务机制，志愿服务体系不断完善。通过上述五方面的扎实工作，北京社会建设基础工程初具规模，初步奠定了社会领域党建、社会公共服务、社会管理、社会自治、社会组织建设、社区建设等重点工作的基础。

(二)与世界城市相比北京社会建设面临的问题和挑战

当前，首都社会管理服务虽然取得了丰硕成果，但是还存在不少问题，还不能完全适应建设中国特色世界城市的新形势，还不能完全适应首都经济快速发展的新情况，还不能完全适应城乡社会结构的新变化，还不能完全适应广大人民群众对过上更好生活的新期待。

1. 社区服务管理有待进一步加强

与纽约和伦敦相似的是，北京社区建设同样形成了一种政府行政参与、社区居委会自主治理、社区居民广泛参与的制度。与世界城市相比，北京的

社区建设工作还需进一步加强，体现为基层基础工作还有待进一步加强，社区建设与管理水平有待进一步提高，公共服务、公益服务和便民服务还不能适应广大人民群众多层次、多样化的需求，社区居民自治机制有待进一步创新，社区服务管理格局有待进一步完善。

2. 社会组织培育发展有待进一步加快

近年来北京市的社会组织虽然获得了较大的发展，但与世界城市的社会组织相比还存在较大差距，北京社会组织发展缓慢、存量有限、增量过少、增长过缓、规模弱小、功用不强等问题比较突出，尤其是在保障和改善民生、提供公共服务、增加和带动就业等方面还远远没能发挥出应有的功能和作用，就更不必说在加强和改进社会建设与管理、推动社会自治与社区发展、扩大公众参与、反映利益诉求、调解矛盾纠纷等方面作用的发挥了。

3. 社会工作和志愿服务有待进一步规范

纽约的社会工作者在各个领域为市民提供专业的社会服务，社会工作者有着严格的职业资格管理体系。与纽约相比，北京市社会工作存在社工队伍规模偏小、专业性不强、管理不规范、职业体系和培训机制不完善等问题，发挥作用有限，社工专业化、职业化进程有待进一步加快。2008 年北京奥运会后，北京的志愿服务得到蓬勃发展，但在市民志愿服务参与程度和志愿者规模、服务水平和服务领域上还与较为成熟的纽约志愿服务存在明显差距。

4. 人口调控和服务管理有待进一步完善

大都市人口压力问题是快速城市化进程不可避免的客观事实。在这一问题上，与世界城市相比，北京人口管理和调控措施还不够完善，调控效果并不明显。与东京相比，2009 年，北京市面积为 16 410 平方公里，常住人口为 1 755 万人，人口密度为 1 069 人/平方公里；东京都市圈面积 13 368 平方公里，常住人口 3 508 万人，人口密度 2 624 人/平方公里，为北京市人口密度的 2.5 倍。由此可见，如何进一步挖掘和发挥城市承载能力和发展潜力、探索符合北京实际的人口调控和管理措施，是今后北京建设世界城市面临的重要课题。

5. 社会心理服务有待进一步发展

北京市社会心理服务尚处于起步阶段。一方面是社会转型期社会心理问题日益增多；另一方面是国内心理咨询业尚没有一个专门机构进行统一的规划和管理，心理咨询师缺口较大，广大群众心理健康和心理咨询意识还不强、心理健康服务需求还不能得到满足，心理服务对于促进社会和谐稳定的作用还没有发挥出来，社会心理服务不论是机构还是人员队伍都有待进一步加强。

三、以建设世界城市为导向加快推进北京社会建设的几点建议

(一)加强社区建设，进一步夯实社会运行基础

1. 进一步完善社区服务管理格局

完善社区党组织、社区居委会、社区服务站职能，支持社会组织参与社

区服务管理，动员驻区单位支持社区建设，形成以社区党组织为核心、以社区居委会为主体、以社区服务站等为依托、以社区社会组织为补充、以社区信息综合管理服务平台为载体、驻区单位和组织协同配合、社区居民广泛参与的现代社区治理结构。搭建社区综合服务管理平台，推动社会管理、服务重心下移，以居民需求为导向，整合管理职能和服务资源。提升96156社区信息服务平台，建立健全政府、社会、市场互补机制，充分发挥政府、社会、市场各自优势，引导社会力量和社会资金投入社区建设，鼓励机关、企事业单位支持和参与基层社会服务管理，形成政府主导、社会协同、市场参与的共建共享局面。

2. 进一步健全基层民主自治制度

完善社区党组织领导的社区居民自治机制，提升社区居委会民主自治功能，完善社区居民会议、议事协商会议、民主听证、居务公开制度。进一步推广社区居民会议常务会经验，加快推进居住区业主大会建设，积极推动社区居委会与业委会互联、服务站与物业服务企业互动。进一步完善村民委员会直接选举制度，深化村务公开、民主管理，规范村级重大事务民主议事规则，健全村民(代表)和村民小组会议制度。健全村务监督机制，完善新型农村基层自治组织体系，加强和改进村务监督委员会建设，积极探索工作机制，更好地发挥村民群众在村级民主监督中的主体作用。

3. 进一步夯实基层社会管理基础

加快推进社区规范化建设、村庄社区化管理和社会服务管理网格化，构建以社区为基本单元的基层社会服务管理体系，逐步实现城乡社区服务管理一体化。巩固发展城市社区规范化建设成果，加快推进社区规范化建设向新建住宅小区、城乡接合部社区和农村社区延伸，探索切合不同社区实际特点的社区服务管理模式；进一步完善村庄社区化服务管理体系，研究出台《北京市村庄社区化服务管理办法》，大力推进农村社区服务中心(站)建设，逐步健全村庄社区化服务管理体系；制定落实《北京市网格化社会服务管理指导意见》，构建区(县)、街道(乡镇)、社区(村)网格化社会服务管理体系，实现社会服务管理精细化、信息化和科学化。

4. 进一步完善社区公共服务体系

进一步健全覆盖各类人群的基本公共服务体系，优化资源配置，缩小城乡和区域间差距，努力实现基本公共服务均等化。落实《北京市社区基本公共服务指导目录》，推进“一刻钟社区服务圈”建设，整合利用公共服务资源，加快推进公共图书馆、文化馆(站)、美术馆等公共活动设施免费向社会公众开放。充分利用人防工程等资源设施，鼓励和支持党政机关、企事业单位业余时间面向社区居民开放内部服务设施。搭建党和政府引领下的社区、社会组织和社区居民互联互动平台，形成以社区为纽带、社区居民需求为导向、社会组织为载体、社会工作者为骨干、志愿者积极协同、公众广泛参与的基层社会服务管理局面。

(二)大力发展社会组织，增强其自我管理、自我发展能力

1. 不断推进社会组织管理改革创新

按照“政社分开，管办分离”原则，加快推进社会组织回归法人主体状态，实现党政部门与社会组织的真正“脱钩”。按照“一口审批、分类规范、政府监管、扶持发展”原则，建立健全统一登记、各司其职、协调配合、分级负责、依法监管的社会组织管理体制，推进工商经济类、公益慈善类、社会福利类、社会服务类社会组织直接登记，不断扩大备案管理范围，健全政府引导、社会参与、第三方独立运作的社会组织考核评估机制。

2. 不断完善“枢纽型”社会组织工作体系

加快构建以人民团体为骨干的“枢纽型”社会组织工作体系，发挥龙头和枢纽作用，管理和服务同类别社会组织。对人民团体覆盖不到的领域，通过改造、提升、新建行业协会联合会等作为“枢纽型”社会组织。健全市、区(县)、街道(乡镇)三级“枢纽型”社会组织工作网络，按照“六有”要求，健全“枢纽型”社会组织工作运行机制，推动“枢纽型”社会组织职能规范化和制度化，不断推进“枢纽型”社会组织工作创新。

3. 不断完善政府购买公共服务机制

切实着眼“小政府、大社会”，针对不同社会群体，由政府向社会组织购买社会服务，弥补政府和市场提供公共服务的不足之处。设立社会组织发展专项资金，通过购买、“项目化”等形式建立公共财政对社会组织的资助、引导和奖励机制，每年至少向社会组织购买300个以上社会服务项目。继续加大政府向社会组织购买服务力度，不断提升服务质量、拓展购买领域。进一步加大政府资助、政府补贴力度，建立政府奖励制度，重点支持满足广大群众最迫切需求的社会组织。

4. 不断创新社会组织发展方式

着眼于整合资源，进一步优化社会组织发展环境，创新社会组织发展方式，进一步提高社会组织自我管理、自我发展能力。贯彻落实非营利组织税收优惠政策，大力培育和发展公益性、行业性、社区服务型社会组织；加强社会组织培育孵化基地建设，建设社会组织与社会企业、民间资本和境外资本的合作平台；努力培育一批有影响力的社会组织、打造一批示范性强的公益服务项目和便民服务品牌，加快推进从业人员专业化职业化进程；建立健全现代社会组织制度，完善法人治理结构，确保体制健全、管理规范、服务到位、监督有效、运行有序、信用良好。

(三)进一步扩大社会动员范围，加强社工和义工队伍建设

1. 加快推进社工专业化职业化建设

继续通过民主选举、公开招聘、业务培训等方式，建立健全社区工作者管理使用长效机制，全面推进城乡社区工作者专业化、职业化。探索以政府购买服务方式，向医院及社区卫生服务机构、学校、养老院、“枢纽型”社会组织和社区等派驻专业社工。实行严格的从业资格准入制度，成立市、区(县)社会工作者联合会。制定并试行《北京市社会工作人才培养、管理、评价、使用、激励办法》，实施社区工作者培训计划，组织编写培训大纲和教材，做好系统培训，每年培训万名社区工作者，切实提高社会工作者专业化水平。建立科学的社会工作人才职称体系机制，健全社会工作者薪酬保障制度，解决优秀社区工作者的出路与上升渠道。

2. 建立健全“社工＋义工”联动运行机制

建立健全社会工作者与志愿者互动机制，充分发挥社会工作者的专业优势，更好发挥志愿者的协同作用。加快推进学校、医院、社区等各类专业社会工作者队伍建设，加快培育社会工作事务所，成立以专业社工为核心的各种义工(志愿者)组织，积极探索建立“社工＋义工”联动机制。由具备社会工作师、助理社会工作师职业资格或具有社会工作专业教育背景的人员牵头，对有志于服务社会的志愿者进行专业社会工作知识和方法的培训，形成“专业督导＋专业社工＋志愿者”的工作格局。

3. 进一步健全志愿服务管理体制机制

加强市、区(县)志愿者联合会建设，完善志愿者组织“枢纽型”工作体系，修订《北京市志愿服务促进条例》。健全志愿者招募机制、招募渠道和招募方式，建立参与广泛、贴近需求、专业志愿者与通用志愿者相结合的服务队伍。打造一系列专业化志愿者队伍，巩固发展青年志愿者成果，建设各级各类中老年志愿者队伍。全面启动依托“志愿北京”平台开展志愿者注册登记工作，建立健全注册志愿者制度，建立志愿者星级认证制度和志愿者奖章授予制度。完善志愿服务项目化管理体系，开发急需发展的特色项目。

4. 加强志愿服务活动品牌创建

借鉴“纽约服务计划”等经验，发展和建立首都志愿服务的社会组织与活动品牌，丰富和完善公益周、服务日等纪念活动项目内涵，打造一批市级服务品牌，形成一系列社区特色服务品牌。继续推广“蓝立方”、“市民劝导队”、“大学生志愿服务西部计划”、“青年志愿者国际合作发展计划”等一大批形式新颖、内涵丰富、特色鲜明、实效明显的重点服务和品牌项目。

(四)加强人口规模调控，使其与城市发展相适应

1. 推动产业结构优化升级

抓住加快转变经济发展方式契机，加快金融产业、文化创意产业、高新技术产业、教育科技产业、文化娱乐产业、会展业、电子商务、现代物流业等现代服务业发展。采取严格的产业限制政策，制定行业准入标准，限制并逐步淘汰落后、低端的产业项目，推进产业结构的高端化升级。坚持“以业引人”，发挥产业发展对人口规模和人口结构的调节作用，建立规划、产业政策和重大项目人口影响评价机制，引导人口向高端产业聚集。

2. 完善人口居住服务管理

改革和创新人口调控工作方法和工作思路，加强流动人口的服务管理工作。坚持“以证管人”，加快实施居住证制度，建立流动人口动态信息与服务管理联动机制，提高流动人口服务管理信息化和精细化水平。加强人口引导区域合作，搭建人口区县流动的监管和引导合作平台，推动与人口流出大省尤其是京津冀和环渤海区域的合作。推广新居民互助服务站模式，落实出租房屋管理规定，建立健全青年流动人口服务管理机制，加强和改善进京务工人员服务保障工作，努力解决就业服务、社会保障、权益维护、基本公共服务等方面存在的突出问题。

3. 引导人口科学合理分布

根据“两轴—两带—多中心”的城市空间结构，发挥公共投资导向性作用，促进城市空间结构的调整，促进城市功能、产业和人口向外疏散，缓解中心城区人口压力。加大政府主导力度，综合利用合并、改建、置换、重组、转让等运作方式，加大中心城区公共服务资源整合力度，优化空间布局。进一步加大新城和产业功能区建设投资和政策支持力度，鼓励中心城区优质社会公共服务资源向这些地区疏散。加强功能拓展区和近郊区的医疗卫生、文化、体育、教育、警务和社区等公益事业服务设施建设，组织实施好人口疏解计划，稳步疏解中心区人口。

4. 加强实有人口动态管理

健全实有人口动态管理机制，加强人口信息化的跨部门协作机制，建立全市联网、部门联动、覆盖城乡的全员人口统筹管理信息系统，完善实有人口综合管理信息平台建设，建立健全人口动态预警机制。扩大人口信息化建设的主体，进一步丰富人口信息化内容，加大流动人口信息化管理力度，为引导人口有序流动、合理分布，推进流动人口基本公共服务均等化，切实维护流动人口合法权益，促进社会融合，破解流动人口服务管理难题。

(五)健全社会心理服务体系，加强社会心理疏导

1. 进一步规范和健全心理健康管理机构

尽快成立北京市社会心理服务联合会，充分发挥其“枢纽型”社会组织作用，为加强社会心理研究和服务工作搭建平台。通过建章立制，明确发展目标和服务内容及标准，制定服务行为规范，为心理咨询的规范化和专业化奠定基础。一方面，严把入口关，推行统一的心理咨询队伍准入制度和资格认证制度；另一方面，完善心理咨询队伍业内发展机制，规范专业背景、职称晋升、考核奖励、职业道德规范、淘汰退出等。

2. 大力发展心理教育培训

进一步普及心理咨询与治疗知识，健全心理咨询师督导和培训制度，加强对首都高等学校心理健康服务专业人员的培养，完善心理咨询师的资格认证工作，切实避免商业化、功利化过度趋向。按照保基本、多层次的目标，既抓好普及型心理健康服务人才的培训，以满足广大基层群众的需要，也更加注重培养高水平的专业心理健康服务人才，形成帮带联动、优势互补、长效发展的人才梯队。

3. 切实加强社区心理健康服务

做好心理健康关怀工作，开展形式多样的社区（村）心理健康知识宣传，营造和谐社区氛围。发挥人民调解优势，全力做好矛盾基层化解，加强对老人、儿童群体以及特殊家庭的关爱和帮扶，帮助排除居民心理疾病隐患。探索社区心理健康服务规范化建设，用好行政、社会两股力量，发挥好政府决策、监督和心理卫生协会协管、指导的工作合力。鼓励和支持社会组织承接社区心理健康服务，推进街道、社区心理咨询机构建设，深入开展心理辅导讲座进社区活动。引导优质资源向社区倾斜，加强与精神康复医院合作，配合专业医院做好追踪服务工作。

北京建设中国特色世界城市是一个长期的重大战略任务。尽管与世界城市的经济社会发展取得巨大成就，特别是在社会建设方面积累很多宝贵经验相比，北京社会建设在体制机制、服务管理等方面还存在一定的差距和不足，但是只要我们认真借鉴世界城市社会建设的成功经验和做法，紧密结合首都实际，进一步加强和改进社区建设，加快推进社会组织健康有序发展，切实加强社会工作队伍建设和志愿服务长效机制建设，大力加强社会心理服务，不断加强和改进人口宏观调控和管理，必将使北京社会建设工作向着“社会服务更加完善、社会管理更加科学、社会动员更加广泛、社会环境更加文明、社会关系更加和谐、社会领域党建全覆盖”的目标迈进，为建设“人文北京、科技北京、绿色北京”和“五个之都”，为建设繁荣文明和谐宜居的首善之区做出应有的贡献，努力推进早日实现建设中国特色世界城市的长远目标。

参考文献

[1]《中共中央关于构建社会主义和谐社会若干重大问题的决定》，北京：人民出版社，2006年。

[2]《中华人民共和国国民经济和社会发展第十二个五年规划纲要》，北京：人民出版社，2011年。

[3]胡锦涛:《扎扎实实提高社会管理科学化水平——在省部级主要领导干部社会管理及其创新专题研讨班开班式上讲话》,《理论参考》,2011年第3期。

[4]马凯:《努力加强和创新社会管理》,《国家行政学院学报》,2010年第5期。

[5]刘淇:《创新社会服务和管理 推动首都社会主义和谐社会建设》,《求是》,2010年第23期。

[6]郭金龙:《加强和创新社会管理 努力建设首善之区》,《党建研究》,2011年第5期。

[7]宋贵伦:《社会建设要加强社会的"基本建设"——以北京市实践为例》,《国家行政学院学报》,2010年第1期。

[8]何增科:《深化十大社会管理体制改革的具体构想》,《北京行政学院学报》,2010年第2期。

[9]岳金柱、李薇:《加快推进北京社会组织发展建设的若干思考》,《社团管理研究》,2011年第2期。

[10]郑杭生:《社会建设的前沿理论研究——社会建设问题的社会学思考》,《武汉科技大学学报(社会科学版)》,2009年第4期。

[11]陆学艺:《当代中国社会结构与社会建设》,《党政干部参考》,2010年第10期。

[12]《北京市国民经济和社会发展第十二个五年规划纲要》,首都之窗,http://zhengwu.beijing.gov.cn/ghxx/sewgh/t1176552.htm.

[13]《北京市"十二五"时期社会建设规划纲要》,首都之窗,http://zhengwu.beijing.gov.cn/ghxx/sewgh/t1206405.htm.

[14]《深圳经济特区社会建设促进条例》,《深圳特区报》,2012年2月29日,第A10版。

[15]《中共北京市委关于加强和创新社会管理全面推进社会建设的意见》,首都之窗,http://zhengwu.beijing.gov.cn/gzdt/gggs/t1170000.htm.

(作者:张 坚 中共北京市委社会工作委员会副书记、
北京市社会建设工作办公室副主任)

项目名称：北京城乡居民社会心态动向研究
项目编号：12ZHA007
项目负责人：王力丁
项目信誉保证单位：首都社会经济发展研究所

北京城乡居民社会心态动向研究

内容提要：社会心态近年来成为了全社会关注的热点议题。十八大报告指出，注重人文关怀和心理疏导，培育自尊自信、理性平和、积极向上的社会心态。2011年，"社会心态"一词出现在"'十二五'规划纲要"中，这是"社会心态"首次被写入"发展规划纲要"当中。习近平总书记在对"中国梦"的阐述中提到，"中国梦是民族的梦，也是每个中国人的梦"。人民群众是"中国梦"的主体，凝聚全社会力量是实现"中国梦"的路径，从这个意义上说，社会心态研究可以作为"中国梦"实现路径的一项基础性研究。如何认识当前社会心态出现的问题和变化，北京城乡居民的社会心态有哪些新的特点及动向，哪些好的措施及方法有助于培育良好的社会心态，本课题将对以上问题进行一番探讨。

一、北京市社会心态总体情况分析

社会心态是与特定的社会运行状况或重大的社会变迁过程相联系的，在一定时期内广泛地存在于各类社会群体内的情绪、情感、社会认知、行为意向和价值取向的总和，属于社会心理的动态构成部分。社会心态是社会现实的折射，研究社会心态有助于发现社会问题，对社会行为做出分析和预判并加以积极干预，培育良好的社会心态对促进和营造和谐社会意义重大。

现阶段，社会转型是社会心态变化最直接的推动者，重大的社会转型，必然会带来社会心态的转变和重塑。因此，研究我市的社会心态动向，一是要结合改革开放以来的社会转型的大背景，二是要结合现阶段社会发展的阶段性特征。

(一)转型期社会心态的总体特征

三十多年的对外开放、对内改革是一个全方位的、持续的、不断深化的社会转型过程，经济体制深刻变革，社会结构深刻变动，利益格局深刻调整，思想观念深刻变化。学者夏学銮在《转型期的中国人》中，把转型期称作"天使和魔鬼并存的时代”，转型期喧嚣多变的社会生态反映在社会心态上，呈现出复杂、多元的特点。

当前社会心态总体上是积极的，奋发进取、理性平和、开放包容是当前社会心态的主基调。人们的民主意识、法律意识、公平意识、独立意识普遍增强，对不同的生活方式、行为方式、不同的文化接受能力越来越强，心态更加开放。但我们也看到，社会转型打破了原有的利益格局，各方利益矛盾错综复杂，利益格局的不平衡导致了社会心态的失衡。浮躁、焦虑、冷漠、急功近利、攀比、炫富、仇官、仇富等消极的社会心态普遍存在，很大程度上影响到社会心态整体结构的平衡。

(二)转型期社会心态变化原因

与改革开放相伴而来的社会转型最初始于经济领域，而后渗透到全社会的各个领域、各个层面，在激发了巨大的社会发展能量的同时，也衍生出一系列的问题、矛盾、风险，正如有的学者形象的描述：改革在与危机赛跑。这些问题、矛盾、风险是社会转型期社会心态变化的诱因。

首先是市场经济体制下的贫富差距加大。根据国家统计局公布的基尼系数来看，2003 年至 2012 年，一直徘徊在 0.474 到 0.491 的区间，远远突破了 0.4 的国际警戒线。城乡、地区、行业差距愈发显著。以北京为例，2005 年到 2010 年，北京城乡居民收入比从 2.25∶1 缩小到 2.19∶1，但收入差距绝对值却从 9 793 元扩大到 15 811 元，年均增长 10.1%。财富分配的不平衡是导致社会心态失衡最重要的原因之一。

其次是政策滞后、制度不健全导致的社会不公。由于政治体制改革滞后于经济体制改革、相关制度不够完善，贪污受贿、公权私用、滥用职权等腐败现象相当普遍，腐败问题直接引发了各种社会不公、矛盾、冲突，也成为导致社会心态失衡、恶化的最重要的因素之一。由“不公平感”衍生出的不良情绪是当今社会心态的一个重要特征，也是很多矛盾冲突、甚至群体性事件的导火索。

再次是由社会结构调整产生的“失助”与“失落”。社会转型导致社会结构的剧烈变化，改革开放后很多“单位人”转变为“社会人”，大量新兴的行业、阶层、群体产生，原有的社会支持系统迅速瓦解的情况下，新的社会支持系统尚未健全，部分群体很难获得及时、有效的社会支持，承受压力、风险的能力大大减弱，处于“失助”状态。“失落”主要是指在社会转型过程中多元文化、新旧价值观相互交织、冲突而产生的落差、混乱和茫然。这种“失落”作为一种社会转型期特有的文化心理现象，在各个阶层、群体中，都有一定程度的存在。

(三)首都社会发展转型与社会心态转变

进入新世纪尤其是成功举办奥运会以来，北京市经济、社会发展的各项指标不断刷新，并提出了建设世界城市的战略目标，城市整体发展已经迈入了一个全新的发展阶段。首都社会发展模式正发生着深刻转型，包容、均衡与和谐越来越成为转型的主导方向。

根据市委研究室的相关研究，首都社会发展模式转型可以概括为：经济发展由物本型向人本型转变、公共服务向均衡普惠式转变、社会管理向现代模式转型、社会维稳由应急型向整合型转变。与首都社会发展模式转型相对应，首都社会心态总体上保持平稳，开始进入复杂多变期。北京民众对未来发展表示乐观的同时，期待也越来越高。社会心态呈现多元化趋势，民众对涉及切身利益的民生问题的关注度越来越高，面对相对更大的生活压力时，更趋向于务实。不同阶层、不同群体心态差异化、行为取向多样化趋势越发明显。

二、现阶段北京市社会心态现象分析

社会心态包括了特定时间、地点范围内社会存在的情绪、情感、社会认知、行为意向和价值取向，是一个总和的概念，试图对社会心态进行“全息”式描绘是不现实的，因此我们选择了当前在我市存在的一些共性的、广泛存在的、比较突出的社会心态现象加以描述和分析，为把握我市社会心态整体趋势和存在问题提供参考。

(一)生活压力感

生活压力感是影响社会心态走向最基础性的因素之一。在北京这样高消费、快节奏的大城市，生活压力感在居民当中相对普遍存在。高压力感下容易滋生负面情绪，形成不良的社会心态，增加社会张力。

《北京社会发展报告(2011～2012)》调查结果显示，与2010年相比，2011年32.6％的市民感到生活压力加重，压力来源分别是医疗费用(73.3％)、房价上涨(65.3％)、养老保障(64.4％)、物价上涨(61.4％)。市民中感到生活质量“大有提高”的占1.0％、“略有提高”的占19.8％、“没有变化”的为34.7％、“略有下降”和“下降很多”的占40.6％。对政府工作满意度方面的调查显示，“公共文化体育”和“环保”满意度最高，分别为90.1％、83.1％。受访者对于政府在房价调控和调节收入分配方面的工作，最为不满，分别达39.6％、30.7％。

报告同时指出，2005年到2011年，北京城乡居民人均可支配收入分别增加了86％和87％，均跑赢了同期居民消费价格指数(CPI)(物价上涨幅度)，但与同期国民生产总值(GDP)130％的增幅相比要低得多。

零点研究咨询集团《2012城市居民压力指数报告》显示，北京居民经济压力来源前三位分别为“住房”、“生活成本”和“子女教育”问题。其中将“住房”列为经济压力主要来源的居民占大多数。

《北京社会发展报告(2009～2010)》分报告《北京公众对贫富差距的社会心理反应》报告显示：有七成多人认为目前的贫富差距状况不合理；在贫富差距扩大的归因上，有近两成人认为大多数富人主要靠不正当方式致富，多数人对大部分富人的致富方式表现出怀疑和蔑视态度，“道德义愤型”的“仇富”心理普遍存在。

(二)幸福感

幸福感与生活压力感是一对相互关联、此消彼长的指标。拥有最好的基础设施、公共资源、文化遗产、优秀人才、发展机会的北京，在各类幸福城市的调查中却排名靠后。中国城市竞争力研究会发布的“2012 年中国最具幸福感城市排行榜”，居于一线城市之首的北京和上海分别排在第 96 名和 99 名。分析认为，北京作为特大型城市，更适合打拼而不是生活，竞争压力、房价、教育资源、交通设施等因素产生的压迫感明显。

首都经贸大学发布的“2012 年北京社会经济生活指数”显示，2011 年度北京市城镇居民幸福指数为 72.28，继 2010 年后再创新低。按不同人群看，2010 年报告显示，事业单位员工幸福感最高，为 74.30；工人幸福感最低，为 70.71。报告分析认为，幸福指数持续创新低的原因主要是“对收入不满”。另有调查显示，影响家庭幸福感的因素有 8 项，按作用大小排序依次为：经济收入低、住房太小、居住环境差、身体差、工作不理想、子女教育问题、夫妻不和睦和夫妻性生活不和谐。

另有关于 2011—2012 年北京居民生活满意度的调查显示，北京居民对于个人家庭关系、身体健康的满意度较高，分值分别为 85.53 和 72.13，对介于个人和社会的工作状况满意度居中，分值为 61.28，对很多社会性因素满意度较低，满意程度从高到低分别为公共安全、医疗条件、教育、交通、家庭收入、住房条件、食品安全、日用消费品价格，最后两项分值仅为 36.95 和 36.13。

(三)安全感

按照马斯洛需求层次理论，安全需要处于仅次于生理需要的最基础层次。因此，民众对于各种涉及自身安全的因素关注度很高。近年来，随着大城市生活成本不断攀升，除了食品、交通、环境、医疗等具体安全问题，收入已成为影响安全感的一个最基础因素。另外，居民对于隐私安全的担忧呈逐步上升趋势。

“2010 北京社会经济生活指数”显示，北京居民安全感逐年提升。六成以上受访者表示感觉很安全或比较安全，居民社会治安安全感最强。但随着就业压力不断增加，经济安全感下降。

人民网 2010 年一项调查显示，北京是京沪穗三个城市中总体安全感最高的城市。生活成本高压力大、环境污染、食品安全是公众最忧心的安全问题。

在城市非常安全和比较安全的总比例上，北京82.1%、上海70.0%、广州只有54.8%，对于城市治安担忧的比例北京最小，为8%。对于政府部门如何提升居民生活安全感的问题，大多数居民选择了“富民”(31.6%)和“缩小贫富差距”(32.5%)。对于政府部门的执法行为，公众最担心的是“执法不公正”(43.9%)，“执法尺度不一”(24.2%)。

(四)社会信任度

根据中国社会科学院对北京、上海和广州三地的调查显示，社会信任状况堪忧，总体得分仅为62.9分，达到了“低度信任”的最下限。2010年，北京的社会总信任得分最低，为59.3分，属“基本不信任”范围。分析认为，三地市民的特殊信任程度高，而普遍信任程度低，不适应以陌生人为主的工商社会生活。低信任度极大地影响了人们对制度、规则、机构等的信任和对契约、规范等的遵从。

具体看，北京市民对公共媒体的信任得分最低，属于“低度信任”水平，对商业行业的评价也是最低。市民对“药品制造”和“食品制造”等行业属于“基本不信任”，对“房地产业”和“广告业”属于“高度不信任”，对房地产开发和中介欺骗现象，北京市民认为“非常严重”，严重程度得分位列第一。北京市民对政府机构信任度较高，达到“中度信任”。另外，人际信任状况也不容乐观。北京市民对家庭成员和亲密朋友的信任程度比较高，对邻居属于“基本不信任”范围，对陌生人和网友的信任程度极低，属于“高度不信任”。

《中国社会心态研究报告(2012～2013)》显示，社会总信任指标在2012年进一步下降，已跌破及格线，人际之间的不信任进一步扩大。只有不到一半的人认为社会上大多数人可信，两到三成的人信任陌生人。群体间的不信任加深和固化，表现为官民、警民、医患、民商等社会关系的不信任，也表现在不同阶层、群体之间的不信任。越来越多相同利益、身份、价值观念的人们采取群体形式表达诉求、争取权益，群体间的摩擦和冲突增加。

不信任感已成为很多负面情绪和心态的重要根源，如冷漠、猜疑、怨恨、暴戾、阴谋论心态，等等。2011年首都经贸大学一项关于“社会信任问题”的联合调研结果显示：就遭社会热议的“老人摔倒该不该扶”的问题，高达87.4%的民众认为不能扶老人的原因是“怕惹祸上身”。

(五)弱势心态

社会结构的变动带来各阶层、群体的差距越来越大。目前大多数人对所处阶层的认同感偏低，弱势心态(或称为底层认同)的存在相当普遍。有分析认为，对弱势心态的调查多年来呈相似结果的现象与阶层固化有关系。当部分群体与阶层占有越来越多社会资源时，其他群体与阶层长期得不到获取资源的机会，较低阶层向较高阶层的流动越来越困难，被边缘化，从而产生挫败感，导致群体的弱势心态蔓延。

2010年，《人民论坛》一项联合调查显示，认为自己是“弱势群体”的党政干部受访者达45.1%；公司白领受访者达57.8%；知识分子(主要为高校、科研、文化机构职员)受访者达55.4%。调查认为，官场竞争、舆论监督、公务繁忙、收入有限是公务员弱势心态的主要原因；“干得多，挣得少”是许多公司白领的共同感受；在功利化的社会评价标准下，部分知识分子存在落寞感和被边缘化的感受。调查另外显示，73.5%参与调查的普通网友认为自己属于“弱势群体”，远高于以上三个群体的数据。认为自己弱势的原因排在前三位的分别是：“收入与预期有距离，生存、工作压力大”(37%)、“社会竞争中产生不公平感，导致相对被剥夺感强烈”(29%)、“许多个人权利得不到有效维护”(16%)。

2011年的《北京市民隐私观念调查与分析》显示，相当比例的中等收入、高收入阶层认为自己属于中下层、中层。另外对北京的调查显示，36.7%的人倾向于认为自己是弱势群体，36.3%的人认为自己不属于弱势群体，其余27%的人没有倾向。

(六)情绪表达方式

当前，居民社会情绪总体呈现正面、积极为主的态势，但负面情绪爆点低、易传染，“社会情绪反向”(即对一些正面现象持怀疑、不屑，而对一些负面现象持同情、漠视等情绪)明显。出现这些新特点，转型期复杂的社会现实是最基础的原因，公众情绪表达渠道和表达方式的变化也起到了重要作用。

根据北京市经信委提供的数据，目前我市网民总数已超过1 200万，占常住人口的三分之二左右，这一比例在全国最高。网络上的情绪表达具有直接、感性、表面化、非理性成分多等特点，而且在网络虚拟环境中，相对宽松的氛围使得社会情绪的感染性、煽动性更强，极易在短时间内形成热点。

现在，几乎每一个热点的社会事件，都会在网络上形成讨论，很多热点事件的源头往往来自于网络，网络制造公众注意力焦点的能力在某种程度上已经超过大众传媒。微博在爆发式发展中也被网民赋予了很多新的“功能”，网络舆论中心、“一秒钟”现场、另一种反腐、更广泛的公益、问政的舞台等。

(七)社会参与行为

公众参与是社会建设的重要内容。公众的社会参与行为是社会心态的外在表现，而社会心态是公众社会参与行为的内在基础。

以奥运志愿者行动为例，北京市民表现出的社会热情是很高的。但根据《2011年中国社会心态研究报告》分析，市民参与大多停留在关注的层面，行动参与较少。参与的自发性不高，单位和社会组织的情况较多，只有三到四成的市民愿意主动参与。

主动性不足、需要组织的特点同样体现在公众参与社会救助、慈善的行为当中。在奥运、汶川地震、玉树地震、舟曲泥石流等重大事件当中，我市居民捐款、捐物、担当志愿者的热情都非常高，主动参与的比例正逐步提升。但由于制度机制不完善、慈善观念不成熟、社会风气不良等原因，人们的参与行为很容易受到其他因素影响，从“社会谴责名人诈捐”、“郭美美事件后红十字会善款锐减”、“网络对于北京7·21特大暴雨捐款的质疑”等事件可看到，公众理性参与慈善还有很长的路要走。

另外，在解决涉及切身利益的矛盾冲突时，民众较多采取消极忍耐、沟通、上访等方式，采取法律手段解决矛盾和冲突的比例很低。调查显示，各类矛盾在初期解决的方法都比较理性，采取冲突性手段的极少，但在尝试了多种解决策略无效的情况下，则会转向采取极端手段。

三、北京市部分群体社会心态分析

中共北京市委研究室与有关部门、区县和中国人民大学调查与数据中心2011年对北京市11个群体进行过调查，调查对象包括在京外国人、高层次引进人才、中关村白领、非京籍大学毕业生、外来务工人员、新生代农民工、网民、退休职工、拆迁农民、低保户、上访户，大部分属于社会边缘或相对弱势群体。从总体看，这些群体的社会心态呈现几个特点：一是压力感强，社会融入感差。各群体普遍反映收入太低，生活压力感受明显。二是利益诉求反映渠道少，社会支持较弱。三是对北京认同度高，融入城市愿望强烈。四是对改善收入、住房、教育、社会保障诉求强烈，忧患意识较强。五是公共服务差异化待遇等问题引发不满情绪。公共服务差异化待遇给外来人员工作和生活带来诸多不便和困扰，由此引发的不满情绪较为明显。

四、调适和改善北京市社会心态的政策建议

（一）理性看待社会心态现状，以包容平和心态应对社会心态多元化

中国历史上的善治者，无不重视民心、民意。“得民心者得天下，失民心者失天下”，关注社会心态，也就是关注民心、民意。社会转型带来社会结构变动，利益格局调整，社会心态多元分化，在一定程度上，当前的各种不良社会心态都与社会转型的时代背景密切相关，社会心态复杂现状的出现具有一定的必然性，应理性看待。

作为执政者，要做社会舆论的倾听者，社会心态的观察者。积极地探索以社会主义核心价值体系引领社会思潮的有效途径和措施，鼓励多元表达，包容“异质思维”，通过积极主动的宣传和引导，培养、增强民众对主流价值观的认同感，最大限度地消解孕育不良社会心态的消极因素。

（二）重视社会心态也就是重视民生，要靠法律和制度建设解决社会心态问题背后的民生问题

社会心态反映社会现实，所有社会心态问题的背后实际上都是社会现实

中的民生问题，解决社会心态问题的根源，就是要通过法律和制度来解决民生问题。法律和制度建设是改善社会心态长期的、治本的策略。

通过前面的分析，很多的社会心态现象背后的原因就是利益分配机制，因此，建立和完善公平、合理的利益分配体制和收入分配制度，提高居民收入，缩小贫富差距应成为当前法律和制度建设的首要目标。其次，基本的养老、医疗、生活保障不到位、不平衡是造成社会不公平现象的重要原因，进一步完善城乡一体的社会保障体系对于保持社会心态的健康、平衡至关重要。再次，根据我市外来人口比重较大的情况，应加强针对公共服务公平化的研究，尽快通过制度化的手段解决因户籍等原因产生的公共服务差异化问题，给予社会弱势和边缘群体必要的支持和帮助，以最大限度地消除因此对我市社会心态带来的消极影响。

(三)把社会心态纳入社会建设的工作体系，尽快建立社会心态监测和预警机制

在中央强调加强和创新社会管理的大背景下，为推进社会建设，我市已经成立了市委社会工委和市社会建设办公室，并已出台了《北京市“十二五”时期社会建设规划纲要》。社会心态反映的诸多问题都来自社会层面，社会心态的改善更得依靠社会层面的工作加以解决。调适和改善社会心态可以说是社会建设的基础性工作，良好的社会心态也是社会建设的应有目标，社会心态理应纳入我们现有的社会建设工作体系。

当前，社会心态问题已呈显性化趋势，应加强社会心态研究，及时监测社会心态的变动情况，预测社会心态变化趋势，建立社会心态预警机制，为进行相关决策、制定政策法规和措施提供依据。在具体操作层面，可考虑由社会工委牵头，与相关部门(包括：发改委等主要政策制定部门、统计部门、劳动人事部门、信访、综治、宣传部门、文化部门、党政研究部门等)、研究机构联合完成。

(四)拓宽利益诉求表达渠道，在社会层面探索建立社会心态调适、疏导机制

利益诉求渠道不畅是导致社会心态问题恶化、正常利益期待进而转化为极端行为甚至群体事件的重要原因。应充分利用电子政务、信息公布、听证会等方式，推动公共政策的公开与透明，确保群众对政府工作的知情权、参与权、表达权和监督权。充分利用现有资源，尽量拓宽社会不同阶层、群体，尤其是相对弱势群体的利益诉求表达渠道。除了要利用好传统的电视、报纸、广播等传统主流媒体外，必须加强对网络媒体的利用，尤其不能忽视微博、微信等新技术平台的作用，有关部门可采取建立官方微博的形式与公共开展互动。加强正面引导的力度，让正面、主流的声音在各种媒体形式中都能发挥主要的作用，为促进社会共识、培育健康向上的社会主流价值观、改善整体社会心态创造条件。

进一步加强社会管理、服务手段的创新，发挥基层党组织、工会、妇联、共青团的作用，充分发动企事业单位、社区、社会组织等社会力量，参与到调适、疏导社会心态的工作机制中来。

(五)应高度重视北京市当前社会心态中的高风险因素，积极采取针对性措施

社会心态的各种现象在某种意义上如同疾病的各种症状和信号，在研究社会心态的基础上追根溯源，有助于我们发现各种社会问题、社会矛盾冲突的原因，进而寻求解决之道。

例如，仇官、仇富的心态背后的官员腐败行为、社会总体信任度跌破及格线、弱势心态普遍化、阶层固化趋势、社会转型期部分群体的“失助”现象、公共服务差异化待遇引发不满情绪，等等，这些都是当前我市社会心态中存在的高风险因素。对于一些相对具体的现象，如居民对某些行业的信任度偏低，可以通过相关部门及时采取措施加以改善或解决；对于一些相对深层次的问题，如官员腐败、弱势心态等，则可从社会心态所反映的问题入手，开展专项研究，给决策者和相关部门提供有针对性的解决思路和措施。

参考文献

[1] 北京市委研究室：《北京市部分社会群体情况调查报告》，2011 年。

[2] 人民日报评论部：《“关注社会心态”系列评论》，《人民日报》，2011 年 5 月 31 日。

[3] 杨宜音：《个体与宏观社会的心理关系：社会心态概念的界定》，《社会学研究》，2006 年第 4 期。

[4] 王俊秀、杨宜音：《2011 年中国社会心态研究报告》，北京：社会科学文献出版社，2011 年。

[5] 王俊秀、杨宜音：《中国社会心态研究报告(2012～2013)》，北京：社会科学文献出版社，2013 年。

[6] 马广海：《论社会心态：概念辨析及其操作化》，《社会科学》，2008 年第 10 期。

[7] 马广海：《我国社会转型期的阶层分化与社会心态问题研究》，山东大学硕士学位论文，2010 年。

[8] 胡红生：《社会心态论》，北京：中国社会科学出版社，2011 年。

[9] 马皑：《中国人心态扫描》，北京：中国政法大学出版社，2010 年。

[10] 鞠春彦：《社会心态研究报告——以北京为个案》，北京工业大学博士后学位论文 2009 年。

[11] 戴建中：《北京社会发展报告(2009～2010)》，北京：社会科学文献出版社，2010 年。

[12] 陆学艺：《北京社会建设 60 年》，北京：科学出版社，2008 年。

[13] 陆学艺：《当代中国社会阶层研究报告》，北京：社会科学文献出版社，2002 年。

[14] 河南省社科联“社会心态嬗变与和谐社会建设研究”课题组：《社会心态嬗变与和谐社会建设研究》，郑州：河南人民出版社，2008 年。

[15] 蔡新燕:《转型期社会心态嬗变及调适》,《理论学习》,2012 年第 4 期。
[16] 姚亮:《中国社会转型期的社会风险及特征分析》,中国共产党新闻网,http://theory.people.com.cn/GB/10229005.html.
[17] 周晓虹:《改革开放以来中国社会心态的变迁——有关中国经验的另一种解读》,《中国社会科学辑刊》,2009 年 6 月。
[18] 夏学銮:《当前中国的不良社会心态及治理》,《金融博览》,2011 年第 6 期。
[19] 李淑梅、琚春林、刘志韵:《和谐社会构建中社会群体利益诉求机制的思考》,《唐山师范学院学报》,2006 年第 3 期。
[20] 人民论坛问卷调查中心:《"弱势"缘何成了普遍心态——不同群体"弱势"感受对比分析报告》,《人民论坛》,2010 年第 34 期。
[21] 蔡志强:《社会阶层固化的成因与对策》,《学习时报》,2011 年 6 月 27 日(第 4 版)。
[22] 首都社会经济发展研究所:《国内外幸福指数建设调查及启示》,2012 年。
[23] 首都社会经济发展研究所:《外来人口市民化管理与服务和首都人口调控研究》,2012 年。
[24] 郑红君、朱峰:《当前首都社会发展的阶段性特征》,《前线》,2012 年第 6 期。
[25] 人民在线网络舆情,http://wlyq.peopleyuqing.com.

(作者:张晓冰　首都社会经济发展研究所副处长)

项目名称：国外城市排水系统建设调查及对我市的启示
项目编号：12ZHB015
项目负责人：王彦峰
项目信誉保证单位：首都社会经济发展研究所

国外城市排水系统建设调查及对我市的启示

内容提要： 近年来，国内很多大城市频频因暴雨引发城市内涝。2012 年北京“7·21”特大暴雨造成一百六十多万人受灾，77 人死亡(截至 2012 年 7 月 26 日)，经济损失过百亿。城市的排水系统，如同人体的循环系统一样，一旦运转不畅，就会造成堵塞、渗漏、溢流，进而引发内涝、污染、次生灾害等一系列连锁反应，造成巨大的生命及财产损失。经过长期的探索和实践，一些发达国家已经在城市排水系统的规划、设计、建设、管理等方面积累了相对成熟的经验，本文将总结其中最具代表性的几个国家(城市)的主要做法和经验，进而分析归纳出对我们进一步完善城市排水系统的有益启示。

一、国外城市排水系统建设的主要做法及经验

(一)法国巴黎

1. 规模庞大，历久弥新

为了解决城市污水直接排入生活水源塞纳河引发污染的问题，1851 年，法国人欧仁·贝尔格朗(Eugène Belgrand)设计了将污水排到郊外阿谢尔野地的方案，并提出了下水道系统建设、维护以及发展的一整套技术方案。之后，巴黎的排水系统纳入到了城市建设规划之中。至 1878 年，巴黎已拥有地下水道 600 公里。1935 年到 1947 年，巴黎又开展了污水净化改造工程，废水通过沟渠到达净化厂进行处理。1991 年，为解决因老化导致的侵蚀管道、污染等问题，降低塌陷风险，巴黎开始了第一期 500 公里的管道更新修复计划。目前，巴黎的下水道系统管道总长度达到了 2 400 公里，这个长度大约相当于巴黎地铁长度的 10 倍，下水道井盖多达 2.6 万个(其中 1.8 万个是可以进人)，有六千多个地下蓄水池，有一千三百多名专业维护工负责清理维护。巴黎的城市排水系统是目前全世界范围内仍在使用的最古老的城市排水系统之一。

2. 标准高，功能全

巴黎下水道系统处于地面下 5 米至 50 米不等，采取石头或砖混结构，十

分坚固。下水道分为小下水道、中下水道和排水渠三种，其中排水渠高度在2米以上，工作人员可直立行走，中间是宽约3米的排水道，两旁是宽约1米的供检修人员通行的便道。除了在空间结构上足够宽敞，保证了大流量排水的通畅。当年的设计师贝尔格朗还发明设计了清除下水道垃圾、沉沙的机械和设备，利用水的"冲刷"效应将下水道中的垃圾、沉沙或淤泥集中后加以清除。如今，在部分没有电力供应的下水道，这些传统的机械和设备仍然在发挥作用。下水道中设有独立的照明系统、通风系统，即使是夜间也可以进行维修。

3. 循环使用，信息化管理

目前巴黎地区有四座污水处理厂，日净化水能力为三百多万立方米。污水通过净化站进行处理后，一部分排到郊外河流或直接流入塞纳河，另一部分则通过非饮用水管道循环使用，现在每天有40万立方米循环使用水用于冲洗巴黎街道和城市绿化灌溉。巴黎市新建了两个电脑控制的污水和雨水压力提升厂，加速了下水道废水和雨水的流动，同时负责大量垃圾和泥沙的清除。

信息化管理技术已被运用于城市排水系统。巴黎市城市生态保护局下属的巴黎排水与水处理技术处(STEAP)专门负责饮用水提供和污水处理服务。该处使用名为地下水道网络管理信息化处理(TIGRE)的地理信息化系统管理地下水道网络。

4. 屋顶绿化，灾害预警

水灾预警是法国重大风险预警系统的重要部分。预警分绿、黄、橙、红色四级。当出现橙、红色警报后，省政府将通知警察、宪兵等相关机构，向所属市镇的市长发送警报讯息，市长负责向当地居民发布警报讯息。同时，巴黎市消防大队也发布警报并告知有关的救护中心，为水灾特备的洪灾救助小艇等特别救助设备开始在受到水灾威胁地区部署。由于暴风雨或强降雨可能导致下水道网络排水能力暂时不足，为避免城市出现内涝，巴黎市专设"安全阀"管道，即启用直通塞纳河的溢洪口管道，以便雨水直接排放到塞纳河。

(二)日本东京

东京下水道系统以雨污合流制管道系统为主，包括管渠、抽水泵站和污水处理场。目前在东京，强降雨有时仍会引发个别地区的小型内涝，但在中心城区不至于内涝成灾。

1. 高度重视，巨资投入

东京政府把下水道设施的建设和管理作为重要事务，并投入大量资源。东京都的城市下水、排水设施由公营企业东京都下水道局负责。下水道局是东京都政府仅有的三家主要公营企业之一。人力、物力和财力的巨大投入，是东京建设完善下水管网系统的基本保障。

为了能够长期维持投入水平，日本中央和地方政府采取了多种措施。在东京，下水道局每年可从国家财政、东京都政府和基层政府获得约合七十多亿元人民币的补贴；每年可以发行大额企业债(2010 年度约合 95 亿元人民币)，以未来收取的下水道使用费等作为偿债保障；下水道局每年可收取约合 120 亿元人民币的下水道使用费。

2.“首都圈外围排水工程”

为防止城市内涝，东京充分利用城市水系的防洪功能，让大量降雨流归河道，典型例子就是“首都圈外围排水工程”。

这一排水工程由日本政府国土交通省建设，堪称当今世界最不可思议的下水道。工程主体包括总长 6.3 公里、内径 10 米的地下管道，五处单个容积约为 4.2 万立方米的储水立坑，以及一处人造地下水库。“首都圈外围排水路”全程使用计算机远程控制。

整个工程一方面具有庞大的蓄洪容积，另一方面又有很强的泄洪能力。在建成后的当年，该工程所在流域雨季浸水的房屋数量即从最严重时的 41 544家减至 245 家，浸水面积从最严重时的 27 840 公顷减至 65 公顷，对于东京都东部及外围地区的防洪发挥了重要作用。

3. 科学规划，蓄排结合

东京市政府非常强调“蓄排结合”。日本各地政府很重视在城市规划过程中保留河道和湖泊，为城区蓄洪、溢洪留足空间。1992 年颁布“第二代城市下水总体规划”，正式将雨水渗沟、渗塘及透水地面作为城市总体规划的组成部分，要求新建和改建的大型公共建筑群必须设置雨水就地下渗设施。

在东京等大城市，城市规划部门还重视绿地、沙石地面的吸收雨水作用，尽量减少地面硬化面积。到目前为止，全日本 50%以上的道路采用排水路面结构，改用环保的透水沥青。停车场、人行道也广泛采用透水性材料。透水路面不仅解决了积水问题，还平衡了城市生态系统。

4. 从头抓起，人人有责

为了保证排水道的畅通，东京下水道局从污水排放阶段就开始介入。他们规定，一些不溶于水的洗手间垃圾不允许直接排到下水道，而要先通过垃圾分类系统进行处理。此外，烹饪产生的油污也不允许直接导入下水道中，因为油污除了会造成邻近的下水道口恶臭外，还会腐蚀排水管道。东京下水道局对此倡导的解决办法是：用报纸把油污擦干净，再把沾满油污的报纸当作可燃垃圾来处理。下水道局甚至配备了专门介绍健康料理的网页和教室，介绍少油、健康的食谱。

(三)美国

目前，在纽约、洛杉矶等大城市都拥有规模庞大的排水系统，除在基础设施上的大量投入，美国排水系统最突出的经验主要体现在完备的制度建设及先进的管理体系上。

1. 雨水管理制度建设

早在20世纪60年代，美国就启动了城市雨水径流和合流制溢流(CSO)污染控制的研究。1972年《清洁水法》通过后，一些州包括科罗拉多州(1974年)、佛罗里达州(1974年)、宾夕法尼亚州(1978年)相继制定了雨洪管理条例。1986年，美国修订《水质法》以控制非点源污染，使美国环保局开始有效地依法参与城市雨水径流的管理。

2. BMP模式(Best Management Practice)

到20世纪80年代初，美国提出了科学管理城市雨水资源和控制雨水径流污染的最佳管理措施——BMP模式，该模式成为进行雨水管理和污染控制的重要的技术与管理体系。BMP模式包括了工程措施和非工程措施。目前，该模式更加强调与植物和水体等自然条件结合的生态设计和非工程措施，使得整个模式更为科学和完善。

3. LID低冲击开发模式(Low Impact Development)

美国BMP模式的基础上提出了一种雨水管理的新模式——低冲击开发模式，用以高效控制城市雨水造成的污染。这种新模式的一个根本原则就是：通过多种技术手段力求接近雨水径流的源头，使开发后城市的水文功能尽可能接近开发之前的状况。这种开发模式可以适用所有的城市环境元素，把环境元素转化为专门的雨水管理系统。技术手段都比较经济，其设计思路都是通过减少不透水面积或者引流、过滤和使用暴雨积水从而减少雨水径流。

4. 雨水管理的经济手段

在美国，很多州都成立了专门的雨水公用事业部门，通过向用户征收相应的费用作为雨水管理的资金来源，而非通过政府税收收入。征收的雨水费一般都用于维护城市雨水排放设施，实施雨水管理计划、建造绿色基础设施等用途，但各州征收的标准各异。除雨水费外，美国各州还有其他多种经济激励手段，包括补贴、税收抵免、政府拨款、绿色建筑证书计划，等等。

(四)德国

德国是世界上在雨水利用方面最成功的国家之一，各大城市都拥有较为成熟的排水系统。

1. 雨水收集系统

德国的排水系统最大的亮点是雨水的高效利用。德国不仅通过法律手段，加强对雨水的收集利用，并投入大量资本到雨水利用的研究与应用当中。目前，从雨水径流收集、传输、贮存、处理到最后的利用，已经形成了一套完善的技术体系，德国污水联合会和雨水利用专业协会(1995年成立)制定了一系列城市雨水利用与管理的技术性规范和标准。同时，政府还制定了配套的法规和管理规定。

在全社会高度重视以及相关法规、政策的环境下，产生了一大批专门从事雨水利用的企业，雨水利用技术不断进步，雨水利用成本也不断降低。雨水作为一种商品在市场上流通，雨水利用已经进入产业化、标准化阶段，成为了很有发展前景的生态产业，同时也带动和促进其他环保生态产业的发展。

2. 细节决定成败

德国城市很少发生积水现象，与其广泛采取透水地面直接相关。市政部门根据不同区域铺设不同的透水路面。城市下水道的口子被杂物堵住是常见现象。德国的城市下水道为避免口子被堵，在篦子下面专门接一个铁篮子，铁篮子下面才是横向的下水管道。铁篮子的作用就如同家庭中的下水道的弯曲管道。它可以接纳许多污物，使得这些固体物不能冲入下水道以造成堵塞。同时，城市管理者也容易清除这些下水道的堵塞物。工人只要打开下水道井盖，把铁篮子勾起来，然后提到垃圾车旁，把篮子中的垃圾倒入车斗中，最后让下水道复位。这就能防止下水道井盖的堵塞，有效而迅速地排水。

二、国外城市排水系统实践对北京市的启示

(一)启示一：城市排水系统建设是真正的"百年大计"

排水系统是城市最重要的基础设施之一，是"位于地下的市政工程"。另外，城市排水系统的高标准的规划、设计也为系统的逐步完善提供了良好的基础，预留了发展空间。高标准同时也意味着高投入，但城市排水系统作为城市建设的"百年大计"，虽然高标准建设初期投资比较大，但相应的在后期使用过程中就可以节省大量的人力和物力。这需要城市的管理者和相关规划、技术部门找到一个平衡。

近几年，北京频频出现城市内涝，并造成了巨大损失。最直接的原因是排水标准不足，设施老化；排水设施建设滞后，排水系统不健全。目前北京市排水设施标准多为1到3年一遇，能够适应每小时36到45毫米的降雨，仅天安门广场和奥林匹克公园附近的排水管线能达到5年一遇标准，具体如表1所示。这个标准与一些国外同等规模大城市的标准来说，明显是偏低的。

表1 北京与国外城市排水标准对比

城市	纽约	伦敦	巴黎	东京	北京
年降雨量(毫米)	1066	600	619	1800	585
气候特点	夏季高温多雨，冬季低温少雨	全年温和常湿	全年温和常湿	夏季温和多雨，冬季低温干燥	夏季温和多雨，冬季低温干燥
雨水管道设计标准(年)	10—15(30—44毫米/小时)	5	5	3(50毫米/小时)	3—10(50—67毫米/小时)*
内涝控制标准(年)	100	60－100	大于50	/	/

*注：3—10年为2011年9月之后新建雨水管道规划设计标准。

(二)启示二：强化系统性建设，提升排水系统整体效率

城市排水系统是一个环环相扣的整体，无论哪个环节出现问题，都可能影响整个系统功能的发挥。相对国外市排水系统而言，北京的城市排水系统复杂，包括体量庞大、历史悠久的排水管网和河湖水系。由于城市快速扩张[①]，原有体系和新建体系之间系统性不强，成为影响排水效率的重要因素。

主要表现在：一是管网之间的系统性不强。二是管网分为雨水管网、雨污合流管网、污水管网，造成管网同污水处理厂、同河道之间的矛盾。三是中小河道排水不畅。四是下凹式道路排水设计能力与实际运行不对应，设计只考虑服务区域的排水量。五是排水管网和河湖排水体系维护、清淤不及时，削弱了本来就不足的排水能力。强化系统性建设，打通影响排水系统效率的关键结点，找出有针对性的解决方案，充分发挥现有排水体系效益，是提升北京市排水系统整体效率的相对快速也最为经济的途径。

(三)启示三：制定城市排水系统发展规划，完善排水系统建设机制

城市排水系统规模庞大、结构严密的特点决定了其建设、维护、改善必定是一个长期、复杂的过程，因此，制定一个完善的排水系统发展规划十分必要。排水系统绝不仅仅是排水管线和河道，很多其他的城市设施都是排水系统的重要组成部分。在规划的基础上，应明确今后在所有城市建设项目的规划、设计中，排水应作为基础性要素予以考虑。

截至目前，北京的排水系统建设缺乏长远的、可实施性较强的规划，从乡村建设到城市建设，对防洪排涝的考虑不足，设计、建设过程中没有给雨水留足够的空间和出路，是目前北京排水系统诸多问题的根源。

(四)启示四：把握时机，确立蓄排结合的治理思路，加强雨水利用

雨水利用不仅能减少了城市街道雨水径流量，减轻城市排水压力及污水处理压力，同时还能缓解水资源供需矛盾，对于缺水型城市来说具有重要意义。确立蓄排结合的治理思路对于北京这个排水管网发展滞后、严重缺水的特大城市来说是发展的必然。

北京市是国内最早开展城市雨水利用研究与实践的城市，在技术、政策、推广应用等方面已经取得了一定的成果。但从总体上看，还存在缺乏统一规划，雨水利用规模小、缺乏强制标准及政策，雨水利用力度不够、技术研发、设施普及不够、雨水管理水平低等问题，与一些在雨水利用方面比较先进的国家相比，差距明显，进一步加强雨水利用还有很大空间。[②]

---

① 据统计，2000 年北京市区面积仅七百多平方公里，2010 年已经接近 1 400 平方公里。

② 丹麦每年从屋顶收集的降雨量为 2 290 万立方米，相当于饮用水生产总量的 24%；新加坡水资源短缺，人均水资源为 211 立方米，占世界倒数第二位，其 40%的水主要通过集雨来解决，几乎每栋楼顶都有专门用于收集雨水的蓄水池，经过专门的管道输送到全国 18 个水库储存，供城市利用。

从资源利用的角度看，首先要加强下游蓄滞洪区的雨水利用。对于中心城区来讲，新旧建成区域应按照分而治之的原则开展蓄水和雨水利用。对于已建成区域，应采取充分挖掘蓄水潜力，逐步升级改造。而对于新建区域，则需尽快制定相应的政策法规及技术规范，应明确要求新建区域必须建设相应的蓄水及雨水利用设施，并辅之以配套的激励惩罚措施以及技术指导和服务。

(五)启示五：理顺排水系统管理机制，提高精细化管理水平

目前，北京市的排水系统的管理涉及多个部门，多部门管理造成的责任划分、沟通配合问题客观存在，如果涉及暴雨预警及救援，涉及的部门则更加广泛，近两年在北京频繁出现的暴雨预警及救援方面已经暴露出不少问题。水务部门不掌握雨水管线的基本资料，不清楚各条雨水管线的位置、管径、高程、汇水范围、汇水面积等重要信息。对于雨水管线的流量、水位等，更缺乏有效的监测手段，不清楚雨水管线的真正运行状态。因此，不可避免地造成了目前对于雨水管理是一种被动和应急管理，缺乏利用信息化、智能化、精细模拟等手段的高效管理。

另外，精细化管理水平亟待提高，在暴雨灾害的预警和应对方面这一点显得尤为突出。比如，气象、排水、交通、救援以及媒体等相关部门在防灾应对时的联动机制尚不健全；市民对暴雨灾害的意识以及常识还远远不够，引导市民和应急知识的普及工作都有待加强。在条件成熟时，北京应建立中心城区排水系统模拟系统，为提高精细化管理水平提供更强大、更高效的技术支撑。

(六)启示六：综合运用法律和政策手段，促进城市排水系统发展

在一些发达国家，防城市内涝早已上升到法律的高度。除了法律之外，出台相关的技术规范和鼓励政策，也是促进城市排水系统发展的重要保障。

目前北京在城市排水方面的法律、政策体系还很不成熟，相关标准、技术规范的强制性也远远不够，也缺乏量化的评价标准和明确的惩罚措施。比如，在城市建设的相关规划、设计标准或规范中，没有雨水利用的强制性条款，使城市基础设施建设中对雨水利用考虑不足。

(七)启示七：升级理念，构建可持续发展的城市排水系统

在一个城市的可持续发展战略中，可持续排水系统的建设是必不可少的一环。排水系统涉及水务、市政、环保、交通等多个部门，排水问题更关系到环境保护、污染治理、资源利用等可持续发展战略的重要方面。

在理念层面，先进的城市排水系统定位已经从以前的防涝减灾、排污减害逐步转向污水的资源化。在治理模式方面，城市排水体制的选择应根据城镇及工业企业的规划、环境保护的要求、污水利用情况、原有排水设施、水质、水量、地形、气候和水体等条件，从全局出发，通过技术经济比较综合考虑确定，而不应该只重政绩而盲目地选择分流制排水系统。我们应借鉴国外城市暴雨雨水的“源控制”及下游控制的蓄排结合做法，改变重终端治理轻源头治理，从重单一治理轻综合治理，重大规模集中治理轻小规模分散治理，重人工措施轻自然措施的政策取向。

在管理体系方面，美国的低冲击开发模式 LID 力求源头控制以达到城市发展对于自然环境的最低冲击，英国的可持续城市排水系统 SUDS(Sustainable Urban Drainage System)把雨水管理的思维转向对自然生态、水环境和水资源的保护以实现可持续发展，这些理念因为反映出排水系统的发展方向而得到广泛的推广和实践。

参考文献

[1]王淑梅、王宝贞、曹向东、金文标、贾丽娜:《对我国城市排水体制的探讨》,《中国给水排水》，2007 年第 12 期。

[2]张晓鹏、王美荣:《城市雨洪利用的研究现状与发展方向》,《北京水务》，2006 年第 3 期。

[3]首都社会经济发展研究所:《北京建设节水型城市政策研究》(内部研究成果，未发表)，2012 年 4 月。

[4]陈立新、杨晨、任心欣、王国栋:《城市雨水径流污染控制管理模式初探：从 BMP 到 LID》，深圳市规划和国土资源委员会，http://www.s2pl.gov.cn/hdjl/bjzm/200908/t20090826_53384.htm.

[5]王明远、黎颖露:《美国城市雨水污染法律对策及其对我国的启示》,《中国人口·资源与环境》，2009 年第 5 期。

[6]张华、石峰、翁皓琳、李强、张从菊、宋华:《可持续城市排水系统的应用与发展》,《低温建筑技术》，2009 年第 8 期。

[7]张书函、王海潮、藏敏、陈建刚、来海亮:《北京城市雨水利用发展思路》,《北京水务》，2011 年第 5 期。

[8]居江:《雨洪利用技术在住宅小区中的实践》,《住宅产业》，2003 年第 1 期。

[9]彭清涛、张光友:《城市雨水径流污染及防治》,《广东化工》，2012 年第 2 期。

[10]何流、陈文淼、张超:《城市雨水径流污染控制研究》,《能源与环境》，2011 年第 4 期。

[11]申玉霞、芈书贞:《城市雨水资源化功能划分及利用模式研究》,《现代商贸工业》，2011 年第 13 期。

[12]丁跃元:《德国的雨水利用技术》,《住宅产业》，2005 年第 1 期。

[13]刘卓、张越男、郭瑞、刘华:《城市防涝：从“驯服”到“巧用”——国外应对城市内涝的智慧》,《经济参考报》，2011 年 7 月 26 日。

[14]秦小东:《巴黎下水道：城市拓展地下空间的奇迹》,《初中生世界》，2011 年第 29 期。

[15]王炜、陈仁泽、刘毅、魏薇:《城市排水管网标准低致频频内涝，大幅提高不现实》,《人民日报》，2012 年 7 月 24 日。

[16]《面对暴雨，城市如何应对?》，《南京日报》，2010 年 7 月 15 日。
[17]《专家称城市排水系统设计标准低致排水不畅》，《北京晚报》，2012 年 7 月 23 日。
[18]《北京"7·21"特大暴雨全纪录》，《三联生活周刊》，2012 年 7 月 26 日。
[19]金煜、杨华云：《城市排水：地下硬件"软"，地上软件要"硬"》，《新京报》，2012 年 7 月 28 日。
[20]刘军国、白阳、李志伟、管克江、吴乐珺：《国外大城市排水：东京最先进 伦敦历史久能治污》，《人民日报》，2012 年 7 月 24 日。
[21]青木、刘剑利、李珍、陈甲妮：《国外下水道能挡大暴雨》，《生命时报》，2011 年 7 月 1 日(第 3 版)。
[22]李蒙：《城市之肾为何久病难医?》，《民主与法制》，2012 年第 23 期。

（作者：张晓冰　首都社会经济发展研究所副处长）

后　记

为更好地宣传和推介北京市哲学社会科学规划项目研究成果，推动成果的应用转化，北京市哲学社会科学规划办公室编辑出版了《北京市哲学社会科学规划项目优秀成果选编(第三辑)》。

本辑收录的是2012年6月1日—2013年5月31日期间完成的部分北京市哲学社会科学规划项目最终成果提要。这期间，共有234项市社科规划项目完成研究。我办以这些规划项目最终成果转化应用情况为依据，对符合下列条件之一的规划项目进行了遴选：1. 成果获得省部级以上奖项的；2. 成果获省部级以上领导批示或被厅局级以上党政机关参考采纳的；3. 集中鉴定等级为优秀的重点规划项目成果；4. 被市社科规划项目《成果要报》采用的规划项目成果；5. 紧密结合北京市经济社会建设与发展实际，对决策和实践具有重要参考价值与指导意义的项目优秀研究成果，共选出71个项目成果。我们按照各课题组自愿参加的原则，通过其所在单位科研管理部门向项目负责人发出了约稿通知，共收到参选成果43项，最终有36项规划项目成果简介收录到本辑中。

由于本书收到的稿件由各课题组或项目负责人提供，不免在文章的体例格式、内容繁简、行文风格上有所不同。为了使所选的文章体例大致相同，我们在编辑的过程中，做了统一的修改并经作者确认。还有几篇稿件已被我办编辑出版的其他成果选编采用，或是不符合征稿要求，故本书未收录其中。在此特向项目负责人和作者做出说明。

本书的出版得到了北京市哲学社会科学规划项目各信誉保证单位及其科研管理部门、各项目负责人以及文章作者的大力支持。市社科规划办成果处完成了成果的征集、选编等一系列工作。同时，本书的出版还得到了首都师范大学出版社有关领导和责任编辑的大力支持。在此，一并表示诚挚的感谢！

北京市哲学社会科学规划办公室

2013年9月